本輯得到

武漢大學基礎學科振興行動計劃
中央高校基本科研業務費專項資金武漢大學自主科研項目

資助出版

武漢大學中國三至九世紀研究所　編

魏晉南北朝隋唐史資料

（第四十輯）

Journal of the 3-9th Century Chinese History

上海古籍出版社

目　録

Contents

《魏晉南北朝隋唐史資料》第四十輯
2019 年 11 月,1—16 頁

説"益州分野有天子氣"

曹鵬程

東漢靈帝中平五年(188),太常劉焉目睹朝政紊亂、王室多故,向朝廷建言:"刺史、太守貨賂爲官,割剥百姓,以致離叛。可選清名重臣以爲牧伯,鎮安方夏。"時任侍中的廣漢綿竹人董扶,私下向劉焉透露:"京師將亂,益州分野有天子氣。"劉焉聞言,乃設法謀得益州牧之職。董扶也求爲蜀郡西部屬國都尉,同往益州。① 與此同時,巴西安漢人趙韙辭去太倉令,追隨劉焉入蜀。劉焉在益州站穩腳跟後,隨即派遣張魯遮斷棧道,"意漸盛,造作乘輿車具千餘乘";②又將州治自綿竹移至雒縣,於其地建闕門,大概是要營造"兩宫遥相望,雙闕百餘尺"③的京師氣象,後因"[占]云其地不王,乃留孫修據之"。④ 顯然,在董扶讖語的鼓動下,劉焉已經沉迷於閉門作天子的美夢中。

董扶是當時著名學者,"究極圖讖",又精通天文,⑤其所謂"益州分野有天子氣"是信口開河?抑或確有淵源?下文將嘗試論之。⑥

---

① 《三國志》卷三一《劉二牧傳》,北京:中華書局,1959 年,第 865 頁。

② 《三國志》卷三一《劉二牧傳》,第 867 頁。

③ (梁)蕭統:《文選》卷二九《古詩十九首·青青陵上柏》,上海古籍出版社,1986 年,第 1344 頁。

④ (晉)常璩撰,任乃强校注:《華陽國志校補圖注》卷三《蜀志》,上海古籍出版社,1987 年,第 163 頁。引文中"占"字據任乃强先生校補。

⑤ 《三國志》卷三一《劉二牧傳》裴松之注引《益部耆舊傳》,第 866 頁;《華陽國志校補圖注》卷三《蜀志》,第 146 頁。

⑥ 研究者很早就注意到中國古代天文學所蘊涵的政治目的,但針對這一問題展開的專題研究始於 20 世紀 80 年代。黄一農發表系列論文,追索古代天文與當時社會的互動關係,特别是天文學對政治和戰争的影響,後以《社會天文學史十講》的名義結集出版(復旦大學出版社,2004 年)。江曉原鑒於中國古代天文學的特徵,以"天學"稱之,先後出版《天學真原》(遼寧教育出版社,1991 年)、《星占學與傳統文化》(上海古籍出版社,1992 年)、《歷史上的星占學》(上海科技教育出版社,1995 年)、《星占》(香港中華書局,1997 年)、《天學外史》(上海人民出版社,1999 年)、《中國天學史》(上海人民出版社,2005 年)等專著,系統研究了中國古代星占學的歷史綫索、思想基礎、政治運作等諸多層面的問題。兩位先生在跨學科的交叉滲透研究方向上做出了具有典範意義的成績,對本文啓發良多。具體到對三國時期星占學與政治關係的研究,范家偉的《受禪與中興:魏蜀正統之争與天象事驗》(《自然辯證法通訊》1996 年第 6 期)、《三國正統論與陳壽對天文星占材料的處理——兼論壽書無〈志〉》(文載《結網編》,臺北東大圖書有限公司,1998 年)已經注意到,天文星占之學在這一時期成爲政治宣傳的有力工具。至於本文探討的"益州分野有天子氣"這一讖語,前人論著往往一筆帶過,對其星占學淵源和社會背景未加深究。

一、益州分野問題

益州爲古蜀國之地,很早就被秦國兼并,故在二十八宿分野體系中附見於秦地,對應井、鬼二宿。漢武帝元封三年(前108),重新區劃天下,改九州爲十二州,[①]益州爲十二州之一。不久之後,又"招致方士唐都分其天部",[②]其目的或爲重建星官體系,以與新行十二州制相配合。唐代星占文獻《天文要録》所列《采例書名目録》中有《天文分野》十二卷,署名前漢唐都,[③]應該就是此次劃分天部的成果。司馬遷之父司馬談曾"學天官於唐都",[④]《史記·天官書》中的十二州分野系統殆導源於此。在《天官書》中,益州分野是"觜觿、参",至於蜀地原來所屬的東井、輿鬼二宿,此時則獨歸雍州。唐都區劃天區的依據雖然不可得而知,卻有迹可循。[⑤]《吕氏春秋·有始覽》云:"西南曰朱天,其星觜巂、參、東井。"《淮南子·天文訓》亦如之。益州地處西南,唐都以觜、參二宿爲益州分星,大概就是由此而來。[⑥]

然而,在唐都的十二州分野系統之前,十三國分野系統早已行用多年。[⑦] 在後一地理系統中,觜、參二宿爲晉國分野。《左傳·昭公元年》:"昔高辛氏有二子,伯曰閼伯,季曰實沈,居於曠林,不相能也,日尋干戈,以相征討。后帝不臧,遷閼伯于商丘,主辰,商人是因,故辰爲商星。遷實沈于大夏,主參,唐人是因,以服事夏、商。"[⑧]《國語·晉

① 關於此次改行十二州的確切時間及背景,參見辛德勇《兩漢州制新考》,《文史》2007年第1期,特別第四—六節。

② 《史記(修訂本)》卷二六《曆書》,北京:中華書局,2013年,第1499頁。

③ (唐)李鳳:《天文要録》卷一,收入《中國科學技術典籍通彙·天文卷》第4分册,鄭州:河南教育出版社,1993年,第31頁。

④ 《史記(修訂本)》卷一三〇《太史公自序》,第3965頁。

⑤ 《開元占經》引魏人石申說:"觜觿者,内主梁,外主巴、漢。"(唐)瞿曇悉達:《開元占經》,卷六二引"石氏曰",《四庫術數類叢書》第五册,上海古籍出版社,1991年,第615頁。所謂"梁",應指魏國,"巴、漢"之地即使不與後世的益州完全重合,至少也是益州的一部分。二十八宿之中,觜宿跨度最小(二度),幾乎完全落在參宿十星的分布區域内。如果這條引文確實出自石申之口,則說明早在戰國時代,緊鄰參宿的觜宿已經被視爲巴地分野。然而《開元占經》《天文要録》等書所引用的先秦時期人物裨灶、梓慎、石申、甘公等人的說法,多屬漢魏星士的假託之辭,因此只能視爲漢魏時期的知識和觀念。參見錢寶琮:《甘石星經源流考》,《浙江大學學刊》第一期,1937年。

⑥ 可以作爲旁證的是唐都對并州分野的區劃。并州同樣是元封三年新置之州。《史記·天官書》云:"營室至東壁,并州。"從地理方位上看,并州處於西北方的雍州和北方的幽州之間,而營(營室)、壁(東壁)二宿在《吕氏春秋·有始覽》中恰恰與此方位對應:"北方曰玄天,其星婺女、虚、危、營室。西北方曰幽天,其星東壁、奎、婁。"唐都從相鄰的"玄天""幽天"各抽調一個星官,就組成了并州分星。

⑦ 邱靖嘉:《"十三國"與"十二州"——釋傳統天文分野説之地理系統》,《文史》2014年第1輯(總第106輯),第5—24頁。

⑧ 楊伯峻:《春秋左傳注(修訂本)》,昭公元年,北京:中華書局,1990年,第1217—1218頁。

語》亦曰：“實沉之墟，晉人是居。”[①]實沈（實沉）是十二星次之一，對應於二十八宿中的觜、參兩宿。可見，參宿至晚在春秋時代就已經與晉地産生了聯繫。馬王堆帛書《日月風雨運氣占》在提及參、伐、井、鬼等星宿時說：“此（觜）觹（觿），趙氏西地。罰，趙氏東地。東井，秦上郡。輿鬼，秦南地。”[②]《淮南子・天文訓》同樣如此：“觜觿、參，趙；東井、輿鬼，秦。”蜀地在兩書中均未被提及，蓋因其地被視爲秦地附庸，是以不必單列。

司馬遷之後，原有的十三國地理系統仍然存在，且與後出的十二州系統長期並行，蜀地在前一系統中爲秦地附庸，在後一系統中則升格爲獨立的地理單元——益州。與此對應，益州分野時而爲井絡，時而爲觜、參，並無一定之規。前引《史記・天官書》以觜觿、參爲益州分野，在另一處卻說：“晉之疆……占於參罰。”參宿[③]於此又對應於晉地，有别於唐都的劃分。《漢書・天文志》以觜觿、參爲益州分野，[④]同書《地理志》則說：“秦地，於天官東井、輿鬼之分野也。……南有巴、蜀、廣漢、犍爲、武都……”[⑤]可知班固同樣依違於兩者之間。

益州分野未能整齊劃一，讓蜀地士人在這一問題上得以左右逢源。2010年，成都天府廣場出土“李君碑”，碑立於漢順帝陽嘉二年（133），内稱益州“井絡之地，上爲参辰”，[⑥]就是糅合了前述兩種分野模式。東晉史學家常璩在述及益州分野時，或云“仰禀參伐”，或云“輿鬼、東井”，[⑦]顯然也是兼取井、參兩宿作爲蜀地分星。

然而，在盛行於東漢的讖緯學説中，參宿屬益州分野的觀點明顯占據了上風。《洛書》將十二次與分野理論聯繫起來，文稱：“畢十二度至井十五度屬實沈，在申，益州，晉、魏也。井十六度至柳八度爲鶉首，在未，雍州，秦也。”[⑧]雖然仍在試圖調和兩種分野系統，但已經把益州排除在秦地之外，而與實沈之次對應。關於實沈之次的起止度數，《晉書・天文志》在《洛書》之外又引用了另外兩家的説法：“費直，起畢九度。蔡邕，起

---

① 《國語》卷一〇《晉語四》，上海古籍出版社，1998年，第365頁。

② 劉樂賢：《馬王堆天文書考釋》，廣州：中山大學出版社，2004年，第189頁。

③ “參罰”，即“參伐”。“罰”或“伐”，即參宿中的伐三星，位於參宿七星區域之内。古人往往“參伐”連稱，作爲參宿的異名。

④ 《漢書》卷二六《天文志》，北京：中華書局，1962年，第1288頁。

⑤ 《漢書》卷二八下《地理志》，第1641頁。

⑥ 馮廣弘：《天府廣場出土漢碑略考》，《南方民族考古（第八輯）》，北京：科學出版社，2012年，第9頁。引文或作“井落之地，上爲炎辰”（成都文物考古研究所：《成都天府廣場東御街漢代石碑發掘簡報》，《南方民族考古（第八輯）》，第5頁），“炎辰”無義，當爲“參辰”，參宿爲“三辰”之一（見下文），故稱“參辰”。

⑦ 《華陽國志校補圖注》卷一《巴志》，第1、4頁。

⑧ （日）安居香山、中村璋八輯：《緯書集成》，石家莊：河北人民出版社，1994年，第1287頁。

畢六度。”[1]三家之説稍異,但觜二度和參九度都完整落在實沈之次。這樣看來,觜、參二宿與益州的對應關係已趨於固定。是以《春秋元命苞》徑稱:“觜、參流爲益州。”[2]又,三國魏人宋均注《春秋感精符》,以大禹爲“參星之精”。[3] 在此之前,由於“禹生石紐”傳説的廣爲流傳,大禹與益州早已結下了不解之緣。[4] 可以推測,正是有了益州分野爲參宿的知識作爲前提,才會産生禹爲“參星之精”的説法。魏晉時期的天文學家陳卓甚至詳細規定了益州屬郡的“躔次”:“廣漢入觜一度,越巂入觜三度,蜀郡入參一度,犍爲入參三度,牂柯入參五度,巴郡入參八度,漢中入參九度,益州(此益州爲郡名——筆者注)入參七度。”[5]可謂對益州分野最明確的定位。

二、“天帝布治房心,決政參伐”的由來

如果董扶所謂“益州分野”是指參宿而言,那麽,參宿的“天子氣”從何而來?關於這一問題,益州名士秦宓有一段話值得注意,他説:

> 天帝布治房心,決政參伐,參伐則益州分野。[6]

在這裏,秦宓不僅明確指認“參伐”爲益州分野,而且認爲參伐(即參宿)就是天帝“決政”之所,若果如此,則董扶所謂“益州分野有天子氣”就不能簡單地視爲無稽之談。

然而,在辰宿列張的星空中,爲什麽只有房、心、參三宿被特别拈出作爲天帝“布治”“決政”的地方?

參宿十星,[7]除了伐三星之外的七星都是二等以上的亮星,在星空中異常醒目。在黄道上與參宿遥相對應的是心宿。心宿三星中的心宿二(即大火星、商星,西名天蠍座α)則是一顆紅色的一等亮星,同樣引人矚目。約當公元前2800年左右,大火星位於秋分點附近,因此,大火星昏見於東方的時間正好在春分前後,此時正值中原地區草木萌

---

① 《晉書》卷一一《天文志》,北京:中華書局,1974年,第308頁。

② 《緯書集成》,第642頁。

③ 《緯書集成》,第741頁。

④ 參見馮漢驥:《禹生石紐辨》,《説文月刊》第四卷合刊本,1944年,第204—205頁。

⑤ 《晉書》卷一一《天文志》,第312頁。同書又稱:“魏太史令陳卓更言郡國所入宿度,今附而次之。”(第307頁)是益州各郡躔次出自陳卓。

⑥ 《三國志》卷八《許麋孫簡伊秦傳》,第975頁。

⑦ 或謂參宿七星,乃指伐三星之外的其餘七星而言,與西方的獵户座大致相當。

發。年復一年,往復不已。古人發現二者之間的聯繫後,就把大火昏見之時定爲歲首,從此開始新一輪農事活動。據此制定的曆法,龐樸先生謂之"火曆",[①]大火在其中扮演了授時主星的角色。與大火共同承擔授時功能的是參宿。大火昏見約半年後,參宿從東方冉冉升起,成爲接下來半年農事活動的指示星。而《夏小正》中的夏曆,以參星昏中作爲歲首,即所謂"正月初昏參中"。[②] 火曆與夏曆的行用,無疑凸顯了參、心二宿在二十八宿中的地位。正因爲如此,春秋時晉人董因就將大火與參宿稱爲"天之大紀"。[③]《公羊傳·昭公十七年》:"大辰者何? 大火也。大火爲大辰,伐爲大辰,北辰亦爲大辰。"東漢何休注曰:"伐,謂參伐也。大火與伐,天所以示民時早晚,天下所取正,故謂之大辰。"[④]大火、參伐能榮登"三辰"之列,顯然也是火曆孑遺。

由於歲差的存在,大火、參宿昏見的時期逐漸推遲。關於漢魏時代的大火方位,東漢經學家鄭衆(鄭司農)曾指出:"以三月本昏時,心星見於辰上……九月本黄昏,心星伏在戌上。""月本"即月初。但唐人賈公彦認爲鄭衆所指"皆據月半後而言";[⑤]清人孫詒讓據"三統曆"每月中星推算,證實了賈公彦的説法。[⑥] 也就是説,漢時大火星約於三月下旬昏見於東方,九月下旬黄昏伏於西方。至於參宿,三國魏人王肅曾指出,其昏見於東方之時在十月。[⑦]《後漢書·律曆志》則記載,雨水(正月中氣)昏中星爲參六半弱退四。[⑧] 由此推斷,漢魏時期參宿十月初昏見於東方,三月下旬黄昏伏於西方。

雖然漢魏時代的大火、參宿的出没時間較之《夏小正》已有明顯變化,但人們還是習慣性地仰觀大火和參宿,作爲推斷時令的參照。如《易林·離之大有》:"大樹之子,

---

① 龐樸:《"火曆"初探》,《社會科學戰綫》1978 年第 3 期;《"火曆"續探》,文載丁守和、方行主編:《中國文化研究集刊》第 1 輯,上海:復旦大學出版社,1984 年。另,法國漢學家德莎素(Leopold de Saussure)也認爲,參宿和心宿之所以混入二十八宿,是由於它們在成體系的天文學開始時正好分據二分點,見李約瑟:《中國科學技術史》第四卷《天學》,第二十章《天文學》,北京:科學出版社,1975 年,第 182 頁注⑤。

② 龐樸:《"火曆"續探》,文載丁守和、方行主編:《中國文化研究集刊》第 1 輯,上海:復旦大學出版社,1984 年;《火曆鈎沉——一個遺失已久的古曆之發現》,《中國文化》1989 年第 1 期。參見鄭文光:《中國天文學源流》,北京:科學出版社,1979 年,第 31 頁。

③ 《國語》卷一〇《晉語四》,上海古籍出版社,1998 年,第 365 頁。

④ (漢)何休解詁,(唐)徐彦疏:《春秋公羊傳注疏》卷二三"昭公十七年",上海古籍出版社,2015 年,第 969 頁。

⑤ (漢)鄭玄注,(唐)賈公彦疏:《周禮注疏》卷三五《夏官司馬第四·司爟》,上海古籍出版社,2010 年,第 1158 頁。引文"昏時"原作"時昏",據孫詒讓《周禮正義》校改。

⑥ (清)孫詒讓:《周禮正義》卷五七,北京:中華書局,1987 年,第 2398—2399 頁。

⑦ (唐)孔穎達:《毛詩注疏》卷六之二《唐風·綢繆》孔疏引王肅説,上海古籍出版社,2013 年,第 552—553 頁。

⑧ 《後漢書·律曆志下》,第 3077 頁。又,唐人孔穎達據"三統曆"所載各月中星推斷,漢時參星昏中的日期爲立春之後第六日(《禮記正義》卷二一《月令第六》,第 596 頁)。

同條共母。比至火中,枝葉盛茂。"[①]就記録了當時大火昏中的物候。《四民月令》引當時農諺:"三月昏,參星夕;杏花盛,桑葉白。"[②]則是以參星指示天時的例子。

更有甚者,在時人的觀念中,大火與夏季長期以來似乎存在着明確且固定的對應關係。孔子有弟子名卜商,"商"即大火别稱,故卜商字子夏;東漢順帝時的權臣梁商,字伯夏。聯繫到《尚書大傳》中"主夏者火"[③]的説法,可證兩人名、字的對應並非偶然。如同大火之於夏季,參宿與冬季相對應。王充曾指出:"陰物以冬見,陽蟲以夏出。出應其氣,氣動其類。參、伐以冬出,心、尾以夏見。參、伐則虎星,心、尾則龍象。象出而物見,氣至而類動,天地之性也。"[④]參、商與冬、夏兩兩相對,當大火成爲夏季的標誌星時,參宿就順理成章地成爲冬季的標誌星。

冬夏交替,陰陽消長,物候隨之變化,從而啓發古人將四季與刑、德聯繫起來,《管子》有云:"德始於春,長於夏。刑始於秋,流於冬。"[⑤]漢代以春夏、秋冬比附刑、德的作法更爲常見。如《十大經・觀》:"春夏爲德,秋冬爲刑。"[⑥]《春秋繁露》:"天道之常,一陰一陽。陽者天之德也,陰者天之刑也。"[⑦]"慶賞罰刑與春夏秋冬,以類相應也,如合符。"[⑧]《鹽鐵論》記桑弘羊語:"春夏生長,利以行仁。秋冬殺藏,利以施刑。"[⑨]可見依天時施政的觀念之普遍。

寒往暑來與大火、參宿在星空中的此起彼伏同步進行,物候之於星象如影隨形,在古人看來,這樣的景象無異於天帝在星空中布政施教。經學大師鄭玄謂:"三光,三大辰(大火、參伐、北斗)也。天之政教,出於大辰焉。"[⑩]就是這種觀念的反映。

每當大火出現於夜空,陽氣來復,草木暢茂,有如天帝之布施仁政。古人有鑒於此,

① (舊題漢)焦延壽撰,徐傳武、胡真校點集注:《易林匯校集注》,上海古籍出版社,2012年,第1126頁。

② (明)楊慎:《風雅逸篇》,卷八《四民月令引農謡》,第191頁,收入王文才、萬光治主編:《楊升庵叢書》第五册,成都:天地出版社,2002年。按,這首農謡未收入中華書局《四民月令校注》(石聲漢輯本,其三月部分僅有"參星夕"),但元明人仍多見之,《風雅逸篇》之外,又見於元人陶宗儀《説郛》卷七四下崔寔"農家諺"(其中"三月"作"二月")及馮惟訥輯《古詩紀》卷一〇"四民月令引農語"。

③ 皮錫瑞:《尚書大傳疏證》卷一《唐傳・堯典》,光緒乙未師伏堂刊本,第一葉下。

④ 黄暉:《論衡校釋》卷一六《遭虎篇》,北京:中華書局,1990年,第708頁。引文標點有改動。

⑤ 黎翔鳳:《管子校注》卷一四《四時》,北京:中華書局,2004年,第857頁。

⑥ 馬王堆漢墓帛書整理小組編:《馬王堆漢墓帛書經法》,北京:文物出版社,1976年,第49頁。

⑦ 蘇輿:《春秋繁露義證》卷一二《陰陽義第四十九》,北京:中華書局,1992年,第341頁。

⑧ 《春秋繁露義證》卷一三《四時之副》,第353頁。

⑨ 《鹽鐵論校注(定本)》卷九《論災》,第557頁。

⑩ 《禮記正義》卷六八《鄉飲酒》,第2299頁。

故稱：“心爲明堂，中大星，天王位，前後小星子屬，以開德發陽。”[①]所謂“中大星”，即心宿二，亦即大火，大火爲天王之位，前後的心宿一、心宿三則是天王之二子，而整個心宿則被視天王布施仁政的地方——“明堂”。明堂有時也包括心宿附近的房宿，[②]如《開元占經》所謂：“房爲天子明堂，王者歲始布政之堂。”[③]緯書中的房、心二宿往往共用明堂之稱，如《春秋説題辭》：“房、心爲明堂，天子布政之宫。”[④]《春秋文曜鉤》：“房、心爲天帝之明堂，布政之所出。”[⑤]皆屬其例。

而參宿出現時，則是草木摇落，天地肅殺，有如天帝嚴酷的刑罰。古時兵刑合一，刑之大者爲兵，[⑥]二者同屬陰政，均與參宿有關。如《史記・天官書》云：“參爲白虎……下有三星，兑，曰罰，爲斬艾事。”[⑦]是將斬伐之權落實在伐三星上。而《開元占經》有占辭：“參伐動者，有斬伐之事。”[⑧]同書引《春秋元命苞》：“參主斬刈，所以行罰也。”[⑨]東漢天文學家郗萌亦稱：“參爲天刑，主伐。”[⑩]則是將斬伐之權擴展至整個參宿。值得注意的是，隨着“參主刑罰”觀念的流行，參宿與秋冬的聯繫趨於固化。《天文要録》占辭：“參者，慘也，孟秋之始宿也。是時陰氣起，萬物愁慘也。”[⑪]如前所述，由於歲差作用，秦漢時期參宿到十月初方可昏見於東方，因此參宿並不能整夜照臨秋季的夜空，這可以説是“參爲天刑”説的一個“破綻”。星占家爲了彌縫其失，置實際星象於不顧，徑自指認參宿爲“孟秋（七月）之始宿”。作爲觀念的星占學知識居然遮蔽了現實星象，恰從反面説明“參爲天刑”在當時已經是通行常識。

---

① 《開元占經》卷六〇《心宿五》，第604頁。

② 大火旁邊的房宿也可行使指導農事的職能，《説文解字》：“辰者，農之時也。故房星爲辰，田候也。”房宿與農事高度相關，因而有“農祥”之稱。《國語・周語上》：“古者太史順時覛土，陽癉憤盈，土氣震發，農祥晨正，日月底於天廟，土乃脉發。”三國吴人韋昭注：“農祥，房星也。晨正，謂立春之日，晨中於午（正南方）也。農事之候，故曰農祥。”（《國語》卷一《周語上》，第15—16頁。）東漢人張衡《東京賦》云：“農祥晨正，土膏脉起。乘鑾輅而駕蒼龍，介馭間以剡耜。”（張衡撰，張震澤校注：《張衡詩文集校注》，《二京賦・東京賦》，上海古籍出版社，2009年，第135頁。）這描繪的就是立春之日房星晨見於南中天，大漢天子親耕籍田的情景。

③ 《開元占經》卷六〇《房宿四》，第604頁。

④ 《緯書集成》，第863頁。

⑤ 《緯書集成》，第663頁。

⑥ 參見顧頡剛：《古代兵、刑無別》，載《史林雜識初編》，北京：中華書局，1963年，第82—84頁；錢鍾書：《管錐編》，“史記會注考證九”，中華書局，1979年，第285頁。

⑦ 《史記（修訂本）》卷二七《天官書》，第1553頁。

⑧ 《開元占經》卷六二《參宿占七》引“甘氏曰”，第617頁。

⑨ 《開元占經》卷六二《參宿占七》，第616頁。

⑩ 《開元占經》卷六二《參宿占七》，第617頁。

⑪ 《天文要録》卷三一《參占》，第184頁。

既然參宿與兵刑之政聯繫如此緊密,比照"心爲明堂"的説法,參宿也開始與宫室發生了聯繫。《天文要録》引鄭人裨灶占辭:"流星白蒼入參中,宫室天火驚起。"①隱約透露出參宿與天子宫室的對應關係。在現實星空中(見圖1),參宿之北是觜宿(又名觜觿),據《天文要録》,觜觿者,"天子之武門也"。② 參宿西南有九顆小星曰"九斿"(或"九遊")。九斿本爲天子或上公所用旌旗,《荀子·禮論》:"故天子……龍旗九斿,所以養信也。"故晉陳卓稱九斿九星爲"天子之旗",③唐張守節《史記正義》亦謂:"九遊九星,在玉井西南,天子之兵旗。"④參宿之東、井宿之南,則是"闕丘"二星,又名"天闕"。據《開元占經》引甘德説:"闕丘雙塹,外屏罘罳。(原注:闕丘,門外象魏也。天子謂之闕,諸侯謂之兩觀。)"⑤《石氏星經》亦云:"闕丘二星在南河[南],主天子門闕,諸侯之兩觀也。"⑥在漢墓壁畫中,闕丘二星也曾以雙闕的形象出現在代表參宿的白虎附近。⑦ 這樣看來,布列於參宿北、西、東三個方位的三個星官,觜宿爲"天子之武門",九斿爲"天子之旗",闕丘"主天子門闕",則參宿對應於天子宫室確乎無疑。陳卓或有鑒於此,故對參宿做出了明確的定位:"參十星,左二星爲天子之正堂也。□□□(闕字或爲'右二星'——筆者注),女后之爲後宫也。中央三星,君臣之爲政罰行庭也。"⑧參宿十星中的左二星與闕丘二星距離最近,既然闕丘二星"主天子門闕",則陳卓以參宿左二星爲天子正堂可謂理所當然。

由是觀之,關於心、參二宿的知識和信仰,來源於一個相當久遠的星占學傳統。在這一傳統中,參宿和心宿分别被視爲冬、夏半年的標誌。漢代讖緯家由此對二宿進行了"神化":心宿代表春夏兩季,因此被視爲天帝布施仁政的明堂;而參宿則代表了秋冬兩季,象徵着天帝決策兵刑之政的場所。當"心爲明堂"的説法廣爲流傳時,作爲益州分

① 《天文要録》卷三一《參占》,第194頁。

② 《天文要録》卷三〇《觜觿占》,第173頁。

③ 《晉書》卷一一《天文志上》,第306頁。《晉書·天文志》:"後武帝時,太史令陳卓總甘、石、巫咸三家所著星圖,大凡二百八十三官,一千四百六十四星,以爲定紀。今略其昭昭者,以備天官云。"以下詳列各主要星官。可見關於九斿的説法來自陳卓。

④ 《史記(修訂本)》卷二七《天官書》,第1560頁。

⑤ 《開元占經》卷七〇《甘氏外官·闕丘星占三十二》,第693頁。

⑥ 《太平御覽》卷六《天部六》引《石氏星經》,第31頁。又,《晉書·天文志》:"南河南二星曰闕丘,主宫門外象魏也。"唐張守節《史記正義》:"闕丘二星在南河南,天子之雙闕,諸侯之兩觀,亦象魏縣書之府。"(《史記(修訂本)》卷二七《天官書》,第1548頁。)

⑦ 馮時:《洛陽尹屯西漢壁畫墓星象圖研究》,《考古》2005年第1期,第71—72頁。

⑧ 《天文要録》卷三一《參占》,第184頁。無獨有偶,心宿附近的尾、箕二宿同樣被賦予后妃的内涵。《史記索隱》引《春秋元命包》云:"尾九星,箕四星,爲後宫之場也。"《晉書·天文志》的規定更爲明晰:"尾九星,後宫之場,妃后之府。上第一星,后也;次三星,夫人;次星,嬪妾。第三星傍一星名曰神宫,解衣之内室。尾亦爲九子,星色欲均明,大小相承,則後宫有敘,多子孫。"(卷一一《天文志上》,第300頁。)

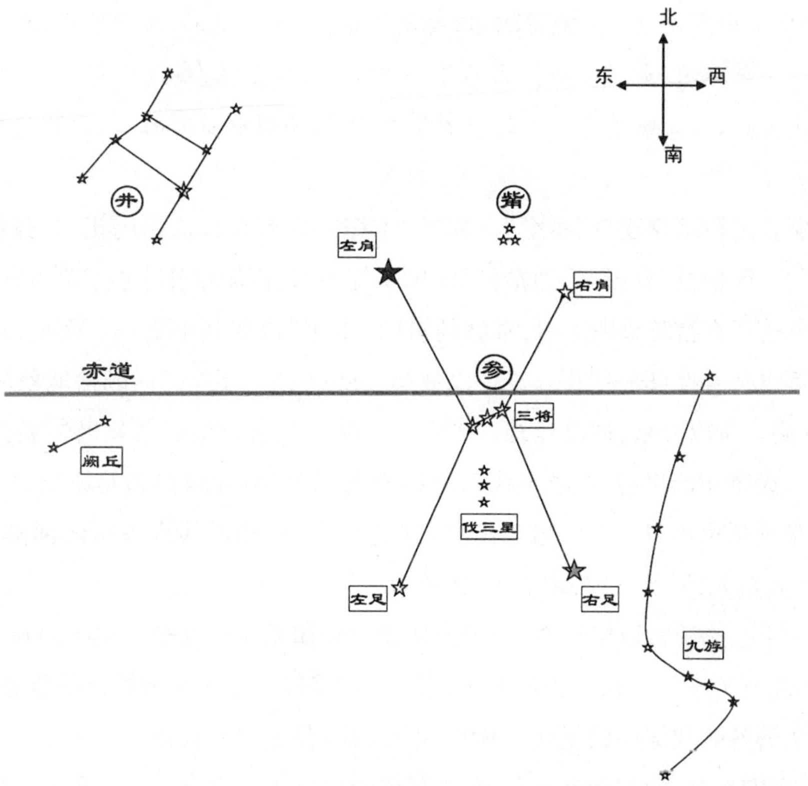

圖1　參宿及其附近的觜宿、闕丘、九斿

野的參宿也被賦予天子"決政"之庭的名義,"天帝布治房心,決政參伐"的讖語就是在此基礎上出現的。

三、東漢季年的益州學風與士人心態

東漢末年的益州士人,對心、參二宿在上古天文學中的地位或許不甚了然,但有證據表明,他們浸淫於讖緯星占之學,熟知心、參二宿的星占學意義。"天帝布治房心,決政參伐"的出現,與這一群體密切相關。

劉備奪取益州後不久,廣漢太守夏侯纂慕名拜訪秦宓,兩人之間有一場意味深長的對話。在夏侯纂看來,益州惟以"養生之具"見長,至於人物之盛,似不及他州,秦宓乃回應道:

> 願明府勿以仲父之言假於小草,民請爲明府陳其本紀。蜀有汶阜之山,江出其腹,帝以會昌,神以建福,故能沃野千里。淮、濟四瀆,江爲其首,此其一也。禹生石

紐,今之汶山郡是也。昔堯遭洪水,鯀所不治,禹疏江決河,東注於海,爲民除害,生民已來功莫先者,此其二也。天帝布治房心,決政參伐,參伐則益州分野。三皇乘祇車出谷口,今之斜谷是也。此便鄙州之阡陌,明府以雅意論之,何若於天下乎?①

秦宓明言這段話轉述自"本紀"。關於"本紀",常璩嘗言:"司馬相如、嚴君平、楊子雲、陽成子玄、鄭伯邑、尹彭城、譙常侍、任給事等,各集傳記以作本紀。"②可知這類彙集蜀地掌故的著述在當時爲數不少,秦宓稱引的"本紀"或即其中之一。而這段議論中提到的四件事也都有據可依。其一,"帝以會昌,神以建福",出自《河圖括地象》:"岷山之地,上爲井絡。帝以會昌,神以建福。"③其二,"禹生石紐",流行於當時的益州,已見前述。其三,"天帝布治房心,決政參伐",與緯書關係密切,常璩徑謂其語出自《蜀紀》。④其四,"三皇乘祇車出谷口",常璩謂出自《蜀紀》;⑤與此相近的説法,有《河圖》及《春秋命曆序》:"人皇九頭,駕六羽,乘雲車,出谷口。"⑥

秦宓信手拈來緯書以申己説,顯示出他對這類知識頗爲熟稔。如所周知,自漢光武帝"宣布圖讖於天下",⑦讖緯之學獲得皇權加持,盛行一時。而讖緯之學在益州地區同樣擁有悠久的傳統和深厚的土壤。兩漢之際的楊春卿,"善圖讖學,爲公孫述將"。公孫述敗亡,春卿自殺,臨終囑其子楊統:"吾綈袠中有先祖所傳秘記,爲漢家用,爾其修之。"楊春卿的後裔新都楊氏在蜀中長期設帳授徒,門生中任安、董扶、周舒世稱大儒,一時學者翕然向風。⑧ 讖緯之學向來與天文星占關係密切,讖緯家造作讖語,每以天象

① 《三國志》卷三八《許麋孫簡伊秦傳》,第975頁。引文中"本紀"二字,中華書局點校本没有標以專名號,看來並不視爲書名。

② 《華陽國志校補圖注》卷一二《序志》,第723頁。八人之中,譙常侍(譙周)、任給事(任熙)均在秦宓之後,可以排除被引用的可能性。任乃强先生認爲《蜀紀》就是揚雄的《蜀本紀》(《華陽國志校補圖注》卷一二《序志》,第728頁注①),似不確。揚雄《蜀都賦》嘗謂:"蜀都之地……上稽乾度,則井絡儲精。"(《全上古秦漢三國六朝文》卷五一,第402頁)是揚雄以井宿爲蜀地分星,與引文"參伐則益州分野"不合。

③ 《文選》卷四《蜀都賦》注引《河圖括地象》,第189頁。這一讖語流行於蜀地,東漢時立於郡學前的"李君碑"(見前述)就有"汶山會昌,皇以建福"的説法(成都文物考古研究所:《成都天府廣場東御街漢代石碑發掘簡報》,《南方民族考古》(第八輯),北京:科學出版社,2012年,第5頁)。

④ 《華陽國志校補圖注》卷一二《序志》,第727頁。

⑤ 《華陽國志校補圖注》卷一二《序志》,第727頁。

⑥ (唐)司馬貞:《三皇本紀》,《史記(修訂本)》附録二,第4026頁;《太平御覽》卷七八《皇王部三·人皇》,第363頁。

⑦ (南朝宋)范曄:《後漢書》卷一下,北京:中華書局,1965年,第84頁。

⑧ (日)吉川忠夫:《蜀地的讖緯學傳統》,洪春音譯,載"國立"高雄師範大學經學研究所《經學研究集刊》第三期,2007年,第193—210頁。

爲依據。王莽時的西門君惠,“好天文讖記,爲(王)涉言:‘星孛掃宫室,劉氏當復興,國師公(劉歆)姓名是也。’”[①]即爲顯例。益州地區也不例外。新都楊氏自楊統開始,也修習天文推步之術。漢安帝永初三年(109),太白入斗,鄧太后承制垂詢楊統之子楊序,楊序對以“諸王子多在京師,容有非常,宜亟發遣各還本國”,太后嘉納,“星尋滅不見”。[②] 楊序的弟子之一董扶,即首倡“益州分野有天子氣”者;另一弟子周舒,曾“言西南數有黄氣,直立數丈,見來積年,時時有景雲祥風,從璿璣下來應之,此爲異瑞”,[③]成爲後來益州士人向劉備勸進的祥瑞之一。周舒之子周群,窺測星變不遺餘力,“於庭中作小樓,家富多奴,常令奴更直於樓上視天災,才見一氣,即白群,群自上樓觀之,不避晨夜。故凡有氣候,無不見之者,是以所言多中。”[④]新都楊氏學統之外,南鄭人李固“明於風角、星算、河圖、讖緯,仰察俯占,窮神知變”。[⑤] 廣漢洛人翟酺“尤善圖緯、天文、曆算”,[⑥]“以明天官爲侍中、尚書”。[⑦] 其他如任文公、楊由、段翳、折象、段恭、張裕、何隨等人,均以天文占驗名世。[⑧] 衆多學者集讖緯、星占之學於一身,成爲東漢季年益州學術的顯著特徵。故王文才先生指出:“……蜀學以五經通圖緯,以天文爲占驗,雖天下皆然,而此間流風特著。”[⑨]日人吉川忠夫也認爲,蜀地的讖緯學以重視天文或氣候等自然觀測爲特色。[⑩]

秦宓本人雖然師承不詳,但與任安、董扶同爲廣漢綿竹人,[⑪]有同鄉之誼。劉焉任益州牧時,秦宓曾舉薦任安,稱其“仁義直道,流名四遠,如令見察,則一州斯服”;蜀漢時,任、董二人没世已久,秦宓應諸葛亮之請追述兩人德行,仍然讚譽有加。[⑫] 可知秦宓

① 《漢書》卷九九下《王莽傳》,第4184頁。

② 《後漢書》卷三〇上《蘇竟楊厚列傳第二十上》,第1048頁。

③ 《三國志》卷三二《先主傳第二》,第887頁。引文原作“臣父群未亡時言……”云云,任乃强先生認爲其中“臣父群”三字是“臣群父”三字之誤倒,表中所言“西南數有黄氣,直立數丈,見來積年”的人應是周群之父周舒。見《華陽國志校補圖注》第377—378頁注釋③。並參見《三國志集解》卷三二所引錢大昕、潘眉等人對這一問題的考證,上海古籍出版社,2012年,第2376—2377頁。

④ 《三國志》卷四二《杜周杜許孟來尹李譙郤傳》,第1020頁。

⑤ 《後漢書》卷六三《李杜列傳》李賢注引《謝承後漢書》,第2073頁。

⑥ 《後漢書》卷四八《楊李翟應霍爰徐列傳》,第1602頁。

⑦ 《華陽國志校補圖注》卷一〇中《廣漢士女》,第563頁。

⑧ 吕子方:《天數在蜀》,文載氏著:《中國科學技術史論文集》,成都:四川人民出版社,1983年,第260—268頁;王文才:《兩漢蜀學考》,文載李大明主編:《巴蜀文學與文化研究》,北京:商務印書館,2005年,第10—48頁。

⑨ 王文才:《兩漢蜀學考》,第47頁。

⑩ 吉川忠夫:《蜀地的讖緯學傳統》,第208頁。

⑪ 《華陽國志校補圖注》卷一〇中《廣漢士女》,第564頁。

⑫ 《後漢書》卷八二下《方術列傳》,第2734頁。

與任安、董扶有過直接交往。[①] 吴國張温聘蜀時,秦宓在筵席之間與其辯論天學,雖然語涉戲謔,亦足見他對這類知識留心已久。[②] 秦宓的弟子譙周"具傳其業",[③]曾續撰《漢書·天文志》。[④] 譙周的天學,極有可能就是得自秦宓。

顯然,秦宓與上述益州星占家群體關係密切。在這一群體内部,讖緯、星占之學互相發明,最終促成了"天帝布治房心,決政參伐"之説的出現。出現的時地,應該就在東漢晚期的益州。作爲楊氏門人,董扶對此並不陌生,其所謂"益州分野有天子氣",與"天帝布治房心,決政參伐"之説在星占理論上顯然是自洽的。[⑤]

從"天帝決政參伐"到"益州分野有天子氣",是星占學知識的邏輯推衍;而在這些飽含政治寓意的讖記表象之下,則是益州士人群體心態的暗潮湧動。

東漢時期,由於山川阻隔,遠離政治中心,益州士人在朝廷上崛起較晚,整體政治地位不高,連蜀人自己都不否認,"乃自先漢以來,其爵位者或不如餘州"。[⑥] 但是,益州士人在地方政務上的表現則是另外一番景象。按照當時慣例,各級地方政府的屬吏皆由長官辟用本地人,[⑦]益州當然也不例外。漢和帝時,沛國人陳寵任廣漢太守,自陳:"臣任功曹王涣以簡賢選能,主簿鐔顯拾遺補闕,臣奉宣詔書則已。"[⑧]頗爲和帝稱許,陳寵由此顯名。可見時人心目中的循吏理當如是。更重要的是,益州官吏的地方化尚不止於僚佐層面。東漢時期的益州頗具邊區性質,因此朝廷在處理當地事務時對當地士人尤爲倚重。據劉增貴先生統計,東漢一代益州出身的 127 任守相中,在本州任職者達 54 任,占比爲諸州之冠。這樣的治理方式,無疑使益州士人與地方事務産生了較之其他地區更爲緊密的聯繫。另一方面,益州士人群體在婚姻、交遊、舉薦等社會關係中,往往也局限於益州範圍,表現出較强的同州意識。即使身處朝堂之上,他們的政治立場也

---

① 任安年七十九卒於家,時在建安七年(202)(《後漢書》卷七九上《儒林列傳》,第 2551 頁)。董扶年八十二卒於家,在劉焉之世(《後漢書》卷八二下《方術列傳》,第 2734 頁)。秦宓卒於蜀建興四年(226),享年不詳,以常理推斷,秦宓生年在任安和董扶之後。

② 《三國志》卷三八《許麋孫簡伊秦傳》,第 976 頁。

③ 《華陽國志校補圖注》卷一〇《廣漢士女》,第 567 頁。

④ 《後漢書》卷一〇《天文志上》,李賢注引謝沈《後漢書》,第 3215 頁。

⑤ 東晉時期的常璩也曾根據同一占辭作出類似的推斷:"案《蜀紀》:'帝居房心,決事參伐。'參伐則蜀分野。言蜀在帝議政之方,帝不議政,則王氣流於西;故周失紀綱,而蜀先王;七國皆王,蜀又稱帝。"見《華陽國志校補圖注》卷一二《序志》,第 727 頁。

⑥ 《三國志》卷三八《許麋孫簡伊秦傳》,第 975 頁。

⑦ 參見(清)顧炎武撰,黄汝成集釋:《日知録集釋》卷八"掾屬",上海古籍出版社,2006 年,第 479 頁;嚴耕望:《秦漢地方行政制度》,中研院歷史語言研究所專刊,1997 年,第 352 頁。

⑧ 《後漢書》卷七六《循吏列傳》,第 2468 頁。

較爲接近,同時更爲關注益州地方利益,顯示出濃厚的地域觀念。[①] “天帝決政參伐”的提出,顯然就是這種益州本位意識與本地流行的讖緯星占之學長期醞釀的結果。根據這一占辭,參伐是天帝決政之所,上應參宿的益州由是具備了“天賦”地位,這就意味着益州的地位較之他州非但不相形見絀,甚至有凌駕其上的可能。從這個意義上來説,“天帝布治房心,決政參伐”之説正是益州本位意識在星占學上的表露。

降至東漢末年,中原喪亂,益州懸隔的地理位置又讓這裏成爲遠離風暴中心的庇護所。潁川人荀攸爲躲避戰亂,“以蜀漢險固,人民殷盛,乃求爲蜀郡太守”,[②]惟因道路斷絶而未能成行。南郡枝江人董和率領宗族西遷入蜀,[③]顯然也是爲了避亂。對於這樣的情勢,益州士人的體會當然更爲剴切,强烈的地方本位意識一經時勢震蕩,遂激發出保境自守的政治訴求。董扶以“益州分野有天子氣”鼓動劉焉入蜀,既迎合了劉焉避亂的意願,更是企望借助其宗室身份在益州樹立權威,安靖一方。在當時的益州,同情董扶立場的人不在少數。劉焉入蜀之前,巴蜀地區爆發以馬相、趙祗爲首的黄巾起義,聲勢浩大,劉焉只得暫駐荆州,觀望局勢。不久,蜀郡豪族賈龍率領部曲擊敗黄巾軍,迎接劉焉入蜀。[④] 賈龍的舉動,應與董扶出於同樣的動機。

但賈龍等人期望的“益州天子”並没有如其所願般行事。劉焉入主益州後,刻意扶持東州士人,裁抑土著勢力。任岐、賈龍和趙韙等人心生不滿,兩度舉兵反抗,企圖驅逐劉焉父子,雖然以失敗告終,卻也顯示出其力量不可輕忽。劉璋統治後期,調整了統治策略,雙方關係趨於緩和。[⑤] 至此,相當一部分益州士人仍將保境自守的願望寄託在劉璋身上。劉璋曾有意聯合關中馬超,廣漢人王商勸阻道:“超勇而不仁,見得不思義,不可以爲脣齒。老子曰:‘國之利器,不可以示人。’今之益部,士美民豐,寶物所出,斯乃狡夫所欲傾覆,超等所以西望也。若引而近之,則由養虎,將自遺患矣。”[⑥]王商是郪縣大姓,[⑦]當初以劉璋温仁,遂與趙韙合謀,擁立璋繼任州牧,此時又極力阻止馬超這一外

① 本段内容除特别注明外,均概括自劉增貴:《漢代的益州士族》,《中研院歷史語言研究所集刊》第60本第3分,1989年9月,第536—548頁。

② 《三國志》卷一〇《荀彧荀攸賈詡傳》,第321頁。

③ 《三國志》卷三九《董劉馬陳董吕傳》,第979頁。

④ 《三國志》卷三一《劉二牧傳》,第866頁。

⑤ 參見田餘慶:《李嚴興廢和諸葛亮用人》,《中華學術論文集》,北京:中華書局,1981年,第110頁;劉增貴:《漢代的益州士族》,第552—553頁;伍伯常:《方土大姓與外來勢力:論劉焉父子的權力基礎》,《漢學研究》第19卷第2期,2001年,第206—215頁。

⑥ 《三國志》卷三八《許麋孫簡伊秦傳》裴松之注引《益州耆舊傳》,第967頁。

⑦ 《華陽國志校補圖注》卷三《蜀志》,第166頁。

來勢力入蜀。不久,劉璋又欲迎劉備入蜀,以禦張魯,巴西閬中人黄權同樣不以爲然,勸劉璋"可但閉境,以待河清"。[①] 可見在保境自守的心態支配下,益州士人對外來勢力始終心存警惕。

總之,面對天下大亂的局面,益州士人表現各異,迎立豪傑入主者有之(董扶、賈龍、趙韙),企圖自立者有之(賈龍、趙韙先迎立後起事),與益州當局合作者亦有之(王商等)。各方立場雖有差異,但保境自守、維護自身利益無疑是其最大公約數。[②] 這樣的群體心態,正是支撑"益州分野有天子氣"的社會心理基礎。

四、餘　　論

唐長孺先生曾指出,東漢時期的地方政權在一定程度上是由當地大姓、冠族控制的,各地大姓憑借政治地位和文化修養的優越性,長期壟斷地方僚佐之職,從而構成了東漢末年割據政權的階級基礎。[③] 與此有關的另一方面,就是漢魏時期地方意識高漲,各地士人矜誇鄉邦,臚列鄉賢,蔚成風氣。順帝時潁川人鄭凱稱:"鄙潁川,本韓之分野,豫之淵藪。其於天官,上當角、亢之宿,下稟嵩少之靈……是以賢聖龍蟠,俊彦鳳舉。"[④]三國時會稽人虞翻亦稱:"夫會稽上應牽牛之宿,下當少陽之位。……昔禹會群臣,因以命之。"[⑤]可見引據天文分野爲桑梓故里壯大聲勢,爲當時所習見。秦宓向夏侯纂所陳"本紀",同樣屬於這類言論;所不同者,秦宓發言陳辭的立場已經超越其所身處的廣漢郡,而擴大到整個益州。究其原因,與其他地區相比,益州士人在東漢政壇崛起較晚,政治地位整體不高,與鄉里聯繫更爲緊密,從而使得這一群體的地域色彩尤其鮮明;加之益州與外界相對隔絶,導致益州士人的交遊圈以同州爲主,從而使其地域意識多在同州層面展開。

---

① 《三國志》卷四三《黄李吕馬王張傳》,第1043頁。

② 如果將視野稍微放寬,可以發現益州士人保境自守的心態貫穿了前後幾個動亂時期。兩漢之際,公孫述就曾以"保郡自守,以待真主"的口號動員臨邛豪傑,得到後者支持;其後公孫述不甘於僅作"西伯",欲發兵與光武帝劉秀争奪天命,"蜀人及其弟光以爲不宜空國千里之外,決成敗於一舉,固争之"(《後漢書》卷一三《隗囂公孫述列傳》,第534、540頁)。到了蜀漢末年,譙周撰《仇國論》,聲稱此時"既非秦末鼎沸之時,實有六國並據之勢,故可爲文王,難爲漢祖",如果一意黷武,則國家勢必土崩瓦解;其後鄧艾兵臨成都,譙周首倡出降之議,其存蜀之功頗爲州人稱頌,如陳壽所言:"劉氏無虞,一邦蒙賴,(譙)周之謀也。"(《三國志》,第2029、1031頁)

③ 唐長孺:《東漢末期的大姓名士》,載《魏晋南北朝史論拾遺》,北京:中華書局,1983年,第26—31頁。

④ (南朝梁)殷芸撰,周楞伽輯注:《殷芸小説》卷五,上海古籍出版社,1984年,第96頁。《後漢紀》也有類似的記載,惟未論及潁川分野,見(晋)袁宏撰,周天游校注:《後漢紀校注》卷十八《孝順皇帝紀》,天津古籍出版社,1987年,第495頁。

⑤ 《三國志》卷五七《虞陸張駱陸吾朱傳》裴松之注引《會稽典録》,第1325頁。

關於益州分野問題，自西漢以來就有井、鬼抑或觜、參的分歧。按照前一方案，益州不得不與雍州共享分野，而後一方案則意味着參宿爲益州所壟斷。參宿曾發揮過授時主星的作用，兩漢時餘威猶在，被視爲天帝罰罪之庭。東漢後期的益州，讖緯、星占之學互爲表裏，盛極一時，益州學者利用參宿的星占學意義，將其確定爲益州分野，並結合“心爲明堂”的説法，製作出“天帝布治房心，決政參伐”的占辭，企望借此宣示益州的天賦形象，提升益州士人的政治地位。①

東漢末年，面對中原亂局，保境自守、維護自身利益成爲益州士人的共識。董扶提出的“益州分野有天子氣”，既是“天帝決政參伐”的邏輯推衍，也是保境自守這一政治訴求的星占學表述。兩則讖語出現的時機雖然稍有不同，但其中的益州本位意識卻是一以貫之。易言之，“天帝決政參伐”與“益州分野有天子氣”是益州士人濃厚的地方本位意識在不同情境中的表達。

洞悉“益州分野有天子氣”的意蘊，就可以對相關史實多一層理解。建安二十五年(220)，曹丕篡漢的消息傳至益州，群臣紛紛向劉備勸進。在讖緯星占之學彌漫上下的氛圍中，此類預言自然是勸進表中不可或缺的元素，然而，“益州分野有天子氣”之讖卻未見提及。作爲點綴，勸進表中出現了幾條不甚“切題”的星占預言，如，“……(建安)二十二年，數有氣如旗，從西竟東，中天而行，《圖》《書》曰‘必有天子出其方’”。② “益州分野有天子氣”的缺席，固然與劉焉父子在益州的失敗有關，但這遠非問題的關鍵，因爲勸進諸臣完全可以像後來的南朝人范曄那樣，把董扶讖言的“事應”落實在劉備身上：“後劉備稱天子於蜀，皆如(董)扶言。”③問題的關鍵在於，董扶讖言所蘊涵的益州本位意識，與劉備集團以荆楚人爲班底的格局④並不合轍；而且，劉備既以漢家正統自居，也不需要借助參宿的星占學意義再造天命。此時舊話重提，不但畫蛇添足，而且不合時宜。勸進諸臣多爲劉二牧政權的親歷者，深諳其中玄機，因此在勸進表中有意回避“益

① 同樣的動機也導致了兩漢時期蜀人攀附大禹的行爲，東漢益部碑刻述及族源，多追溯至大禹，究其原因，如任乃强先生所言：“漢世重士族，故碑文與傳記，率有如此繁文，而梁益等近夷邊州之人爲尤甚。蓋恐人以夷族後進目之也。”(任乃强：《樊碑文義》，載《任乃强藏學文集》，第310頁)參見顧頡剛：《古代巴蜀與中原的關係説及其批判》，文載氏著：《論巴蜀與中原的關係》，成都：四川人民出版社，1981年，第9—18頁。

② 《三國志》卷三二《先主傳》，第887頁。

③ 《後漢書》卷八二下《方術列傳》，第2734頁。

④ 關於劉備集團的構成，一百多年後的益州人士龔壯即認爲：“昔豫州入蜀，荆、楚人貴。”(《華陽國志校補圖注》卷九《李特雄期壽勢志》，第501頁)參見毛漢光：《三國政權的社會基礎》，《中研院歷史語言研究所集刊》第46本第1分，1974年12月，第21—23頁；田餘慶：《李嚴興廢和諸葛亮用人》，第110頁；《蜀史四題》，《文史》第35輯，中華書局，1992年。

州分野有天子氣”的話頭,也在情理之中。反觀范曄,因爲時過境遷,對當時語境已經相當隔膜,才會把董扶讖言與劉備稱帝强行撮合在一起。

附記:本文承蒙四川大學歷史文化學院韋兵副教授、黄博副教授提出修改意見,投稿時又獲匿名評審專家指瑕,在此一并致謝!

《魏晉南北朝隋唐史資料》第四十輯
2019年11月,17—31頁

國山碑所見三國江南地域的政治文化

三浦雄城

序　　言

符瑞時常出現在中國皇帝的治世。宋代以後基本消失的符瑞年號在漢唐時期頻繁出現,説明符瑞在這一時期具有重大影響力,[①]可以成爲理解該時期皇帝性質的重要綫索。同一時期皇帝的祭祀中也時常出現符瑞,特别是孫吴末代皇帝孫皓舉行禪禮後爲紀念該事件而樹立的國山碑中,碑文的一半篇幅被用來列舉符瑞。本文希望通過分析具有如此特色的國山碑,進一步揭示中國古代皇帝支配和政治文化的特徵。

關於國山碑,宫宅潔先生指出從初代皇帝孫權直到末代孫皓,支持吴權威正統性的唯一表現就是符瑞等神秘現象。他認爲孫吴企圖把國山碑、窆石、天發神讖碑等符瑞與當時江南一帶存在的超自然性世界觀相结合,依靠這種神秘性手段支持政權的正統性。[②] 宫宅氏還指出國山碑中符瑞中的一種——"金册青玉符"與《吴越春秋》中記載的大禹傳説相關。同樣注意到該傳説的渡邊義浩先生指出,土德曹魏被西晉取代後,同爲土德的孫吴爲了對抗金德西晉,開始把建國以來一直主張的東南氣運與金德大禹相關聯,宣稱繼承曹魏土德,改德運爲金德。國山碑的符瑞即體現出孫吴的這種金德意識。[③] 魏斌先生指出,國山碑體現了孫吴重視作爲漢代政治文化的符瑞傳統和符瑞年號,[④]國山禪禮是孫吴向天下昭告太平、統一天下的行爲。而且,選擇在吴興郡離里山舉行禪禮,是因爲同郡新興豪族與孫皓及其族人具有特殊聯繫。[⑤]

---

① 市村瓚次郎:《年號に現はれたる時代思想》,《支那史研究》,東京:春秋社,1941年,第408—410頁。

② 宫宅潔:《魏・蜀・吴の正統論》,京都大學人文科學研究所付屬漢字情報研究センター編:《三國鼎立から統一へ—史書と碑文をあわせ讀む—》,東京:研文出版,2008年,第17—64頁。

③ 渡邊義浩:《孫吴の正統性と國山碑》,《三國志研究》第2號,2007年,第40—55頁。

④ 魏斌:《孫吴年號與符瑞問題》,《漢學研究》第27卷第1期,2009年,第31—55頁。

⑤ 魏斌:《國山禪禮前夜》,《文史》2013年第2輯,第73—96頁。

從渡邊氏和魏氏的研究可知,國山碑體現了漢代以來五德終始説、符瑞傳統,是孫吴在與魏蜀乃至西晉的對抗中主張自身正統性的石碑。但是,國山碑中的符瑞中有大半是不見於漢代記録的瑞兆。按照宫宅氏的思路,這些符瑞可能與當時江南存在的超自然世界觀念相關。那麽這種觀念是如何進入國山碑的呢?與五德終始説相關的、各種文獻已見的符瑞,或許可以僅通過中央政府的操作就進入碑文,但是體現江南神秘觀念的符瑞則多少會與地方社會有關。這是因爲碑文記録了由地方報告的符瑞。那麽,報告符瑞的主体——地方社會與江南的超自然的觀念有何關聯,地方社會如何將這種觀念上報給中央政府?釐清這些問題才能理解國山碑中的符瑞特徵。這方面的探討也有助於揭示符瑞的行政處理程序,特别是其過程對政治、社會所起的作用。

因此,本文將立足先學的見解,重新審視國山碑中符瑞特徵,以期借此把握孫吴末期地方社會與符瑞的關係。①

一、國山碑所見符瑞的特徵

222年魏蜀吴形成鼎立之勢,三方制衡的局面因263年的曹魏滅蜀和265年的魏晉禪讓被打破。在以上激變中登上孫吴皇帝寶座的就是設立國山碑的孫皓。孫皓末年,神秘現象一再發生。275年春,刻有文字的銀條在吴郡出土,接着,傳説一旦疏通便天下太平的吴郡臨平湖突然通暢,湖邊還發現了刻有"皇帝"字樣的石頭。② 次年,預告天下太平的文字在鄱陽郡歷陵山中被發現,③接着大瑞出現於吴興郡陽羡的山中石室。因此,孫皓於276年派出使者,將陽羡山改名爲國山,舉行了禪禮,并設立國山碑。該碑刻有許多符瑞、瑞兆的名稱,其中也暗示了如上列舉的各種符瑞。但是,這些吉兆毫無效果,280年孫吴因晉軍攻擊而乞降,晉統一天下。

國山碑,高8尺,周1丈,近橢圓形,篆書。一共43行,滿行25字。碑文内容可以分爲五部分:(1) 孫吴建國以來或孫皓時期的善政(第1—15行);④(2) 因善政出現的符瑞及数量(第15—32行);(3) 從臨平湖附近發現石璽,到禪禮完成的過程(第32—36行);(4) 勸禮群臣的名録,進而決心禪禮(第36—41行);(5) 撰文人與刻石人名

① 國山碑的釋文依據三國時代の出土文献資料班:《魏晉石刻資料選注》,京都:京都大學人文科學研究所,2005年,第26—27、169—184頁。

② 《三國志》卷四八《孫皓傳》(北京:中華書局,1964年,第1171頁)記載石頭發現的時間爲天璽元年(276),據後文考證當爲275年。

③ 史料原文爲"歷陽",但鄱陽郡無歷陽縣,當是歷陵縣之誤。參見魏斌:《國山禪禮前夜》,《文史》2013年第2輯,第76頁。

④ (1)的内容或許可以進一步細分,但是由於大量内容無法判讀,故分爲一組。

(第 42—43 行)。以下按照數量排序列舉(2)中出現的瑞兆:

> 特發神夢膺受籙圖玉璽啓自神匱神人指授金册青玉符者四,日月抱戴老人星見者弎十有弎,五帝瑞氣黄旗紫蓋覆擁宫闕顯著斗牛者弎十有九,麟鳳龜龍銜圖負書卅有九,青猊白虎丹鸞彩□鳳廿有二,白鹿白麕白麑白兔卅有二,白雉白烏白鵲白鳩弎十有九,赤烏赤雀廿有四,白雀白燕廿有桼,神魚吐書白鯉騰舡者二,靈絮神蠶彌被原野者三,嘉禾秀穎甘露凝液六十有五,殊榦連理六百八十有三,明月火珠璧流離卅有六,大貝餘蚳餘泉桼十有五,大寶神璧水青穀璧卅有八,玉燕玉羊玉鳩者三,寶鼎神鐘神璽叜柷神翯卅有六,石室山石闉石印封啓九州吉發顯天讖彰石鏡光者弎十有弎,神□頌歌廟靈□示者三,畿民惟紀湖澤闉通應讖合謡者五,神翁神僮靈母神女告徵表祥者卅有桼,靈夢啓讖神人授書著驗□□者十,祕記讖文玉板紀德者三,玉人玉印文采明發者八,玉□玉琯玉瓒玉玦玉鈎玉稱殊輝異色者卅有三,玉尊玉盌玉盤玉罍清絜光眼者九,孔子河伯子胥王□宣言天平陘成天子出東門鄂者四,大賢司馬微虞翻推步圖緯甄匱啓緘發事與運會者二。

國山碑中的符瑞、瑞兆有 29 條 80 多種,合計 1200 多次。本文將主要分析碑文這些符瑞的種類特徵,考察該碑文反映的思想文化。

國山碑所見符瑞、瑞兆有什麽特徵? 陳槃先生在探討《孫氏瑞應圖》的過程中言及國山碑,他注意到(2)末尾"不在瑞命之篇者,不可稱而數也"的文字,認爲"瑞命之篇"指《瑞應圖》之類的書籍,國山碑中與《孫氏瑞應圖》的符瑞記載多有重合,但是還有 40 多條未記載的瑞物。[1] 前引魏氏論文指出《瑞應圖》在孫吴時期已經存在。[2] 東漢後期武祠梁祥災圖的内容大多見於《宋書・符瑞志》和《山海經》中記録的祥災,[3]其中有些解釋文與《孫氏瑞應圖》和《宋書・符瑞志》的字句一致,例如:

> 武:[玉]馬,□者清明尊賢,□□□□來□。[4]

---

① 陈槃:《古讖緯書録解題附録(二)》,《古讖緯研討及其書録解題》,臺北編譯館,1991 年,第 638 頁。

② 魏斌:《國山禪禮前夜》,第 85 頁。

③ 巫鴻:《屋頂:上天徵兆》,《武梁祠——中國古代画像藝術的思想性》下篇第三章,北京:生活・讀書・新知三聯書店,2006 年,第 91—124 頁。

④ 毛遠明:《漢魏六朝碑刻校注》第 2 册,北京:綫裝書局,2008 年,第 129 頁。

孫：玉馬者，王者清明尊賢則至。[①]

宋：玉馬，王者精明，尊賢者則出。[②]

這説明與《孫氏瑞應圖》一致的符瑞思想在東漢後期已經在地方社會流傳。若與經書、緯書等記載比較的話，我們能從國山碑中找到更多《孫氏瑞應圖》以外與一直以來廣泛流傳的符瑞相符合的項目。國山碑中的瑞應有一半在漢代已經被視爲符瑞。對此，魏氏文探討了《瑞應圖》與《史記・封禪書》、《漢書・郊祀志》的關係，[③]指出孫吴政權的符瑞策略沿襲自漢代的政治傳統[④]。

儘管如此，國山碑中還有40多種不見於《孫氏瑞應圖》的符瑞，這意味着還有一半符瑞不能視爲出自漢代傳統。利用符瑞的行爲固然承自漢代政治文化，但是應該如何理解碑文中漢代未見的瑞兆？對這些符瑞的分析有助於我們進一步了解國山碑的性質特徵。

渡邊氏從五德終始説的角度分析國山碑中的符瑞。他指出，主張土德的孫吴歷史中應該出現過很多例如黄龍等與土德有關的符瑞，史料卻中没有表現出這種傾向。然而，天册二年(276)以後，符瑞開始集中於金德(白)，國山碑所見29種符瑞中(即筆者列舉的前揭29條)，與象徵金德的白、玉、石有關的有13例，説明金德符瑞明顯集中出現。[⑤] 渡邊氏把一部分不見於《瑞應圖》的符瑞也歸爲金德符瑞，可見無論《瑞應圖》是否收録，這些符瑞都被他視爲五德終始説的體現。但是，王朝德運與和德運一致的符瑞的數量多寡並不完全對應。我們可以從曹魏和西晉的符瑞情況確認這一點。

曹魏繼承漢王朝的火德，主張土德。然而，華歆、賈詡、王朗等勸魏王曹丕受禪的“上尊號奏”中記載的曹魏符瑞有“虎豹鹿□，咸素其色，雉鳩燕爵，亦白其羽”，[⑥]均爲白色，該奏文中未見象徵土德的黄色符瑞。根據魚豢《魏略》的記載，白雀、白雉、白鹿、白虎、[⑦]白麋、白鳩[⑧]等符瑞在曹丕受禪前後多次出現。本田明日香先生將《宋書・符瑞志》記載的符瑞按色彩分爲黄色系統、赤色系統、青色系統、白色系統、黑色系統、五色、

① 《太平御覽》卷八九六《獸部八・馬四》，北京：中華書局，1995年，第3978頁。
② 《宋書》卷二九《符瑞志下》，北京：中華書局，1974年，第848頁。
③ 魏斌：《國山禪禮前夜》，第82—88頁。
④ 魏斌：《孫吴年號與符瑞問題》，第55頁。
⑤ 渡邊義浩：《孫吴の正統性と國山碑》，第40—55頁。
⑥ 洪適：《隸釋》卷一九《魏公卿上尊號奏》，北京：中華書局，1985年，第187頁。
⑦ 《藝文類聚》卷九九《祥瑞部下》，上海古籍出版社，1999年，第1712—1716頁。
⑧ 《太平御覽》卷九〇六《獸部十八・麋》，第4020頁；《太平御覽》卷九二一《羽族部八・鳩》，第4088頁。

金、銀、紫、緑等分類，指出白色系統的祥瑞占總體的82%。[①]《宋書・符瑞志》以外，筆者還按照黄、赤、青、白、黑五色系統對《南齊書・祥瑞志》、《魏書・靈徵志》下、《册府元龜・帝王部・符瑞》中的符瑞進行過統計，也得出了白色符瑞占壓倒性多數的結論（限於篇幅，統計數據從略）。因此，大多數王朝中白色符瑞均占多數，這種情況不限於曹魏一朝。

另外，接受曹魏禪讓的西晉（金德）也出現過許多符瑞，初代武帝時期是第一個高峰期。然而，儘管《晉書》卷三《武帝紀》所見青、赤、黄、白、黑色符瑞中，白瑞的確最多（20次），但青瑞、黄瑞也不遑多讓，分别有19次、10次。受禪後的泰始年間（265—274），最多的是青瑞（15次），其次是白瑞、黄瑞，均9次。即使根據五行相克説將青瑞頻見解釋爲木勝土（青克黄），代表前朝曹魏和敵對國孫吴的黄瑞數量與白瑞相頡頏的事實卻無法用五行説進行合理解釋。泰始三年（267）張掖郡報告的"白畫成文"玄石被解釋爲"實大晉之休祥"説明西晉確實把白瑞作爲自己德運的象徵。[②]但是，德運與相應色彩的符瑞數量的多寡没有必然關係。

總之，古代王朝無論何種德運大都白瑞最多，並非必然出現大量與德運色彩對應的符瑞。因此，國山碑中符瑞的色彩不能作爲確認孫吴德運的絶對綫索。也就是説，通過五德終始説來分析國山碑中符瑞的方法效用有限。

那麽，我們應該如何理解國山碑中的符瑞，特别是經書、緯書、《孫氏瑞應圖》等前代文獻中未見的大量符端？宫宅氏指出，國山碑、天發神讖碑、窆石等吴碑具有與漢碑不同的特徵，如形狀爲楕圓形、字體爲篆書等，他認爲這些特徵反映了江南的地域文化。他通過探討《吴越春秋》中的大禹傳説與國山碑中的"金册青玉符"的關係，指出該碑利用了江南的超自然的觀念。[③]以該碑的碑形與字體特徵爲根據的以上觀點具有一定的説服力。如果大禹傳説確實與國山碑中的符瑞有關，那麽該碑文中的其他符瑞、瑞兆也是否與江南的超自然的觀念相關呢？下面幾章將分析這個問題。

二、江南地域中的大禹傳承

大禹作爲三圣之一，傳説被埋葬在會稽山，山上有廟。據載，禹廟東有孫皓記述自

① 本田明日香：《日本古代における祥瑞の色とその意義—色と權力表象—》，《日本歷史》650，2002年，第18—35頁。

② 《晉書》卷三《武帝紀》，北京：中華書局，1974年，第55頁。

③ 宫宅潔：《魏・蜀・吴の正統論》，第17—64頁。

身功績的窆石。[①] 羅振玉認爲,窆石記載天文、玉石、符瑞,篆書的字體介於天發神讖碑與國山碑之間,是孫吴時期的刻石。[②] 清代錢泳將其視爲孫吴告祭文,[③]魯迅也認爲作者是孫皓。[④] 如果以上指摘正確,那麼孫皓在禹廟附近石頭上的刻記就與國山碑文性質相同,而他關注大禹傳説的可能性就很高。

前文已述,宫宅、渡邊兩氏均注意到國山碑中"金册青玉符"與《吴越春秋》大禹傳説的關係。大禹治水前,曾從《黄帝中經曆》中得知赤帝在宛委天柱門闕,山頂有其青玉書寫、白銀編制的金簡("其書金簡,青玉爲字")。禹雖然攀登衡山祭祀,卻未能得到該書簡。他在夢中遇到自稱玄夷蒼水的朱服使者("因夢見赤繡衣男子,自稱玄夷蒼水使者"),告訴他若在黄帝之岩下齋戒,三月庚子登山,就會打開石頭發現金簡("登山發石,金簡之書存")。禹遵從夢的啓示在宛委山得到金簡,因而學會治水之法。[⑤] 宫宅指出,國山碑所見的"特發神夢"、"玉璽啓自神匱"、"金册青玉符"與《吴越春秋》所見的"因夢見赤繡衣男子,自稱玄夷蒼水使者"、"登山發石,金簡之書存"、"其書金簡,青玉爲字"符合。

那麽,國山碑中這部分碑文是否就是依據了《吴越春秋》呢?值得注意的是元代姚桐壽《樂郊私語》中記載的以下石刻文:

> 六里山舊有石刻云:"天册元年。旃蒙協洽之歲,孟冬陽月,日維壬寅朔,石簣神道忽白開發,拾得青石璽符文'吴真皇帝'"共三十八字。[⑥]

海鹽(孫吴時期屬於吴郡)六里山的石碑上記録了孫皓得到石璽的事件。[⑦] 六里山是金粟山的别稱,距元代海鹽縣治西南二十五里(一説三十五里),[⑧]與發現"皇帝"刻石的臨

---

① 《太平寰宇記》卷九六《江南東道八・越州》所引《輿地紀》,北京:中華書局,2007年,第1930頁。

② 羅振玉:《吴天發神讖文補考》,《羅雪堂先生全集》六編(三),臺北:文華出版公司,1976年,第1248頁。

③ 錢泳:《履園叢話》卷一九《陵墓・夏禹陵》,北京:中華書局,1979年,第492頁。

④ 魯迅:《會稽禹廟窆石考》,《魯迅全集》第8卷《集外集拾遺補編》,北京:人民文學出版社,1981年,第1—5頁。

⑤ 周生春撰:《吴越春秋輯校匯考》下卷第六《越王無餘外傳》,上海古籍出版社,1997年,第101—102頁。

⑥ 姚桐壽撰:《樂郊私語》,《六里山天册碑》,《叢書集成新編》第95册,臺北:新文豐出版公司,1985年,第438頁。

⑦ 該石碑在唐太和四年(830)被送到蘇州。參見徐碩:《至元嘉禾志》卷一四《仙梵海鹽縣》,《宋元方志叢刊》第5册,北京:中華書局,1990年,第4516頁。

⑧ 徐碩:《至元嘉禾志》卷四《田阜鹽海縣》,第4439頁;《至元嘉禾志》卷一四《仙梵海鹽縣》,第4516頁。

平湖不遠。後者在海鹽縣西南的錢唐縣界。[①]

探討該碑文之前，首先需要推測立碑者與立碑時期。首先，該碑的立碑人不是孫皓及其中央官僚。國山碑記載石璽發現的經過爲"旃蒙協洽之歲，月次陬訾之口，日惟重光大淵獻，行年所值，實惟玆歲，帝出虖震，《周易》實著。遂受上天玉璽，文曰：'吴真□帝'。""旃蒙協洽之歲"即乙未年，"月次陬訾之口"指十月，[②]"日惟重光大淵獻"即辛亥日。乙未年是275年，即天册元年。但是，六里山碑文中記載發現石璽的日期卻是"旃蒙協洽之歲"，"孟冬陽月"（十月），"壬寅朔"。國山碑無疑由孫皓授意、中央官僚設立，所以，與其記載齟齬的六里山碑應由他人設立，很可能是得知孫皓獲得石璽消息的海鹽地方官吏製作。立碑時期無法確定。不過，根據六里山與臨平湖之間的距離，以及後世對孫皓的評價，六里山舊碑可能在距石璽發現不久的孫吴末年作成。

六里山舊碑刻文共38字，稱天册元年10月得到刻有"吴真皇帝"文字的石璽。這個稱號可能與臨平湖附近發現"皇帝"字樣的石頭有關。值得注意的是"石簣神道忽自開發"的表達。[③] 獲得石璽的描寫與《吴越春秋》中"登山發石"和國山碑中"玉璽啓自神匱"類似，表達上介於兩者之間。如何理解這個情況呢？《賀循記》中"石簣山，其形似簣，在宛委山上"[④]是筆者所見關於"石簣"的最早記載。[⑤] 賀循是東晉初人，於元帝太興二年(319)去世。他的著書内容最晚至東晉初年，包括了孫吴末期。該書記載石簣山（又稱石匱山）在宛委山上。宛委山就是《吴越春秋》中大禹得到金簡玉字的山。但是，劉宋孔靈符《會稽山記》記載"會稽山南，有宛委山，其上有石，俗呼石匱……昔禹治洪水，厥功未就，乃躋於此山，發石匱，得金簡玉字"，[⑥]大禹打開宛委山上的石匱得到金簡玉字。稍晚的北魏酈道元《水經注》中記載"有石匱山，石形似匱，上有金簡玉字之書，言夏禹發之，得百川之理也"，[⑦]没有言及宛委山，僅提到石匱山。參考這些記載，不

---

① 《晉書》卷二九《五行志下》，第883頁。

② 明代盧熊以"月次陬訾之口"爲正月。參見楊慎：《譚苑醍醐》卷八《國山碑》，《叢書集成初編》，上海：商務印書館，1937年，第74—77頁。但是，清吴騫推測或许是十月之誤。參見吴騫：《國山碑考》，《叢書集成新編》第52册，1985年，第103頁。翁方綱、王鳴盛也認爲獲得石璽在十月。參見翁方綱：《兩漢金石記》卷一八，《石刻史料新編》第1輯第10册，臺北：新文豐出版社，1977年，第7462—7463頁；王鳴盛：《十七史商榷》卷四二《三國志四·封禪國山》，上海書店，2005年，第306—307頁。六里山舊碑中"孟冬陽月"無疑指十月，因此本文採用十月説。

③ 《樂郊私語》中"忽白開發"在《至元嘉禾志》中爲"忽自開發"。後者更易理解。

④ 《太平御覽》卷四七地部一二《會稽東越諸山·石簣山》，第228頁。

⑤ 《隋書》卷三三《經籍志二》載"會稽記一卷賀循撰"，北京：中華書局，1982年，第983頁。《太平御覽》所引《賀循記》即《會稽記》。

⑥ 《藝文類聚》卷八《山部下·會稽諸山》，第146頁。

⑦ 陳橋驛：《水經注考證》卷四〇《漸江水》，北京：中華書局，2007年，第941頁。

難想象六里山石刻中"石簣神道忽自開發"是在意識到大禹得到金簡玉字傳説的基礎上撰寫的。

但是"石簣(石匱)"一詞不見於《吴越春秋》。《會稽山記》稱"俗呼石匱",即石匱不是正式名稱,是俗稱。因此,關於"石簣"的大禹傳説,不是傳承自《吴越春秋》記載的文本,而是在民間口傳中變化、發展的。又唐李泰《括地志》記載"石簣山一名玉笥山,又名宛委山",[①]宛委山被作爲石簣山的别名,可見唐初石簣山一躍成爲正式名稱。這可能與當時人民多稱"石簣"有關。也就是説,大禹"石簣"傳説的傳承具有使得俗稱成爲正式名稱的强大力量。這種在江南地域廣泛流傳的"石簣"傳説,被與國山碑相關的六里山石刻文採用。

六里山石刻文的製作者在得知孫皓獲得石璽以後,確實聯想到了大禹金簡玉字的傳説。但是,作者並非根據《吴越春秋》,而是民間流傳的大禹"石簣"傳説製作了刻石文。孫皓國山碑中的"神匱"用詞,使"石簣"更加神秘化。國山碑應該根據《吴越春秋》和口頭傳説宣傳石璽的獲得,並製作了碑文。即使六里山舊碑是後世僞作,我們也不能從《吴越春秋》中的大禹傳説直接推導出"神匱"一詞,孫皓肯定知道民間口傳的大禹"石簣"傳説。

總之,國山碑中反映大禹傳説的符瑞很可能根據的是江南地域民間傳説。因此,國山碑中其他典據不詳的瑞兆中肯定也有一些具有相同情況。但是,孫吴皇帝下令製作的國山碑爲何記載了反映民間傳説的瑞兆呢?王永平先生曾經指出:"孫氏起自下層,受以迷信巫術爲主要内容的民間信仰的影響特别明顯",[②]如上的疑問可能與王氏的觀點相關。另外,國山碑中還記載了由吴郡、鄱陽郡等地方行政管區報告的瑞兆,可見碑文中的符瑞不僅僅反映中央政府的意向。因此,我們還應該分析國山碑中符瑞與地方社會的關係。下一章將討論孫吴末期符瑞、瑞兆從地方上報到中央的過程。

三、孫吴末期地方社會與瑞兆

本章將以豫章郡爲中心探討地方社會和符瑞的關係。選擇豫章郡是因爲該地相關史料比較豐富,而且前章提到的鄱陽郡是建安十五年(210)從豫章郡分割出來的郡。[③]了解了孫吴末期豫章郡的情况,就可以進一步理解鄱陽郡瑞兆的問題。

---

① 《史記》卷一三〇《太史公自序》所引《史記正義》,北京:中華書局,1963年,第3294頁。

② 王永平:《論孫氏父子之"輕脱"》,《孫吴政治與文化史論》,上海古籍出版社,2005年,第12頁。

③ 《三國志》卷四七《吴主傳》,第1118頁。

東漢末期建安末年,顧邵作爲豫章郡太守到職。[①] 他祭祀同郡先賢徐孺子之墓,禁止祭祀淫祠、非禮之祭,教育和提拔有能力的郡吏,數年間風化大行,在郡五年卒官。[②] 顧邵顯然是一位尊崇漢代禮教主義的地方長官。[③] 相關記載又見於《太平廣記》所引《志怪》。《志怪》中顧邵同樣秉承禮教主義,但也有一些與《三國志》不同的記述。顧邵到職後禁止祭祀的淫祠諸廟中有盧山廟。儘管合郡民衆請願保留("一郡悉諫"),顧邵還是毫不留情地拆除了盧山廟。某夜,自稱盧君的鬼怪向顧邵請求復興盧山廟。被顧邵拒絕的鬼怪憤怒地預言了顧邵的死期,顧邵果然如期死亡。[④]《隋書·經籍志》中有兩種《志怪》,其中之一作者是東晉後期的祖台之。[⑤] 現存祖台之《志怪》中記載了孫吴時期的逸聞[⑥]和盧山使君的逸話,[⑦]以上顧邵的故事肯定收録於祖台之的《志怪》。該逸聞是在顧邵死後不久形成的,很大程度上反映了當時的情况。因此,對該逸聞的分析有助於揭示東漢末三國時期豫章郡的實際情况。

製造、傳承這個逸聞的人物可能是在盧山廟侍奉盧君的巫祝。[⑧] 逸話中盧君的願望代表了因盧山廟被搗毁而喪失歸所的廟巫的願望。顧邵摧毁的其他神廟的巫祝或許也將他們的遺憾寄託於盧君而傳承該逸聞。儘管如此,該傳説只在巫祝間口耳相傳的話,恐怕還無法令祖台之知曉。巫祝以外,肯定還有聽説過該逸聞,支持、傳播這個逸聞的人群。"一郡悉諫"一詞强烈地暗示了這些人群的存在。悉諫的"一郡"之民中大部分是普通百姓,也有一些身份相對特殊的郡民。

顧邵搗毁盧山廟肯定需要郡吏的協助。東漢早期會稽太守第五倫的事例可供參考。"會稽俗多淫祀……巫祝賦斂受謝,民畏其口,懼被祟,不敢拒逆……謹按:時太守、司空第五倫到官,先禁絶之。掾吏皆諫。"[⑨]第五倫禁絶巫祝的時候,大概首先指示

① 顧邵死於吕蒙在世期間,後者死於建安二十四年(219)。《三國志》卷五四《吕蒙傳》,第1280頁。

② 《三國志》卷五二《顧邵傳》,第1229頁。

③ 東漢循吏秉承禮教主義,致力於教化邊境未開之地。參見鎌田重雄:《循吏と酷吏—地方官の二つの型とその配置—》,《秦漢政治制度史研究》第二編第八章,東京:日本學術振興會,1962年,第337—356頁。關於江南地區循吏的禮教主義政治,參見大川富士夫:《江南豪族社會の展開》,《六朝江南の豪族社會》第一篇第一章,東京:雄山閣,1987年,第7—84頁。

④ 《太平廣記》卷二九三《神三·顧邵》,北京:中華書局,1961年,第2332頁。

⑤ 《晉書》卷七五《祖台之傳》,第1975頁。

⑥ 《太平御覽》卷四一一《人事部五二·孝感》,第1897頁。

⑦ 《初學記》卷二六《器物部衫第九》,北京:中華書局,2004年,第632頁。

⑧ 神廟"神驗傳説"最初的宣揚者就是廟中神巫。參見魏斌:《宫亭廟傳説——中古早期廬山的信仰空間》,《歷史研究》2010年第2期,第46—64頁。

⑨ 王利器:《風俗通義校注》卷九《怪神》,北京:中華書局,2010年,第401—402頁。

郡吏配合工作。另外还有梁代豫章内史袁君正的例子。袁君正在豫章抱恙,采納主簿熊岳的建議接受郡巫長師萬世的治療。結果,袁君正揭露師萬世的花招,處罰了師萬世并焚燒其神。① 主簿有時指廟巫。但是,熊氏是豫章五姓之一,②這裏的熊岳肯定出身地方豪族,不是戰國時代以來社會身份低下的巫祝。熊岳應該是豫章國的主簿。這裏可以看出地方官府屬吏跟巫祝的直接關係。假如袁君正首先着手禁絶巫祝,很可能遭到熊岳的反對。在這些事例的基礎上,我們可以推測顧邵禁止祭祀淫祠,而"一郡悉諫"的反對的人群中包括郡吏。

熊岳爲何特意將巫長師萬世介紹給袁君正? 藤田高夫先生關於漢代常山國元氏縣山嶽祭祀的六碑的研究可資參考。藤田氏指出,對於元氏縣各名山的祭司集团而言,受到王朝公認、獲得祭祀供物的法食有助於他們維持長期穩定的祭祀活動;另一方面,對常山國、元氏縣而言,承認地方祭祀有助於維護當地社會的穩定,也有利於提高地方長官的政績。包括朝廷在内三方祭祀方針的一致性催生出元氏縣祭祀相關諸碑的設立。③ 祭祀集团有時爲了獲取自身利益而積極地影響中央、地方政府,中央、地方政府也時而在允許的範圍内歡迎他們的活動。大概熊岳也是爲了鞏固師萬世的地位而把他介紹給袁君正。元氏縣名山之一的無極山之神派遣三個人赴京師太常請求法食,派遣的三人中除了傳達山神的旨意的靈媒蓋高、范遷二人外,山神還特意指名縣吏和下。④縣吏和下無疑在平時就與無極山山神信仰和掌管其祭祀的靈媒有聯繫,相當於袁君正事件中的豫章主簿熊岳的角色。這裏可以明確地看到地方社會的祭祀集团通過屬吏連接地方官府的關係結構。

袁君正懲辦巫祝的舞台正是顧邵任職的豫章。另外東漢時期該地還發生過太守欒巴拆毀房祀杜絶姦巫的事件。⑤ 可見豫章在漢魏六朝時期一直是巫祝活躍的地域。包括郡縣吏在内的民衆的信仰支持着巫祝的活動,巫祝和民衆利益互惠。⑥

郡國守相、縣令長是勅任官,郡縣吏則由當地採用。郡縣吏跟其他的一般民衆同様

① 《南史》卷二六《袁君正傳》,北京:中華書局,1975年,第716頁。
② 《太平寰宇記》卷一〇六《江南西道四·洪州》,第2101頁。
③ 藤田高夫:《漢代元氏縣の山嶽祭祀》,《關西大學文學論集》48—2,1998年,第46—48頁。
④ 藤田高夫:《漢代元氏縣の山嶽祭祀》,第42—45頁。
⑤ 《後漢書》列傳四七《欒巴傳》,北京:中華書局,1973年,第1841頁。
⑥ 當地出身的下層官吏的很多人,和一般的民衆一樣相信鬼神,被巫祝們的話語所蒙蔽。由實力者構成的民間社會關係及其社會勢力,通過與巫祝對民衆具有的廣泛的作用力相結合,互相强化各自的力量。參見增淵龍夫:《漢代における巫と俠》,《(新版)中國古代の社會と國家》第一篇第二章,東京:岩波書店,1996年,第119—134頁。

身處當地的信仰、利害關係網。在這一點上,可以把他們視爲"身份爲官的民"。郡縣吏作爲地方長官的屬下時,依靠國家權力統治、規制民衆。作爲鄉里代表應對地方長官時,依靠鄉論的支持要求長官維持鄉里秩序、習俗。① 郡縣吏比來自外地的太守令長更熟悉當地情況,往往回答地方長官的咨詢。比如,史書中常見地方長官向屬吏咨詢當地著名人士。此外,還有如晉代武陵太守趙厥(偉)向主簿潘京諮詢郡名由來等等。② 郡縣吏在地方長官了解當地的風俗上起到重大作用。

郡縣吏還解答關於地方政治運作的詢問。發生不可思議的現象時,地方長官有時徵求屬吏的意見。例如東漢蜀郡"楊由……爲郡文學掾。……有風吹削哺,太守以問由。由對曰:'方當有薦木實者,其色黄赤。'頃之,五官掾獻橘數包"。③ 符瑞出現的時候,長官肯定也會徵求他們的意見。王莽時期汝南郡"都尉高懿廳事前有槐樹,白露類甘露者。懿問掾屬,皆言是甘露"。④ 東漢楊由的情況中,五官掾將橘獻給太守,北齊東郡五官掾張凝在外出工作中獲得符瑞嘉麥,太守孟業將此申報中央。⑤ 可以説,郡縣吏是地方長官按照行政規定處理符瑞的事务中的重要角色。

在上述地方長官與屬吏關係的基礎上,可以導出如下過程:如果郡縣屬吏將反映當地信仰的現象作爲瑞兆向地方長官報告,或將由一般郡縣民衆報告的現象解釋爲反映當地信仰的瑞兆而影響地方長官的判斷,地方長官就很可能將類似國山碑中反映民間信仰、傳説的瑞兆報告給中央政府。不過,這裏存在一個問題。屬吏固然輔助地方長官處理符瑞,最後的決策還是取決於地方長官的判斷。如果像顧邵那樣的地方長官,即便屬吏積極促進,依然不會將與禮儀主義相反的現象承認爲符瑞,更不會向中央報告。那麽,孫吴末期的地方長官具有什麽特徵呢?

根據大川富士夫先生的研究,由於東漢的禮教主義循吏政策,三國時期的江南豪族

---

① 地方官府掾吏由當地大小土豪、豪族占領,任命郡縣吏員的基準就是鄉里的輿論,掾吏作爲地方士人意志的代表要求地方長官實施與當地情況適合的政治。無視他們所保持下來的自律性秩序,依仗强權急着想要鎮壓當地勢力的地方長官,會遭到下屬官僚族黨的强烈抵制。參見濱口重國:《漢代に於ける地方官の任用と本籍地との關係》,《秦漢隋唐史研究》下卷第三部第五,東京大學出版會,1966年,第787—807頁;增淵龍夫:《漢代における民間秩序の構造と國家秩序との關係》,《(新版)中國古代の社會と國家》序章四,第44—76頁。

② 《續漢書·郡國志四》注所引《先賢傳》,第3484頁;陳橋驛:《水經注考證》卷三六《延江水》引《武陵先賢傳》,第829頁。

③ 《後漢書》卷七二上《楊由傳》,第2716頁。

④ 陳橋驛:《水經注考證》卷二一《汝水》所引《汝南先賢傳》,第506頁。

⑤ 《北史》卷八六《孟業傳》,北京:中華書局,1974年,第2875頁。

多接受儒教文化成爲文人士大夫。但是,這種現象僅限於吴郡、會稽郡等先進地域。[①]川勝義雄先生强調,西晉末司馬睿政權進入江南地域帶來的中原鄉論主義將吴郡、會稽郡的一流豪族與吴興豪族之間劃分了界綫。[②] 陳寅恪先生也早就指出,東晉初年孫吴舊統治階級可略分爲兩類,一爲文化士族,如吴郡顧氏等,一爲武力强宗,如義興周氏等。[③] 孫吴時期,吴郡、會稽郡的豪族大致是遵循禮教主義的地方長官輩出的主要基地。像東漢末期豫章太守顧邵確就出身於吴郡四姓。但是,孫吴末期的情況有所不同。魏氏指出,孫皓需要尋找取代吴郡大族的支持者,孫皓末期對吴郡、會稽郡大族打擊甚力。隨着孫皓的上台,吴興周氏、沈氏和錢氏顯然獲得了更好的上升機會,兩晉之際江南最有武力也最活躍的也是這一人群。[④] 因此,孫吴末年,因基地被打擊,秉承禮教主義的地方長官肯定減少了。

那麽,孫吴末期地方長官是什麽人呢? 國山禪禮後的第三年,吴興沈季作爲豫章太守赴任:

> 吴興沈季,吴天紀二年,爲豫章太守。白日,於廳上見一人,著黄巾練衣。自稱汝南平與許子將。求改葬。倏然不見。季求其喪,不知所在,遂招魂葬之。豫章記。[⑤]

劉宋雷次宗《豫章記》的以上記載又見於《太平御覽》[⑥]和《太平寰宇記》。[⑦] 綜合三者的記述,天紀二年(278)任職豫章太守的吴興沈季,收到東漢興平二年(195)客死豫章的汝南許子將(許劭)希望改葬的請求,可是沈季未能找到許劭的喪所,最終只好舉行了招魂葬,由文學掾施遐製作招魂文。招魂葬是喪家因某種原因得不到死者的屍體的時候,召集死者靈魂歸來埋葬的儀式。西漢時高祖爲皇妣舉行招魂葬,東漢光武帝爲

① 大川富士夫:《江南豪族社會の展開》,《六朝江南の豪族社會》,第7—84頁。

② 川勝義雄:《東晉貴族制の確立過程—軍事的基礎の問題と關連して—》,《六朝貴族制社會の研究》第Ⅱ部第四章,東京:岩波書店,1982年,第211—256頁。

③ 《東晉與江南士族之結合》,萬繩楠整理:《陳寅恪魏晉南北朝講演録》第九篇,安徽:黄山書社,1987年,第146—159頁。

④ 魏斌:《國山禪禮前夜》,第92—93頁。

⑤ 《太平廣記》卷三一七《鬼二·沈季》,第2511頁。

⑥ 《太平御覽》卷五五六《禮儀部三五·葬送四》,第2516頁。

⑦ 《太平寰宇記》卷一〇六《江南西道四·洪州》,第2107頁。

姊招魂葬,東晉初年東海王司馬越妃裴氏希望爲司馬越舉行招魂葬。[①] 但是,沈季爲遠在80年前死去的既毫無血緣關係、又不相識的許劭舉行招魂葬,與以上三例頗有不同。沈季的行爲或許出於尊崇有關當地先賢的禮教意識,但是招魂葬一般需要借助巫術,考慮到本次事件的神秘緣起,這次的招魂葬肯定更加需要巫術。[②] 前面已經反復提到,豫章是漢魏六朝時期巫祝一直活躍的地區。製作招魂文的文學掾施遐也許像梁代豫章主簿熊岳那样向太守沈季介绍當地巫祝。

總之,與禁絶淫祠摧毁廬山廟的顧邵相比,沈季對民間信仰持更加寬大的態度,從這一點來講,他的禮教意識相对薄弱。即使《豫章記》記載的逸聞是後世假託,但這些記述或多或少地反映了作爲事件發生地的孫吴末年豫章郡的一般情況。從這個例子可以看出孫吴末年奉承禮教主義的地方長官減少,以及存在將反映地方信仰、傳說的現象解釋爲瑞兆而向中央報告的地方長官的可能性。

那麽,這種可能性的進一步發展是否就體現爲國山碑中的瑞兆?這裏可聯想到國山碑中"石印封啓,九州吉發"的鄱陽郡歷陵山的瑞兆。歷陵石山有黄赤之洞,俗稱"石印",當地口俗相傳,石印开,天下太平。歷陵縣長向中央報告石印打開。孫皓派遣的使者將石印神三郎廟巫的預言"天下方太平"虚飾爲"楚九州渚,吴九州都,揚州士,作天子,四世治,太平始",向孫皓報告。孫皓特地爲石印神封王,并賜予印綬。[③] 從豫章郡分割而成的鄱陽郡風俗肯定跟漢代以来巫祝活動活躍的豫章郡相同。信仰石印神的鄱陽郡歷陵縣巫祝和屬吏,與漢代元氏縣靈媒、縣吏或梁代豫章巫長、主簿同樣爲了鞏固地方信仰而積極地向地方官府提供信息,歷陵的官長通過他們獲知石印信息并作爲瑞兆呈報給中央。因此,該石印瑞兆正與本章以豫章郡爲例進行探討的地方官府處理符瑞的構造相同——受到鄉黨支持,具有與鄉黨相同信仰的郡縣屬吏將反映當地信仰的現象解釋爲瑞兆而影響地方長官的判斷,對民間信仰持寬容態度的地方長官將此報告中央并進而受到國家承認。還可以發現其他類似例子。國山碑中"讖民惟紀湖澤闓道應讖合謡"、"神□頌歌廟靈□示"、"神翁神僮靈母神女告徵表祥"、"靈夢啓讖神人授書著驗□□"、"孔子河伯子胥王□宣言天平地成天子出東門鄂"等的瑞兆,都可能是與石印瑞兆同樣的操作模式而被記録的現象。國山碑中還有"石鏡光"的用語。根據六

① 關於招魂葬,參見木島史雄:《招魂をめぐる禮俗と禮學》,《中國思想史研究》13,1990年,第35—62頁。

② 賴亞生:《招魂:人鬼之間的争奪戰》,《神秘的鬼魂世界——中國鬼文化探秘》第六章,北京:中國人民大學出版社,1993年,第127—158頁。

③ 《三國志》卷四八《孫皓傳》及裴注引《江表傳》,第1171—1172頁。

朝時期地理書的記載,石鏡是吴興或豫章存在的事物。① 即使無法確認石鏡是否與民間信仰相關,但石鏡也可能與大禹"石簣"傳説同樣,是當地民衆傳承的神秘性現象通過以上的構造呈報給中央的。

孫皓即位後,地方揣摩孫皓的意旨而頻繁報告符瑞。② 被孫皓任命的太守、令長爲了阿諛、滿足皇帝的慾望,很可能督促郡縣民衆報告符瑞,並且向身邊的屬吏詢問當地的符瑞情況。另一方面,受到鄉黨支持,跟鄉黨具有同樣信仰的地方屬吏,肯定把從《瑞應圖》等典據的基礎上出現的事物到受當地信仰影響出現的現象都作爲符瑞報告給地方長官,或幫助地方長官如此解釋符瑞,對民間信仰持寬容態度的地方長官參照屬吏的解釋報告中央。其結果就是國山碑中的大量符瑞。

四、結　　語

本文的目的是探討古代中國符瑞的行政處理程序,及其過程對政治和社會起到的作用。因此本文從刻有大量符瑞名稱的國山碑入手,通過分析這些符瑞的特徵,借此揭示孫吴末期地方社會與符瑞的關係。國山碑上的符瑞,一半出自漢代以來《瑞應圖》等各種文獻,一半不見於前代文獻。本文特別分析了後者的情况,指出國山碑中的祥瑞與東晉南朝時期文獻資料中的大禹傳説的相關性。原本漢代就已經被文獻記録的傳説在江南地區廣泛口耳相傳的過程中變化與發展。國山碑之所以刻有許多這種類型的符瑞、瑞兆,是因爲深植於地方社會的郡縣屬吏將反映當地信仰的現象解釋爲瑞兆而影響了地方長官的判斷,對民間信仰寬容的地方長官將此作爲祥瑞呈報給中央朝廷。

值得注意的是,三國末吴興郡的國山碑上的符瑞,既繼承了漢代以來的傳統,又混雜了本地的信仰。推斷時間爲魏晉時期的敦煌佛爺廟灣一號墓畫像磚和敦煌一三三號墓畫像磚中,③不僅描畫了各種《宋書・符瑞志》所載的瑞獸,還有未判明的神獸,伯牙與子期、李廣等圖像。其中,李廣出身隴西,是漢武帝時期討伐匈奴的名將,與已經被視

① 關於廬山石鏡的記述見於張僧監《尋陽記》(陳橋驛:《水經注校證》卷三九《廬江水》,第925頁);關於吴興郡臨安縣石鏡的記述見於山謙之《吴興記》(《北堂書鈔》卷一三六《服飾部五》,京都:中文出版社,1979年,第628頁)、《山川記》(《太平寰宇記》卷九三《江南東道五・杭州》,第1870頁),關於宫亭湖石鏡的記述見於《幽明録》(《太平御覽》卷七一七《服用部一九》,第3179頁),關於松門山石鏡的記述見於《豫章圖經》(《太平御覽》卷四八《地部一三》,第234頁)。

② 《三國志》卷六五《韋曜傳》,第1462頁。

③ 甘肅省文物考古研究所編:《墓葬年代與有關問題》,《敦煌佛爺廟灣西晉畫像磚墓》第五章,北京:文物出版社,1998年,第100—106頁,根據敦煌一三三號墓畫像磚推測爲西晉初期豪族地主的墓葬。

爲神仙的伯牙、子期都是敦煌畫像磚中經常出現的圖像。[①] 如本論所述,《宋書·符瑞志》中的符瑞在漢代已經存在,如果把李廣與伯牙、子期都視爲河西地域受到民間崇信的人物的話,就可以發現吴興國山碑與敦煌畫像磚在瑞兆的表達方式上的共通性。另一方面,東漢後期山東省的武梁祠祥災圖幾乎全部對應《瑞應圖》和《山海經》,[②]内蒙古和林格爾漢墓的祥瑞圖幾乎都可以從《瑞應圖》和緯書中找到典據。[③] 但是,國山碑、敦煌畫像磚表達瑞兆的方式與以上漢代畫像石不同,同時包括了文獻中的符瑞和地域社會關心的瑞兆。這一點可能與統一王朝漢代的崩潰、天下分裂有關,這種歷史環境提高了人們對地方社會、當地自然山川的意識而促生了以上表達瑞兆的方式。在國山碑設立的孫吴末期社會開始呈現新時期的面貌。

國山碑的以上特徵,是因爲孫吴末年禮教主義地方長官輩出的吴郡、會稽郡受到巨大打擊而導致傳統循吏類型的地方長官顯著減少造成的。

儘管如此,國山碑體現的孫吴末期地方官府符瑞處理的行政結構,在一定程度上可以運用於整個漢魏六朝時期。武梁祠祥災圖與《瑞應圖》的一致性説明了《瑞應圖》帶有的儒教政治思想已經滲透到地域社會。出身地方豪族的屬吏可能向長官獻上與其思想相關的符瑞,而也可能因思想不一致而否定地方長官認可的符瑞。前引王莽時期汝南都尉的事例中,面對都尉的詢問,掾屬回答異相爲甘露,但郡功曹鄭敬表示反對,稱"明府政未能致甘露"。[④] 這算是"身份爲官之民"的郡吏通過解釋符瑞來向治政主體的郡都尉要求其施行善政的事例。符瑞不僅被皇帝用來提高自身權威,而且被被統治者用來引導施政主體實踐理想政治。通過這些討論,有助於我們通過符瑞從制度和實際運作等静態、動態兩方面理解上至皇帝下至民衆的中國古代政治、社會構造。

本文致力於勾勒出符瑞從地方上報到中央整體過程的基本構造,但未能充分討論符瑞的行政處理過程對政治和社會起到的作用。儘管梳理出地方社會中與祭祀相關集団、人物積極協助官方取得符瑞的情形,但是未能深入考察地方長官或官府屬吏作爲官吏如何自發地發掘符瑞。這些留作今後的課題。

---

① 關尾史郎:《もうひとつの敦煌　鎮墓瓶と画像磚の世界》,東京:高志書院,2011年,第88—126頁。

② 巫鴻:《屋頂:上天徵兆》,第91—124頁。

③ 蓋山林:《封建統治階級的意識形態》,《和林格爾漢墓壁画》六,呼和浩特:内蒙古人民出版社,1978年,第74—78頁。

④ 陳橋驛:《水經注考證》卷二一《汝水》所引《汝南先賢傳》,第506頁。

《魏晉南北朝隋唐史資料》第四十輯
2019年11月,32—61頁

魏晉史籍中的曹操稱謂
——基於裴注所引"佚史"的考察

楊繼承

稱謂,是基於親屬關係及社會關係而建立起來的稱呼、名號。在"親親尊尊"的古代中國,稱謂既能區别親族中的親疏遠近,亦可以昭示其在社會等級制度中的身份與地位。而親屬、社會關係複雜,兼之時代懸隔、地理不同,遂使稱謂各異。劉知幾《史通·雜説》篇即云:"古往今來,名目各異。區分壤隔,稱謂不同。"①《稱謂》篇又云:"夫歷觀自古,稱謂不同,緣情而作,本無定準。"②清人梁章鉅《稱謂録》亦云:"古人稱謂,各有等差,不相假借。"③而這些各有等差、名號不同的稱謂,無疑又能够反映不同時代、區域的社會結構。如葛志毅所言:"各種社會稱謂的總和,往往是某個社會構成的層次網絡的總體反映,或者説,它能從外觀上比較全面地描述某社會結構的總體組織形式。"④由此言之,稱謂亦可成爲研究古代社會文化的一個視角與途徑。⑤

最早以"稱謂"名篇的《史通·稱謂》,則主要關注史籍中的帝王稱謂。據浦起龍之總結,《稱謂》篇所詳者凡五項:"一斥魚、孫三國名備名權也,一辯志十六國直書爲盜也,一議晉後嗣世概加廟號也,一譏二魏開國追尊可笑也,一鄙收書題目創名駭見也。"⑥從"斥"、"辯"、"議"、"譏"、"鄙"等用詞可見,劉知幾對史籍中對於帝王的稱謂有着激切的批評。蓋帝王之稱謂,實乃古代史家書寫之重點,且關涉等級、避諱、正朔諸

① 劉知幾著,浦起龍通釋,王煦華整理:《史通通釋》卷一七《雜説中第八》,上海古籍出版社,2009年,第463頁。

② 《史通通釋》卷四《稱謂第十四》,第101頁。

③ 梁章鉅:《稱謂録》序,《續修四庫全書》,第1253册,上海古籍出版社,2001年,第237頁。

④ 葛志毅:《〈稱謂録〉點校前言》,《譚史齋論稿三編》,哈爾濱:黑龍江人民出版社,2006年,第353頁。

⑤ 關於古代中國稱謂的研究,已經涉及等級秩序、職業身份、家庭結構、民族關係、行政控制與社會風習等諸多方面。參見王子今:《秦漢稱謂研究》,北京:中國社會科學出版社,2014年。

⑥ 劉知幾著,浦起龍通釋,王煦華整理:《史通通釋》卷四《稱謂第十四》,第102頁。

般重要問題,自然争議甚多。而這種争議最多的,恐怕莫過於關涉魏、蜀正統論的曹操稱謂問題。本文希望通過對曹操稱謂的個案考察,探討魏晉史籍關於稱謂的書寫,並對三國正統論做一個側面的説明。

一、《三國志》與裴注中的曹操稱謂：從《魏志·武帝紀》説起

在《三國志·魏志·武帝紀》中,曹操便有“太祖”、“公”、“王”三種稱謂。始稱“太祖”;至建安元年冬十月改稱“公”;至建安二十一年夏五月,則改稱“王”;至於紀後的“評曰”,則又稱“太祖”,並延續至《魏志》[①]終卷。

對於這一稱謂的變更及其緣故,清人早有論述。李清植曰:“按此書於曹操始稱太祖,及漢帝遷許,以操爲大將軍,則改稱公,蓋天子三公稱公也,既進爵魏王,則改稱王。”[②]由此可知,改稱“公”乃是曹操被授予大將軍,位爲三公。何焯即云:“自爲大將軍後始稱公。蓋天子三公稱公也。”[③]而改稱爲“王”,則是進爵爲魏王。至於稱“公”以前何以稱“太祖”,姜宸英曰:“前此無專官,故稱太祖,至此始改稱公。”[④]據《武帝紀》,曹操建安元年授大將軍之前,有洛陽北部尉、頓丘令、騎都尉、濟南相、典軍校尉、奮武將軍、建德將軍、鎮東將軍、費亭侯等官爵名號,名目繁多,故以廟號稱之。

對於陳壽在《武帝紀》中的這一做法,或以爲體例不純。王鳴盛即曰:“愚見以爲既作本紀,躋之帝王之列,自不如概稱太祖爲直截,省卻多少葛藤。”[⑤]康發祥亦曰:“一紀中三異其稱,承祚之史例如此,何如始終稱太祖,使人了然乎!”[⑥]或以爲,曹操由公而稱王稱帝,乃是隱喻曹操篡漢之實,故當以春秋筆法視之。李清植即云:“即曹丕未篡之先,亦稱王而已,明其爲漢王公也。爲漢王公而卒乃帝,其爲篡也章矣。陳壽仕晉,而晉繼魏,故微其辭以寓其旨。若孫權,則雖篡後,猶權之耳。惟先主始終皆稱先主無易辭,以此知陳壽意中以正統予蜀,如《綱目》之旨”,[⑦]即其代表。梁章鉅發揮李清植之説云:

---

① 按,《三國志》原名分别稱爲“魏書”、“蜀書”、“吴書”(參見辛德勇:《陳壽〈三國志〉本名〈國志〉説》,《當代學人精品·辛德勇卷》,廣州:廣東人民出版社,2016年,第249—250頁),本文爲行文方便,且與王沈《魏書》、韋曜《吴書》相區别,故仍用“魏志”、“蜀志”、“吴志”之俗稱。

② 《三國志》卷一《魏書·武帝紀》附考證,武英殿校勘本,乾隆四年。

③ 何焯著,崔高維點校:《義門讀書記》卷二六《三國志·魏志》,北京:中華書局,1987年,第426頁。

④ 參見盧弼:《三國志集解》卷一,北京:中華書局,1982年影印本,第18頁。

⑤ 王鳴盛撰,黄曙點校:《十七史商榷》卷四〇《稱太祖王公》,上海古籍出版社,2013年,第444—445頁。

⑥ 康發祥:《三國志補義》卷一,咸豐十一年刻本。

⑦ 《三國志》卷一《魏書·武帝紀》附考證,武英殿校勘本,乾隆四年。

"言其體雖襲史、漢之舊,而書法則容有合於《春秋》也。"[1]盧弼亦認爲:"稱公稱王,所以著其篡之迹也。《文帝紀》亦然,由王而天子,由臣而躋君位,隱喻春秋筆伐之意,此所以爲良史也。"[2]

有關《武帝紀》曹操稱謂三易其稱的問題,劉咸炘既不認爲是體例不純,也不認爲隱含春秋筆法。他論述道:"按此法出《史記》、《漢書・高祖紀》,王氏以爲葛藤固謬,李氏以爲微意亦非。漢高書沛公,豈亦咎其不當背楚懷王乎?即使曹氏子孫爲書,亦必如此書也。"[3]則劉咸炘將陳壽《武帝紀》的書法溯源自《史記》、《漢書》。關於這一書法,李澄宇之説更詳:"以太祖爲大將軍封武平侯以前(建安元年事)皆稱太祖,後乃稱公,爲魏王後(建安二十一年事)乃稱王,亦猶《史記》高紀乃立季爲沛公以前稱高祖,後乃稱沛公。項羽負約,更立沛公爲漢王,後乃稱漢王也。所異者,高祖未爲沛公前,連稱劉季者十一,五年未即帝位前,稱高祖者一,稱皇帝者二,稱漢王者四。即帝位後,或稱皇帝,或稱上,或稱高祖耳。"[4]如此看來,陳壽在《武帝紀》中的做法,只是在司馬遷《高祖本紀》之上的發展與完善而已。而如此書寫的初衷,可能只是實録創業君主之歷程,並不一定有隱喻褒貶在其中。

《三國志・武帝紀》曹操稱謂的書法源自《史記》的説法,無疑是正確的。這既回應了對陳壽《三國志》體例不純的批評,也挫敗了那些持蜀漢正統觀而認爲這一書法"隱喻曹操篡漢之實"、"以正統予蜀"的觀點,可謂通達可信。與李清植、盧弼的觀點恰恰相反的是,如果我們整體考察《三國志》一書有關魏、蜀、吴三國君主的稱謂,反而能够説明陳壽實在是以正統予魏。趙翼即云:"《魏志》稱操曰太祖,封武平侯後稱公,封魏王後稱王,曹丕受禪後稱帝,而於蜀、吴二主則直書曰劉備,曰孫權,不以鄰國待之也。蜀、吴二志凡與曹魏相涉者,必曰曹公,曰魏文帝,曰魏明帝,以見魏非與其國也。"[5]由此可見,在《三國志》中,吴、蜀兩國與魏國在稱謂上是不對等的。對此,劉知幾早有批評道:"乃没吴、蜀之謚號,呼權、備姓名,方於魏邦,懸隔頓爾,懲惡勸善,其義安歸。"[6]

---

① 梁章鉅撰,楊耀坤校訂:《三國志旁證》卷一,福州:福建人民出版社,2000年,第1頁。

② 盧弼:《三國志集解》卷一,第18頁。

③ 劉咸炘:《三國志知意》,劉咸炘著,黄曙輝編校:《劉咸炘學術論集(史學編)》,桂林:廣西師範大學出版社,2007年,第327頁。

④ 李澄宇:《讀三國志蠡述》卷一,張舜徽主編:《二十五史三編》第四分册《後漢書之屬》,長沙:嶽麓書社,1994年,第1032頁。按,引文括弧内原書爲雙行夾注。關於《史記・高祖本紀》有關劉邦稱謂的變更情況,參見《史記》卷八《高祖本紀》,北京:中華書局,2014年修訂本,第446、465、477頁。

⑤ 趙翼撰,王樹民校證:《廿二史札記校證》卷六《三國志書法》,北京:中華書局,2013年,第124—125頁。

⑥ 劉知幾著,浦起龍通釋,王煦華整理:《史通通釋》卷四《稱謂》,第99頁。

這尤可以説明陳壽一書之正統實在魏。[①]

由此看來，有關《三國志》對於魏、蜀、吴君主稱謂及相關正統問題的争論，本無需再加深究。不過，當我們將目光從陳壽《三國志》本文轉移到裴松之注時，卻發現裴注中的曹操稱謂與《三國志》正文保持着驚人的一致性。也就是説，在裴注所引的所有文獻中，《武帝紀》部分的曹操稱謂也由“太祖”而“公”、由“公”而“王”，[②]再回到“太祖”，並延續至《魏志》終卷。而在《蜀志》、《吴志》的注文中，曹操亦均稱爲“曹公”。[③]

裴注與《三國志》對於曹操稱謂的高度一致，不免讓人産生疑問。裴松之所引史籍繁多，[④]録魏事者，有魚豢《魏略》、孫盛《魏氏春秋》、王沈《魏書》、陰澹《魏紀》等；録蜀事者，有王隱《蜀記》、譙周《蜀本紀》、陳壽《益部耆舊傳》等；録吴事者，有張勃《吴録》、吴沖《吴曆》、韋曜《吴書》、虞溥《江表傳》；統録三國史事者，則有習鑿齒《漢晉春秋》、《獻帝春秋》、《獻帝紀》、《獻帝起居注》等。[⑤] 這些史籍成書之年代、地域不同，體例各異；且曹操之稱謂，又實關涉自古以來争論最多的蜀、魏正統問題，[⑥]實在難以想象魏晉史家能够就這一問題與陳壽保持一致的意見。因此，探究魏晉史籍關於曹操稱謂的真實圖景，就顯得十分必要。當然，由於裴注所引史籍大多已經散佚，其中大多數還主要依靠裴注留存至今，我們需要以“史源學”之方法，借助其他文本中的殘篇佚文，以對魏

---

① 劉咸炘曾指出，陳壽《三國志》“尊魏”可從以下四方面看出。其一，“魏稱紀而蜀、吴僅爲傳”；其二，“稱漢爲蜀，直以地名示其爲偏方而不用本名以敵魏也”；其三，“以《二牧傳》列《蜀志》之首，明以地爲斷，示其偏方也”；其四，“蜀、吴二書書法皆不與魏爲敵國之詞”。參見劉咸炘：《三國志知意》，第306—315頁；熊鋭：《尊魏、戀蜀、遠吴：劉咸炘對〈三國志〉三國親疏關係的認知》，《史學史研究》2018年第1期。

② 以筆者所見，僅有日本學者滿田剛曾注意到裴注引王沈《魏書》曹操稱謂改變這一現象。參見滿田剛：《『太平寰宇記』所引王沈『魏書』について——附論『太平寰宇記』所引『魏志』·『魏略』·魏收『魏書』》，《創価大學人文論集》第22號，2010年，第188頁。

③ 當然，裴注中尚有與《三國志》正文不同的地方，但僅爲個例，並不影響我們對這一體例的歸納。

④ 關於裴注引書的研究與統計，可參見顧起元：《説略》卷一三，明萬曆四十 年吴德聚刻本；趙紹祖：《讀書偶記》卷七《三國志注所引書名》，趙紹祖撰，趙英明、王懋明點校：《讀書偶記 消暑録》，北京：中華書局，1997年，第92 96頁；錢大昭：《三國志辨疑》，《叢書集成初編》本，第1—3頁；錢大昕著，方詩銘、周殿傑校點：《廿二史考異》卷一五《三國志一》，上海古籍出版社，2004年，第274—275頁；趙翼撰，王樹民校證：《廿二史札記》卷六《裴松之三國志注》，第135—136頁；王玉樹：《經史雜記》卷三《三國志注徵引之博》，清道光十年芳棂堂刻本；沈家本：《古書目》卷一《三國志注所引書目一》，《沈寄簃先生遺書》乙編，歸安沈氏刻本；王鍾翰：《三國志裴注考證》，《中國文化研究彙刊》，1945年第5卷；王仲犖：《魏晉南北朝史》，上海人民出版社，2003年，第829頁；張子俠：《〈三國志〉裴注研究三題》，《史學史研究》2000年第2期；逯耀東：《〈三國志注〉引用的魏晉材料》，《魏晉史學的思想與社會基礎》，北京：中華書局，2006年，第273—287頁；高敏：《〈三國志〉裴松之注引書考》，《河南科技大學學報(社會科學版)》2007年第3期。

⑤ 分爲録魏、蜀、吴及統録三國四類，是按照浦起龍的做法。參見劉知幾著，浦起龍通釋，王煦華整理：《史通通釋》卷一二《古今正史》，第324頁。

⑥ 梁啓超著，夏曉紅、陸胤校：《新史學》，北京：商務印書館，2014年，第110頁。

晉"佚史"[1]中的"曹操"稱謂做一番追本溯源的考察。

二、"隨正文爲稱":裴注關於曹操稱謂之體例

《三國志》中華書局點校本在《出版説明》中對裴注有這樣的評價:"清代學者雖然推重裴注,但也有人指責他有的應注而不注,有的不應注而注,引書有改字等等(見趙翼《陔餘叢考》六、《四庫提要》四五及盧文弨的批注)。"[2]在曹操的稱謂問題上,裴注即存在"引書改字"的問題。這一問題的发現,則以裴注所引《曹瞞傳》中的"太祖"最爲代表。

《魏志·武帝紀》裴注引《曹瞞傳》完全遵循《武帝紀》正文的書法,分别稱曹操爲"太祖"、"公"、"王",最後又稱"太祖"。如:

> 《曹瞞傳》曰:太祖一名吉利,小字阿瞞。
>
> 《曹瞞傳》曰:公聞攸來,跣出迎之,撫掌笑曰:"子遠,卿來,吾事濟矣。"
>
> 《曹瞞傳》曰:王更脩治北部尉廨,令過於舊。
>
> 《曹瞞傳》曰:太祖爲人佻易無威重,好音樂,倡優在側,常以日達夕。[3]

這種按照"太祖—公—王—太祖"而改變曹操稱謂的書法,可以確定並非《曹瞞傳》之原本。據《舊唐書·經籍志》著録,《曹瞞傳》爲"吴人作"。[4] 裴松之《武帝紀》注亦稱"吴人作《曹瞞傳》"。[5] 據此,章宗源《隋書經籍志考證》曰:"愚按,傳名曹瞞,又係吴人所作。其言操少好飛鷹走狗,遊蕩無度,又佻易無威重,好音樂,及遣華歆入宫收伏后事,語皆質直,不爲魏諱。故《世説》注、《文選》注所引皆稱操名。惟《魏志》注多稱'太祖',自系裴松之所改,非吴人原本。"[6]盧文弨亦云:"太祖之稱,非《曹瞞傳》本文如此,

① 關於"佚史"一詞的使用,本文参考了羅秉英、唐燮軍、張辭修的用法。参見羅秉英:《魏晉六朝時期"佚史"書志的編纂》,《思想戰綫》1987年第2期;唐燮軍:《史家行迹與史書構造——以魏晉南北朝佚史爲中心的考察》,杭州:浙江大學出版社,2014年;張辭修:《三國佚史散亡考論》,《文史》2018年第1輯。實際上,李學勤先生已經很早就使用過"佚籍"的概念,参見李學勤:《簡帛佚籍與學術史》,南昌:江西教育出版社,2001年。

② 《三國志》出版説明,第3頁。

③ 《三國志》卷一《魏書·武帝紀》,第1、21、52、54頁。

④ 《舊唐書》卷二六《經籍上》,北京:中華書局,1975年,第2003頁。

⑤ 《三國志》卷一《魏書·武帝紀》,第1頁。

⑥ 章宗源:《隋書經籍志考證》卷一三,二十五史刊行委員會編:《二十五史補編》,北京:中華書局,1955年,第5029頁。

此傳作于吴人,直斥其小字,豈有稱曰太祖,此與下稱公稱王皆裴注隨正文爲稱耳。"[①]章宗源、盧文弨二氏所言,甚合情理。顯然,"書出敵人之口"、"於曹操奸惡備載無遺"[②]的《曹瞞傳》,必不至於爲魏諱而對曹操加以尊稱。因此,裴松之注引《曹瞞傳》所謂"太祖"、"公"、"王",皆爲裴注"隨正文爲稱"而改,[③]其原本當如《世説》注、《文選》注等所引作"操"、"曹操"。如《曹瞞傳》所載曹操小字阿瞞,裴注稱引爲"太祖",而《世説新語》劉孝標注則稱"操"。[④] 此外,《後漢書》注、《太平御覽》等文獻所引《曹瞞傳》,也多直稱其本名。因此,熊明所輯《曹瞞傳》,即將"太祖"、"公"、"王"改爲"操"或"曹操",[⑤]以還其舊。

而實際上,裴注引書中的曹操稱謂乃"隨正文爲稱",尚有更爲堅實的證據。我們以裴注引王璨《英雄記》及衛恒《四體書勢》爲例。裴注引王璨《英雄記》,《魏志》部分稱"太祖",《蜀志》部分則稱"曹公",與《三國志》正文一致。然而,考王璨卒於建安二十二年,則《英雄記》之完成時間,當以此爲下限。[⑥] 而爲曹操立武皇帝廟,尊爲魏太祖,卻是魏文帝黄初三年之事,[⑦]故《英雄記》原書絶無可能稱曹操爲"太祖"。實際上,《太平御覽》、《水經注》等書所引《英雄記》,即多稱作"曹操"、"曹公",[⑧]可見《英雄記》之原本。由此可見,裴注所引《英雄記》之"太祖",乃是隨正文爲稱。也就是説,在魏文帝尊曹操爲"太祖"前已經成書或已經形成文字的史料,絶不會稱"太祖"。

《魏志・武帝紀》裴注引衛恒《四體書勢序》[⑨]亦稱曹操爲公,如:"及荆州平,公募

---

① 參見盧弼:《三國志集解》卷一,第5頁。

② 侯康:《補三國藝文志》卷三,《二十五史補編》,第3180頁。

③ 亦可參見張宇:《裴松之〈三國志注〉研究》,濟南:山東大學出版社,2016年,第23—26頁。

④ 劉義慶著,劉孝標注,余嘉錫箋疏,周祖謨等整理:《世説新語箋疏》卷下之下《假譎》,北京:中華書局,2007年,第999頁。

⑤ 參見熊明:《〈曹瞞傳〉考論——兼論六朝雜傳的小説化傾向》,《古籍研究》2002年第1期,第25—26頁;熊明輯校:《漢魏六朝雜傳集》,北京:中華書局,2017年,第282頁。按,嚴可均輯本則仍依裴注,參見嚴可均輯:《全三國文》卷七五《曹瞞傳》,《全上古三代秦漢三國六朝文(附索引)》,北京:中華書局,1958年影印本,第1455—1456頁。

⑥ 關於《英雄記》的具体成書時間,可參見韓格平:《建安七子綜論》,長春:東北師範大學出版社,1998年,第139頁;劉志偉:《中國歷史上第一部"英雄"傳記——試論王璨〈英雄記〉》,《西北大學學報(社會科學版)》2002年第3期。

⑦ 《文帝紀》裴注引《魏略》:"辛酉,有司奏造二廟,立太皇帝廟,大長秋特近侯與高祖合祭,親盡以次毁;特立武皇帝廟,四時享祀,爲魏太祖,萬載不毁也。"《三國志》卷二《魏書・文帝紀》,第83頁。

⑧ 參見黄奭輯《英雄記》有關曹操的部分,收録於晏紹初輯校《建安七子集》,北京:中華書局,1989年,第213頁。黄奭所輯《英雄記》吕布部分,亦沿襲裴注"太祖"之稱,當改爲曹操。

⑨ 按,《四體書勢序》即衛恒《四體書勢》中之序文,裴松之注曾提及:"覬孫恒撰《四體書勢》,其序古文曰",所謂"序古文",即是衛恒《字勢》前之序文,與《篆勢》、《隸勢》、《草書勢》前之敍述文字同。

求鵠,鵠懼,自縛詣門,署軍假司馬,使在秘書,以勒書自效。公嘗懸著帳中,及以釘壁玩之,謂勝宜官。"[①]此處《武帝紀》正文亦稱"公",與正文相同。然《四體書勢》全文見載於《晉書・衛瓘傳》,[②]考其文字更爲完整,可證裴注爲節引。其相關文字曰:"梁鵠奔劉表,魏武帝破荆州,募求鵠。鵠之爲選部也,魏武欲爲洛陽令,而以爲北部尉,故懼而自縛詣門,署軍假司馬;在秘書以勤書自效,是以今者多有鵠手迹。魏武帝懸著帳中,及以釘壁玩之,以爲勝宜官。今宫殿題署多是鵠篆。"[③]則《四體書勢》本作"魏武帝"、"魏武",可證裴注"隨正文爲稱"。

裴松之注中曹操稱謂乃"隨正文爲稱"體例的發現,[④]無疑可以作爲我們考察裴注所引史籍有關曹操稱謂的出發點。而要確定裴注所引"佚史"中的曹操稱謂系裴松之所改,除了論證其成書於黄初三年以前,或者找出更爲權威、流傳有序的文本進行對比之外,我們只能參考清人對於《曹瞞傳》的考證方法。其一,基於《曹瞞傳》作者之立場,必不會予曹操以尊稱,尤其不可能稱其廟號"太祖";其二,早期類書、注疏所引《曹瞞傳》,不書"太祖"而書"曹操"、"操",尚可考見《曹瞞傳》散佚殆盡前曹操稱謂之原本。而基於這樣兩重證據,我們可以進一步確立裴注"隨正文爲稱"的注史體例,並盡可能考察出裴注所引魏晉史籍曹操稱謂的本原。爲了敍述之方便,我們且按照浦起龍所謂"録魏事者"、"録吴事者"、"録蜀事者"、"統録三國史事者"分别討論;而鑒於"録蜀事者"文獻甚少,且極少有涉及曹操稱謂之佚文留存,暫闕而不論。

三、魏史曹操稱謂考源

如劉咸炘所指出的,《魏志・武帝紀》稱曹操爲太祖、公、王的書法本出自《史記》、《漢書》之《高祖紀》,不過是實録其事,"即使曹氏子孫爲書,亦必如此書也"。而王沈《魏書》、魚豢《魏略》等魏人所作魏史,正可以視作"曹氏子孫"所爲之書。而陳壽《三國志》之《魏志》,又承襲自王沈之《魏書》。[⑤] 那麽,在魏人所撰國史中,是否就已經存在了類似於《三國志》的曹操稱謂系統,就頗值得討論。

---

① 《三國志》卷一《魏武紀》,第 31 頁。

② 參見姚振宗:《隋書經籍志考證》卷一〇,《二十五史補編》,第 5224 頁。

③ 《晉書》卷三六《衛瓘》,北京:中華書局,1974 年,第 1064 頁。

④ 按,關於裴注之義例,柳詒徵説之甚詳,但未及"隨正文爲稱"。參見柳詒徵《三國志裴注義例》,《中央大學文史哲季刊》1944 年第 1 期。

⑤ 關於陳壽《三國志・魏書》對王沈《魏書》的繼承,可參見滿田剛:《『三國志』魏書の典據について(卷一~卷十)》,《創価大學人文論集》第 14 號,2002 年,第 A237—A265 頁。

（一）王沈《魏書》

裴注所引王沈《魏書》中的曹操稱謂，《魏志·武帝紀》部分稱“太祖、公、王”，《魏志》其餘部分稱“太祖”，《蜀志》、《吴志》則稱“曹公”。

關於王沈《魏書》之成書，劉知幾《史通·古今正史》篇云：“魏史，黄初、太和中始命尚書衛覬、繆襲草創紀傳，累載不成。又命侍中韋誕、應璩，秘書監王沈，大將軍從事中郎阮籍，司徒右長史孫該，司隸校尉傅玄等。復共撰定。其後王沈獨就其業，勒成《魏書》四十四卷。”[①]則此《魏書》爲曹魏官修國史，最後由王沈勒成。需要討論的是，《魏書》的最後定稿時間，也就是“其後王沈獨就其業”的“其後”所指爲何時？楊翼驤認爲王沈《魏書》成書年代難以判定，只能以王沈卒年（晉武帝泰始二年）爲最晚年代。[②] 有學者則根據王沈《魏書》中的“宣王”、“景王”稱謂，定其成書下限爲魏晉禪代之後，其成書當是入晉以後之事。[③] 不過，《三國志》正文既稱“宣王”、“景王”，且裴注引書有“隨正文爲稱”之例，則裴注所引《魏書》中的“宣王”、“景王”可能無法作爲《魏書》成書年代的依據。朱維錚則根據劉知幾《史通》的敘述結構，認爲王沈《魏書》成書當在魏時，“最早不早於曹奂景元二年，下不會晚於曹奂於咸熙二年黯然‘禪讓’之前”。[④] 而劉知幾在敘述完魏、吴兩國正史之後便寫道“至晉受命”，似乎也表明王沈《魏書》成書時尚未入晉。因此，我們將王沈《魏書》視爲魏國之國史，成於魏人之手，應該是没有什麽問題的。

除裴注所引的文本之外，其餘文獻所引《魏書》甚多，分别稱曹操爲太祖（魏太祖）、武帝（魏武帝）、曹公。其中以稱廟號“太祖”者最多。如《北堂書鈔》卷一三五引《魏書》曰：“太祖當（按，‘當’爲‘嘗’字之誤）得名璫數具，命卞后自選一具”。[⑤] 又如《太平御覽》卷三五二引王沈《魏書》曰：“太祖討吕布於濮陽。”[⑥]這些文字不見於裴注所引《魏書》，亦不見於陳壽《三國志》，當别有所本。

以謚號“武帝”稱曹操，亦較爲常見。如《太平御覽》卷二四〇引《魏書》曰：“武帝

---

① 劉知幾著，浦起龍通釋，王煦華整理：《史通》卷一二《古今正史》，第 321 頁。

② 楊翼驤、葉振華：《唐末以前官修史書要録》，《史學史研究》1991 年第 4 期，第 30 頁。

③ 楊永康：《王沈〈魏書〉曲筆考》，中國魏晉南北朝史學會：《中國魏晉南北朝史學會第十届年會暨國際學術研討會論文集》，太原：北嶽文藝出版社，2013 年，第 582—583 頁。

④ 朱維錚遺稿，姜鵬等整理：《王沈〈魏書〉的考證》，《復旦學報（社會科學版）》2013 年第 2 期，第 32 頁；朱維錚：《朱維錚史學史論集》，上海：復旦大學出版社，2015 年，第 172—173 頁。

⑤ 虞世南撰：《北堂書鈔》卷一三五《服飾部四》，北京：中國書店，1989 年影印本，第 548 頁。按，又見《白氏六帖事類集》卷四、《太平御覽》卷七一八。

⑥ 李昉等撰：《太平御覽》卷三五二《兵部八十三》，北京：中華書局，1960 年影印本，第 1620 頁。

以樂進爲折衝將軍。"[①]以樂進爲折衝將軍一事,亦見於《三國志·樂進傳》:"於是禁爲虎威;進,折衝;遼,蕩寇將軍。"[②]《三國志》稱"太祖",可見二者稱謂不同。又《太平寰宇記》卷一二五引《魏書》:"武帝遣將軍曹仁修築,至黄初元年廢。"[③]陳壽《三國志》唯有在敍述魏文帝、陳留王之父、祖時,才稱"武帝"。[④] 而在王沈《魏書》中,"武帝"之稱常見,這是二者的區别。

此外,又有稱"曹公"者。《太平御覽》卷一六二引《魏書》曰:"曹公越北塞,歷白檀,破烏丸于柳城。"[⑤]又《太平寰宇記》卷一二引《魏書》曰:"曹公初起兵於己吾。"[⑥]按,曹操起兵於中平六年,按照陳壽《三國志》之體例,此處尚未改稱"公",應稱"太祖"。由此可見,王沈《魏書》雖已有"太祖"、"武帝"、"曹公"等稱謂,但與陳壽《三國志》的曹操稱謂系統仍舊有一定的區别。

(二)魚豢《魏略》(《典略》)

裴注所引魚豢《魏略》,《魏志》部分稱"太祖",《蜀志》、《吴志》部分則稱"曹公",與陳壽《三國志》正文一致。裴注所引魚豢《典略》,與《魏略》相同。

關於裴注所引《魏略》、《典略》,實際上可能就是一書。《隋書·經籍志》著録《典略》八十九卷,而新舊《唐書》則著録《典略》五十卷,《魏略》三十八卷。據《史通·古今正史》篇:"先是,魏時京兆魚豢私撰《魏略》,事止明帝。"[⑦]則劉知幾唯知《魏略》一書。杭世駿認爲:"《三國志》注引《魏略》,又引《典略》,即一書也。《太平御覽》直稱《魏典略》焉。"[⑧]侯康亦云:"按《隋志》無《魏略》而有《典略》,杭氏似並《典略》忘之,要其合二書爲一,則確論也。"[⑨]而通過對《魏略》、《典略》内容的詳細對比,二者亦很可能就是

① 李昉等撰:《太平御覽》卷二四〇《職官部三十八》,第1135頁。

② 《三國志》卷一七《魏書·張樂于張徐傳》,第521頁。

③ 樂史撰,王文楚等點校:《太平寰宇記》卷一二五《淮南道三》,北京:中華書局,2007年,第2483頁。按,《輿地紀勝》卷四六:"按,《魏書》:魏武帝遣曹仁修築,尋廢。"(王象之撰:《輿地紀勝》卷四六《淮南西路·安慶府》,北京:中華書局,1992年影印本,第1875頁)當直接抄録《太平寰宇記》而來,"魏"字當是王象之所增。

④ 參見《三國志》卷二《魏書·文帝紀》,第57頁;《三國志》卷四《魏書·三少帝紀》,第147頁。

⑤ 李昉等撰:《太平御覽》卷一六二《州郡部八》,第788頁。《太平寰宇記》卷七一文字相同。

⑥ 樂史撰,王文楚等點校:《太平寰宇記》卷一二《河南道十二》,第228頁。《三國志》裴注引《魏書》則曰:"是歲,太祖始起兵于己吾。"(《三國志》卷一二《魏書·崔毛徐何邢鮑司馬傳》,第384頁)則裴注改"曹公"爲"太祖"。

⑦ 劉知幾著,浦起龍通釋,王煦華整理:《史通通釋》卷一二《古今正史》,第322頁。

⑧ 杭世駿:《諸史然疑》,《景印文淵閣四庫全書》,第254册,臺北:臺灣商務印書館,1987年,第1043頁。

⑨ 侯康:《補三國藝文志》卷三,《二十五史補編》,第3176頁。

一書。[1] 因此,我們將裴注所引《魏略》、《典略》視爲魚豢私人所撰魏國國史加以考察。

關於《魏略》中的曹操稱謂,張鵬一《魏略輯本》曾有注意:"案各書引《魏略》,曹操、曹公、太祖名稱不一,乃各書採取時,間有改易,今仍之。"[2]對於曹操稱謂不一的問題,張鵬一認爲是"間有改易"之結果。言下之意,即認爲《魏略》的曹操稱謂本來應該是較爲單一的。

目前所見《魏略》佚文中,以稱"太祖"者爲最多。《文選》李善注所引《魏略》,全部稱作"太祖"。《後漢書》李賢注引《典略》,亦全部稱"太祖"。《太平御覽》所引《魏略》,除卷五五七"曹操微,時人莫知之"一條外,亦皆作"太祖"。至於這一條稱作"曹操"的,可能並非《魏略》原文。據《太平御覽》所引:

> 《魏略》曰:曹操微,時人莫知之,唯橋玄見而異焉。謂曰:"今天下將亂,安生民者,其在君乎!"操感其知己,及後經過玄墓,輒悽愴致祭。[3]

范曄《後漢書·橋玄傳》亦有相同的文字:"初,曹操微,時人莫知者,嘗往候玄,玄見而異焉。謂曰:'今天下將亂,安生民者,其在君乎!'操常感其知己,及後經過玄墓,輒悽愴致祭。"[4]二者對比,除《後漢書》多出"初"、"嘗往候玄"之外,二者完全一致。我們知道,《太平御覽》在引書時,時有書名之混淆;而且,某些書名可能只是一種泛稱而並非特指。因此,這裏的《魏略》可能是《太平御覽》引書的訛誤,也有可能泛指記録曹魏歷史的史書。

《續漢書志》劉昭注所引《魏略》,則稱作"曹公"。《續漢書·百官志》注引《魏略》曰:"曹公置都護軍中尉。"[5]這條佚文應當出自《魏略》之《中外官志》。[6]《宋書·百官志》引"魚豢曰",學界一般都認爲引自《魏略·中外官志》。但《宋書》所引,則稱作"魏

---

① 參見徐益藩:《〈典略·魏略〉考——〈三國志〉注所引亡書考之一》,《學林》1940年第5期;羅秉英:《〈魏略〉〈典略〉關係試探》,《思想戰綫》1983年第5期。

② 張鵬一輯:《魏略輯本》卷一《太祖》,《關隴叢書》本。

③ 李昉等撰:《太平御覽》卷五五七《禮儀部三十六》,第2520頁。

④ 《後漢書》卷五一《李陳龐陳橋列傳》,北京:中華書局,1965年,第1697頁。

⑤ 《後漢書志》第二四《百官一》,第3563頁。又《續漢書·郡國志》注:"《魏略》曰:'曹公分關中置漢興郡,用游楚爲太守。'"(《後漢書志》第十九《郡國一》,第3408頁)按,"魏略"本作"魏志",中華書局本校勘記曰:"《集解》引陳景雲説,謂今本《魏志》無此文,疑出《魏略》,'志'字偶誤。按:游楚事見《魏志·張既傳》,正引《魏略》,今據改。"(《後漢書志》第十九《郡國一》,第3419頁)但以游楚事見《魏略》而定此處"魏志"爲"魏略",稍顯武斷,故暫不考慮這一條佚文。

⑥ 參見張鵬一:《魏略輯本》卷二《中外官志》,《關隴叢書》本。

武帝”:“四征,魏武帝置,秩二千石。黄初中,位次三公。漢舊諸征與偏裨雜號同。’”①那麽,《魏略・中外官志》到底是稱“曹公”還是“魏武帝”?我以爲,這兩個稱謂都有後人改篡的可能性。《續漢書志》劉昭注引《魏志》曰:“建安二十五年正月,曹公在雒陽,起建始殿,伐濯龍樹而血出。又掘徙梨,根傷而血出。曹公惡之,遂寢疾,是月薨。”②這段文字劉昭稱引自《魏志》,但不見《三國志》正文,實際乃是改造《魏志》裴注而來。而裴注則分别引自《世語》及《曹瞞傳》:

《世語》曰:太祖自漢中至洛陽,起建始殿,伐濯龍祠而樹血出。

《曹瞞傳》曰:王使工蘇越徙美梨,掘之,根傷盡出血。越白狀,王躬自視而惡之,以爲不祥,還遂寢疾。③

兩處引文乃“庚子,王崩於洛陽,年六十六”之注文,即是《三國志・武帝紀》稱“王”之結束,也是《武帝紀》“評曰”再稱“太祖”之始,故《世語》稱“太祖”而《曹瞞傳》稱“王”,並不違背“隨正文爲稱”之例。但劉昭注引用所謂《魏志》,則改“太祖”、“王”爲“曹公”。這樣的情況,劉昭注中亦不止一例,可見劉昭所引,亦自有改動之處。至於沈約《宋書》所引《魏略》中的“魏武帝”,則是《宋書》敘述文字中對於曹操最爲習見之稱謂,也有出自沈約改定的可能。由此而言,雖然各書所引《魏略》亦有“曹操”、“曹公”、“魏武”等稱謂,但《魏略》應該還是以稱“太祖”爲主。

(三)傅玄《傅子》

裴注所引傅玄《傅子》,《魏志》部分稱“太祖”;《吴志》稱“曹公”。《蜀志・關羽傳》注引《傅子》曰:“遼欲白太祖,恐太祖殺羽。”④《蜀志》之“太祖”,較爲特殊,可能反映了傅玄《傅子》一書的原貌,是裴松之改而未盡之處。

裴注所引“傅子”,與後世流傳的《傅子》並非一書。據《晉書》本傳:“(傅玄)撰論經國九流及三史故事,評斷得失,各爲區例,名爲《傅子》……玄初作内篇成,子咸以示司空王沈。沈與玄書曰:‘省足下所著書,言富理濟,經綸政體,存重儒教,足以塞楊墨

① 《宋書》卷三九《百官上》,北京:中華書局,1974年,第1225頁。
② 《後漢書志》第一四《五行二》,第3300頁。
③ 《三國志》卷一《魏書・武帝紀》,第53頁。
④ 《三國志》卷三六《蜀書・關羽傳》,第940頁。

之流遁，齊孫孟于往代。'"[①]則此書顯爲言理之書，故《隋志》著録於子部雜家，四庫館臣則著録於子部儒家類。而據《永樂大典》所考見之《傅子》篇名共二十餘種，如《正心》、《仁論》、《義信》、《通志》、《問政》、《治體》等等，[②]其文字又俱見清人輯本之中，[③]明顯與裴注所引專言魏國史事的"傅子"有别。

據《晉書·王沈傳》載，傅玄"與荀顗、阮籍共撰《魏書》"，[④]《傅玄傳》亦載傅玄"與東海繆施俱以時譽選入著作，撰集魏書"。[⑤]《史通·古今正史》亦載："又命侍中韋誕、應璩，秘書監王沈，大將軍從事中郎阮籍，司徒右長史孫該，司隸校尉傅玄等，復共撰定。其後王沈獨就其業，勒成《魏書》四十四卷。"[⑥]則傅玄曾參與了魏國國史的修撰工作。而根據李曉明之考證，裴注所引《傅子》與王沈《魏書》是一種共存的關係，二者並非一書。據此，李曉明認爲傅玄也寫作了一部《魏書》，而裴注所引之"傅子"即指傅玄本人，並非言"經國九流及三史故事"之《傅子》。[⑦] 基於傅玄參與魏國國史撰作的經歷及裴注所引"傅子"中所見大量魏國史事的獨立性，我們雖不能完全確定傅玄獨自撰寫了一部《魏書》，但認爲傅玄利用與修國史的便利而留下了大量有關魏國史事的資料，應該是没有問題的。由於是未成之稿，故未有《魏書》之名，而只以"傅子"稱之。

其餘文獻所引《傅子》，基本不出裴注範圍。而其中的曹操稱謂，則稍有變異。《北堂書鈔》卷一三二引《傅子》稱"太祖武皇帝"，[⑧]《隋書》卷一二亦引《傅子》，則稱"魏太祖"，[⑨]"太祖"後加諡號"武皇帝"與"太祖"前加國號"魏"一樣，是爲了識别而作的增改，並不影響我們對《傅子》稱"太祖"的判斷。

（四）孫盛《魏氏春秋》、《魏陽秋異同》

裴注引孫盛之書，有《魏氏春秋》，又有《異同評》、《雜記》、《異同雜語》，亦有直接稱引孫盛者。這些文獻關於曹操之稱謂，《魏志·武帝紀》稱"太祖、公、王"，《魏志》其餘部分稱"太祖"，《吴志》則稱"曹公"，與《三國志》正文一致。

考《文選》李善注、《世説新語》劉孝標注以及《北堂書鈔》、《太平御覽》等書所引孫

---

① 《晉書》卷四七《傅玄傳》，第1323頁。
② 永瑢等撰：《四庫全書總目》卷九一《子部一》，第773—774頁。
③ 關於清人輯佚《傅子》的情況，參見陳見微：《析清人輯佚〈傅子〉的成就》，《文獻》2000年第3期。
④ 《晉書》卷三九《王沈傳》，第1143頁。
⑤ 《晉書》卷四七《傅玄傳》，第1317頁。
⑥ 劉知幾著，浦起龍通釋，王煦華整理：《史通》卷一二《古今正史》，第321頁。
⑦ 李曉明：《傅玄〈魏書〉蠡考》，《文獻》2007年第3期。
⑧ 虞世南等撰：《北堂書鈔》卷一三二，第526頁。
⑨ 《隋書》卷一二《禮義志》，北京：中華書局，1973年，第267頁。

盛之書,雖亦有涉及曹操稱謂之處,但卻是轉引自裴注而來,故不見孫盛之書有關曹操稱謂之實例。然據劉知幾《史通·模擬》篇曰:"孫盛魏晉二《陽秋》,每書年首,必云'某年春帝正月'。夫年既編帝紀,而月又編帝名。以此而擬《春秋》,又所謂貌同心異也。"[①]則知《魏氏春秋》乃模擬《春秋》"王正月"而書"帝正月",則《魏氏春秋》以魏氏爲帝,設《武帝紀》,當稱曹操爲"武帝"或"太祖"。而在裴注中,即有兩處直引"孫盛"而稱"魏武"者:

孫盛評曰:案魏武謂崔琰曰"昨案貴州户籍,可得三十萬衆"。[②]

孫盛曰:魏武於是失政刑矣。[③]

這裏的"孫盛"、"孫盛評曰"中的"魏武",爲何不"隨正文爲稱"?對於這一問題,我們需要對裴注所引孫盛相關史籍的性質做出説明。如前文所述,《魏氏春秋》乃孫盛所著編年體魏國史,據《隋志》著録,《魏氏春秋》爲二十卷。在此之外,孫盛又撰有《魏陽秋異同》一書,據新舊《唐書》著録,《魏陽秋異同》爲八卷。錢大昕指出:"孫盛《異同評》,或作《異同雜語》,又作《異同記》,又作《雜記》,其實一書也。"[④]則《魏陽秋異同》見於裴注者,又有數名。既然出自一書,何以又名稱互異?對於這一問題,喬治忠解釋道:"《魏陽秋異同》應包括兩大類内容,一是羅列不同的記載而隨之加以孰是孰非的評斷,是爲'異同評';二是僅録各種不同記載或傳聞,尚未能作出是否屬實的判斷,即稱爲'異同雜語'或'異同記',亦簡稱'雜語'、'雜記'等等。"[⑤]據此可知,由於孫盛所處的東晉時期已經有了大量的三國史作,以至於"異聞錯出",故而在撰有《魏氏春秋》以敍述曹魏歷史的基礎上,又撰有《魏陽秋異同》一書,備録異同。而裴注所引"孫盛曰"、"孫盛評曰",則明顯屬於間下評論判斷的"異同評"部分。

實際上,《三國志》與裴注之關係,頗與《魏氏春秋》、《魏陽秋異同》相似。陳壽之《三國志》,即相當於《魏氏春秋》,都是獨立的史書;而裴松之注,則相當於《魏陽秋異同》,是對正史的補充。而《魏陽秋異同》的兩個部分,又與裴注相似。"異同記"相當於

① 劉知幾著,浦起龍通釋,王煦華整理:《史通》卷八《模擬》,第204頁。
② 《三國志》卷六《魏書·袁紹傳》,第196頁。
③ 《三國志》卷一二《魏書·毛玠傳》,第377頁。
④ 錢大昕撰,方詩銘、周殿傑校點:《廿二史考異》卷一五《三國志一》,上海古籍出版社,2004年,第275頁。
⑤ 喬治忠:《孫盛史學發微》,《史學史研究》1995年第4期,第33頁。

裴注列諸史異同之處;而“異同評”則類似於裴注之“臣松之曰”、“臣松之按”,是爲評論、判斷之處。由此看來,裴松之注的體例實有淵源自孫盛《魏陽秋異同》之處。司馬光在《資治通鑑》之外又别撰《通鑒考異》的做法,更是與孫盛完全相同。故張煦侯有“孫盛之《魏陽秋異同》,亦如《通鑒》之有《考異》”之説。① 由於《魏氏春秋》與《魏陽秋異同》皆出孫盛之手,故有關曹操之稱謂必相同,這很可能影響到了裴松之注“隨正文爲稱”之體例。

不過,這種“隨正文爲稱”的體例也存在特例。如在“臣松之曰”、“臣松之按”部分,即經常有“魏武”、“魏武帝”等稱謂,並不完全“隨正文爲稱”,如:

> 臣松之案:……今魏武不築垣牆,但連車樹柵以扞兩面。②
>
> 臣松之案:魏武帝遣先主統諸將要擊袁術。③
>
> 臣松之按:魏武以建安九年八月定鄴。④

這説明,裴松之注對於曹操稱謂的書寫是有所區分的,即“列異同”部分“隨正文爲稱”,而“臣松之案”部分則較爲自由。前者屬於歷史記録,而後者則屬於歷史評論。而“孫盛曰”,即屬於“異同評”,與“臣松之案”性質相同,故有“魏武”之稱。如果我們考慮到裴松之注繼承了《魏陽秋異同》的體例的話,那麽裴注在史評部分的“臣松之案”稱“魏武”的書法,應當也是承襲自孫盛。因此,裴注在引“孫盛評曲”時,才保留了“魏武”的稱謂,而不是“隨正文爲稱”。

即便如此,孫盛《魏氏春秋》可能也並没有在不同卷次分别稱“太祖”、“公”、“王”、“曹公”的稱謂系統。考《太平御覽》等書所引《魏氏春秋》及孫盛所著之書,稱曹操爲“公”者,皆取自裴注。《世説新語》注引《魏氏春秋》又曰:“武王姿貌短小,而神明英發”,亦直稱謚號“武王”,非單稱“王”。因此,儘管裴松之在一定程度上繼承了孫盛《魏

① 張煦侯:《通鑒學》,北京聯合出版公司,2019年,第73—74頁。劉節亦認爲《通鑒考異》之史料鑒别方法取自孫盛、裴松之,參見劉節:《中國史學史稿》,鄭州:中州書畫社,1982年,第218頁。逯耀東之説則稍異,認爲《考異》實源自“太史公曰”。參見逯耀東:《司馬光〈通鑒考異〉與裴松之〈三國志注〉》,《魏晉史學的思想與社會基礎》,第354頁;逯耀東:《史傳論贊與“太史公曰”》,《抑鬱與超越——司馬遷與漢武帝時代》,臺北:東大圖書公司,2007年,第383—384頁。

② 《三國志》卷一《魏書·武帝紀》,第36頁。

③ 《三國志》卷三二《蜀書·先主傳》,第876頁。

④ 《三國志》卷三《魏書·明帝紀》,第115頁。

氏春秋》與《魏陽秋異同》,但孫盛之書並非《三國志》曹操稱謂系統的起源。

總之,專録魏史之諸種史書,無論出自魏國史官還是私家之手,皆可謂之國史,自然尊曹操爲帝。而以目前所見諸書佚文考之,雖然大都以稱"太祖"爲主,但稱"武王"、"武帝"、"曹公"者亦不少,甚至偶有稱"曹操"者。雖然這些稱謂或有出於後世追改者,但仍能够證明在陳壽以前的魏史中已經較爲頻繁地使用這些稱謂了。不同的是,在這些魏國史籍中,可能還没有形成根據曹操官職的變化而改稱"太祖—公—王"的體例;而且,由於是專録魏國史事,故亦不可能於敍述吴、蜀史事時稱"曹公"。

四、吴史曹操稱謂考源

吴人所作吴國史,主要是韋曜《吴書》、胡沖《吴曆》以及張勃《吴録》。與蜀漢不同的是,吴國在三國時期既是獨立的國家,同時又曾向魏稱臣,接受了曹魏所封"吴王"之爵位。在這種雙重身份之下,以吴作爲敍事中心的史籍中的曹操稱謂,又是怎樣的呢?

(一)韋曜《吴書》

裴注引韋曜《吴書》,《三國志·魏志》部分稱曹操爲"太祖",《吴志》部分則稱"曹公"。不過,《魏志》部分引韋曜《吴書》時,亦有兩例稱"曹公"者,當爲特例。

韋曜《吴書》,是孫吴政權詔令韋曜等人修撰的官方史書。[①] 至《隋書·經籍志》著録,僅餘二十五卷。[②] 而據目前有關《吴書》之史料推斷,該書爲紀傳體史書。《三國志·韋曜傳》曰:"又皓欲爲父和作紀,曜執以和不登帝位,宜名爲傳。"[③]則已登帝位的大帝孫權、少帝孫亮、景帝孫休及末帝孫皓皆當有本紀。[④]《北堂書鈔》卷六九曾引《吴書·武烈皇帝紀》,[⑤]可謂明證。由此來看,與《曹瞞傳》一樣出於吴人之手,且爲官修正史的《吴書》,已爲國主立本紀以别君臣尊卑,則不宜稱他國之主爲"太祖"。

---

① 關於《吴書》的成書及作者問題,詳見陳博:《韋昭〈吴書〉考》,《文獻》1996年第3期;張子俠:《〈吴書〉作者考辨》,《史學史研究》2008年第2期;唐燮軍:《韋曜〈吴書〉考辨——兼論〈建康實録〉對〈吴書〉的徵引》,《中國典籍與文化》2009年第4期;唐燮軍:《韋曜〈吴書〉三題》,《書目季刊》第43卷第3期,2009年12月。

② 佚文可以參考滿田剛之輯本。滿田剛:《韋昭『吴書』について》,《創価大學人文論集(藤村潤一郎教授退任記念號)》第16號,2004年,第235—285頁。對於《太平寰宇記》以及中國佛教文獻所引韋昭《吴書》,滿田氏亦有過專門研究。參見滿田剛:《『太平寰宇記』所引韋昭『吴書』について》,《創価大學人文論集》第23號,2011年,第53—75頁;滿田剛:《中國佛教文獻所引韋昭『吴書』佚文について》,《創価大學人文論集》第25號,2013年,第133—152頁。

③ 《三國志》卷六五《吴書·王樓賀韋華傳》,第1462頁。

④ 參見唐燮軍:《韋昭〈吴書〉考辨——兼論〈建康實録〉對〈吴書〉的徵引》,《中國典籍與文化》2009年第4期,第68頁。

⑤ 虞世南撰:《北堂書鈔》卷六九《設官部二十一》,第251頁。

而從三國時期留存下來的鼓吹曲中,亦可獲知魏、吴兩國官方對於曹操稱謂之實情。《宋書·樂志》載繆襲所造《魏鼓吹曲十二篇》,即稱曹操爲"武皇"。如第一曲《初之平》"赫武皇,期旗旌。麾天下,天下靈";第二曲《戰榮陽》"賴我武皇,萬國寧";第八曲《平南荆》"劉子面縛至,武皇許其成"。[①] 而在吴國的鼓吹曲中,則直稱曹操。《宋書·樂志》載韋昭(曜)所造《吴鼓吹曲十二篇》,第四首名爲《伐烏林》,其辭曰:"曹操北伐,拔柳城。乘勝席捲,遂南征。劉氏不睦,八都震驚。衆既降,操屠荆。舟車十萬,揚風聲。議者狐疑,慮無成。賴我大皇,發聖明。虎臣雄烈,周與程。破操烏林,顯章功名。"[②]則吴人尊稱孫權爲大皇,又徑稱曹操之名。且此鼓吹曲亦出於韋曜之手,則韋曜《吴書》絶無稱曹操爲"太祖"之可能。清人周廣業所作《經史避名匯考》即已指出:"《魏志》注引韋曜《吴書》稱曹操爲太祖,則爲史臣追改無疑。"[③]而追改之"史臣",當即裴松之。

(二) 胡沖《吴曆》

裴注引胡沖《吴曆》,惟《蜀志》、《吴志》涉及曹操,皆稱"曹公",與陳壽《三國志》正文相同。

胡沖所著《吴曆》,《舊唐書·經籍志》始著録,爲六卷本。目前所見《吴曆》,散見於裴注、《太平御覽》等書。[④]《吴志·胡綜傳》載胡沖之生平曰:"(胡綜)赤烏六年卒,子沖嗣。沖平和有文幹,天紀中爲中書令。"裴注引《吴録》曰:"沖後仕晉尚書郎、吴郡太守。"[⑤]關於其成書年代,據有關學者考證,乃在太康元年(280)以後,[⑥]陳壽作《三國志》之前。[⑦] 則胡沖《吴曆》之撰成,應當已經入晉。

胡沖即爲吴人,其所撰《吴曆》在情感上明顯有傾向吴國的地方。我們以"曹公出

---

① 《宋書》卷二二《樂志》,第644—646頁。

② 《宋書》卷二二《樂志》,第657頁。按,《宋書》又云:"《烏林》者,言曹操既破荆州,從流東下,欲來争鋒。大皇帝命將周瑜逆擊之于烏林而破走也",直稱曹操,郭茂倩《樂府詩集》引《古今樂録》則稱"魏武",《晉書·樂志》亦稱"魏武",然此處之"魏武"皆系後人之稱,與時人所作鼓吹曲無涉。故《樂府詩集》所載《伐烏林》曲仍作"曹操北伐"。參見郭茂倩編:《樂府詩集》卷一八《鼓吹曲辭三》,北京:中華書局,1979年,第270—271頁;《晉書》卷二三《樂下》,第701—702頁。

③ 周廣業:《經史避名匯考》卷十,北京圖書館出版社,1999年影印本,第598頁。

④ 關於胡沖《吴曆》之輯佚,可參見姚振宗:《隋書經籍志考證》;劉海静、魯玉敏:《晉胡沖〈吴曆〉輯佚》,《吉林廣播電視大學學報》2007年第5期;滿田剛:《胡沖『吴歷』輯本》,《創価大學人文論集》第24號,2012年,第125—185頁;唐燮軍:《史家行迹與史書構造——以魏晉南北朝佚史爲中心的考察》,第46—48頁。

⑤ 《三國志》卷六二《吴書·是儀胡綜傳》,第1418頁。

⑥ 滿田剛:《胡沖『吴歷』輯本》,第128頁。

⑦ 王文進:《論裴松之〈三國志注〉中的"三吴之書"》,《東華漢學》2015年第22期,第15—16頁。

濡須”一事爲例。據《吴志·吴主傳》裴注:

《吴曆》曰:曹公出濡須,作油船,夜渡洲上。權以水軍圍取,得三千餘人,其没溺者亦數千人。權數挑戰,公堅守不出。權乃自來,乘輕船,從濡須口入公軍。諸將皆以爲是挑戰者,欲擊之。公曰:“此必孫權欲身見吾軍部伍也。”敕軍中皆精嚴,弓弩不得妄發。權行五六里,迴還作鼓吹。公見舟船器仗軍伍整肅,喟然歎曰:“生子當如孫仲謀,劉景升兒子若豚犬耳!”權爲箋與曹公,説:“春水方生,公宜速去。”别紙言:“足下不死,孤不得安。”曹公語諸將曰:“孫權不欺孤。”乃徹軍還。[①]

文中稱曹操爲“曹公”。這段文字又見《藝文類聚》、《太平御覽》、《文選》注,亦稱“曹公”。不過,經過仔細的文本比對可知,《藝文類聚》等書所引皆不出裴注範圍,且文字基本相同,當轉引自裴注。考慮到裴注“隨正文爲稱”之例,這裏的“曹公”並不能作爲考察胡沖《吴曆》的材料。而從《吴曆》的行文以及出於曹操之口的“生子當如孫仲謀”、“孫權不欺孤”等話語來看,胡沖明顯有誇耀孫權而貶低曹操之處。而這,也與《吴曆》一書“極力誇耀東吴先賢”[②]的做法是一致的。

儘管胡沖在情感上偏向於吴,但從胡沖對吴、魏兩國君主的稱謂來看,胡沖似乎承認了吴曾臣服魏之事實。《太平御覽》卷八一六引《吴曆》曰:“魏文帝賜吴王太子罽二張”;[③]卷九六六引《吴曆》曰:“吴王饋魏文帝大橘。”[④]這些引文並不曾爲裴注所引,應當是保留了《吴曆》之原貌。由此可見,胡沖以魏爲帝、以吴爲王,明顯是以正統予魏。據此推斷,《吴曆》中的曹操,亦必有尊稱;參照“魏文帝”之稱,或當稱作“魏武帝”。

(三)張勃《吴録》

裴注在《蜀志》、《吴志》部分都曾引及《吴録》,但在正文中並不涉及曹操之稱謂。惟有《吴志》載張紘所撰《爲孫會稽責袁術僭號書》[⑤]云:“曹操放毒東徐,劉表稱亂南荆,公孫瓚炰烋北幽,劉繇決力江滸,劉備争盟淮隅”,[⑥]但這裏的“曹操”系轉引自書信,

① 《三國志》卷四七《吴書·吴主傳》,第1119頁。

② 王文進:《論裴松之〈三國志注〉中的“三吴之書”》,第15—22頁。

③ 李昉等撰:《太平御覽》卷八一六《布帛部三》,第2631頁。

④ 李昉等撰:《太平御覽》卷九六六《果部三》,第4285頁。

⑤ 按,《三國文類》題作《孫策責袁術書》,但該文實由張紘所撰,故以嚴可均所題《爲孫會稽責袁術僭號書》更爲合適。參見嚴可均輯《全後漢文》卷八六,《全上古三代秦漢三國六朝文(附索引)》,第939頁。

⑥ 《三國志》卷四六《吴書·孫破虜討逆傳》,第1105頁。

並非史書敍事之正文。而無論是陳壽還是裴松之,對於轉引中的稱謂,都保留原貌而不做統一,故不能借此推測張勃《吴録》之曹操稱謂。[①]

《吴録》爲張勃所撰,《史記·伍子胥列傳》索隱曰:"張勃晉人,吴鴻臚儼之子,作《吴録》,裴氏注引之是也。"[②]有學者根據《吴録》曾引及孫盛《晉陽秋》之文字,推斷《吴録》成書當在孫盛同時或之後。[③] 據《隋書·經籍志》載:"晉有張勃《吴録》三十卷,亡。"[④]則《吴録》流傳不久,即已散佚。從《吴録》的佚文來看,張勃雖身爲晉人,但由於其家族出於吴四姓之緣故,對於吴仍存故國之情,這從《吴録》中的吴主稱謂可以得知。據諸書所引:

> 大皇帝大會飲宴,下馬迎魯肅,肅入拜起,禮之,謂言:"子敬,孤持鞍下馬相迎,足以顯未?"肅趨進曰:"未也。"[⑤]
>
> 皓字元宗,一名彭祖,大皇帝孫也。景帝崩,皓嗣位,爲晉所滅,封歸命侯。[⑥]
>
> 武烈皇帝姓孫氏,名堅,字文臺,吴郡富春人。漢季世,墓上數有光,雲五色,上燭天。[⑦]
>
> 武烈皇帝姓孫,名堅,字文臺。母有身,夢腸繞吴閶門。
>
> 長沙恒王名策,字伯符,武烈長子。母吴氏,有身,夢月入懷。[⑧]

在這些《吴録》佚文中,即尊吴主爲"大皇帝"、"景帝"、"武烈皇帝",而非《三國志》之直書其名,可見張勃與陳壽《三國志》書法之差異。唐燮軍即指出:"稱謂問題在傳統的歷

---

① 按,無論是《三國志》还是裴注,凡是直接引文(包括引語、書信、詔書)中的稱謂,都保留史料之原貌而不做統一,故《三國志·魏書》的直接引文中有"曹操"之名。曾樸據裴注引《獻帝起居注》之曹操表文中的"曹操"來判斷《獻帝起居注》的成書年代(曾樸:《補後漢書藝文志並考》卷五,《二十五史補編》,第2525頁),是不可靠的。對此,徐沖曾提出過質疑,認爲表文中的"曹操"乃轉引自袁紹之書信,而袁紹書信中的"曹操",又出於袁術之口,故而在"重重引用"下,很可能無需避諱。(徐沖:《〈獻帝起居注〉與獻帝朝廷的歷史意義》,第42頁)"重重引用"不過是一種特殊的情況,實際上,凡是直接引文,都無需避諱。因此,"曹操當死數矣"、"逆賊曹操"一類帶有污衊性的引語,也保留在《魏書》之中。而《蜀書》之"主公"、《吴書》之"至尊"等稱號,亦皆來自直接引文,故也不能作爲《三國志》直稱劉備、孫權之名的反證。

② 《史記》卷六六《伍子胥列傳》,第2644頁。

③ 王文進:《論裴松之〈三國志注〉中的"三吴之書"》,第23頁。

④ 《隋書》卷三三《經籍志二》,第955頁。

⑤ 李昉等撰:《太平御覽》卷三五九《兵部九〇》,第1652頁。

⑥ 劉義慶著,劉孝標注,余嘉錫箋疏,周祖謨等整理:《世説新語箋疏》卷下之下《排調第二十五》,第918頁。

⑦ 瞿曇悉達:《唐開元占經》卷九九,《景印文淵閣四庫全書》,第807册,第906—907頁。又按《藝文類聚》卷一〇:"孫堅墓上數有光,如雲氣五色,上屬天,下蔓延数里。父老相謂曰:'此非凡氣,孫氏其興乎。'"則節引爲"孫堅"。

⑧ 李昉等撰:《太平御覽》卷三六〇《人事部一》,第1659頁。按,從這兩處引文來看,第一部分當出自《吴録》的"武烈皇帝本紀",第二部分則當出自"長沙恒王傳"。

史書寫中,往往寄寓著作史者的情感傾向和政治立場;《吴録》既以'大皇帝'、'景帝'分別稱呼孫權、孫休,也就透顯出張勃對'春秋筆法'的體認和對故國的追懷與尊崇。亦唯其如此,時當陳壽基於'正魏僞吴'立場撰就《吴志》,張勃在深致不滿之餘,轉而秉持'正朔在吴'的原則,重新書寫孫吴歷史。"①而據前人之研究,張勃《吴録》曾爲吴立本紀,亦可見張勃之態度。《隋志》載《吴録》於正史類,其時或尚知該書之性質。因此,張勃既以"正朔在吴",則必不至於稱曹操爲"太祖"。至於是否稱"曹公",則暫難判定。

由上文可知,韋曜、胡沖、張勃皆撰吴史,但三者關於曹操之稱謂卻各有區别。韋曜《吴書》爲吴人所撰之官方史書,尊孫氏爲帝,故而直稱曹操其名。胡沖《吴曆》則爲私撰之吴史,但由於已經入晉,雖對吴存故國之情,但卻又不得不承認吴曾臣服於魏之歷史事實,故於曹操當有尊稱。而張勃《吴録》則成書於東晉,其時晉人早已南渡,兼之張勃吴人情懷頗重,故一反陳壽等人"正魏僞吴"之説,反而持"正朔在吴"之觀點再撰吴史,以尊孫氏,故必不至於以"太祖"稱曹操。

五、統録三國史事之史籍及其曹操稱謂考源

統録三國史事之史籍,大抵可以分爲三種類型。其一,關於獻帝一朝歷史的史籍,如《獻帝起居注》、《獻帝春秋》、《山陽公起居注》等,其記述主體爲漢獻帝;其二,綜録多朝的史籍,如《魏晉世語》、《漢魏春秋》、《漢晉春秋》等,記録了漢魏、魏晉之禪代;其三,綜録後漢一朝歷史之史作,即華嶠、司馬彪、袁山松、范曄等諸家後漢書,其記録主體乃是後漢王朝。那麽,這些不同類别的後漢、三國史作中,是如何書寫作爲"漢之臣"、"魏之君"的曹操的呢?

(一)《獻帝起居注》與《獻帝春秋》

《魏志・武帝紀》曾數次引及《獻帝起居注》,但曹操稱謂僅一見,稱作"公";《文帝紀》則有稱"太祖"者,皆與《三國志》正文相同。對於這兩處稱謂,前人均有討論。

先看稱"太祖"者。據《魏志・文帝紀》裴注引《獻帝起居注》曰:

建安十三年,爲司徒趙温所辟。太祖表"温辟臣子弟,選舉故不以實"。使侍

① 唐燮軍:《張勃〈吴録〉對孫吴國史的重構及其邊緣化》,《史林》2015年第4期,第55頁;唐燮軍:《史家行迹與史書構造》,第36頁。

中守光禄勛郗慮持節奉策免温官。[①]

這裹的"太祖",清人曾用於判斷《獻帝起居注》的成書年代。侯康認爲:"稱曹操爲太祖,則此書成于魏時也。"[②]姚振宗《後漢藝文志》則曰:"書中稱太祖,書名題獻帝,則碻爲魏人手筆。《史通》云'及在許都,楊彪頗存注記',意即是彪所存。彪卒于魏文帝黄初六年。其改稱太祖,亦或出自彪手。至稱獻帝,則在魏明青龍二年之後矣。"又云:"又按是類之書,關涉魏事,魏之文、明諸帝皆所寓目。故魏之臣子改其文曰太祖。其原書之名,則必稱《今上起居注》,是不得不有所改。青龍之前亦當改稱《漢帝起居注》,其後乃加獻字耳。"[③]顯然,既稱"起居注",最初必爲漢之史官所著,故最早的起居注文本的形成在魏稱帝之前;而後世所見之"太祖"稱謂,便有出自楊彪等人之手的可能性。

稱"公"者,見於《魏志·武帝紀》裴注:

《獻帝起居注》曰:公上言"大將軍鄴侯袁紹前與冀州牧韓馥立故大司馬劉虞……輜重財物巨億。"[④]

徐沖認爲:"這條佚文反而可以説明《獻帝起居注》此處的正文是以'公'來稱呼曹操的。這一稱呼應來自建安元年(196)曹操迎獻帝都許之後所受封的大將軍一職。""《獻帝起居注》既然有書'公'之例,可以推測在建安元年曹操受封大將軍之前對曹操當另有所稱。但具體如何稱呼,似無史料可以説明。"[⑤]但考慮到裴注"隨正文爲稱"之例,這裹的"公"應該仍舊是裴松之所改,並非《獻帝起居注》之原本。值得注意的是,《武帝紀》裴注所引《獻帝起居注》有稱"魏公"者:

使行太常事大司農安陽亭侯王邑與宗正劉艾,皆持節,介者五人,齎束帛駟馬,及給事黄門侍郎、掖庭丞、中常侍二人,迎二貴人于魏公國。二月癸亥,又于魏公宗

① 《三國志》卷二《魏書·文帝紀》,第57頁。

② 侯康:《補三國藝文志》卷三,《二十五史補編》,第3177頁。

③ 姚振宗:《後漢藝文志》卷二,《二十五史補編》,第2355頁;又見姚振宗:《隋書經籍志考證》卷一五,《二十五史補編》,第5296頁。

④ 《三國志》卷一《魏書·武帝紀》,第22頁。

⑤ 徐沖:《〈獻帝起居注〉與獻帝朝廷的歷史意義》,《華東師範大學學報(哲學社會科學版)》2018年第4期,第42—43頁。

廟授二貴人印綬。甲子,謁魏公宫延秋門,迎貴人升車。①

依照裴注之例,本處應該稱"公";但這段文字極爲鄭重,故數書"魏公"。而以官爵稱曹操,很有可能保留了《獻帝起居注》之原貌。在袁曄《獻帝春秋》中,即有直稱曹操官爵之例。

裴注所引袁曄②《獻帝春秋》,《魏志·武帝紀》分别稱"太祖、公、王",《魏書》其餘卷稱"太祖"。

關於袁曄之生平,姚振宗曾推斷:"按曄祖迪與張弦過江,其時當在獻帝初年;下至吴亡,凡九十餘年。曄生長于吴,故所作多傳聞異詞,其人或未嘗入晉。"③袁曄即爲吴人,又未嘗入晉,則《獻帝春秋》不當尊他國之君爲太祖。④ 而《太平御覽》所引《獻帝春秋》,即直稱曹操之名。如卷九五引《獻帝春秋》曰:"建安元年七月,乘輿到洛,幸城西故常侍趙忠舍,百官被荆棘依故丘墟間,侍郎以下皆出葬采,四方州郡各擁强兵,莫有至者。曹操白帝,遷都許。庚申,車架出洛,轘轅而東,陽奉、韓暹引軍追之。輕騎既至,曹操設伏兵要于陽城山峽中,大敗之。九月,車架到許,幸曹操營,設有司營宗廟社稷。自帝西遷,朝廷傾覆,王制節度於是始建。"⑤又卷八九四引《獻帝春秋》曰:"曹操與吕布軍戰,敗,布得操而不知是,問曰:'曹使君何在?'答曰:'騎黄馬者是也'。因得免。"⑥由此可見,《獻帝春秋》一書以獻帝爲尊,稱作"天子"、"帝";作爲臣子的曹操,則直稱其名。

除直稱"曹操"外,《獻帝春秋》又以官爵稱曹操。《太平御覽》卷三七八引《獻帝春秋》曰:"司空攻吕布於下邳,吕布登西北白樓上,城陷士擒,以詣司空。布曰:'明公何

① 《三國志》卷一《魏書·魏武紀》,第43頁。

② 按,裴注所引"袁曄"多作"袁暐"。沈家本曰:"案《隋志》,《獻帝春秋》十卷,袁曄撰。《唐志》同,惟獻上多一漢字。《吴志·陸瑁傳》'廣陵袁迪'注'迪孫曄,字思光,作《獻帝春秋》',與隋、唐二志合。《續漢志注》、《後漢書注》、《文選注》、《御覽》諸書,並作袁曄,然裴氏他卷屢稱袁暐,疑不能明也。"(沈家本:《古書目》卷一《三國志注所引書目一》,《沈寄簃先生遺書》乙編)逯耀東則認爲"暐"爲"曄"之訛誤(逯耀東:《〈三國志注〉引用的魏晉材料》,《魏晉史學的思想與社會基礎》,中華書局,2006年,第280—281頁)。按,"暐曄"一詞常並用。如《文選·左思》:"崇臨海之崔嵬,飾赤烏之暐曄。"吕向注:"暐曄,光盛貌。"字形字義較近,故致混用。

③ 姚振宗:《三國藝文志》卷二《史部》,《二十五史補編》,第3233頁。

④ 按,《獻帝春秋》收録了許多對曹操不利的史料,亦可以見袁曄之態度。參見陳俊偉:《袁曄〈獻帝春秋〉之歷史敍述評議》,《東華漢學》2016年第23期,第90頁。

⑤ 李昉等撰:《太平御覽》卷九五《皇王部》,第442頁。

⑥ 李昉等撰:《太平御覽》卷八九四《獸部六》,第3970頁。《事類賦》卷二一同,參見吴淑撰:《事類賦》卷二一《獸部一·馬賦》,宋紹興十六年刻本。

瘦?'司空曰:'所以瘦,不早相得故耳。'"①四庫本《太平御覽》有雙行夾注曰:"司空,曹操也。"②據《魏志·武帝紀》,曹操拜司空在建安元年,至建安十三年,罷漢三公,拜丞相,是曹操所有官爵中任期最長者,故以天子三公之職稱之,頗合君臣之分,當是歷史實情。

此外,《魏志·武帝紀》裴注引《獻帝春秋》又稱"魏王"。按"隨正文爲稱"之例,此處當稱"王"。這裏的"魏王"之稱,與裴注引《獻帝起居注》的"魏公"的情況類似。而無論是"魏王"、"魏公"、"司空",皆是以曹操當時之官爵稱之,這應當可以反映《獻帝起居注》、《獻帝春秋》曹操稱謂之原本。

(二)諸家《後漢書》

從漢末至南朝,撰寫後漢書史者多達十餘家,除范曄、袁宏二家之外,大都散佚殘缺。其見於裴注所引,且涉及曹操稱謂者,有謝承、司馬彪、張璠三家。與《三國志》正文一致,《魏志》部分所引皆稱"太祖";《蜀志》、《吴志》所引則稱"曹公"。

除裴注所引之外,謝承《後漢書》、張璠《後漢紀》之佚文皆直稱"曹操"。《太平御覽》卷三七三引謝承《後漢書》曰:"曹操逼獻帝廢伏后。"③《太平御覽》卷三七八:"子修爲曹操所殺。"④《文選》卷四四《陳琳爲袁紹檄豫州》注:"袁紹以曹操爲東郡太守"、"操得兖州"、"操圍吕布于濮陽"。⑤ 則謝承《後漢書》當稱"曹操"、"操"。而據《太平御覽》卷一三七引張璠《漢記》:"曹操入其二女於宫。"⑥則張璠《後漢紀》亦稱"曹操"。

檢閱目前的《續漢書》輯本可以發現,《續漢書》之曹操稱謂較爲複雜。有稱"魏王"、"魏王操"者,如《太平御覽》卷九二引《續漢書》:"二十五年十月,上禪位於魏。魏王即帝位,封上爲山陽公。"⑦又卷一三七引《續漢書》:"孝獻曹后,丞相魏王操女也,名憲。建安十八年,上納操二女憲、節于后宫,皆以爲貴人。"⑧或徑稱"曹操",如《太平御覽》卷六八二:"孝穆曹后,曹操之女也。"⑨亦有稱作"魏武帝"者,《世説新語·識鑒》劉

① 李昉等撰:《太平御覽》卷三七八《人事部一九》,第1748頁。

② 李昉等撰:《太平御覽》卷三七八《人事部一九》,《景印文淵閣四庫全書》,第896册,第457頁。

③ 李昉等撰:《太平御覽》卷三七三《人事部一四》,第1720頁。

④ 李昉等撰:《太平御覽》卷三七八《人事部一九》,第1748頁。

⑤ 蕭統編,李善注:《文選》卷四四,第1969、1970頁。

⑥ 李昉等撰:《太平御覽》卷一三七《皇親部三》,第669頁。按,張璠《後漢紀》,諸書所引或作"漢記",或稱"漢紀"。

⑦ 李昉等:《太平御覽》卷九二《皇王部一七》,第441頁。

⑧ 李昉等:《太平御覽》卷一三七《皇親部三》,第669頁。

⑨ 李昉等:《太平御覽》卷六八二《儀式部三》,第3042頁。

孝標注引《續漢書》:"初魏武帝爲諸生,未之知名也,玄甚異之。"[①]還有稱"太祖"者。《後漢書·楊震傳》李賢注引《續漢書》曰:"太祖聞之大怒,故遂收殺之,時年四十五矣。"[②]而隨范曄《後漢書》而保存的《續漢書志》,則皆稱"曹公"。《五行志》即云"其後曹公由庶士起。"[③]而《天文志》辭例更多:

> 其後丞相曹公征討天下且三十年。
> 是時上在長安,後二年東遷,明年七月,至雒陽,其八月,曹公迎上都許。
> 其年十一月,紹軍爲曹公所破。七年夏,紹死,後曹公遂取冀州。
> 曹公將伐荆州,琮懼,舉軍詣公降。
> 明年冬,曹公遣偏將擊涼州。
> 二十年秋,曹公攻漢中,魯降。[④]

對於《五行志》中的"曹公"稱謂,李景星認爲"此等稱謂,殊不相宜,當直稱'曹操'爲是"。[⑤] 諸書所引之"曹操"、"魏王"、"魏武帝"、"太祖"等稱謂,由於是他書所引,容或有改易之處,但考慮到《續漢書志》是完整地流傳至今,似無改變之可能,原書或即稱"曹公";則其餘尊稱,抑或爲事實。陳俊偉即認爲,《續漢書》稱"曹公""正可見陳壽撰史之前的西晉北人早已如是,《三國志》尊敬曹操爲'曹公'之舉不過只是史家遵從西晉北人的歷史詮釋視角而已。"[⑥]即以這裏的"曹公"稱謂作爲《三國志》之淵源。

除裴注所引文字中涉及曹操稱謂的謝、司馬、張三家後漢書之外,其餘後漢書亦均直稱"曹操"之名。如范曄《後漢書》、袁宏《後漢紀》二書完整保存至今,即皆稱"曹操"。袁山松《後漢書》之佚文,亦直稱"曹操"。如《續漢書·五行志》引《袁山松書》曰:"曹操專政。"[⑦]《太平御覽》卷四四二引袁山松《後漢書》曰:"初曹操微時,瓚異其才,將没,謂子宣等曰:'世將亂矣,天下英雄無過曹操。張孟卓與吾善,袁本初汝外親,

① 劉義慶著,劉孝標注,余嘉錫箋疏,周祖謨等整理:《世説新語箋疏》卷中之上《識鑒》,第453頁。
② 《後漢書》卷五四《楊震傳》,第1789頁。
③ 《後漢書志》第一七《五行五》,第3347頁。
④ 《後漢書志》第一二《天文下》,第3261頁。
⑤ 李景星:《四史評議》,長沙:嶽麓書社,1986年,第364頁。
⑥ 陳俊偉:《陳壽之"尊魏"、"尊蜀"問題再議——以劉咸炘〈三國志知意〉的相關考辨切入》,《漢學研究集刊》2017年第25期,第180頁。
⑦ 《後漢書志》第一五《五行三》,第3312頁。

雖爾勿依,必歸曹氏。'諸子從之,並免亂世矣。"同卷又曰:"南陽何顒初見曹操,歎曰:'漢將亡,安天下者,必此人也。'操以是嘉之。"①至於華嶠《後漢書》、謝沈《後漢書》、張瑩《後漢南記》等書,則佚文不涉及曹操稱謂,暫難考察。

(三) 習鑿齒《漢晉春秋》

裴注所引習鑿齒《漢晉春秋》,《魏志》部分稱"太祖",《蜀志》部分則稱"曹公",與《三國志》正文一致。

習鑿齒《漢晉春秋》一書,以持蜀漢正統論而知名。據《晉書·習鑿齒傳》載:"是時温覬覦非望,鑿齒在郡,著《漢晉春秋》以裁正之。起漢光武,終於晉愍帝。於三國之時,蜀以宗室爲正,魏武帝雖受漢禪晉,尚爲篡逆,至文帝平蜀,乃爲漢亡而晉始興焉。引世祖諱炎興而爲禪受,明天心不可以勢力强也。凡五十四卷。"②又撰《臨終上前論疏》、《晉承漢統論》、《别周魯通諸葛論》,③反復申論之。既載諸空言,又見之行事,可謂深切著明者矣。④ 由於主張"以晉繼漢",以蜀爲正,且《漢晉春秋》爲編年體史書,曹操之行事只能附屬於獻帝紀、劉備紀之中,⑤故絶不可能稱"太祖"。他書所引,即直稱其名。《太平御覽》卷九二引《漢晉陽秋》曰:"獻帝都許,守位而已。宿衛近侍,莫非曹氏党舊恩戚。議郎趙彦嘗爲帝陳言時策,曹操惡而殺之,其餘内外多見誅。操後以事入見殿中,帝不任其忿,因曰:'君能相輔則厚,不爾,幸垂恩相捨。'操失色,俛仰求出。舊儀,三公輔兵入朝,令虎賁執刃挾之。操顧左右汗流浹背,自後不敢復朝請。"⑥這段文字即稱其爲曹氏、曹操、操,没有太祖、公、王、曹公等稱,應當可以反映習鑿齒《漢晉春秋》曹操稱謂之原貌。

總之,統録後漢、三國史事之諸種史籍,大都直稱"曹操"之名,《獻帝起居注》、《獻帝春秋》則以"魏公"、"魏王"、"司空"等官爵稱之。司馬彪《續漢書》則並稱"太祖"、"武帝"、"曹公",則與魏國史書較爲接近。諸家後漢、三國史與魏史及《三國志》曹操稱

① 李昉等撰:《太平御覽》卷四四二《人事部八二》,第2034頁。

② 《晉書》卷八二《習鑿齒傳》,第2154頁。

③ 參見嚴可均:《全晉文》卷一三四,《全上古三代秦漢三國六朝文(附索引)》,第2229—2234頁。

④ 關於習鑿齒正統論的研究,可參見張承宗:《〈漢晉春秋〉在史學上的影響》,《史學史研究》1996年第2期;黄尚明:《〈漢晉春秋〉的寫作背景、史學思想及其影響》,《華中師範大學學報(人文社會科學版)》2012年第3期。

⑤ 諸種《漢晉春秋》輯本皆爲蜀立本紀,參見湯求輯,喬治忠校注:《漢晉春秋》,湯求、黄奭輯,喬治忠校注:《衆家編年體晉史》,天津古籍出版社,1989年,第29—30頁;余鵬飛:《習鑿齒與〈漢晉春秋〉研究》,武漢:湖北人民出版社,2013年,第165頁;習鑿齒著,湯求、黄奭輯佚,柯美成匯校通釋:《漢晉春秋通釋》,北京:人民出版社,2015年,第145頁。

⑥ 李昉等撰:《太平御覽》卷九二《皇王部一七》,第442頁。

謂之差異,主要取決於這些史書的敘事體例及成書時代。首先,統録後漢、三國史的史籍,除《漢魏春秋》、《魏晉世語》之外,大都以漢爲正,在這種敘事體例之下,曹操仍舊是"漢之臣",自然不宜有"太祖"、"武帝"等尊號。其次,這些史籍之成書,或在魏建帝號以前(如《獻帝起居注》),或身爲吴人而並未受魏人之統治(如袁曄《獻帝起居注》、謝承《後漢書》),或成書於"受漢禪晉"説已經發生動摇、從而産生蜀漢正統論、吴正統論的東晉時期(如習鑿齒《漢晉春秋》),亦無需有尊號。而作爲其中特例的司馬彪《續漢書》,則成書於西晉時期,且司馬彪爲晉之宗室,尊魏即是尊晉,故於曹操有尊稱,亦合乎情理。

六、結語:稱謂、書法與正統論

關於曹操稱謂之書法,雖然與史書之體例有着密切的關係,但最主要的還是取決於史家對於魏、蜀、吴三國正統所持之看法;而史家正統觀之形成,又取決於史家所處之時代及政治環境。當然,史家之家世與思想背景,亦在其中扮演着不可低估的作用。

在三國鼎立之時,魏、吴兩國各有國史,自然以"繼漢而興"的姿態書寫自己的歷史。曹操於魏爲開國君主,自然以謚號、廟號稱之;又因爲是本國之史,故"太祖"、"武帝"之前,大可省略"魏"之國號。至於吴國,曹操乃是敵國之君,則自然尊孫氏爲帝,而直稱曹操之名。

至晉承魏禪,既而又滅吴,從而實現國家的再次統一之後,曹操則成爲了前朝之君。在法統上,晉實受魏禪而來,而魏又受漢之禪讓,故入晉時所作史書,皆以曹魏爲正統。誠如朱彝尊引宋人尹起莘之言曰:"自陳壽志三國,全以天子之志予魏,而以列國待漢,收天下三分之二,司馬氏繼之。于時作史者,王沈則有《魏書》,魚豢則有《魏略》,孔衍則有《魏尚書》,孫盛則有《魏春秋》,郭頒則有《魏晉世語》。之數子者,第知有魏而已。"①錢大昕亦云:"魏氏據中原日久,而晉承其禪,當時中原人士知有魏不知有蜀吴也。"②其中專書魏史者不論,孔衍《漢魏春秋》、郭頒《魏晉世語》二書顯然是持"漢—魏—晉"正統觀之代表,故皆予曹操以尊稱。其時成書之司馬彪《續漢書》、胡沖《吴曆》,雖然是後漢史、吴國史,也仍舊以"曹公"、"魏武"稱曹操。

對於魚豢、孫盛等史籍尊曹魏爲帝而直稱吴、蜀二國君主之名一事,劉知幾《史

① 朱彝尊:《曝書亭集》卷五九《陳壽論》,上海:商務印書館,1935年,第696頁。

② 錢大昕撰,陳文和點校:《潛研堂集》文集卷二四《三國志辨疑序》,《嘉定錢大昕全集・九》,南京:江蘇古籍出版社,1997年,第383頁。

通·稱謂》篇曾有激烈的批評：

古者二國争盟，晉、楚並稱侯伯；七雄力戰，齊、秦俱曰帝王。其間雖勝負有殊，大小不類，未聞勢窮者即爲匹庶，力屈者乃成寇賊也。至於近古則不然，當漢氏云亡，天下鼎峙，論王道則曹逆而劉順，語國祚則魏促而吴長。但以地處函夏，人傳正朔，度長絜短，魏實居多。二方之于上國，亦猶秦繆、楚莊，與文、襄而並霸。（蜀昭烈主可比秦繆公，吴大帝可比楚莊王）逮作者之書事也，乃没吴、蜀號謚，呼權、備姓名，（謂魚豢、孫盛等）方于魏邦，懸隔頓爾，懲惡勸善，其義安歸。①

魏、蜀、吴三國鼎立，與春秋、戰國時期列國争霸的形勢頗爲相似。但在處理君主稱謂問題上，"近古"的魏晉卻不同於"上古"之春秋戰國。上古"並稱侯伯"、"俱曰帝王"，而魏晉時期的魚豢、孫盛之徒，卻獨尊曹魏，隱没孫權、劉備之謚號而直稱其名，這無疑是錯誤的。在劉知幾看來，魏、蜀、吴各有得其正統之處。如以王道論之，則劉備爲漢之宗室而繼承漢祚；以國祚長短而論，則吴立國最長；而以地域都邑而論，而魏處於中夏，且又受漢獻帝之禪，確實在正統之争中有其優勢。因此，按照劉知幾的意見，各稱其謚號，應該是最合理的做法。不過，即便陳壽《三國志》分爲魏、蜀、吴三書，卻仍舊以魏爲正，並爲曹操設立了"太祖、公、王"與"曹公"的稱謂系統，同時又直書吴、蜀二國君主之姓名，這仍舊未能超出孫盛、魚豢等人。

至於晉室南渡，習鑿齒、張勃才突破"以魏爲正"的歷史書寫方式。習鑿齒《漢晉春秋》以蜀漢爲正，而張勃《吴録》則以吴爲正。兩種新的正統觀的出現，除了當時的政治環境發生了變化以外，也與二者的家世有着密切的關係。如張勃爲吴人之後，習鑿齒則爲蜀人，故皆尊故國，以示不忘故主之情。② 不過，自朱熹持蜀漢正統論之後，不僅張勃《吴録》之觀點漸被遺忘，持魏正統論者亦開始受到批評，這尤以陳壽《三國志》爲多。因此，爲了回護陳壽，清人多以迫於"時勢"作解釋。四庫館臣論陳壽之書曰：

其書以魏爲正統，至習鑿齒作《漢晉春秋》，始立異議。自朱子以來，無不是鑿齒而非壽。然以理而論，壽之謬萬萬無辭。以勢而論，則鑿齒帝漢順而易，壽欲帝

① 劉知幾著，浦起龍通釋，王煦華整理：《史通通釋》卷四《稱謂第十四》，第 99 頁。

② 杭世駿曰"蓋習是襄陽人，其以正統予蜀，猶有不忘故主之意。"杭世駿《諸史然疑》，《景印文淵閣四庫全書》，第 254 册，第 1042 頁。

漢逆而難。蓋鑿齒時晉已南渡,其事有類乎蜀,爲偏安者争正統,此孚於當代之論者也。壽則身爲晉武之臣,而晉武承魏之統,僞魏是僞晉矣,其能行於當代哉!此猶宋太祖篡立近于魏,而北漢、南唐亦近於蜀,故北宋諸儒皆有避而不僞魏。高宗以後,偏安江左近於蜀,而中原魏地全入于金,故南宋諸儒乃紛紛起而帝蜀。此皆當論其世,未可以一格繩也。①

四庫館臣之觀點是十分通達的。誠如雷家驥所言:"三國正統糾紛如此,其統治者潛意識及意識之内慚表現如彼,愈自慚自卑者愈需他人之肯定,則其要求臣下入主出奴之見,可想而知。黄權、譙周、陳壽、李密之徒,在蜀則以蜀爲正,入魏則以魏爲帝,仕晉則以晉爲主,蓋身不由己,逼於政治意識而不得不如此。"②則四庫館臣之見解,已經極爲接近我們今天的認識。然而,四庫館臣仍舊認爲,"以理而論,壽之謬萬萬無辭",這無疑是受朱熹以來蜀漢正統論之影響。因此,就價值判斷而來,只要是持曹魏正統論,即是謬誤無疑。

因此,清人爲了維護陳壽,也爲了進一步維護蜀漢正統論,便發明了一種"陰帝蜀論"。何焯即論述道:"承祚身入晉室,奉命修史,彼自謂三禪相承,同符舜、禹,不得不以魏爲正。乃於《蜀書》之末,記文然之贊,假託網羅散軼,陰著中漢、季漢皇統斯在,躋蜀于曹氏之上,大書贊昭烈皇帝,則己之所述曰《先主傳》者,明其遜詞,實以文然所贊代己序傳也。"③錢大昕亦承此説,他論述道:

陳承祚《三國志》,創前人未有之例,縣諸日月而不刊者也。魏氏據中原日久而晉承其禪,當時中原人士知有魏不知有蜀、吴也。自承祚書出,始正三國之名,且先蜀而後吴,又于《楊戲傳》末載《季漢輔臣贊》,亹亹數百言,所以尊蜀殊于魏、吴也。存"季漢"之名者,明乎蜀之實漢也。習鑿齒作《漢晉春秋》,不過因其意而推闡之。而後之論史者輒右習而左陳,毋乃好爲議論而未審乎時勢之難易與?夫晉之祖宗所北面而事者,魏也,蜀之滅,晉實爲之,吴、蜀既亡,群然一詞,指爲僞朝,乃承祚不唯不僞之,且引魏以匹二國,其秉筆之公,視南、董何多讓焉!④

① 永瑢等撰:《四庫全書總目》卷四五《史部·正史類一》,第403頁。
② 雷家驥:《中國古代史學觀念史》,北京師範大學出版社,2018年,第278—279頁。
③ 何焯著,崔高維點校:《義門讀書記》卷二七《三國志·蜀志》,第473頁。
④ 錢大昕撰,陳文和點校:《潛研堂文集》卷二四《三國志辨疑序》,《嘉定錢大昕全集·九》,第383—384頁。

何焯、錢大昕認爲陳壽撰《季漢輔臣贊》、《蜀書》詳載即位文告及策文等内容，確實在一定程度上反映了陳壽對於蜀國的親近態度。但誠如劉咸炘所論證的，這些内容只能够説明“承祚誠有不忘故國之心，而實無季漢正統之見”。① 或者正是鑒於陳壽持“陰帝蜀論”的證據單薄，清人開始關注到了《三國志》曹操稱謂的書法問題，並提出了新的理解。如本文開篇所引李清植、梁章鉅、盧弼等説，皆認爲《武帝紀》曹操稱謂由公而王、由王而太祖乃是著曹操篡亂之迹，陳壽如此書寫，乃是以正統予蜀。

如果説何焯、錢大昕等人贊同“陰帝蜀論”的論據仍舊建立在《三國志》文本的基礎上的話，另有一種更爲極端的做法，則是完全否認陳壽爲魏立本紀之事實。張照即認爲：“惟《三國志》既無本紀之稱，並無列傳之目，不别異吴、蜀以他稱，統名之曰《三國志》，然則陳壽之意亦可見矣。”②又馮集梧曰：“《三國志》本無本紀列傳之目，故近時考證悉遵陳壽原書，不著紀傳等字。”③考當時流行之刻本，往往在書前目録上題“武帝操”、“文帝丕”，而不題“武帝紀”、“文帝紀”，中華書局點校本亦加以沿用不替，④故張照、馮集梧認爲《三國志》没有紀傳之分，因而陳壽也没有“帝魏”之説。據此，遂有以《三國志》中的曹操稱謂全系後人改篡的説法。胡玉縉認爲：

> 案武紀稱操爲太祖，建安元年封武平侯後稱公，進爵爲魏王後稱王，而稱公下無一語斡旋或繳明，殊嫌倒置，是文例之最不可通者，陳壽何致出此？或謂不如概稱太祖。陳氏又豈不知而竟遺斯巨繆？斷無是理。蓋經後人纂改也。志本傳體，無紀之一目。猶漢志高祖傳孝文傳之比。而稱爲書，以魏、蜀、吴鼎峙，皆各未能渾一。遂三國之無所謂帝某僞某也。又係私史，意在數十百年後傳之其人，以明尊蜀微尚。不謂卒後即由尚書郎范頵上表，遂入於官。今本非頵，即宋人改竄，而以後説爲近。⑤

由於胡氏認爲《三國志》“本系傳體，無紀之一目，又系私史，非奉敕撰”，故“無所謂帝某僞某也”。既然不尊曹氏，故其中的曹操稱謂已非原本，而這種改篡，很有可能出自晉、

① 劉咸炘：《三國志知意》，第 319 頁。
② 轉引自劉咸炘：《三國志知意》，第 307 頁。
③ 馮集梧注：《樊川詩集注》卷一，清嘉慶德裕堂刻本。
④ 參見百納本《三國志》、盧弼《三國志集解》、中華書局本《三國志》等書之書前目録。
⑤ 胡玉縉：《三國志集解序》，盧弼著：《三國志集解》，第 17 頁。

宋時人之手。因此,胡玉縉還原了他認爲的《三國志》曹操稱謂的原本:"大致武平侯以前太祖字原是操字,方與下文稱公稱王融洽。余太祖字是公字,方與蜀吴二志稱曹公。"

然而,胡氏之説的根基,即《三國志》不設本紀的觀點是錯誤的。清人以爲《三國志》不設本紀的依據乃是當時流行刻本之"書前目録",並非陳壽之原文。而考汲古閣、百納本諸家《三國志》之正文,皆題《武帝紀》,《三國志》正文又數云"語在武紀",[①]以見互見之體。且《隋志》云"陳壽删集三國之事,唯魏帝爲紀,其功臣及吴蜀之主並皆爲傳",[②]其言鑿鑿,實在無可辯駁。對於這種枉顧事實的做法,劉咸炘批評道:"欲爲承祚雪帝魏之譏,遂竟謂無紀傳,亦太任肊矣。"[③]而根據我們對魏晉史籍關於曹操稱謂的考察,則自東晉以後的史書,反而更多的是直稱曹操之名;而宋與魏之關係,實在不大可能爲此而改篡《三國志》舊文。而且,縱然依照胡玉縉之意見,"曹操"當作"曹公",如《吴志》、《蜀志》之例,也仍舊是比直稱權、備更爲尊崇。因此,對於陳壽《三國志》中的曹操稱謂,如果持先入的、且超出時代的理解,無疑是十分危險的。

實際上,對於陳壽《武帝紀》中曹操稱謂的書法,還有一點可以補充。我們注意到,《武帝紀》仍舊是以"建安"爲年號的。在漢獻帝建安年號的編年史中,曹操的身份無疑是漢之臣子。在持蜀漢正統論的後人看來,以漢之臣而爲魏帝,自然是篡亂。然而,在漢魏、魏晉禪讓所創立的新的王朝權力變更模式之下,曹魏之子孫卻並不需要否認曹操"漢臣"的歷史事實。對此,徐沖有精彩的論述:

> 而在始於魏晉的"禪讓"王朝更替模式之下,新王朝創業之主的身份最初也是前代王朝的臣子,但卻並没有站在前代王朝的對立面否認這一身份;相反,其所採取的立場是將這一身份發揚光大,竭心盡力來平定前代王朝之末世亂局,由此成爲前代王朝之"功臣",實現"臣"之身份的最大化;既而由此開啓王朝更替的契機,以功德爲公、爲王,開建王國,遇以殊禮,其身份一步步實現"去臣化";最後由本人或繼任者接受前代皇帝的禪讓,正式建立新王朝。也就是説,在"禪讓"的王朝更替模式下,新王朝的創業之主,必須經歷一個"自臣至君"的身份轉换過程;新王朝的

① 參見《三國志》卷六、卷八、卷九、卷十、卷十三、十四,第187、190、253、323、330、401、428頁。
② 《隋書》卷三三《經籍二》,第957頁。
③ 劉咸炘:《三國志知意》,《劉咸炘學術論集·史學編》,第307頁。

皇帝權力,藉由這樣的過程而正當起源。①

這無疑魏晉時代對於皇帝權力結構下“君臣關係”的新理解。因此,陳壽在《三國志·武帝紀》中由“公”而“王”、由“王”而“太祖”的稱謂系統便是描述魏國的開國君主曹操如何“自臣至君”的。一方面,這與《史記》、《漢書》所書劉邦由沛公而漢王而高祖一樣,客觀描述了開國君主的創業歷程;而另一方面,與漢高祖的“逐鹿者”②的角色不同的是,在“禪讓”王朝更替的新模式下,曹操稱謂的改變又有着“去臣化”的新意義。實際上,《魏書·文帝紀》也是先稱曹丕爲“王”,自即帝位之後再稱作“帝”的。至此,嬗代之際的君主稱謂書寫,便正式宣告結束。

① 徐沖:《“禪讓”與“起元”:魏晉南北朝的王朝更替與國史書寫》,《歷史研究》2010年第3期,第109頁;徐沖:《中古時代的歷史書寫與皇帝權力的起源》,上海古籍出版社,2012年,第16頁。

② 關於“逐鹿”之説,可參見侯旭東:《逐鹿或天命:漢人眼中的秦亡漢興》,《中國社會科學》2015年第4期。

《魏晉南北朝隋唐史資料》第四十輯
2019 年 11 月,62—71 頁

兩晉未鑄幣原因再探
——兼及司馬氏的貨幣政策

朱安祥

一、問題的提出

終兩晉之世,司馬氏政權均未鑄造貨幣(主要指銅錢),似乎中央政府也未曾制定、頒布新的貨幣政策,《晉書》卷二六《食貨志》記載:

> 魏明帝乃更立五銖錢,至晉用之,不聞有所改創……晉自中原喪亂,元帝過江,用孫氏舊錢,輕重雜行,大者謂之比輪,中者謂之四文。①

《資治通鑑》卷一三七"齊武帝永明八年"條亦載:

> 晉氏不鑄錢,後經寇戎水火,耗散沈鑠,所失歲多,譬猶磨礱砥礪,不見其損,有時而盡,天下錢何得不竭!②

第一條史料指出: 西晉政權没有鑄造新的貨幣,依然沿用魏明帝發行的五銖錢;晉室南渡之後,東晉政權同樣未鑄新錢,繼續使用"大泉五百"、"大泉當千"等孫吴舊錢。與此同時,考古出土資料顯示: 兩晉墓葬中出土了大量兩漢舊錢,其中五銖錢占據了較大比例。③

---

① 《晉書》卷二六《食貨志》,北京: 中華書局,1974 年,第 795 頁。

② 《資治通鑑》卷一三七《齊紀三》"武帝永明八年"條,北京: 中華書局,1956 年,第 4304 頁。

③ 如安徽合肥三里街西晉墓就出土銅錢 1 005 枚,大都爲兩漢時期的五銖錢,參見安徽省博物館清理小組:《安徽合肥東郊古磚墓清理簡報》,《考古通訊》1957 年第 1 期,第 34 頁;再如湖南益陽羊午嶺公社東晉墓發掘清理出銅錢 1 150 枚,主要有兩漢五銖、貨泉等品種,參見益陽地區文物工作隊等:《湖南省益陽縣晉、南朝墓發掘簡況》,收入《文物資料叢刊·第八集》,北京: 文物出版社,1983 年,第 45—49 頁。

第二條史料來源於南朝蕭齊建元年間孔顗所奏《鑄錢均貨議》一文，該文也收録於《南齊書》、《通典》等史志，但關鍵的字句却遭删節，故采用《資治通鑑》之記載。“晉氏不鑄錢”一語再次確認兩晉没有鑄錢的事實，“寇戎水火”、“耗散沈鑠”説明戰争與自然消耗是貨幣總量逐漸減少的主要原因。

與政府不鑄幣的狀態形成鮮明對比的是，此時貨幣不僅廣泛地活躍在市場交换之中，成爲時人競相追捧的對象，而且逐漸發展成爲流通領域中的主要支付手段。例如，西晉時期國家的賦税有些是用銅錢繳納的，“梁、趙二王，國之近屬，貴重當時，楷歲請二國租錢百萬，以散親族”；[①]東晉時期同樣有許多和商業活動有關的税收，如契税、關津税、入市税等，也是收錢，“晉自過江，凡貨賣奴婢馬牛田宅，有文券，率錢一萬，輸估四百入官，賣者三百，買者一百。無文券者，隨物所堪，亦百分收四，名爲散估。”[②]再如，民間市場交易過程中，銅錢的身影隨處可見，西晉人阮修是阮籍的從子，“常步行，以百錢掛杖頭，至酒店，便獨酣暢”，[③]東晉左衛將軍劉超，“家裏應用一純牛，外廄猥牛中有任用者，請以正陌三萬錢、布五匹，乞以買此牛。”[④]

兩晉時期的門閥貴族生活奢侈，陳寅恪曾指出此時的統治階級體現出了貪鄙與愛錢的性格特徵。[⑤] 西晉權臣何曾“性奢豪”，“食日萬錢，猶曰無下箸處”，其子何劭，“驕奢簡貴，亦有父風”，“食必盡四方珍異，一日之供以錢二萬爲限”；[⑥]侍中王濟的奢靡生活不亞於何曾，“時洛京地甚貴，濟買地爲馬埒，編錢滿之，時人謂爲金溝”，除高價在洛陽買地之外還參與豪賭，“請以錢千萬與牛對射而賭之”。[⑦] 難怪時人江統在看到貴族争相逐利之情景，發出“公侯之尊，莫不殖園圃之田，而收市井之利”的感歎。[⑧] 正是處於如此環境之下，魯褒才會“傷時之貪鄙”，寫出憤世嫉俗的諷刺文章——《錢神論》，爲西晉人追逐金錢的欲望做出精彩的詮釋。[⑨]

此外兩晉時期的賜錢數量也值得我們關注。賜錢成爲了當時國家賞賜的一項重要内容，無論是軍功行賞、關懷撫恤，還是官員退休、喪葬諸事大都賞賜有錢，而且數目巨

---

① 《晉書》卷三五《裴秀傳》，第 1048 頁。
② 《隋書》卷二四《食貨志》，北京：中華書局，1973 年，第 689 頁。
③ 《晉書》卷四九《阮籍附子阮修傳》，第 1366 頁。
④ 《太平御覽》卷八二八《資産部八》“賣買”條，北京：中華書局，1960 年，第 3694 頁。
⑤ 萬繩楠整理：《陳寅恪魏晉南北朝史講演録》，貴陽：貴州人民出版社，2012 年，第 19 頁。
⑥ 《晉書》卷三三《何曾傳》，第 998—999 頁。
⑦ 《晉書》卷四二《王濟傳》，第 1206 頁。
⑧ 《晉書》卷五六《江統傳》，第 1537 頁。
⑨ 《晉書》卷九四《魯褒傳》，第 2437 頁。

大。諸如孝武帝寧康元年(373),權臣桓温去世,"皇太后與帝臨於朝堂三日,詔賜九命衮冕之服,又朝服一具,衣一襲,東園秘器,錢二百萬",等到埋葬之時,再次加賜"錢五千萬,絹二萬匹,布十萬匹,追贈丞相"。① 據相關統計:整個兩晉時期政府的賜錢行爲約有八十餘次,共賜錢 171 200 000 文,約合 17.1 萬貫。② 既然作爲賞賜用錢,僅僅只是國家錢幣總儲量的一部分,而實際保留在當時統治階層與民衆手中的錢幣總量要比這大得多。

由上可見,兩晉時期貨幣依然作爲主要的支付手段流通於市場之中,而且無論是統治階層還是普通民衆,對貨幣的需求依然存在,那麽爲何兩晉政府在長達一個半世紀的時間裏都没有鑄造貨幣呢? 這確實是一個值得深入思考的問題。

二、兩漢巨量五銖錢是造成司馬氏不鑄幣的根本原因

關於兩晉未鑄幣之原因,前輩學者多有關注,這其中以傅築夫論述較詳,他認爲:

> 自然經濟長期以來一直占支配地位,從東漢時起自然物貨幣就一直在起着主幣的作用,不久之前的魏文帝,又正式廢止了銅錢,限定以穀帛爲幣,禁止金屬貨幣的流通,雖其後不久又行恢復,解除了用錢之禁,但是社會經濟發展的自然趨勢不可能隨着人爲的朝令夕改來變更方向。晉武帝平吴之後,耽於聲色,意志消沉,既無雄才大略,自安於率循舊章,故一切均沿襲曹魏之舊。這時商品經濟既不發達,社會上也没有行錢的迫切需要,故終晉一代没有鑄造過銅錢。③

傅築夫的論點主要可以總結爲兩個方面:一是商品經濟不發達、自然經濟長期占據支配地位,使得社會對金屬貨幣的需求量減少;二是統治者安於舊章,未能投入更多精力關注經濟的發展。這種觀點得到了學界的認同,此後的學者大都持相似意見。④ 實際上,此觀點仍然存在進一步探討的餘地。不可否認的是,自東漢以來戰亂頻仍,加之長

① 《晉書》卷九八《桓温傳》,第 2579—2580 頁。

② 朱安祥曾對兩晉賜錢數量做過較爲詳細的統計,可參看朱安祥:《魏晉南北朝貨幣研究》,鄭州大學博士學位論文,2018 年,第 132 頁。

③ 傅築夫:《中國封建社會經濟史·第三卷》,北京:人民出版社,1984 年,第 414 頁。

④ 可參見梅生:《論兩晉未鑄金屬貨幣的社會原因》,《洛陽師範學院學報》2009 年第 4 期,第 93—95 頁。(日)柿沼陽平:《晉代貨幣經済の構造とその特質》,《東方學》2010 年第 120 輯,第 18—33 頁。陳彦良:《兩晉不鑄幣政策與長期通貨緊縮》,《臺灣師大歷史學報》2012 年第 47 期,第 1—37 頁。

期存在的通貨膨脹,使得整個三國、兩晉時期均處在商品經濟衰退、自然經濟興盛的狀態。由於社會生產力降低,市場上能够提供的商品逐漸減少,於是貨幣的需求量亦隨之變小。但是,只要政府没有廢除貨幣的支付職能,市場交换過程中没有否認貨幣的流通地位,那麽對於貨幣的需求就會依然存在,從賦税、賞賜等大量用錢的例證來看,這一時期的貨幣需求量也未必如我們想象的那麽少。另外,發行貨幣是有利可圖的,[①]歷代統治者莫不熱衷於此,晉室皇帝一定不會例外,怎麽會不投入更多精力關注鑄錢一事呢?

以往的學者主要以社會經濟發展程度爲視角去看待該問題,但却忽略了一個客觀存在之現實,即兩漢時期鑄造的巨量五銖錢此時依然廣泛存在於國庫與市場之中,或者説保留在國家與民衆手中。對於統治階層而言,如何正確處理這些五銖錢,既能保障國家經濟逐步恢復與發展,又能維持手中的財富不至於嚴重縮水而貶值。只有從這點出發,才是理解兩晉貨幣政策的關鍵所在。

關於西漢五銖錢的發行總量,史書有記載,《漢書·食貨志》載:"自孝武元狩五年三官初鑄五銖錢,至平帝元始中,成錢二百八十億萬餘云。"[②]針對這條史料中的"億萬"一詞,學界産生了不同意見,秦暉認爲這個數字應該是2 800億文;[③]加藤繁與徐承泰認爲應是280億文;[④]吴慧乾脆把"億"改成"萬",説成"二百八十萬萬文"。[⑤] 我認爲單就史料來看,應以2 800億文爲是。秦漢時期,"億"是一個專有名詞,存在兩種演算法,一是指萬萬,二是爲十萬,但實際使用過程中常以後者爲准。《史記》卷一一七《司馬相如列傳》索隱引張揖曰:"演算法萬萬爲億,是大數也",同時又注引《鬻子》曰:"十萬爲億"。[⑥] 可見"億"包含了兩類含義,狹義上的億所指即爲十萬。《後漢書》卷七六《王景傳》記載王景修河之事,"景雖簡省役費,然猶以百億計",此處的"億"應該就是狹義上的十萬,要不然也不會説"簡省役費",李賢在作注時亦云:"十萬曰億也。"[⑦]因此,《漢

① 日本學者加藤繁最先注意到了這個現象,他在考察西漢帝室財政收入來源時提出,漢代鑄錢會産生"一些餘利",這主要用來救濟國家財政的困乏。參見加藤繁:《漢代國家財政和帝室財政的區別以及帝室財政的一斑》,《中國經濟史考證》,北京:中華書局,2012年,第65頁;李若愚在詳細考察了中國歷代銅錢發行與封建政府財政的關係後,亦指出濫發錢幣屬於一種隱蔽性的超財政剥削,這種現象在歷史進程中頻繁出現,參見李若愚:《銅錢與中國歷代封建王朝的財政經濟》,《中國經濟史研究》1991年第1期,第76—94頁。

② 《漢書》卷二四《食貨志下》,北京:中華書局,1962年,第1177頁。

③ 秦暉:《關於西漢五銖錢的流通數額問題》,《陝西師範大學學報·哲社版》1988年第2期,第74—80頁。

④ (日)加藤繁:《漢代國家財政和帝室財政的區別以及帝室財政的一斑》,《中國經濟史考證》,第65頁;徐承泰:《西漢貨幣鑄造數量研究》,《湖北大學學報·哲社版》1993年第5期,第66—70頁。

⑤ 吴慧主編:《中國商業通史·第一卷》,北京:中國財政經濟出版社,2004年,第397頁。

⑥ 《史記》卷一一七《司馬相如列傳》,北京:中華書局,1959年,第3047頁。

⑦ 《後漢書》卷七六《王景傳》,北京:中華書局,1965年,第2465—2466頁。

書·食貨志》中的記載同樣屬於狹義範疇,二百八十億萬相當於 2 800 億。當然,這只是史籍中記載的數量,而實際上漢政府的鑄錢量能否達到如此規模,尚無法準確論證。但是無論如何,西漢鑄造了數量巨大的五銖錢是毋庸置疑的,出土資料同樣證實了該論點。

東漢時期政府公開的鑄錢行爲僅有兩次,一次爲建武十六年,第二次是中平三年。儘管史籍中缺乏東漢錢幣鑄造數量之記載,但近些年考古發現的東漢墓葬可以給我們提供有意義的借鑒。曾有學者專門統計了建國以來全國各地考古墓葬中出土的東漢錢幣,得出結論:"整個東漢一代確實鑄造了大量的貨幣"、"東漢社會使用金屬貨幣的數量當并不比西漢社會爲少",而且市場中流通的貨幣"以東漢五銖錢爲主"。[①] 總之,終兩漢時代,政府鑄造了數額巨大的錢幣。至曹魏時期,雖久未鑄錢,加之被董卓破壞銷鎔掉的一部分,統治階級依舊"積累巨萬";[②]甚至到了東晉咸和三年,蘇峻起兵反晉之時,國庫還保留有"布二十萬匹,金銀五千斤,錢億萬,絹數萬匹",[③]由此可見一斑。

面對數量衆多的貨幣,無論是國家的統治階層還是市場上的實際持有者,均不希望其價值縮水、購買力降低。兩漢時期,商品經濟發達、社會生産力較高,貨幣需求量亦隨之增長,於是政府鑄造大量五銖錢投入市場使用,此時貨幣的供應量與需求總量是處於均衡狀態的。在歷經漢末、三國的戰亂之後,兩晉時期的社會生産力已經遠不如前,市場能够提供的商品也大幅度減少,這個時候即使貨幣總量保持不變,仍然可以形成"錢多物少"的狀況,其結果必定導致錢賤物貴。如果此時國家繼續鑄錢,增加錢幣總量,政府不僅不會從中賺取利潤,反而會使得原本貯藏的貨幣大幅度貶值,進一步造成物價上漲,形成嚴重的通貨膨脹。既然有現成的貨幣可以使用,而且鑄錢廢料廢工,也不會帶來任何收益,兩晉政府當然選擇不再繼續鑄造貨幣。

隨着消費領域的需求逐漸擴大,以及日常交易中存在的自然損耗,到了東晉中期,市場上出現了"錢既不多,由是稍貴"的現象,此時大量銅錢流入境外地區也是造成貨幣數量減少的另一種原因。孝武帝時期,有人將大錢帶至廣州,賣給少數民族改鑄銅鼓,爲此孝武帝專門下詔曰:

---

① 張南:《秦漢貨幣史論》,南寧:廣西人民出版社,1991 年,第 116 頁。查明輝:《漢代貨幣問題研究》,江西師範大學碩士學位論文,2005 年,第 27、30 頁。

② 《晉書》卷二六《食貨志》,第 796 頁。

③ 《晉書》卷一〇〇《蘇峻傳》,第 2630 頁。

> 錢,國之重寶,小人貪利,銷壞無已,監司當以爲意。廣州夷人寶貴銅鼓,而州境素不出銅,聞官私賈人皆於此下貪比輪錢斤兩差重,以入廣州,貨與夷人,鑄敗作鼓。其重爲禁制,得者科罪。[①]

這一年是太元三年(378),上距西晉立國已有百餘年之久,雖然經歷長期未鑄錢的狀態,但是銅錢的地位依然非常之高,仍屬"國之重寶",受到統治者的重視,這也從側面反映出晉室統治者是始終關注貨幣問題的,并不像學界以往認爲的那樣,"統治者意志消沉、安於舊章,未能投入更多精力關注經濟問題"。與此同時,爲了保護境内銅錢不至於流失境外,甚至制定嚴苛法律,懲處販錢之人,"其重爲禁制,得者科罪"。

由此可見,兩晉時期并非未曾制定貨幣政策,不繼續增加貨幣總量以及保持國内貨幣總量不因人爲流失而明顯減少,這才是統治階級制定的貨幣政策。這種政策不僅可以維護現存貨幣的價值,而且在不增加、也不至於急劇減少貨幣總量的前提之下,使現有的貨幣量與市場經濟發展程度相适應,逐漸恢復社會生産力,最終實現社會經濟穩定發展,這也是兩晉未鑄錢幣的根本原因。從這一角度來看,兩晉時期的貨幣政策屬於一種正確的、符合時宜的貨幣政策。

三、東晉政争背景下的"廢錢論"

與此同時,我們也應該看到,雖然兩晉政府制定了較爲穩健的貨幣政策,但究其實質,依然無法擺脱封建統治階層維護自身利益的本質,這種貨幣政策最終的受益人屬於占有、囤積大量貨幣的封建權貴與門閥士族,而并非是擁有少量銅錢的百姓和民衆。東晉末年,隨着貨幣總量日益減少、銅錢價值升高,統治階級内部圍繞貨幣廢立問題展開了一場激烈的辯論,并演變成爲一種門閥士族之間的政治鬥争,桓玄與孔琳之的廢錢之争便是這一問題的極好反映,《晉書》卷二六《食貨志》記載:

> 安帝元興中,桓玄輔政,立議欲廢錢用穀帛。孔琳之議曰:
>
> 洪範八政,貨爲食次,豈不以交易所資,爲用之至要者乎!若使百姓用力於爲錢,則是妨爲生之業,禁之可也……故聖王制無用之貨,以通有用之財,既無毁敗之費,又省難運之苦,此錢所以嗣功龜貝,歷代不廢者也……今括囊天下之穀,以周天

① 《晉書》卷二六《食貨志》,第795頁。

> 下之食,或倉廩充溢,或糧靡并儲,以相資通,則貧者仰富。致富之道,實假於錢,一朝斷之,便爲棄物。是有錢無糧之人,皆坐而饑困,以此斷之,又立弊也。且據今用錢之處,不以爲貧,用穀之處,不以爲富。又人習來久,革之必惑。語曰,利不百,不易業,況又錢便於穀邪! 魏明帝時錢廢,穀用既久,不以便於人,乃舉朝大議。精才達政之士莫不以宜複用錢,下無異情,朝無異論……朝議多同琳之,故玄議不行。①

這是安帝時召開的一場御前會議,討論是否需要完全廢除貨幣、使用穀帛的問題,支持廢錢主張的是輔政者太尉桓玄,提出反對意見的是時任西閣祭酒的孔琳之。關於這次事件,《晉書·食貨志》、《宋書·孔琳之傳》、《南史·孔琳之傳》、《通典》等史籍均有記載,其中《南史》、《通典》爲節録,《晉書》與《宋書》則内容詳盡,但二書文字上略有出入,比較而言,以《晉書》所述内容較實,故徵引《晉書·食貨志》的記載。

安帝元興二年(403),桓玄自任大將軍、授相國、封楚王,并掌握了東晉政治的實權,但此時尚未正式受禪稱帝。他提議的"廢錢論",傅築夫認爲具有雙重性目的,首先是"解決錢幣不足的問題",此外還有更深的用意,即"順水推舟藉以貫徹抑商政策",并徵引沈約在《宋書·孔琳之傳》篇後的評議内容作爲支撑依據。② 祝總斌還曾將"廢錢用穀帛"歸爲一類胡作非爲的舉動,并且成爲桓玄"無能於掌大權"的表現之一。③

實際上,上述觀點存在進一步討論的餘地。誠然,東晉時期面臨着通貨不足的社會問題,但是解決貨幣不足的方法有很多,比如在現行的經濟基礎上實行穩健的貨幣政策,逐步發行新錢,完全用不着直接廢錢。桓玄作爲統治階層的代表人物,本身也占有大量的貨幣財富,也是受益人之一,除非他另有打算,不然絶不會斷然提出廢掉貨幣。此外,從現有的史料來看,桓玄執政思想中并没有表現出"重農抑商"的傾向,同時也没有制定任何相關措施。反而沈約本人倒是一個十足的重農主義者,他在《孔琳之傳》篇末撰寫的"史臣曰"之内容正體現出了這樣的態度,他評論曰:"桓玄知其始而不覽其終,孔琳之睹其末而不統其本,豈慮有開塞,將一往之談可然乎",④這本來就屬一己之見。如果使用後人沈約的評論内容來作爲理解東晉桓玄貨幣政策的初衷目的,無疑頗

---

① 《晉書》卷二六《食貨志》,第795—797頁。

② 傅築夫:《中國封建社會經濟史(第三卷)》,第415、412—413頁。

③ 祝總斌:《試論東晉後期高級士族之没落及桓玄代晉之性質》,《北京大學學報·哲學社會科學版》1985年第3期,第85頁。

④ 《宋書》卷五六《孔琳之傳》篇末"史臣曰"之内容,北京:中華書局,1974年,第1566頁。

顯牽强。

至於桓玄提出“廢錢論”的真實原因,我們需要結合當時的社會背景去考慮,并不能因爲廢錢違反經濟發展規律就認定是胡作非爲的舉動。《南史》卷一《宋本紀上》對廢錢論産生的背景有着詳細記載:“自晉中興以來,朝綱馳紊,權門兼并,百姓流離,不得保其産業。桓玄頗欲釐改,竟不能行。公既作輔,大示軌則,豪强肅然。”[①]如衆所知,自西晉門閥士族形成以後,門閥制度隨之確立,經過西晉時期的快速發展,時至東晉,嚴格意義上的門閥政治開始出現,并最終演變爲門閥士族與皇帝共治天下的局面。[②] 門閥制度不僅標誌着統治階級與被統治階級之間的差别,而且在統治階級内部,不同家族與不同政治集團之間也存在着尖鋭矛盾,材料中的“朝綱馳紊,權門兼并”既是統治階層内部彼此矛盾、互相鬥争的真實寫照,同時又是“廢錢論”背後的時代特徵。

爲了獲得更大的政治權力,各個家族集團不惜使用兼并手段,占有國内大量土地與財富,使百姓流離失所,“不得保其産業”。此時的桓玄,作爲剛剛掌握東晉政權的執政者,他不僅希望自己的家族勢力能够快速膨脹,而且還將打擊其他權貴作爲另一政治目標,以實現鞏固自身統治地位之目的。那麼如何能够快速地削弱對手的實力呢? 桓玄便打起了“廢錢用穀帛”的主意。此時的門閥階層掌握着大量的貨幣財富,這是他們賴以存活的經濟根基,如果突然宣布廢掉貨幣,釜底抽薪,使之遭受毁滅性打擊,這對桓玄是非常有利的。因此,借廢錢之途消滅其他門閥貴族的勢力,并希望以此鞏固自身的統治地位,這才是桓玄提出廢錢論的真實目的,如果以此來看,我們决不可將其視爲胡作非爲的舉動。

面對桓玄的廢錢論,第一個站出來反對的是孔琳之。依據史籍記載:“玄好人附悦,而琳之不能順旨,是以不見知。”[③]可見兩人素來不和,這也可以折射出兩人的政治立場是截然不同的。正是基於此因,孔琳之才會針鋒相對地反對桓玄專政。但與此同時,作爲當時統治階層中的一分子,孔琳之的言行也代表着門閥士族的利益,下面我們將歸納其基本觀點,進一步揭示背後的利害關係。

首先,孔琳之認爲交易是一項“用之至要”的行爲,其重要性僅次於吃飯。正因如此,百姓便不能參與鑄錢,這樣就會妨礙“爲生之業”,所以政府禁止百姓鑄錢是正確的舉措。孔琳之所言無疑是要維護統治階層鑄造貨幣的特權,讓鑄錢産生的鑄幣税永遠

① 《南史》卷一《宋本紀上》,北京:中華書局,1975年,第12頁。
② 田餘慶:《東晉門閥政治》,北京大學出版社,2012年,第311頁。
③ 《宋書》卷五六《孔琳之傳》,第1561頁。

歸於政府獨有;而且百姓鑄錢會增加貨幣的總量,并對他們手中貯藏的財富形成衝擊,這是他們不願意看到的事情。其次,孔琳之毫不避諱地指出:"致富之道,實假於錢",錢已經演變成爲權貴斂財的重要途徑,而且使用錢的人,都是富人,不用錢而用穀的人,則爲窮人,"今用錢之處,不以爲貧,用穀之處,不以爲富",此時的窮人則完全依靠富人生活,"貧者仰富"反映當時貧富差距已經十分嚴重。如果此時突然廢棄貨幣,讓貨幣成爲無用之物,對於那些"有錢無糧"的門閥士族而言,無疑是釜底抽薪、摧毁了他們的經濟根基,其結果便是"皆坐而饑困,以此斷之",而這種結果正是桓玄想要達到的。最後,孔琳之又列舉魏明帝廢錢用穀帛的例子,言其"不以便於人"的弊端,當時的"精才達政之士"均認爲不該廢棄錢幣的使用。這句話恰好反映了孔琳之的内心世界,"精才達政之士"就是那些代表着統治階層中的上層精英,他們掌握大量社會財富,是國家既得利益者,而孔琳之正是他們中的一員,"莫不以宜復用錢"反映了他們内心的呼聲。正因如此,孔琳之的建議才會得到廷議人員的一致認同,"朝議多同琳之"。

陳彦良曾一針見血地指出:"他(孔琳之)的通篇主旨,并不是要去積極地論證貨幣對於社會經濟的貢獻,提倡政府應該增加貨幣供給而廣爲鑄錢,反而只是防衛性的强調錢幣之不可廢。"①孔琳之作爲東晉統治階層中的一員,屬於門閥勢族的代表,這些人手中擁有着大量財富,其中當然少不了數量衆多的貨幣。爲了維護自己的利益,他們干預政府制定不鑄錢的貨幣政策,使國家在長達一個半世紀的時間裏都處於不鑄錢的狀態。與此同時,這些既得利益者拼命保護這種貨幣政策,堅決反對廢錢論,一旦出現威脅便不遺餘力地進行反抗、保護,面對他們的一致性,就連同屬豪强出身,并且掌握國家政治大權的桓玄也無能爲力。

對於此次廢錢之争,以往學界大都視爲一般性質的宫廷辯論,并未將其與時代背景相結合而進行較爲深入的探索。通過我們上面的論述,可知桓玄與孔琳之的廢錢之争,其實質是門閥士族之間圍繞貨幣問題而展開的一場明争暗鬥,雙方最終的目的均是爲了維護自身的財富與地位。由於反對者皆衆,桓玄的建議没有得到施行,這也無形中再次確定東晉政府仍舊會執行不鑄錢的貨幣政策,這種狀態直至門閥士族出現衰落、寒門集團逐漸掌權的劉宋時期才被最終打破。

---

① 陳彦良只是道出了孔琳之反對廢錢的表面現象,但并未理解其深層原因,他認爲:孔琳之採取這樣的策略是懼怕桓玄的權威,"不好觸忤過甚,使他下不了臺",參見氏著:《通貨緊縮與膨脹的雙重肆虐:魏晉南北朝貨幣史論》,新竹:臺灣清華大學出版社,2013年,第97頁。

四、餘　　論

總之,兩晉在長達一個半世紀的時期裏没有鑄造貨幣,主要是由於司馬氏所制定的特殊貨幣政策所導致。如果我們繼續向上追溯,就會發現這種貨幣政策是有歷史淵源的。東漢時期,社會物價普遍上漲,《晉書》卷二六《食貨志》記載:

> 及章帝時,穀帛價貴,縣官經用不足,朝廷憂之。尚書張林言:今非但穀貴也,百物皆貴,此錢賤故爾。宜令天下悉以布帛爲租,市買皆用之,封錢勿出,如此則錢少物皆賤矣。[①]

上揭史料可見,面對"百物皆貴"的物價上漲現象,張林提出"封錢勿出"這一解決辦法,他認爲不再繼續鑄造貨幣,就可以減少貨幣流通總量,從而造成市場上"錢少物多",最終提高貨幣購買力、降低物價。這種企圖以不繼續增加貨幣數量,而達到貨幣升值的建議,無疑啓發了兩晉統治階層,在"王與馬,共天下"的時代背景之下,這種貨幣政策被嚴格地執行下來,并最終造成了此後南朝長期面臨通貨緊縮的狀態。

① 《晉書》卷二六《食貨志》,第793頁。

《魏晉南北朝隋唐史資料》第四十輯
2019年11月,72—88頁

東晉南朝無爵公謚制度研究

李彦楠

謚號是對死者生前品德功行的總結,依據是否經朝廷認定分爲私謚與公謚(公謚又稱"官謚")。《儀禮·士冠禮》稱:"古者生無爵,死無謚。"①東漢初編訂的《白虎通》對這句話進行了確定性解釋,提出:"此言生有爵,死當有謚也。"②强調謚號與爵位一體。兩漢時期擁有列侯以上爵位者即可得謚。③隨着九品官品制的建立與社會風尚的改變,魏晉南北朝時期公謚制度發生了改變,無爵者也獲得了受賜謚號的權利。

汪受寬、戴衛紅等學者已經注意到了這種變化,他們在《通典》、《五禮通考》等傳統史學著作的基礎上,進行更爲詳細的梳理,勾勒變化具體細節,給筆者很大啓發。④但由於他們未注意到死後贈官對賜謚的影響,所以其對無爵公謚制度的嚴整性認識存在偏差。此外,前人研究也過於依賴《通典》對官品與官班的記載,導致他們對南齊與蕭梁賜謚情形的分析存在不足,進而影響了結論的準確性,所以筆者擬對該問題重新進行考

① 《儀禮》卷一《士冠禮》,嘉慶本《十三經注疏》,北京:中華書局,2009年,第2069頁下。

② 班固撰集,陳立疏證,吴則虞點校:《白虎通疏證》卷二《謚》,北京:中華書局,1994年,第68頁。《儀禮·士冠禮》中此句亦可解釋爲:古人活着的時候没有爵位,死後也没有謚號,强調古人尚儉崇質。《莊子·徐無鬼》篇即有類似表述:"是故生無爵,死無謚,實不聚,名不立,此之謂大人。"(郭象注,成玄英疏,曹礎基、黄蘭發點校:《南華真經注疏》卷八《徐無鬼》,北京:中華書局,1998年,第483頁。)

③ 通觀兩漢時期,爵非列侯而有謚者僅孔霸一人。孔霸生前以漢元帝師的身份獲關内侯爵位,有食邑八百户,號褒成君,死後得謚烈君(事見《漢書》卷八一《孔霸傳》,北京:中華書局,1962年)。這條材料並不能説明關内侯可依制得謚。谷永即曾爲大儒鄭寬中請謚而不得(事見《漢書》卷八八《儒林傳》,第3605—3606頁)。事實上,孔霸生前深得漢元帝信任,死時葬以列侯禮,謚號實爲列侯禮的一部分。所以一般情形下,應只有列侯和諸侯王可以得謚。

④ 汪受寬:《謚法研究》,上海古籍出版社,1995年;戴衛紅:《魏晉南北朝得謚官員身份的重大轉變——魏晉南北朝官員謚法、謚號研究(一)》(以下簡稱《魏晉南北朝得謚官員身份的重大轉變》),《南都學壇(人文社會科學學報)》2010年第6期,第37—40頁。

察。限於篇幅,小文僅先探討東晉南朝時的無爵公謚制度。①

一、東晉南朝的公謚資格

如前引《白虎通》所示,以爵位限定謚號的本意是保證個體生前地位和死後地位相一致。所以,當死者生前地位無需用爵位表示時,爵位與謚號的關係也會隨之鬆動。官品制自曹魏後期出現以來不斷地衝擊爵位作爲身份等級的意義,爵制也逐漸被納入官品系統中,個體生前身份高低完全可以由官品顯示。

而且,自漢以來,隨着尚文風尚的興盛,武人的社會地位不斷下降,晉時葛洪稱武事"是不急之末學,知之譬如麟角鳳距,何必用之?"②將武事視爲裝飾物,晉室南渡後領兵者也多爲寒庶出身。③此時因軍功得爵獲謚,享有較高死後地位的制度便不合時宜,會導致死者生前地位與死後地位乖離。④

因此,晉元帝大興三年(320)下詔:"古者皆謚,名實相稱。頃來有爵乃謚,非聖賢本意。通議之。"⑤認爲以爵位作爲官謚的資格限制不符合聖賢本意。王導趁機建議取消爵位限制:

> 中宗即尊號也。時賜謚多由封爵,不考德行。王導上疏曰:"臣聞大行受大名,小行受小名,名則實稱,不誣而已。近代以來,惟爵得謚。武官牙門有爵必謚,卿校常伯無爵者不賜謚,甚失制謚之本。今中興肇建,勛德兼備,宜深體前訓,使行以謚彰,豈可限以有爵。"中宗納焉。自後公卿無爵而謚,自導始也。⑥

---

① 東晉南朝時獲得公謚的群體中存在無官無爵的隱逸者,例如陸修静、陶弘景、劉瓛、庾詵等人。但隱逸者在晉元帝取消爵位限制之前已可得官謚,如西晉錢塘范平得謚文貞先生(事見《晉書》卷九一《儒林傳》)。他們不受"生有爵,死有謚"之規限制,因而相關問題不在本文討論之内。

② 葛洪著,楊明照校箋:《抱朴子外篇校箋》卷五〇《自敘》,北京:中華書局,1991年,第709頁。

③ 見趙翼著,王樹民校證:《廿二史札記》卷一二"江左世族無功臣"條,北京:中華書局,1984年,第253—254頁;萬繩楠:《陳寅恪魏晉南北朝史講演録》,貴陽:貴州人民出版社,2007年。

④ 雖然名義上授謚須考德行,如果官員獲得惡謚則無所謂享有較高的死後地位。但是自兩漢以來,人臣極少被授予惡謚,魏晉時人常以獲謚爲榮。如晉武帝太康六年王宫爲劉毅請謚事中,王宫稱:"中詔以毅忠允匪躬,贈班臺司,斯誠聖朝考績以毅著勛之美事也。臣謹按,謚者行之迹,而號者功之表。今毅功德並立,而有號無謚,於義不體。"(《晉書》卷四五《劉毅傳》,北京:中華書局,1974年,第1279頁。)他强調劉毅無謚"於義不體",無法彰顯劉毅的功德。所以獲謚大體可以被視爲享有較高死後地位的表現。

⑤ 《通典》卷一〇四《禮》,北京:中華書局,1988年,第2717頁。

⑥ 《太平御覽》卷五六二《禮部》引何法盛《晉中興書》,北京:中華書局,1960年,第2539頁上。《晉書》卷六五《王導傳》略同。

王導提出,由於賜謚規定中的爵位限制,即使是低微的武官也可能獲得謚號,高位的文臣却無法獲得,這樣的賜謚制度並不合理。他强調應取消爵位之限以恢復官謚對於保證死者生前死後地位的作用,進而達到"行以謚彰"目的。晉元帝表示同意。所以此後公謚制度中的爵位限定被取消了,"晉大興三年,始詔無爵者謚皆稱子"。[①]

賜謚規定中的爵位限制被取消並不意味着賜謚不再有其他條件要求,否則,作爲一種王朝褒獎手段的謚號將全無意義。《南史・裴子野傳》記裴子野死後事時稱:"先是,五等君及侍中以上乃有謚。"[②]梁初光禄大夫孫謙在臨終前遺命諸子稱:"吾少無人間意,故自不求聞達,而仕歷三代,官成兩朝,如我資名,或蒙贈謚,自公體耳。"[③]所謂"公體",《魏書・刑罰志》載兼廷尉卿元志等人上書稱:"其家人陳訴,信其專辭,而阻成斷,曲遂於私,有乖公體。"[④]"公體"與"私"相对立,意指官府定制。孫謙依據"公體"預測自己將會因"資名"獲贈謚號。由上述二記載可見至少梁初以前賜謚有一定之規。

戴衛紅曾據裴子野事及自身對東晉南朝得賜公謚官員官品所作統計情况提出:"東晉南朝時,官員得謚者的官品要求從五品上調到三品,上調的時間最遲在梁武帝時期。"[⑤]此外,據戴文統計,劉宋王絢官六品得謚恭世子,其餘官員多在五品以上;蕭梁時期三人官班較低,其餘官員官班多在十班以上;陳朝三人官品四品,其餘官員多爲三品及以上。如此則例外甚多,南朝規定似較爲鬆散,難以落實界限。

但是,首先,死者的地位由最終所贈之官爵決定,而非生前最後所任官爵決定。宋孝武帝孝建元年(454)陸澄爲東平沖王劉休倩爭葬儀時提出:"贈之爲義,所以追加名器。故贈公者便成公,贈卿者便成卿。贈之以王,得不爲王乎?然則有在生而封,或既没而爵,俱受帝命,不爲吉凶殊典;同備文物,豈以存亡異數。"[⑥]死後所得官爵與生前所得官爵具有同等效力。

《梁書・周捨傳》載梁武帝追贈周捨詔:"太子詹事、豫州大中正捨,奄至殞喪,惻愴於懷。其學思堅明,志行開敏,劬勞機要,多歷歲年,才用未窮,彌可嗟慟。宜隆追遠,以旌善人。可贈侍中、護軍將軍,鼓吹一部,給東園祕器,朝服一具,衣一襲,喪事隨由資

① 《通典》卷一〇四《禮》,"無爵稱子"句下自注引沈約《謚法》,第2719頁。
② 《南史》卷一〇四《裴子野傳》,北京:中華書局,1975年,第867頁。
③ 《南史》卷一〇四《孫謙傳》,第1717頁。
④ 《魏書》卷一一一《刑罰志》,北京:中華書局,1974年,第2884頁。
⑤ 戴衛紅:《魏晉南北朝得謚官員身份的重大轉變》,《南都學壇》2010年第6期,第40頁。
⑥ 《宋書》卷一五《禮二》,北京:中華書局,1974年,第401頁。

給。謚曰簡子。"[①]生前任太子詹事、豫州大中正的周捨被追贈爲侍中、護軍將軍。次年梁武帝下詔:"故侍中、護軍將軍簡子捨,義該玄儒,博窮文史,奉親能孝,事君盡忠,歷掌機密,清貞自居。食不重味,身靡兼衣。終亡之日,内無妻妾,外無田宅,兩兒單貧,有過古烈。往者,南司白渦之劾,恐外議謂朕有私,致此黜免,追愧若人一介之善。外可量加褒異,以旌善人。"[②]在褒贈周捨時稱他爲侍中、護軍將軍,以死後贈官相稱。

《梁書・顧協傳》記載梁武帝賻贈顧協:"員外散騎常侍、鴻臚卿、兼中書通事舍人顧協,廉潔自居,白首不衰,久在省闥,内外稱善。奄然殞喪,惻怛之懷,不能已已。傍無近親,彌足哀者。大殮既畢,即送其喪柩還鄉,並營冢槨,並皆資給,悉使周辦。可贈散騎常侍,令便舉哀。謚曰温子。"[③]其中强調"可贈散騎常侍,令便舉哀"。贈散騎常侍是爲了便於舉哀,由此也可以確定贈官對死後喪葬的影響。

回到本文前引裴子野例。《南史・裴子野傳》敘裴子野身後事時稱:"子野特以令望見嘉,賜謚貞子。"[④]"特"字説明裴子野生前任職没有滿足獲謚資格要求,由於梁武帝對他極爲欣賞,所以才破例賜謚。《梁書・裴子野傳》載梁武帝詔稱:"鴻臚卿、領步兵校尉、知著作郎、兼中書通事舍人裴子野……可贈散騎常侍,賻錢五萬,布五十匹,即日舉哀。謚曰貞子。"[⑤]裴子野獲謚與得贈散騎常侍緊密相關。所以小文認爲死後贈官情形會影響官員最終得謚情況,統計時應以贈官官品爲准。

其次,恭世子王絢之父爲江安縣侯王景文,王絢以長子身份因父爵得謚世子,應被視爲有爵而謚者。類似情況的貞世子王悦(父始興郡公王導)、湣悼世子陶瞻(父長沙郡公陶侃)、桂陽國湣世子侯敦(父桂陽郡公侯安都)等人也不應統計在内。

最後,關於蕭梁時期十八班制,宫崎市定主張梁十八班與九品存在嚴格一一對應關係。[⑥] 張旭華對此予以反對,主張梁官品與官班之間僅存在大致對應關係,官品承擔禄秩差和經濟權益,官班承擔政治等級高低。[⑦] 閻步克綜合考慮蕭梁時品位結構,提出十八班主要用於管理文職的官資,官品是綜合性框架,秩級與薪俸相關。[⑧] 楊恩玉在閻步

---

① 《梁書》卷二五《周捨傳》,北京:中華書局,1973年,第376頁。
② 《梁書》卷二五《周捨傳》,第376—377頁。
③ 《梁書》卷三〇《顧協傳》,第446頁。
④ 《南史》卷三三《裴子野傳》,第867頁。
⑤ 《梁書》卷三〇《裴子野傳》,第444頁。
⑥ 宫崎市定著,韓昇、劉建英譯:《九品官人法研究——科舉前史》,北京:中華書局,2008年。
⑦ 張旭華:《蕭梁官品、官班制度考略》,《中國史研究》1995年第2期,第78—84頁。
⑧ 閻步克:《中國古代官階制度引論》,北京大學出版社,2010年,第29頁。

克的基礎上進一步申述稱,官班制是官員官職遷轉和士庶起家的參照系。他同時對張旭華的一些觀點進行了反駁,認爲官班制建立後官品制仍然是官職地位高低、待遇優劣的主要標志。[①] 本文從閻步克、楊恩玉觀點,認爲蕭梁時謚號授予資格繫在官品,即統計時應關注死者官品,而非官班。

《通典》敍陳官品時稱:"官品禄秩班次,多因梁制。"[②]又,南北朝時期北魏與蕭梁在官制上多具一致性,[③]所以小文姑且以陳官品推定梁官品,依北魏制略有變更。

此外,《通典》中雖無南齊官品記載,但閻步克通過研究《唐六典》、《職官分紀》、《初學記》、《藝文類聚》中關於《齊職儀》的佚文後指出:"南齊基本上沿用了晉宋官品,晉宋齊三朝的官品大致一脉相承。"[④]所以小文以晉宋官品推斷南齊時情況。

綜上,這裹首先統計東晉南朝死後有贈官無爵官員謚號情况如下:

表1　東晉南朝有贈有謚無爵官員統計表

姓　名	死亡時間	生前官職及官品	追贈官職及官品	謚　號
賀循	大興二年(319)	太常(封鄉侯、授左光禄大夫開府儀同三司等均不受) 第三品	司空 第一品	穆
杜夷	太寧元年(323)	國子祭酒 第三品[⑤]	大鴻臚 第三品	貞子
顧和	永和七年(351)	左光禄大夫、儀同三司,散騎常侍,尚書令 第一品	侍中、司空 第一品	穆
蔡謨	永和十二年(356)	庶人(被廢黜後曾授光禄大夫開府儀同三司,不拜)	侍中、司空 第一品	文穆
桓豁	太元二年(377)	征西大將軍 第二品	司空、本官 第一品	敬

① 楊恩玉:《官班制的性質、編制標準與作用考論》,《史學月刊》2012年第10期,第38—45頁。

② 《通典》卷三八《職官》,第1032頁。

③ 説見宫崎市定:《九品官人法研究》;祝總斌:《兩漢魏晉南北朝宰相制度研究》,北京大學出版社,2017年;閻步克:《品位與職位:秦漢魏晉南北朝官階制度研究》(以下簡稱《品位與職位》),北京:中華書局,2009年;牟發松:《從南北朝到隋唐——唐代的南朝化傾向再論》,《南京曉莊學院學報》2007年第4期,第17—24頁等。

④ 閻步克:《品位與職位》第五章《官品的創製》,第312頁。

⑤ 國子祭酒不見於晉宋官品序列,依南齊制在第三品。

續表

姓　名	死亡時間	生前官職及官品	追贈官職及官品	謚　號
王彪之	太元二年(378)	護軍將軍、散騎常侍 第三品	光禄大夫 第三品	簡
王恭	隆安二年(398)	輔國將軍 第三品	侍中、太保 第一品	忠簡
王劭	不明(東晉中期)	尚書僕射、吴國内史 第三品	車騎將軍 第二品	簡
王遐	不明(373年前)	光禄勛 第三品	特進、光禄大夫、散騎常侍 第二品	靖
王忱	不明(376年後)	荆州刺史、都督荆益寧三州軍事、建武將軍、假節 第四品	右將軍 第三品	穆
王獻之	不明(385年後)	中書令 第三品	侍中、特進、光禄大夫、太宰 第一品	憲
魏詠之	不明(405年後)	荆州刺史、持節、都督六州、領南蠻校尉 第二品	太常、散騎常侍、江陵縣公 第一品	桓
范泰	元嘉五年(428)	侍中、左光禄大夫、國子祭酒、江夏王師、特進 第二品	車騎將軍、侍中、特進、江夏王師 第二品	宣侯①
殷景仁	元嘉十二年(435)至十七年(440)間	尚書左僕射、吏部尚書 第三品	侍中、司空 第一品	文成公
陸徽	元嘉二十九年(452)	持節、督益、寧二州諸軍事、寧朔將軍、益州刺史 第四品	輔國將軍 第三品	簡子
江湛	元嘉三十年(453)	吏部尚書 第三品	左光禄大夫、開府儀同三司、散騎常侍 第一品	忠簡公
袁淑	元嘉三十年(453)	太子左衛率 第五品	侍中、太尉 第一品	忠憲公
袁洵	孝建元年(454)	輔國將軍 第三品	征虜將軍 第三品	貞子

① 范泰在東晉末襲封陽遂鄉侯,並以此身份授劉裕茅土,因而入宋以後可能保留了自身爵位,所以《宋書》稱謚宣侯。

續表

姓　名	死亡時間	生前官職及官品	追贈官職及官品	謚　號
顔延之	孝建三年(456)	金紫光禄大夫、領湘東王師 第三品以上①	散騎常侍、特進、金紫光禄大夫 第二品	憲子
何偃	大明二年(458)	吏部尚書 第三品	散騎常侍、金紫光禄大夫、本官 第三品	靖子
何尚之	大明四年(460)	中書令、侍中 第三品	司空、侍中、中書令 第一品	簡穆公
謝莊	泰始二年(466)	中書令、散騎常侍、尋陽王師 第三品	右光禄大夫、散騎常侍 第三品以上②	憲子
顧覬之	泰始三年(467)	湘州刺史、散騎常侍、左將軍 第三品	鎮軍將軍、散騎常侍、湘州刺史 第三品	簡子
王敬弘	昇明二年(478)	侍中、左光禄大夫、開府儀同三司 第一品	本官 第一品	文貞公
王僧朗	不明(465年後)	特進、侍中 第二品	開府儀同三司 第一品	元公
何戢	建元四年(482)	左將軍、吴興太守 第三品	散騎常侍、撫軍將軍、吴興太守 第三品	懿子
褚炫	建元四年(482)	散騎常侍、領安成王師 第三品	太常 第三品	貞子
劉悛	永明元年(483)	散騎常侍、領驍騎將軍、五兵尚書 第三品	太常 第三品	敬
王延之	永明二年(484)	特進、右光禄大夫、竟陵王師 第二品	散騎常侍、右光禄大夫、特進 第二品	簡子
王僧虔	永明三年(485)	侍中、特進、左光禄大夫 第二品	司空、侍中 第一品	簡穆

① 據《宋書・百官志》金紫光禄大夫在光禄大夫上。陳制金紫光禄大夫在第三品。

② 右光禄大夫不見於晉宋官品,依《宋書・百官志》當在光禄大夫、金紫光禄大夫上。陳制在第二品。

續表

姓　名	死亡時間	生前官職及官品	追贈官職及官品	謚　號
沈沖	永明四年(486)	五兵尚書 第三品	太常 第三品	恭子
王慈	永明九年(491)	冠軍將軍、東海太守行南徐州府事(冠軍將軍、廬陵王中軍長史未拜,卒) 第三品	太常 第三品	懿子
胡諧之	永明十一年(493)	度支尚書、領衛尉 第三品	右將軍、豫州刺史 第三品	肅
江斅	建武二年(495)	秘書監、晉安王師 第三品	散騎常侍、太常 第三品	敬子
何昌寓	建武四年(497)	侍中、領驍騎將軍 第三品	太常 第三品	簡子
王思遠	永元二年(500)	侍中、度支尚書(未拜,卒) 第三品	太常 第三品	貞子
張岱	不明(在永明初)	散騎常侍、吴興太守(使持節監南兗兗徐青冀五州諸軍事、後將軍、南兗州刺史,散騎常侍未拜,卒) 第三品(第二品)	本官 第三品(第二品)①	貞子
張緒	不明(在489年後)	國子祭酒、金紫光禄大夫、南郡王師 第三品	散騎常侍、特進、金紫光禄大夫 第二品	簡子
謝朏	天監三年(504)	中書監、司徒、衛將軍 第一品	侍中、司徒 第一品	靖孝
任昉	天監七年(508)	寧朔將軍、新安太守 第五品②	太常卿 第三品	敬子
臧盾	天監九年(510)	領軍將軍 第三品	侍中,領軍如故 第三品	忠
張充	天監十三年(514)	散騎常侍、金紫光禄大夫 第三品	侍中、護軍將軍 第三品	穆子

① 若是以未拜而卒之官爲本官,則是第二品。

② 陳制分郡守爲五到七品,然梁制諸郡守均爲第十班,所以推測梁制郡守不區分等級,延續晉宋之制,均在第五品。

續表

姓　名	死亡時間	生前官職及官品	追贈官職及官品	謚　號
王暕	普通四年(523)	侍中、尚書左僕射,領國子祭酒 第二品	侍中、中書令、中軍將軍 第二品①	靖
蔡撙	普通四年(523)	宣毅將軍、吴郡太守 第五品	侍中、金紫光禄大夫、宣惠將軍 第三品	康子
明山賓	普通五年(524)	散騎常侍、假節,權攝北兗州事 第三品	侍中、信威將軍 第三品	質子
王份	普通五年(524)	侍中、特進、左光禄,監丹陽尹 第二品	本官 第二品	胡子
周捨	普通五年(524)	太子詹事、豫州大中正 第三品	侍中、護軍將軍 第三品	簡子
吉士瞻	普通七年(526)	武昌太守 第五品	左衛將軍 第三品	胡子
江茜	大通元年(527)	光禄大夫 第三品	本官 第三品	肅子
到洽	大通元年(527)	貞威將軍、雲麾長史、尋陽太守 第五品	侍中 第三品	理子
蕭琛	中大通元年(529)	侍中、特進、金紫光禄大夫 第二品	本官,加雲麾將軍 第二品	平子
裴子野	中大通二年(530)	鴻臚卿、領步兵校尉、知著作郎、兼中書通事舍人 第四品②	散騎常侍 第三品	貞子

① 晉宋制中軍將軍在第三品,陳時中軍將軍官品不明,北魏時在從二品。考慮到北魏與蕭梁官制的一致性及贈官無貶黜基本原則,這裏姑且定在第二品。

② 陳時鴻臚卿在第三品,與侍中、散騎常侍等同。若梁時鴻臚卿亦在第三品則無法解釋前引《南史》中關於鴻臚卿裴子野得謚事的記載:"先是,五等君及侍中以上乃有謚。子野特以令望見嘉,賜謚貞子。"(《南史》卷二三《裴子野傳》,第867頁。)所以鴻臚卿此時應不足三品。又,梁武帝時詔諸官入議北伐喻文稱:"召尚書僕射徐勉、太子詹事周捨、鴻臚卿劉之遴、中書侍郎朱異,集壽光殿以觀之。"(《梁書》卷三〇《裴子野傳》,第443頁。)先稱鴻臚卿,再言中書侍郎。裴子野也曾由中書侍郎遷鴻臚卿。由此可知鴻臚卿位不低於中書侍郎。陳時中書侍郎在第四品、北魏中書侍郎在從四品,因而小文推定梁時鴻臚卿亦在第四品。

續表

姓　名	死亡時間	生前官職及官品	追贈官職及官品	謚　號
孔休源	中大通四年(532)	宣惠將軍、金紫光禄大夫、監揚州 第三品	散騎常侍、金紫光禄大夫 第三品	貞子
王錫	中大通六年(534)	中書郎(遷給事黄門侍郎、尚書吏部郎中,稱疾不拜) 第四品	侍中 第三品	貞子
徐勉	大同元年(535)	特進、右光禄大夫、侍中、中衛將軍,置佐史 第二品	特進、右光禄大夫、開府儀同三司,餘並如故 第一品	簡肅公
王規	大同二年(536)	散騎常侍、太子中庶子,領步兵校尉 第三品	散騎常侍、光禄大夫 第三品	章
王訓	大同三年(537)	侍中 第三品	本官 第三品	温子
袁昂	大同六年(540)	侍中、特進、左光禄大夫、司空 第一品	本官 第一品	穆正公
顧協	大同八年(542)	員外散騎常侍、鴻臚卿、兼中書通事舍人 第四品	散騎常侍 第三品	温子
王僉	太清二年(548)	太子中庶子 第四品	侍中 第三品	恭子
韋粲	太清二年(548)	散騎常侍 第三品	護軍將軍 第三品	忠貞 (梁元帝追謚)
江子一	太清二年(548)	戎昭將軍、通直散騎侍郎、南津校尉 第六品	侍中(第一次追贈爲給事黄門侍郎) 第三品(第四品)	義子 (梁元帝追贈)
江子四	太清二年(548)	庶人(曾任尚書右丞,被免) 第四品	黄門侍郎(第一次追贈爲中書侍郎) 第四品(第四品)	毅子 (梁元帝追贈)
江子五	太清二年(548)	東宫直殿主帥 不明①	中書侍郎(第一次追贈爲散騎侍郎) 第四品(第五品)	烈子 (梁元帝追贈)

① 龐駿推測在四班以下,見《試論劉宋東宫武官制度》,《史學月刊》2003年第6期,第27—33頁。

續表

姓　名	死亡時間	生前官職及官品	追贈官職及官品	謚　號
張嵊	太清三年(549)	太府卿、吴興太守 第三品	侍中、中衛將軍、開府儀同三司(梁元帝追贈) 第一品	忠貞子(梁元帝追贈)
徐摛	大寶元年(550)	太子左衛率(授左衛將軍,固辭不拜) 第四品	侍中、太子詹事 第三品	貞子
沈炯	永定三年(559)	明威將軍 第四品①	侍中 第三品	恭子
虞荔	天嘉二年(561)	太子中庶子領大著作、東揚揚州二州大中正 第四品	侍中 第三品	德子
王瑜	天嘉二年(561)	侍中 第三品	本官 第三品	貞子
顔晃	天嘉三年(562)	員外散騎常侍,兼中書舍人 第四品	司農卿 第三品	貞子
沈巡	天康元年(566)	不明	侍中、領軍將軍 第三品	敬子
裴忌	天康元年(566)	光禄大夫、慈訓宫衛尉 第三品	仁威將軍、光禄大夫 第三品	僖子
陸山才	天康元年(566)	雲旗將軍、西陽武昌二郡太守 第四品	右衛將軍 第三品	簡子
袁樞	光大元年(567)	尚書左僕射 第二品	侍中、左光禄大夫 第二品	簡懿
袁泌	光大元年(567)	雲旗將軍、司徒左長史 第四品	金紫光禄大夫 第三品	質
謝哲	光大元年(567)	散騎常侍、中書令、前將軍(侍中、仁威將軍、司徒左長史未拜,卒) 第三品	侍中、中書監 第二品	康子

① 梁制在十三班,晉宋制在四品。

續表

姓　名	死亡時間	生前官職及官品	追贈官職及官品	謚　號
謝嘏	太建元年(569)	中書令、豫州大中正、都官尚書 第三品	侍中、中書令 第三品	光子
王瑒	太建元年(569)	左僕射、侍中 第二品	侍中、特進、護軍將軍 第二品	光子
王質	太建二年(570)	太府卿、都官尚書 第三品	本官 第三品	安子
王勱	太建四年(572)	尚書右僕射、領右軍將軍 第二品	侍中、中書監 第二品	温
張種	太建五年(573)	金紫光禄大夫 第三品	特進 第二品	元子
王通	太建六年(574)	右將軍、右光禄大夫加特進 第二品	本官 第二品	成
周弘正	太建六年(574)	尚書右僕射領國子祭酒、豫州大中正 第二品	侍中、中書監 第二品	簡子
王固	太建七年(575)	太中大夫、太常卿、南徐州大中正 第三品	金紫光禄大夫 第三品	恭子 (584年改葬追謚)
陸繕惠	太建十年(578)	少府卿 第三品	廷尉卿 第三品	平子
沈君高	太建十年(578)	持節都督廣等十八州諸軍事、寧遠將軍、平越中郎將、廣州刺史 第三品以上①	散騎常侍 第三品	祁子
陸繕	太建十二年(580)	尚書左僕射 第二品	侍中、特進、金紫光禄大夫 第二品	安子

據上表，自東晉至陳亡，除蔡謨(庶人)、江子一(第六品)、江子四(庶人)、江子五(不明)四人外，無爵得謚官員生前官品均高於第五品；除江子四(第四品)和江子五(第

① 諸官僅廣州刺史見於陳官品，位在第五品。持節、都督、甯遠將軍、平越中郎將等均失載。沈君高以衛尉卿外放，所以推測他生前官品應在第三品以上。

四品)二人外,死後贈官則均在三品以上。其中蔡謨被廢黜前歷任重職,死前又曾拜光禄大夫開府儀同三司而不受,他死後追贈一品司空恐與此有關;江子四在免爲白身前曾任第四品尚書右丞,與江子一、江子五在侯景之亂中抗爭至死,作爲忠臣的典範歷經梁武帝、元帝兩次追贈後得謚,應視爲特殊情況。因而可以説從東晉至陳亡,朝廷均保持三品以上得贈公謚的規定,既没有衆多例外,也没有從五品上升至三品的過程。

此外,在統計過程中小文也得到三點其他推論:

1. 生前任官高於五品而不足三品官員可在死後被追贈至三品。《晉書·刁協傳》稱:"自頃員外散騎尚得追贈,況刁令位亞三司。若先自壽終,不失員外散騎之例也。就不蒙贈,不失以本官殯葬也。"[①]員外散騎侍郎位在第五品,可得贈官。《梁書·何佟之傳》稱:"高祖甚悼惜,將贈之官;故事左丞無贈官者,特詔贈黄門侍郎,儒者榮之。"[②]尚書左丞位在第六品,例不贈官。此二事可以佐證上述推論。

2. 生前任官高於三品官員死後可追贈至一品。

3. 任官三品以上官員可謚爲某子,一品可謚爲某公。

這三點中只有袁淑一人例外,他生前任第五品太子左衛率,死後被追贈第一品,謚忠憲公。袁淑死於劉劭之亂,與他同死難的徐湛之和江湛均已獲贈第一品、謚某公。所以袁淑大概也由此得贈第一品、謚忠憲公。

接下來小文將無贈官記録得謚者的情況也統計在内以覆核上述結論:

表 2　東晉南朝無贈有謚無爵官員統計表

姓　名	死亡時間	生前官職及官品	謚　號
褚淡之	景平二年(424)	侍中、會稽太守 第三品	質子
殷淳	元嘉十五年(438)	特進、右光禄大夫,領始興王師 第二品	元子
張茂度	元嘉十九年(442)	光禄大夫加金章紫綬、會稽太守 第三品	恭子
張暢	大明元年(457)	侍中、會稽太守 第三品	宣子
劉瑀	大明二年(458)	吴興太守 第五品	剛子

① 《晉書》卷六九《刁協傳》,第 1844 頁。

② 《梁書》卷四八《何佟之傳》,第 664 頁。

續表

姓　名	死亡時間	生前官職及官品	謚　號
羊玄保	大明八年(464)	散騎常侍、特進 第二品	定
王瓚之	大明年間(457—464)	吏部尚書、金紫光禄大夫 第三品	貞子
王翼之	不明(劉宋中後期)	輔國將軍、廣州刺史 第三品	肅子
王玄載	永明六年(488)	持節監兗州緣淮諸軍事、平北將軍、兗州刺史 第三品	烈子
庾杲之	永明七年(489)	太子右衛率、通直常侍 第五品	貞子
王亮	天監八年(509)	中書監,加散騎常侍 第二品	煬子
王峻	普通二年(521)	侍中(遷金紫光禄大夫,未拜) 第三品	惠子
傅昭	大通二年(528)	散騎常侍、金紫光禄大夫 第三品	貞子
陸杲	中大通四年(532)	金紫光禄大夫加特進,領揚州大中正 第二品	質子
殷鈞	中大通四年(532)	散騎常侍、國子祭酒,領右游擊 第三品	貞子
江革	大同元年(535)	光禄大夫,領步兵校尉、南北兗二州大中正 第三品	强子
劉孺	大同七年(571)	吏部尚書(母憂去職。居喪未期,卒) 第三品	孝子
王泰	不明(梁初)	吏部尚書(除散騎常侍、左驍騎將軍。未拜,卒) 第三品	夷子
徐緄	不明(梁初)	侍中、太常、信武將軍 第三品	頃子
王承	不明(在533年後)	戎昭將軍、東陽太守 第五品	章子
王秀之	隆昌元年(494)	輔國將軍、吴興太守 第三品	簡子

不足三品的得謚官員計有三人,分别是吴興太守劉瑀、太子右衛率庾杲之、東陽太守王承。但他們均滿足前述推論一,所以可能死後别有所贈。[①] 綜上而言,即使將無贈官官員情况納入統計,也無需修改上述推論。

二、作爲追贈界限的五品、三品之來源

對於贈謚制度中爲何以五品、三品爲限,史無明文。所以小文僅在第二節就目前已知材料推測一二。

首先是五品。東晉賀循稱:"古之大夫亞於六卿,今之五營校尉、郡守、諸秩二千石者當之。"[②]五品官員相當於經典中的大夫。《禮記·王制》:"若有加則賜也,不過九命。次國之君,不過七命。小國之君,不過五命。大國之卿,不過三命。下卿再命。小國之卿與下大夫一命。"[③]大夫以上由天子任命。這種觀念對現實選官體制有極大影響,自漢已然。[④] 魏晉之際九品官品制出現,此時千石長吏(六品)可由長官自行辟除。[⑤] 至南朝,五品與六品之間的界限依然存在:

> (蔡廓)徵爲吏部尚書。廓因北地傅隆問亮:"選事若悉以見付,不論;不然,不能拜也。"亮以語録尚書徐羡之,羡之曰:"黄門郎以下,悉以委蔡,吾徒不復厝懷;自此以上,故宜共參同異。"廓曰:"我不能爲徐干木署紙尾也。"遂不拜。[⑥]

這是劉宋初徐羡之與蔡廓、傅亮關於選官分工的對話。黄門郎即給事黄門侍郎,位在五品。徐羡之提出,蔡廓如果充任吏部尚書,可以專典五品以下官員任命。由於此時是一種讓步的情形,所以劉宋時常態下,五品應不得由吏部尚書專典。

---

① 庾杲之生前兼侍中(錢大昕以爲即假侍中,説見錢大昕著,陳文和點校:《廿二史考異》卷三六《南史二·庾杲之傳》,收入《嘉定錢大昕全集(增訂本)》,南京:鳳凰出版社,2016年,第702頁),劉瑀曾求侍中而不得(事見《宋書》卷四二《劉瑀傳》,第1310頁),二人或最後即以侍中爲贈。

② 杜佑:《通典》卷四八《禮》,第1341頁。

③ 《禮記正義》卷一一《王制》,第2870頁下至2873頁上。

④ 《漢書·宣帝紀》稱:"吏六百石位大夫……秩禄上通。"(《漢書》卷八《宣帝紀》,第274頁。)所謂"上通",《禮記·儒行》"上通而不困"句下鄭玄注"上通,謂仕道達於君也"。(《禮記正義》卷五九《儒行》,第3625頁下。)又,《漢舊儀》:"六百石以上,尚書調。"(孫星衍等輯,周天游點校:《漢官六種》,北京:中華書局,1990年,第82頁。)漢制大夫(六百石)以上由皇帝任命。

⑤ 汪征魯:《魏晉南北朝選官體制研究》,福州:福建人民出版社,1995年。

⑥ 《宋書》卷五七《蔡廓傳》,第1572頁。

關於齊梁時選官情況,史無明文。北魏孝文帝太和十八年(494)詔稱:"朕今三載一考,考即黜陟……六品以下,尚書重問;五品以上,朕將親與公卿論其善惡。"①五品以上由天子親自考核。當時南北政治制度相互影響極深,在基本政治原則上多保持一致,故推測南方也是如此。②

即,九品官品制成立以來,天子直接任命的下限是五品,這也意味着五品以上官員才對皇帝直接負責,五品作爲可能享受贈謚的基本門檻,恐怕與這種和皇帝的關係有關。

接下來關於三品。前引賀循在議禮時亦稱:"古者六卿……今之九卿、光禄大夫、諸秩中二千石者當之。"③晉時九卿、光禄大夫位在第三品。據賀循言,三品(中二千石)相當於經典中的卿,以三品爲限也就是以卿爲限。《左傳》魯隱公三年"鄭武公、莊公爲平王卿士"。④ 八年"虢公忌父始作卿士於周"。⑤ 關於卿士,賈逵稱:"卿士之有事者,六卿也。"⑥在經典中,諸侯入朝爲天子六卿,天子之卿與諸侯有着同等地位。對後世而言,贈謚的限制由列侯變爲三品(中二千石),實質與經典一致。

從現實權力結構的角度考量,三品和中二千石以上官員在王朝中也確有不可忽視的地位。古代朝廷之事莫大於廢立皇帝,漢時霍光、梁冀廢立皇帝前召中二千石以上;曹魏司馬師廢齊王芳時,上書官員中除掌管禁軍的校尉、將軍及備議的博士外,均是隨後咸熙官品制中三品以上大臣;南朝劉宋路太后廢劉子業、王太后廢劉昱,南齊王太后廢蕭昭業、廢蕭昭文以及陳慈訓章太后廢陳伯宗時所詔也均是三品以上官員。

所以,五品和三品在贈謚制度中能成爲關鍵性界限可能與官品制下政府運轉結構及經典中的古制有關。

三、結　　語

通過上述考訂,小文大致釐清了東晉南朝時期公謚制度實施的情形。漢世以爵給謚本意是保證死者生前死後地位一致,該制度對可因軍功得爵的武人有明顯偏嚮。隨

① 《魏書》卷七《高祖紀》,第 175 頁。

② 直至唐代五品與六品之間的界限依然存在,所謂:"自六品以下旨授……凡旨授官,悉由於尚書,文官屬吏部,武官屬兵部,謂之銓選。"(《通典》卷一五《選舉》,第 359 頁。)

③ 《通典》卷四八《禮》,第 1341 頁。

④ 洪亮吉著,李解民點校:《春秋左傳詁》卷五,北京:中華書局,1987 年,第 190 頁。

⑤ 洪亮吉著,李解民點校:《春秋左傳詁》卷五,第 201 頁。

⑥ 洪亮吉著,李解民點校:《春秋左傳詁》卷五,第 190 頁。

着九品官品制的建立和發展,爵制用於標明身份高下的意味逐漸削弱,而且武人地位也在逐漸降低,所以舊有爵謚一體的制度無法保證死者生前死後地位相一致,甚至會導致死者生前死後地位相背離。因而自東晉大興三年以後,公謚不再受爵位限定,轉受官品限制。

小文通過對東晉南朝無爵獲謚官員的官品進行統計,得到如下認識:1. 生前任官高於五品但不足三品的官員死後可被追贈至三品進而獲謚;2. 生前任官高於三品的官員死後可被追贈至一品;3. 任官高於三品者可謚爲某子,一品者可謚爲某公。

整體而言,東晉南朝的無爵公謚制度較爲嚴謹,且行之有效,也與後世唐王朝的規定相一致。《唐六典》卷一四《太常寺》"太常博士"條下規定:"凡王公已上擬謚,皆迹其功德而爲之褒貶。(議謚:職事官三品已上,散官二品已上,佐史録行狀,申考功勘校,下太常擬謚訖,申省議定奏聞。)無爵稱子。養德丘園,聲實名著,則謚曰先生。"①陳寅恪在《隋唐制度淵源略論稿》中曾論隋唐禮制來源有三:北魏、北齊;梁、陳;西魏、周,其中又甚重南朝禮制。② 小文關於東晉南朝謚號的研究或可爲先賢研究補充一二。

最後,關於無爵公謚制度中的五品和三品兩大界限,小文認爲這可能與當時人對經典中先秦古制的認知及經典與現實在職官上的對應關係有關,這種現象似也體現出了一種歷史的延續性。

① 《唐六典》卷一四《太常寺》,北京:中華書局,1992 年,第 396 頁。
② 陳寅恪:《隋唐制度淵源略論稿》,北京:生活·讀書·新知三聯書店,2004 年。

《魏晋南北朝隋唐史資料》第四十輯
2019 年 11 月,89—120 頁

古靈寶經"新經"徵引"元始舊經"問題新探

王承文　张晓雷

一、引　言

敦煌本陸修静《靈寶經目》將古靈寶經劃分爲"元始舊經"和"新經"兩部分。國内外研究者一般都認爲,由於數部"新經"中多次引述"元始舊經"的經題及相關内容,因此絶大多數"新經"的出世都要晚於"元始舊經"。然而,劉屹博士從 2008 年以來發表大量論文,從多方面對此進行質疑,力圖證明"新經"出世均早於"元始舊經"。① 自 2013 年以來,筆者也發表相關論文,圍繞敦煌本《靈寶經目》與古靈寶經的分類,以及"元始舊經"與"新經"出世先後等問題展開研究,從多方面證明"元始舊經"的出世確實要早於"新經"。② 有關"元始舊經"與"新經"出世先後的判定,是古靈寶經研究的一個基本出發點,它既關係到對古靈寶經文本的解讀和基本教義思想的把握,亦關係到對中古道教史上一系列重要問題的不同闡釋。而目前的争議則説明對此尚有必要進行更加深入的討論。在這一問題的研究中,"新經"徵引"元始舊經"的經題及相關内容,一直被看作是"元始舊經"成書早於"新經"的主要證據。而引發劉屹博士質疑並顛覆這一結論最主要的緣由,也正在於對"新經"徵引"元始舊經"這一事實的全部否定。"新經"與"元始舊經"之間是否真正存在徵引關係?如果兩者存在徵引關係,究竟是誰參照和引用了誰?很顯然,對於這兩個問題的合理解答,依然是我們判斷"元始舊經"和"新經"出世先後一種最直接也是最重要的途徑。

① 近來他將這些論文結集以《六朝道教古靈寶經的歷史學研究》一書正式出版。參見劉屹:《六朝道教古靈寶經的歷史學研究》,上海古籍出版社,2018 年。

② 王承文:《漢晉道教儀式與古靈寶經研究》,北京:中國社會科學出版社,2017 年,第 369—703 頁。

二、討論“新經”徵引“元始舊經”問題的疑難所在

“新經”對“元始舊經”的徵引,集中出現在《太上洞玄靈寶真文要解上經》、《太極左仙公請問經》以及《太上洞玄靈寶智慧本願大戒上品經》三部“新經”中。劉屹博士全然否定“新經”徵引“元始舊經”,也是從這三部經典展開的。其最核心的觀點概括如下:

第一,《太上洞玄靈寶真文要解上經》自述其經中“十二上願”和“靈寶自然五篇衛靈神咒”出自“《靈寶五文上篇》”或“《元始五篇智慧經》”。學術界以往認爲這裏所提及的兩種道經,都是指在整個古靈寶經中占有基礎和核心地位的“元始舊經”《元始五老赤書玉篇真文天書經》。然而,在今本《真文天書經》中,卻根本找不到這兩部分内容,因此《真文要解上經》所引述的“《靈寶五文上篇》”或“《元始五篇智慧經》”,並不是指“元始舊經”《真文天書經》。與此類似的徵引情況也出現在《太極左仙公請問經》中。該經聲稱張道陵所撰的旨教齋出於“《五稱文》”,研究者一般認爲所謂“《五稱文》”,就是指“元始舊經”《太上無極大道真一自然五稱符上經》,但在《五稱符上經》中,也根本找不到任何關於旨教齋的文字,所以劉屹博士認爲《太極左仙公請問經》所徵引的《五稱文》,也並不是指“元始舊經”《五稱符上經》。

第二,《太極左仙公請問經》徵引了來自“《太極智慧經》”的四種戒律,這四種戒律在“元始舊經”《洞玄靈寶智慧罪根上品大戒經》中都能找到相同或相似的文字。相比之下,前者文字簡略散亂,後者則詳細整齊。兩者對戒律的傳授對象、功能等定位有所不同,所透露的思想觀念也有時代差異。所以作爲《太極左仙公請問經》戒律内容來源的“《太極智慧經》”,並不是以往所認爲的《智慧罪根上品大戒經》。至於《智慧罪根上品大戒經》的四種戒律,反而應視作是對“新經”《太極左仙公請問經》所述戒律内容的完善和發展。

第三,《智慧本願大戒上品經》引述了一種出自“《大智慧經》上卷”的戒律,而在“元始舊經”《太上洞玄靈寶智慧上品大戒經》中也能找到這種戒律,兩者在戒律名目上相似,戒文也完全一致。研究者一般認爲《智慧本願大戒上品經》所徵引的“《大智慧經》上卷”,指的就是《智慧上品大戒經》。但在宣講戒律的“元始舊經”中,《智慧上品大戒經》始終是不分卷的,而在分爲上下兩卷的《智慧罪根上品大戒經》中,也找不到這種戒律。因此,劉屹博士認爲“新經”《智慧本願大戒上品經》所徵引的“《大智慧經》上卷”,指的並不是以上兩種“元始舊經”,而是指在“元始舊經”造作之前就存在的某部已

佚經典。

在以上文本比對和分析的基礎上,劉屹博士又結合陸修静在元嘉十四年(437)所作《靈寶經目序》中“或自舊目所載,或自篇章所見,新舊五十五卷”的記載,認爲這些在“新經”中被徵引到的道經,就是“篇章所見”四字所指,即在“新經”作成之前的320—390年之間所流傳的但後來又失傳的早期靈寶經典,這些靈寶經只在“新經”的提及或轉引中留下“殘篇斷簡”。通過以上討論,他特别强調没有一例“新經”真正提及或徵引了“元始舊經”的經題或相關内容。①

劉屹博士關於“新經”徵引“元始舊經”問題的討論,在一定意義上指出了以往研究所忽略或容易引發疑問之處。而我們對此繼續考察,就必須要解决以下疑難問題:第一,如果“新經”確實徵引了“元始舊經”,那麽究竟應該如何理解“新經”中所引述的出自某部“元始舊經”的内容卻又完全不見於該經的現象呢?第二,對於“新經”和“元始舊經”中相同或相似的文字,我們應該如何看待圍繞這些文字所呈現出的差異化表述呢?第三,在避免循環論證的前提下,我們是否還能找到判定兩者先後關係的更加確切也更加具有説服力的文本證據呢?以下就是我們對引發這些疑難問題的三部“新經”所展開的重新考察。

三、《靈寶真文要解上經》對“元始舊經”兩種徵引方式辨析

自2008年以來,劉屹博士一直都將“新經”《真文要解上經》作爲最主要的討論對象。2013年,他在討論古靈寶經“天文”概念和思想的論文中,又進一步提出“元始舊經”《太上洞玄靈寶滅度五煉生尸妙經》中出現的“中央天文”,實際上來源於《真文要解上經》中的“中央衛靈神咒”,並將其作爲“新經”作成於“元始舊經”之前最關鍵性的證據。② 2014年,他又通過《真文要解上經》和“元始舊經”《真文天書經》之間的對比,認爲《真文要解上經》的主神觀念和“五篇真文”概念,爲《真文天書經》的造作提供了最直

① 劉屹:《“元始系”和“仙公系”靈寶經的先後問題——以古靈寶經中的“天尊”和“元始天尊”爲中心》,《敦煌學》第27輯,臺北:樂學書局,2008年,第286—290頁;《“元始舊經”與“仙公新經”的先後關係——以“篇章所見”爲中心》,《首都師範大學學報》2009年第3期,第10—16頁;《古靈寶經“未出一卷”考論》,《中華文史論叢》2010年第4期,第97—98頁;均收入氏著:《六朝道教古靈寶經的歷史學研究》,上海古籍出版社,2018年,第223、281—285、286—299頁。

② 劉屹:《符文、真文與天文——論“靈寶”概念的不同表現》,《敦煌吐魯番研究》第十三卷,上海古籍出版社,2013年,第457—473頁;收入氏著:《六朝道教古靈寶經的歷史學研究》,第569—593頁。

接也是最重要的參照。並認爲該經原本不屬於"仙公新經"之列,其成書時間不僅早於以《真文天書經》爲代表的"元始舊經",同時也早於葛巢甫所造的其他仙公系經典。[①]可見,他對《真文要解上經》分類歸屬和作成時間的觀點也在不斷發生變化。

我們通過對《真文要解上經》的重新考察,認爲不僅能找到確鑿的文本證據,證明這部"新經"作成於《真文天書經》、《金箓簡文三元威儀自然真經》、《洞玄靈寶滅度五煉生尸妙經》等"元始舊經"之後,而且對於該經自稱"十二上願"和"自然五篇衛靈神咒"這兩部分内容出於"《靈寶五文上篇》",然而卻又不見於《真文天書經》的這一疑難,也可以依據"元始舊經"的經教神學找到合理的解釋。實際上,這一疑問的產生,源於研究者在研讀相關經典時,忽視了古靈寶經形成的實際歷史與其經典出世神話之間的差别,從而將"新經"在宗教神學邏輯上對"元始舊經"的徵引,做了歷史學和文獻學的理解。

(一)《靈寶真文要解上經》徵引"元始舊經"確鑿的文本證據

從《真文要解上經》全經來看,其内容可以劃分爲七個部分:(1)開篇關於《靈寶五篇真文》的神聖來源、性質以及功能等方面的總述;(2)太上大道君傳授高玄大法師"十二上願"之法;(3)太上大道君傳授高玄大法師"靈寶自然五篇衛靈神咒";(4)太上大道君傳授高玄大法師"十方懺謝儀";(5)東華上房靈妃、青童君、太虚真人等上清諸真歌詠;(6)朝青童君之法;(7)朝太上大道玉晨君之法。

顯而易見的是,該經的第(5)、(6)、(7)三部分内容皆有比較濃厚的上清經因素。實際上,它們都有直接的文本來源。第(5)部分内容出自今本《真誥》卷三,[②]第(6)、(7)兩部分内容則見於今本《真誥》卷九所載的"上學隱朝之法"。[③]該經塑造出一種特定的説法場景,即太上大道君爲高玄大法師講授《靈寶五篇真文》的法要,而青童君等上清仙真則在場旁聽,並且在太上大道君講解完《靈寶五篇真文》的訣要後依次歌詠。這些都反映了該經作者用靈寶經教思想進一步整合早期上清經傳統的意圖。對此我們將另作專門討論。

該經第(1)部分關於《靈寶五篇真文》的大量描述性文字及其與"元始舊經"《真文

① 劉屹:《真文要解上經考論》,《高田石雄教授退休紀念東方學研究論集·中文分册》,京都:臨川書店,2014年,第156—163頁;收入氏著:《六朝道教古靈寶經的歷史學研究》,第367—374頁。

② (梁)陶弘景撰,趙益點校:《真誥》卷三《運題象第三》,北京:中華書局,2011年,第58、52頁。

③ (梁)陶弘景撰,趙益點校:《真誥》卷九《協昌期第一》,第155頁。

天書經》的先後關係，我們已有專門討論。[1] 至於真正爲該經所獨具的内容，也是經名中“要解”二字所指的，其實是該經的第(2)、(3)、(4)三部分。其中第(2)、(3)兩部分是我們討論的重點。關於二者的來歷，該經稱：

> 太上大道君曰：夫爲道結緣，世世不絶，致善福來生，當行十二上願，普度一切，致國太平……此十二大願，**舊出《元始五篇智慧經》**中。……太上大道君曰：吾昔受之於元始天王……九天禁書，四萬劫一傳。……太上大道君曰：此自然五篇衛靈神咒，**舊出《靈寶五文上篇》**……吾昔受之於元始天王，使依玄科，四萬劫一傳。[2]

研究者一般認爲，此處所稱“十二上願”和“自然五篇衛靈神咒”的出處“《元始五篇智慧經》”或“《靈寶五文上篇》”，就是指作爲“元始舊經”之首的《元始五老赤書玉篇真文天書經》。然而劉屹博士經過對比，指出在現存《真文天書經》中根本找不到這兩種内容。因此，他認爲這裏所引用的“《元始五篇智慧經》”和“《靈寶五文上篇》”，並不是指《真文天書經》。對此，我們試從新的角度和思路來重新探討。

1. 關於“十二上願”

在今本《真文天書經》卷下有大量篇幅是來論述《靈寶五篇真文》所具有的“一十四德”、“一十四福”、“一十二念”、“一十二報”、“一十四功”這些教義。而《真文要解上經》中出現的“十二上願”，無論在性質上還是在具體數目上，都明顯與這些名目屬於同類内容，而且關係密切。《真文天書經》卷下云：

> 五老靈寶五篇真文，元始天書……三元開張，德冠諸天。一十四德，皆以三元齋之，貴行標於高稱。……靈寶五篇真文，施一十四福，福報如之。……二篇德福二十八條，出玄都紫微宫上元格中，至真學者行之德也。
>
> 玄都紫微宫中元格。靈寶真文，見衆真修齋奉戒，朝禮天文，有一十二念。……玄都紫微宫中元格，施一十二念，而有一十二報。……二篇施念獲報二十四條，出玄都紫微宫中元格中，至真學者行之德也。

---

[1] 王承文：《漢晉道教儀式與古靈寶經研究》，第563—585頁。

[2] 《太上洞玄靈寶真文要解上經》，《道藏》第5册，第904—905頁。

玄都紫微宫下元格。靈寶真文,明見衆真奉齋,朝禮天文,有一十二恩。……玄都紫微宫下元格。靈寶真文,明見衆真奉齋,朝禮天文,有一十四功。……二篇施恩置功二十六條,出玄都紫微宫下元格中,至真學者行之德也。①

根據以上引文,《真文天書經》所建構的"一十四德"、"一十四福"、"一十二念"、"一十二報"、"一十四功"六種名目,其實是兩兩爲一組、前後配合的,而且這三組在整體上又分别對應作爲《靈寶五篇真文》珍藏地點的玄都紫微宫的上、中、下三元格。由此可知,在《真文天書經》中並没有爲"十二上願"留下多餘的敍述空間。"十二上願"很可能並未在原本《真文天書經》中存在過。但是,這是否就意味着《真文要解上經》所稱"十二上願"的出處《元始五篇智慧經》,一定不是指"元始舊經"《真文天書經》,而是指一種比《真文天書經》年代更早且内容不同的《靈寶五篇真文》版本呢?對此我們將在後文作專門探討。

2. 關於"靈寶自然五篇衛靈神咒"

從《真文要解上經》相關内容來看,所謂"靈寶自然五篇衛靈神咒"就是基於《靈寶五篇真文》所衍生的五方咒語。每方咒語都是每 4 字爲一句,各有 64 字。劉屹博士認爲,所謂"衛靈神咒"是指護衛各方靈寶真文的神靈,每方神咒的主要内容都是講這五方神靈如何起到衛護作用的。② 這種看法大概是由其名稱中的"衛靈"二字而來,但是卻不太符合該經本身對"自然五篇衛靈神咒"功效的定位以及後世道教的實際應用。《真文要解上經》云:

太上大道君曰:此自然五篇衛靈神咒,舊出《靈寶五文上篇》。制魔召靈,役使群神,安鎮五嶽,保天長存,明理三光,致國太平,兆民享福,濟度群生。吾昔受之於元始天王,使依玄科,四萬劫一傳。……凡欲修道求仙致真,安國寧家,截諸不祥,當奉行自然衛靈神咒。常以本命、太歲、甲子、庚申及修齋之日,常東向誦之一遍,則神朗氣正,宫宅肅清,邪魔摧滅,五老降真,萬試賓伏,妖災喪亡,長齋修誦,剋成真人。③

① 《元始五老赤書玉篇真文天書經》卷下,《道藏》第 1 册,第 797—799 頁。
② 劉屹:《六朝道教古靈寶經的歷史學研究》,第 371 頁。
③ 《太上洞玄靈寶真文要解上經》,《道藏》第 5 册,第 905 頁。

由此可見,該經本身對"自然五篇衛靈神咒"的定位並不涉及衛護《靈寶五篇真文》,而是修道者在舉行齋戒儀式時所修誦的一種咒法。從後來對它的實際使用來看,陸修静在《太上洞玄靈寶授度儀》中,已經將法師誦"自然五篇衛靈神咒"設定爲傳授儀式衆多儀節中的一環。① 而從北周《無上秘要》卷五〇所載的《塗炭齋品》、敦煌道書《洞玄靈寶自然齋戒威儀經(擬)》,以及南宋《無上黄籙大齋立成儀》卷三二的相關記載來看,在靈寶齋法的正式行道階段,法師在存禮三師後,進行發爐之前所要進行的儀式環節就是誦"自然五篇衛靈神咒"。② 關於該咒的實際功效,《雲笈七籤》卷四七稱:"此咒攝五方、五星真氣,入人五藏中。"③明初編成的《道法會元》則稱:"夫禮師之後,必宣衛靈神咒,一以浄穢,二則納靈。"④可見"自然五篇衛靈神咒"的功能主要有兩方面:一是可以起到除穢和浄化壇場的作用;二是使五方、五星精氣布降壇場,法師自身也通過存思來攝入這些靈氣。

關於"五篇衛靈神咒"的來源,《真文要解上經》稱"此自然五篇衛靈神咒,舊出《靈寶五文上篇》"。學術界一般認爲所謂"《靈寶五文上篇》"就是指《真文天書經》的上卷,或者認爲"衛靈神咒"的文字是依據《真文天書經》和《赤書玉訣妙經》中"真文赤書玉訣"的文字改寫而來。然而劉屹博士則指出,對照"衛靈神咒"與"赤書玉訣"的文字,的確有個别詞句相同,但這並不能確證"衛靈神咒"一定是根據"赤書玉訣"作成的。他認爲最合理的解釋就是,"五篇衛靈神咒"作成在前,後出的《真文天書經》參照"衛靈神咒",擴編了"赤書玉訣"。⑤

3. "中央衛靈神咒"與"元始舊經"《五煉生尸妙經》、《上元金籙簡文》的文本關係

與"五篇衛靈神咒"密切相關的,還有"元始舊經"《洞玄靈寶滅度五煉生尸妙經》所載五方天文中16字"中央天文"的來源問題。張勛燎和白彬兩位學者曾認爲,《五煉生尸妙經》所載的五方天文,是在《靈寶無量度人上品妙經》與《諸天内音自然玉字》所載四方天文的基礎上,後加入中央天文才形成的。而這後出的16字中央天文來自於陸修静《太上洞玄靈寶授度儀》中所載的"中央衛靈神咒"。⑥ 劉屹博士則進一步提出《五煉

① 《太上洞玄靈寶授度儀》,《道藏》第9册,第843頁。

② 周作明點校:《無上秘要》卷五〇《塗炭齋品》,北京:中華書局,第801—804頁;《中華道藏》第43册,第713—715頁;(南宋)蔣叔輿:《無上黄籙大齋立成儀》卷三二《齋法修用門》,《道藏》第9册,第569—571頁。

③ (宋)張君房編,李永晟點校:《雲笈七籤》卷四七《秘要訣法部》,北京:中華書局,2007年,第1054頁。

④ 《道法會元》卷二四五《衛靈咒訣》,《道藏》第30册,第512頁。

⑤ 劉屹:《六朝道教古靈寶經的歷史學研究》,第373頁。

⑥ 張勛燎、白彬:《中國道教考古》第5册,北京:綫裝書局,2006年,第1574—1578頁。

生尸妙經》的16字中央天文,來自“新經”《真文要解上經》所載“五篇衛靈神咒”中的“中央衛靈神咒”。而且將此作爲“新經”作成於“元始舊經”之前最可靠的證據之一。我們認爲這一問題還有必要作進一步討論。

《五煉生尸妙經》所載的16字中央天文爲:

黄中總氣,統攝無窮。鎮星吐輝,流煉神宫。①

《真文要解上經》所載“五方衛靈神咒”中的“中央衛靈神咒”爲:

黄中理氣,總統玄真。鎮星吐輝,流焕九天。開光童子,一十二人。元氣陽精,燭上朱煙。洞照天下,及臣等身。百邪摧落,殺鬼萬千。中山神咒,普天使然。五靈安鎮,身飛上仙。②

實際上,如果單純比較“中央天文”與“中央衛靈神咒”的前16字,很難判斷出到底誰改編自誰。劉屹博士在討論兩者的先後關係時,以陸修静所撰《洞玄靈寶授度儀》引用古靈寶經的情況,作爲判斷某部古靈寶經是否已經出世的主要根據。他認爲,因爲《授度儀》中明確引用到了《真文天書經》、《諸天内音自然玉字》、《真文要解上經》等古靈寶經,但没有提及或引用到《五煉生尸妙經》,如果《五煉生尸妙經》在當時已經作成,陸修静又怎麽會只引用《諸天内音自然玉字》的四方天文,而不引用《五煉生尸妙經》的五方天文?可見在《授度儀》撰作的年代,《五煉生尸妙經》還没有作成。因此他認爲《真文要解上經》作成於《五煉生尸妙經》之前,而“中央天文”來源於“中央衛靈神咒”。③ 然而,我們認爲這一論證邏輯實際上存在“默證”的傾向。因爲《授度儀》只是一部關於靈寶經符策版傳授儀式的文本,其性質决定了陸修静在編撰過程中,只會摘編和引用那些已經出世的古靈寶經中對其構建傳授儀式有用的内容,而這也就意味着他没有必要也不可能在《授度儀》中提及或引用當時已經出世的全部古靈寶經。所以,根據《授度儀》没有引用某部古靈寶經,就判定該經在當時尚未作成的方法並不一定可靠。

① (唐)杜光庭:《太上黄箓齋儀》卷五七《中方玉文》,《道藏》第9册,第374頁。
② 《太上洞玄靈寶真文要解上經》,《道藏》第5册,第905頁。
③ 劉屹:《六朝道教古靈寶經的歷史學研究》,第588—592頁。

我們在晚唐杜光庭所撰《太上黄籙齋儀》中,找到了能够説明“中央衛靈神咒”大部分文本來源的新證據。該書大量引用了在道教中非常重要但現已失傳的“元始舊經”《上元金籙簡文》。其卷五六《禮燈》云:

《上元金籙簡文真仙品》曰:然燈威儀,於道户上然二燈,以照齋主住宅。爲弟子銷災度厄,安宅鎮神。弟子於燈下三禮。法師咒曰:

正一陽光,焰上朱煙。開光童子,一十二人。洞照天下,及臣等身。百邪摧落,却鬼萬千。光明朗徹,通真達靈。升入無形,與道自然。①

南宋蔣叔輿《無上黄籙大齋立成儀》卷一九也引用了《上元金籙簡文》的這段文字。② 唐代朱法滿《要修科儀戒律鈔》卷八也有引用,但文字略有不同。其文云:

入堂静,明燈訖,向燈三拜,呪曰:

正一陽光,焰上朱煙,開光童子,一十二人,洞照一宅,及得我身,百邪摧落,殺鬼萬千,光明朗徹,通真達靈,升入無形,與道自然。③

爲了能更直觀地看出“中央衛靈神咒”的來源,我們將相關的三段文字列表示意如下:

“元始舊經”		“新經”
《五煉生尸妙經》	《上元金籙簡文真仙品》	《真文要解上經》
黄中總氣,統攝無窮。鎮星吐輝,流煉神宫。	正一陽光,焰上朱煙。開光童子,一十二人。洞照天下,及臣等身。百邪摧落,却鬼萬千。光明朗徹,通真達靈。升入無形,與道白然。	黄中理氣,總統玄真。鎮星吐輝,流焕九天。開光童子,一十二人。元氣陽精,爓上朱煙。洞照天下,及臣等身。百邪摧落,殺鬼萬千。中山神呪,普天使然。五靈安鎮,身飛上仙。

據此可見,《五煉生尸妙經》中的16字“中央天文”,與出自《上元金籙簡文》的這段48字燃燈咒語合并在一起後,再加以改動部分文字,就是完整的64字“中央衛靈神咒”。那麽,能否認爲16字“中央天文”和48字燃燈咒語實際上是由64字的“中央衛

① (唐)杜光庭:《太上黄籙齋儀》卷五六《禮燈》,《道藏》第9册,第367—368頁。
② (南宋)蔣叔輿:《無上黄籙大齋立成儀》卷一九《科儀門》,《道藏》第9册,第500頁。
③ (唐)朱法滿:《要修科儀戒律鈔》卷八《侍燈鈔》,《道藏》第6册,第959頁。

靈神咒”拆分變化而來的呢? 答案是否定的。

首先,在《上元金箓簡文》中,這段與燃燈科儀有關的48字咒語只是在道户上燃燈時所念誦的。除此之外,根據杜光庭《太上黄箓齋儀》卷五六《禮燈》所引《上元金箓簡文》内容,該經還有在本命、太歲、行年、大墓、小墓、壇堂、中庭、夾門以及地户等不同方位和地點上燃燈時由法師念誦的咒語,且各不相同。① 然而,這段48字咒語在《真文要解上經》中卻是作爲“中央衛靈神咒”來使用的。我們在前面已經論述過,“自然五篇衛靈神咒”是《真文要解上經》全經最核心的三部分内容之一,是所謂“要解”的一部分,在經中被推崇爲“舊出《靈寶五文上篇》”,也被當作修道者在舉行齋儀時獨立修誦的教法,被賦予很强的宗教效用。相比之下,明顯是《真文要解上經》借用並改編了《上元金箓簡文》中這一段較爲平常的在道户上燃燈時所誦的咒語。

其次,咒語中“陽光”、“焰上朱煙”、“開光”、“洞照”、“光明朗徹”等詞的本義,就是同燃燈儀式中存在的燈火、燈光等意象直接相關,可見這段咒語原本出自《上元金箓簡文》的“燃燈威儀”,而其出現在“中央衛靈神咒”中,則明顯是在被借用和改編之後。

復次,這段48字咒語的前四句在《上元金箓簡文》中的順序作“正一陽光,焰上朱煙。開光童子,一十二人”,但在《真文要解上經》中則爲“開光童子,一十二人。元氣陽精,焰上朱煙”。若仔細分析“自然五篇衛靈神咒”五方咒語的語序結構,就能發現《真文要解上經》對出自《上元金箓簡文》的這四句作了有意的調整。通讀“自然五篇衛靈神咒”,它所包含的五方咒語在字數和句式上完全相同。此外,五方咒語其實在相同的位置所表達的涵義往往也是類似的。這裏截取每方咒語的前八句如下:

> 東方　九氣青天,明星大神。焕照東鄉,洞映九門。轉燭揚光,掃穢除氛。開明童子,備衛我軒。
>
> 南方　南方丹天,三氣流光。熒星轉燭,洞照太陽。上有赤精,開明靈童。總御火兵,備守三宫。
>
> 西方　七氣之天,太白流精。光曜金門,洞朗太冥。中有素皇,號曰帝靈。保神安鎮,衛我身形。
>
> 北方　北方玄天,五氣徘徊。辰星焕爛,光曜太微。黑靈尊神,飛玄羽衣。備衛五門,檢精捕非。

① (唐)杜光庭:《太上黄箓齋儀》卷五六《禮燈》,《道藏》第9册,第367—369頁。

中央　黄中理氣,總統玄真。鎮星吐輝,流焕九天。開光童子,一十二人。元氣陽精,燭上朱煙。①

分析以上引文可知,從語意表達的整齊程度上來看,五方咒語中南方、北方、中央三方神咒在整體上是基本一致的。由於南方衛靈神咒和北方衛靈神咒的第5—6句表述的都是該方神咒中的神靈,甚至西方衛靈神咒在這兩句的位置上表達的也是神靈,所以《真文要解上經》應該是在借用《上元金箓簡文》中的燃燈咒語時,特意調整了"正一陽光,焰上朱煙。開光童子,一十二人"這四句的順序,使得"中央衛靈神咒"整體上的語意表達與前面四方神咒顯得更加整齊一致。相反,在《上元金箓簡文》所記載的衆多燃燈咒語中則没有比較一致的語意表達結構。如果是《上元金箓簡文》借用了《真文要解上經》中的咒語文字,則完全没有必要去特意調整這四句的語序。

再次,《真文要解上經》所載的"中央衛靈神咒"版本,其中兩句作"洞照天下,及臣等身",杜光庭《太上黄箓齋儀》卷五六所引《上元金箓簡文》亦作"洞照天下,及臣等身"。南宋蔣叔輿《無上黄箓大齋立成儀》所載"中央衛靈神咒"和所引的《上元金箓簡文》,兩者關於這兩句咒語也都作"洞照天下,及臣等身"。但南朝陸修静《太上洞玄靈寶授度儀》所載"中央衛靈神咒"則作"同照一室,及得我身",北周《無上秘要》卷五〇所引"中央神咒"則作"洞照一宅,及得我身",盛唐朱法滿《要修科儀戒律鈔》所引《金箓簡文》亦作"洞照一宅,及得我身",敦煌道書《洞玄靈寶自然齋戒威儀經(擬)》稱其所載的"衛靈神咒"出自《真文要解上經》,關於這兩句咒語亦作"洞照一宅,及得我身"。很明顯,"同"乃"洞"字之訛誤,"室"與"宅"兩字則形近義同。由此可見,大約唐末以前的《真文要解上經》以及《上元金箓簡文》版本,關於這兩句咒語都是作"洞照一宅,及得我身"。而改作"洞照天下,及臣等身"則應該是自杜光庭開始才出現的。從最初的"洞照一宅"到後來的"洞照天下",這種文字變化所反映的,不僅僅是對咒語功效的誇張,也意味着關懷對象從家宅擴大到了整個天下。那麽,"洞照一宅"到底是最先源自《上元金箓簡文》的48字燃燈咒語還是《真文要解上經》的"中央衛靈神咒"呢?答案應是前者。因爲在《上元金箓簡文》中,對這段48字燃燈咒語的用途有專門説明,即"於道户上燃二燈,以照齋主住宅。爲弟子銷災度厄,安宅鎮神"。可見,咒語中"洞照一宅"最初專指的正是"以照齋主住宅"。而《真文要解上經》關於"自然五篇衛靈神咒"

① 《太上洞玄靈寶真文要解上經》,《道藏》第5册,第905頁。

的用途則在於"保天長存,明理三光,致國太平,兆民享福,濟度群生","凡欲修道求仙致真,安國寧家,截諸不詳"等,可知其用途一開始就没有局限於奉道弟子一家一户的安寧福祉,而是將修道者個人、其家庭家族乃至整個天下都囊括在關懷範圍之内。"五方衛靈神咒"本文中也多有與此用途相呼應的咒語文字,如東方神咒中有"普天安鎮,我得飛仙",南方神咒中有"保天長存,億劫無終",西方神咒中有"功加一切,天地咸寧"。由此可見,應該是《真文要解上經》作者在創作"中央衛靈神咒"時借用了《上元金箓簡文》的這段48字燃燈咒語,只是在對這段咒語進行調整改編時,並未細微到改動原來的"洞照一宅,及得我身"兩句。直到唐末,道教宗師杜光庭應該是爲了强調道教靈寶齋法救度天下的品質,才特意對靈寶齋法中常用的這兩句咒語也作了改動。

最後,上表中所引的16字"中央天文"是杜光庭《太上黄箓齋儀》中所記載的版本,其實《五煉生尸妙經》所載的"中央天文",在明《道藏》中還有另外三種文字略有差異的版本。《無上黄箓大齋立成儀》首先記載了唐前期張萬福所撰《靈寶五煉生尸齋儀》中"黄帝一炁天文"的版本:"黄中土炁,總統衆靈。鎮星吐精,流煉神形。"其後又記載了作者所用的另外一種版本,即:"黄中理氣,統攝無窮。鎮星吐輝,流煉神宫",[①]南宋寧全真授、王契真纂《上清靈寶大法》所載的"中央天文",與這一版本相同,不過"中央天文"被稱作"中央八威龍文章"。[②] 明初編成的《靈寶領教濟度金書》所載"中央天文"的版本爲:"黄中理氣,總統元真。鎮星吐輝,流煉神宫。"[③]而"中央衛靈神咒"前16字,在收有"自然五篇衛靈神咒"的多種道經中都是相同的。這四種"中央天文"的版本與"中央衛靈神咒"前16字相比,最值得注意的,是從前者的"流煉神宫"或"流煉神形",到後者"流焕九天"之間的變化。所謂"流煉神宫"或"流煉神形",無疑和《五煉生尸妙經》本身所宣揚的五方天文可以安鎮煉度"死者形體故宅"或"尸形宫宅"的神秘功能直接有關。而"流焕九天"則明顯是爲了和其他四方衛靈神咒在同樣位置上表達的語意保持一致所作的改動,因爲其他四方衛靈神咒在這一句,都是作"洞朗太冥"、"光曜太微"等跟空間有關的表達,"流焕九天"所表達的正是類似的含義。

劉屹博士提出,如果判定《五煉生尸妙經》的"中央天文"是"中央衛靈神咒"來源的話,由於在《五煉生尸妙經》中,已經把這16字"中央天文"當作了與其他源自《諸天内音》的256個秘篆文同等重要的天文,那麽將無法解釋後出的《真文要解上經》爲何會

① (南宋)蔣叔輿:《無上黄箓大齋立成儀》卷一六《古法建齋宿啓儀》,《道藏》第9册,第473—474頁。
② (南宋)寧全真授,王契真纂:《上清靈寶大法》卷一六《鎮禳攝製門》,《道藏》第30册,第807頁。
③ 《靈寶領教濟度金書》卷二六三《符簡執範品》,《道藏》第8册,第287頁。

把這16字中央天文同其他文字摻在一起,降格爲保護五篇真文的一般性咒語來使用?①

對於這一疑問,我們認爲可以從三個方面來回答:一是《五煉生尸妙經》中的“五方天文”是專門用於鎮靈度亡的,作爲整體的“五方天文”從未被道教歸入包括《靈寶五篇真文》以及《諸天内音自然玉字》256個秘篆文等在内的“本文”一類,在敦煌本《靈寶經義疏》和隋代《玄門大義》等道教義疏著作中,作爲道教經教本源的“本文”一類,從來就没有列入《五煉生尸妙經》的“五方天文”;二是我們在前面已經指出,“自然五篇衛靈神咒”的功效同所謂保護五篇自然之文並無任何關係。而且在《五煉生尸妙經》中,包括中央天文在内的“五方天文”的主要功能,就是安鎮死者“尸形宫宅”,使其能够上升福堂。而在“中央衛靈神咒”中,已經通過改寫“流煉神宫”爲“流焕九天”,使得用於鎮靈度亡的16字中央天文在功能上發生徹底改變,難以歸爲一類;三是從兩者在道教中的具體實踐和應用來看,包括中央天文在内的“五方天文”發揮作用的方法,是將五方秘篆文刻書於五方石之上,並鎮於墓中。所謂“滅度五煉”作用的産生,本質上借助的就是這些神奇詭麗的秘篆文形態,而不是轉寫後可識讀的漢字形態。然而“中央衛靈神咒”則是在道教儀式中直接由法師念誦出來,兩者在使用方式上也存在根本的區别。根據以上三點,我們認爲從《五煉生尸妙經》的16字“中央天文”,到其被改編成“中央衛靈神咒”的一部分,這一變化過程並不構成所謂“降格”的前後衝突。

綜合以上論證,我們認爲《真文要解上經》所載“中央衛靈神咒”,就是在合并《五煉生尸妙經》的16字中央天文與《上元金籙簡文》的一段48字燃燈咒語的基礎上,加以改編而來的。因此,“新經”《真文要解上經》確實作成於“元始舊經”《上元金籙簡文》和《五煉生尸妙經》之後。而《真文天書經》及《太上洞玄靈寶赤書玉訣妙經》被公認爲“元始舊經”中最早作成的經典,所以《真文要解上經》的作成也晚於《真文天書經》。

以上我們從古靈寶經文本形成先後的角度,論證了“新經”《真文要解上經》必然參照了《真文天書經》等多部“元始舊經”的内容。因此,劉屹博士關於該經的一些基本結論,如該經在主神觀念上只知“元始天王”而不知道“元始天尊”,該經所尊奉的《靈寶五篇真文》比《真文天書經》中的《靈寶五篇真文》存在時代更早且内容不同等結論,都是難以成立的。有關《真文要解上經》具體參照和引述《真文天書經》等多部“元始舊經”

① 劉屹:《六朝道教古靈寶經的歷史學研究》,第591—592頁。

的情况,我們已經有詳盡的考釋。① 此不贅言。

(二) 從古靈寶經的經教神話看《真文要解上經》對"元始舊經"的徵引

我們需要繼續討論的是,在《真文天書經》中原本並不存在"自然五篇衛靈神咒"和"十二上願"這兩種内容,然而該經作者卻托太上大道君之口,明確稱"此自然五篇衛靈神咒,舊出《靈寶五文上篇》"以及"此十二上願,舊出《元始五篇智慧經》中"。以上便產生了一個目前尚未得到合理解釋的疑難:《真文要解上經》的作者既然參照過《真文天書經》,爲什麽還要把這兩種在《真文天書經》中並不存在的内容,説成是出自該經呢? 這樣的做法在今天的研究者看來,無疑是一種文獻徵引上的"漏洞"。而引發劉屹博士進行一系列顛覆性研究最主要的緣由,也正是他通過文本對比後發現了這種"漏洞"。

根據我們前面的討論,有關《真文要解上經》全經是對《真文天書經》中"靈寶五篇真文"詮解和發揮的觀點,是可以成立的。依此而論,《真文要解上經》的作者在參照《真文天書經》的前提下,不太可能會留下如此明顯的疏漏。然而,這也就意味着我們今天通過文本對比所發現的兩處所謂"漏洞",對於該經作者來講,很可能並不意味着是漏洞。在從陸修静以來的現存《道藏》文獻中,也未見有道門學者對此提出過任何質疑或解釋。那麽,該經作者如此强調"十二上願"和"自然五篇衛靈神咒"與《真文天書經》的關係,其背後用意或邏輯就值得我們重新討論。《真文要解上經》云:

> 太上大道君曰:夫爲道結緣,世世不絶,致善福來生,當行十二上願,普度一切,致國太平……此十二大願,舊出《元始五篇智慧經》中。……太上大道君曰:吾昔受之於元始天王……九天禁書,四萬劫一傳。……太上大道君曰:此自然五篇衛靈神咒,舊出《靈寶五文上篇》……吾昔受之於元始天王,使依玄科,四萬劫一傳。②

在以上有關"十二上願"和"自然五篇衛靈神咒"的敍述中,值得注意的是太上大道君在講説這兩種教法之後,都同樣宣稱"吾昔受之於元始天王"。不僅如此,根據該經後面的内容可知,太上大道君在説完"自然五篇衛靈神咒"之後,緊接着講説的"十方懺

---

① 王承文:《漢晉道教儀式與古靈寶經研究》,第563—585頁。

② 《太上洞玄靈寶真文要解上經》,《道藏》第5册,第904—905頁。

謝文"同樣被其宣稱也是由元始天王所傳授的。不同的是,該經作者在這裏没有像前面兩部分一樣,説出"十方懺謝文"的出處。

從全經來看,"元始天王"一詞在經中一共出現了 3 次。而在《真文要解上經》第(1)部分開篇關於"靈寶五篇真文"的神聖性質、來源及功能等總體論述中,先後 3 次出現了"元始命五老上真"、"故元始記篇有一十二德"、"元始之旨,其微其深"這樣把"元始"一詞當作神格來用的表述。我們在已經確證《真文要解上經》直接參照了《真文天書經》的基礎上,也可以確認這裏的"元始",其實就是指"元始舊經"所確立的至上神元始天尊。而在古靈寶經經教神話中,元始天尊將《靈寶五篇真文》以及靈寶經法傳授給太上大道君。多部"元始舊經"就是以元始天尊對太上大道君説法的模式展開的。《真文要解上經》既然在開篇皆用"元始"指稱元始天尊,爲何在後面太上大道君講述"十二上願"等三種教法的過程中,卻聲稱是元始天王傳授給太上大道君的呢?

有關"元始天王"的神格在"元始舊經"中被重新塑造的具體情況,我們已有專門討論。"元始天王"雖然屬於早期上清派所尊崇的重要神真,但在"元始舊經"中,卻已經被改造成爲在元始天尊之下傳授靈寶經法的神靈。並由此出現了"元始天王"在"元始天尊"之下傳法給"太上大道君"的模式[①]。關於元始天王與"元始舊經"之"十部妙經"的關係,《太上諸天靈書度命妙經》記載元始天尊對太上大道君等説法稱:

> 我昔龍漢之年,與元始天王、高上玉帝,同於此土遇《靈寶真文》出於浮羅空山之上。……並見我於空山之上演出真文,撰十部妙經,始於此土,出法度人。[②]

而《太平御覽》所引《太上諸天靈書度命妙經》的佚文又稱:

> 元始〔天王〕以龍漢之年撰十部經,告西母曰:《太上紫微宫中金格玉書靈寶真文篇目》有妙經,其篇目今以相示,皆刻(克)金爲字,書於玉簡,題其篇目於紫微宫南軒,太玄都玉京山亦具記其文。[③]

由此可知,早在最初的"龍漢劫"時,元始天王就直接參與了由元始天尊所主導的

① 王承文:《漢晉道教儀式與古靈寶經研究》,第 571—577 頁。
② 《太上諸天靈書度命妙經》,《道藏》第 1 册,第 801 頁。
③ 《太平御覽》卷六七三《道部十五・仙經下》引《靈書經》,北京:中華書局,1960 年,第 3001 頁。對這條佚文的考證,見王承文:《漢晉道教儀式與古靈寶經研究》,第 604—608 頁。

將《靈寶赤書五篇真文》向“十部妙經”即“元始舊經”的演化。而且“十部妙經”在“龍漢劫”時版本的撰成,也與元始天王密不可分。至於太上大道君則是晚至“赤明劫”時才出世的。而其接受《靈寶赤書五篇真文》的時間,則晚至“五劫”中最末的“上皇劫”。所以,“元始天王”的資歷要比“太上大道君”老得多。至於兩者之間作爲“先學”與“後學”的傳法關係,也正是由此而確立起來的①。

《真文要解上經》的作者將“元始天王”與“十二上願”和“自然五篇衛靈神咒”相聯系,其用意很深。在“元始舊經”所構建的靈寶經法出世神話中,元始天尊隨宇宙周期性生成與毀滅的劫運而或隱或顯,每當進入新的劫運,元始天尊就會“演出”由《靈寶五篇真文》所衍生出來的“十部妙經”,並以此下教度人。在多部“元始舊經”中,也存有“十部妙經”在不同劫運時期有不同版本的表述。例如,《洞玄靈寶赤書玉訣妙經》中就多次出現如“元始真文舊經”、“書真文如舊法”、“玄都舊典”等説法。而《太上洞玄靈寶滅度五煉生尸妙經》中也明確提到:

> 今當更爲上智童子開諸法門,申明龍漢玄都舊典九幽玉匱女青玉文,拔度幽勞地獄……令悉見光明。②

其中“龍漢玄都舊典九幽玉匱女青玉文”,以及該經多次提到的“元始明真舊典女青文”等,其實都是指該經最初在“龍漢劫”時的版本。在“元始舊經”中,甚至還出現了同一部經典在不同劫運時期其内容有所差别的描述。例如,唐初釋法琳撰《辯正論》曾徵引現已失傳的“元始舊經”《太上洞玄靈寶黄籙簡文威儀經》云:

> 元始天尊告太上大道君曰:下元黄録靈仙品,功過開度,其文在靈仙宫中,舊有八百部。自經龍漢,舊文分散,遂至赤明,其文改易,多有煩猥。今故抄集下元八十一條,撰爲要用。③

其中“一”字應爲衍文。這裏明確講到,作爲“十部妙經”之一的《下元黄籙簡文》在龍漢劫時的版本原有八百條文,但當該經在上皇劫出世時只抄集了其最初版本中的八

① 王承文:《漢晉道教儀式與古靈寶經研究》,第573—574頁。
② 《太上洞玄靈寶滅度五煉生尸妙經》,《道藏》第6册,第260頁。
③ (唐)釋法琳:《辯正論》卷八《靈文分散謬》引,《大正新修大藏經》第52册,第543頁。

十條内容。而晚出的《洞玄靈寶玉籙簡文三元威儀自然真經》對此則有更加全面的記述。該經稱:

> 天尊告太上大道君曰:洞玄靈寶中元宫中玉簶簡文神仙品目,舊有上元、中元、下元三部威儀,部有八百條,三部合二千四百條。皆金書玉字,仙都左公總録於中元宫中。自經龍漢之後,淪於混沌,其文改易,多不全舊。至赤明元年,上聖撰校,抄集要用,部有八十條,三部合二百四十條,祕於三元宫中。①

據此,在"龍漢劫"演出的《三元威儀自然真經》,本來有三元簡文各八百條,共二千四百條。但從"赤明劫"開始,一直到"上皇劫"時出世的《三元威儀自然真經》版本,已被縮減到三元簡文各八十條,共二百四十條。

至此,我們再來看《真文要解上經》徵引"元始舊經"的相關表述,其稱"太上大道君曰:此十二上願,舊出《元始五篇智慧經》中……吾昔受之於元始天王";"太上大道君曰:此靈寶自然五篇衛靈神咒,舊出《靈寶五文上篇》……吾昔受之於元始天王"。讀懂以上文字的關鍵,在於真正理解"舊出"和"元始天王"一起出現時所要表達的特定含義。所謂"舊出《元始五篇智慧經》"或"舊出《靈寶五文上篇》",其真正意思是"十二上願"和"自然五篇衛靈神咒"兩種教法,都出自"龍漢劫"時期的《真文天書經》版本,而並非"上皇劫"時由太上大道君在元始天尊的説法下所演出的《真文天書經》,即我們現在看到的實際存在的《真文天書經》版本。而該經作者之所以要在這兩處重復强調這是由元始天王傳授給太上大道君的,恰恰是因爲在"元始舊經"所構建的靈寶經法出世神話中,元始天王輔助元始天尊所參與演化的,正是"龍漢劫"時出世的"十部妙經"版本。也正因爲如此,對於《真文要解上經》的作者來講,在當時已經出世的《真文天書經》中找不到"十二上願"和"自然五篇衛靈神咒"等内容,是根本就構不成"漏洞"的。

當然,所謂"十部妙經"在"龍漢劫"和"上皇劫"存在版本的差别,只是"元始舊經"創作者所虚構出來的宗教神話。事實上,古靈寶經只有一種在晉末宋初創作並實際流傳的版本,只不過在"元始舊經"中,它被虚構成是在"上皇劫"時所敷演出來的"十部妙經"版本。而《真文要解上經》的作者正是依託"元始舊經"有關元始天王在龍漢劫時參與演撰"十部妙經",以及"十部妙經"具有不同劫運時期的版本等宗教神話,將其新撰

① 《洞玄靈寶玉籙簡文三元威儀自然真經》,《道藏》第9册,第864頁。

的“十二上願”和“自然五篇衛靈神咒”與“靈寶五篇真文”聯繫起來,並按照其宗教神學邏輯,將這兩種教法的出處虛構成“龍漢劫”時期的《真文天書經》版本。這樣一來,既使該經中的兩種教法獲得了更爲神聖久遠的來源和權威性,也避免和化解了與當時已經作成出世的《真文天書經》版本所存在的不一致。對於陸修静以及後來信仰研習古靈寶經的人來講,該經作者所作的這種宗教神學化的徵引,顯然是完全可以成立的,也是根本無需質疑的。而今天的研究者之所以會對《真文要解上經》中這兩處徵引産生疑惑,甚至因此完全否定“新經”徵引過“元始舊經”,正是緣於對《真文要解上經》中這兩處宗教神學邏輯意義上的徵引,進行了純粹歷史學和文獻學的理解,從而混淆了古靈寶經文本形成的實際歷史與古靈寶經出世神話之間的差别。

四、《太極左仙公請問經》所稱“《五稱文》”與“元始舊經”《真一五稱符上經》的關係

目前學術界有關“新經”徵引“元始舊經”的討論,還有一個亟待解決的疑問,就是“新經”《太極左仙公請問經》所徵引的《靈寶五稱文》,是否就是指“元始舊經”《太上無極大道自然真一五稱符上經》? 下面先列出《太極左仙公請問經》中提及《五稱文》的兩段材料,然後再展開後續討論。《太極左仙公請問經》卷上稱:

> 高上老子曰:夫道家所先,莫近乎齋,齋法甚多,大同小異耳。其功德重者,惟太上靈寶齋也。但世希能學之矣。……仙公曰:三天齋者,是三天法師天師所受法,名爲《旨教經》也。抑亦其次矣。此法悉在《五稱文》中,莫不畢載也。但天書弘妙,非世賢可思議者耳。能究之者,皆上仙上真之人,玄同於太上者也。故中仙及地仙、下仙,莫有闚其文旨矣。徒見而不知,復何所言哉。是以凡賢有終思之歌也。①

《太極左仙公請問經》卷下曰:

> 昔正一真人學道時,受靈寶齋,道成後,謂此齋尊重,乃撰《靈寶五稱文》,中出

① 《太極左仙公請問經》卷上,《中華道藏》第4册,第119頁。

齋法爲《旨教經》,大同小異,亦次本經齋法也。[①]

第一段材料是説,在道教衆多齋法中,靈寶齋法最爲貴重,其次是天師張道陵所領受的三天齋法,又名旨教齋,而旨教齋的内容都記載在"《五稱文》"中。第二段材料是説,張天師在學習靈寶齋法之後,自撰了專門記載旨教齋法的"《五稱文》"。所謂《五稱文》,在敦煌本《靈寶經目》中有"《自然五稱文》一卷,已出,卷目云:《太上洞玄靈寶大道無極自然真一五稱符上經》"[②]。由於經名相同,學術界一般認爲《太極左仙公請問經》所徵引的《五稱文》,就是指"元始舊經"《真一五稱符上經》。

從《真一五稱符上經》的内容來看,該經一方面將《靈寶五篇真文》推崇爲先天地而生、爲宇宙萬物本源的"天文"或"真文"[③],另一方面則用大量篇幅對五稱符及其施用方法進行詳細解説。這樣就産生了第一個疑問:《太極左仙公請問經》所引的"《五稱文》"是專講旨教齋法的,而《真一五稱符上經》則是主要講相關靈寶符箓的。兩者之間關係不明,似乎不能直接等同。此外,劉屹博士又提出兩方面理由來證明"新經"中提到的"《五稱文》"不等於《真一五稱符上經》:其一是在現存《真一五稱符上經》中根本没有張道陵所撰旨教齋的内容;其二是按照道教神話的觀點,《真一五稱符上經》是屬於先天地而生、宇宙開闢之前就形成的靈寶天文,而《請問經》所説的"《靈寶五稱文》"則是由漢末天師張道陵所撰,張天師的作品顯然不應該屬於先天地而生的"元始舊經"。所以《請問經》所言的"《靈寶五稱文》",並不能認爲就是"元始舊經"的《真一五稱符上經》[④]。而這一點也成爲他否定"新經"徵引過"元始舊經"的另一個主要證據。

我們認爲目前學術界對這兩段引文中關於《五稱文》的材料,其實存在很大的誤解。對於"此法悉在《五稱文》中,莫不畢載也",以及"乃撰《靈寶五稱文》,中出齋法爲《旨教經》"這些文字,從表面上看,我們似乎確實可以得出張道陵自己創作了《五稱文》這部道經,而《五稱文》主要記載了旨教齋的内容。但以往學者對此材料的解讀,其實忽略了"此法悉在《五稱文》中,莫不畢載也"之後緊跟着的經文,即"但天書弘妙,非世賢可思議者耳"。據此,《太極左仙公請問經》是將《五稱文》視作"天書",亦即"天文"。所謂"天書"或"天文",在古靈寶經中是指在天地生成之前,道氣在空中自然凝結生成

① 《太上洞玄靈寶本行宿緣經》,《道藏》第24册,第667頁。
② 《中華道藏》第5册,第509頁。
③ 王承文:《漢晉道教儀式與古靈寶經研究》,第387—391頁。
④ 劉屹:《六朝道教古靈寶經的歷史學研究》,第289—290頁。

的形態神秘奇異的文字,並非人爲造作,同時具有化生宇宙萬物的功能①。由此可見,所謂張道陵天師撰作了《五稱文》的解讀,明顯不符合《請問經》視《五稱文》爲天書的本意。而所謂"乃撰《靈寶五稱文》"的"撰",顯然也不是我們通常所理解的由本人所創作之意。那麽,這裏的"撰"到底該做何解呢?其實,類似的表述方式,在最早出世的古靈寶經《太上靈寶五符序》中也多次出現。例如,《太上靈寶五符序》卷下云:

> 夫天書焕妙,幽暢微著。至音希聲,陳而不煩。……豈非《靈寶五符》,其由是乎。聖人演天地之文,而敷言數萬,葩龍鳳之形,暢動物者百篇。……昔庖羲刊八象於玄石,晝甚亦少矣。至夏爲《連山》,殷爲《歸藏》,逮《周易》之興,猶未該其根。所以然者,卦有屯蒙困否,不通之象,明道妙者難著,理妙者叵尋,寔由經代紛紜,動數十萬言,况乎九天之靈書,三天之寶圖,上導太和元精之氣,下備群生始然之會。爾乃至寂之音,希解於世。故帝嚳祭天帝君於北阿之壇,藏於鍾山之峰,欲令衆庶有絶塵之歌耳。夏禹晚撰,其波未戢。其上真猶封於石磧,以待大劫;仙賢幽乎洞室,須期乃宣。靈符之妙,寔由高聖之所宗,上哲之所佩,真人之所貴,靈仙之讃味,玄澹而朗其采色,天神而校其對也。其服御日月星辰,八氣五元,身體草木之方,當是五符下流,通泗之沫耳。其天辭虚篇,非凡賢所聞。雖同載《五符》之中,故廢其龍迹,不顯大音矣。徒見而不知,亦何所言哉。……聖人雖不爲其解高妙之意,然故自陳於本符之上,無損減也。②

以上這段材料對於我們討論古靈寶經的"天書"或"天文"觀念具有重要價值。其中講"天書焕妙",而聖人則能從這些包含天地至理的天文中敷演出非常豐富的内容。像《靈寶五符》這樣的天書,世間則一直很少有關於它的詮解。之後則講到"夏禹晚撰",這裏的"撰",明顯和開頭所講的"演"、"敷演"是相同的意思,都是指對《靈寶五符》這種天文的解讀和詮釋。而《太上靈寶五符序》中包含的各種仙道方法如服御日月

---

① 關於古靈寶經"天文"或"天書"觀的研究,參見王承文:《敦煌古靈寶經與晉唐道教》,北京:中華書局,2002年,第691—789頁;王承文:《靈寶"天文"信仰と古靈寶經教義の展開》,京都大學人文科學研究所編:《中國宗教文獻研究》,京都:臨川書店,2007年,第293—335頁;吕鵬志:《早期靈寶經的天書觀》,郭武主編:《"道教教義與現代社會"國際學術研討會論文集》,上海古籍出版社,2003年,第571—591頁;謝世維:《天界之文:魏晉南北朝靈寶經典研究》,臺北:商務印書館,2010年,第25—124頁。

② 《太上靈寶五符序》卷下,《道藏》第6册,第335—336頁。

星精氣、服食草木之方等，都是從《靈寶五符》中敷演出來的。儘管這些方法只是低層次的，而且很可能同《靈寶五符》其實並無直接關係，然而在這種“天書”觀念下，《靈寶五符序》中來自不同傳統的多種神仙方術被認爲“同載《五符》之中”、“皆出乎《五符》之上也”，都有了一個共同的本源，即天書《靈寶五符》。《太上靈寶五符序》卷上説明《靈寶五帝官將號》的來歷時又稱：

夏禹撰出天文中字，會稽南山之陽所演集。①

以上“撰出”的意思，還是指夏禹從《靈寶五符》這樣的“天文”中敷演出了《靈寶五帝官將號》。如果從《靈寶五符》與《靈寶五帝官將號》的實際内容來看，二者之間顯然並不存在所謂真正的“源”與“流”的關係。然而，這樣的論述在古靈寶經經教神學中卻並不矛盾。在《太上靈寶五符序》之後出世的“元始舊經”中，則出現了强調“十部妙經三十六卷”在本質上都是由元始天尊等神靈對《靈寶五篇真文》敷演而來的思想。如《真文天書經》卷下稱：

《元始自然赤書玉篇真文》……至五劫周末，乃傳太上大道君、高上大聖衆、諸天至真，奉修靈文，敷演玄義，論解曲逮。有十部妙經三十六卷，玉訣二卷，以立要用，悉封紫微上宫。②

也就是説，作爲“元始舊經”的“十部妙經三十六卷”，雖然其内容包羅萬有，極其豐富，但是其在宗教神學上的真正本源卻是《靈寶五篇真文》。我們再來看《太極左仙公請問經》中關於《五稱文》的材料。所謂“此法悉在《五稱文》中，莫不畢載也”，以及“乃撰《靈寶五稱文》，中出齋法爲《旨教經》”，實際上是在説，張道陵從作爲“天文”的《靈寶五稱文》中敷演出了旨教齋法的内容，即《旨教經》，所以《五稱文》這種“天文”，就是旨教齋法的本源，而這也是“此法悉在《五稱文》中，莫不畢載也”的真正含義。《太極左仙公請問經》關於旨教齋出自“《五稱文》”的説法，正是基於靈寶經法都是由“靈寶真文”或“天書”所演化而成這種神學思想所作的虛構。其真正的目的是爲了確立靈寶經

① 《太上靈寶五符序》卷上，《道藏》第6册，第319頁。

② 《元始五老赤書玉篇真文天書經》卷下，《道藏》第1册，第799頁。

法與天師道齋法之間"源"和"流"的關係。如果我們在討論《太極左仙公請問經》對《五稱文》的徵引時,僅僅因爲"元始舊經"《五稱符上經》中不見有旨教齋法的内容,就斷定被徵引的《五稱文》不是指《五稱符上經》,恰恰是在執"虚"爲"實",就等於完全相信了《太極左仙公請問經》的作者依託"靈寶真文"所虚構出來的旨教齋法同《靈寶五稱文》之間的關係,也就等於是用一種文獻學的方法和邏輯,去試圖求證一個完全屬於古靈寶經神學性質的命題。

需要指出的是,前引《太極左仙公請問經》卷上以仙公的名義稱頌《靈寶五稱文》:"但天書弘妙,非世賢可思議者耳……徒見而不知,復何所言哉。是以凡賢有終思之歌也。"而前引《太上靈寶五符序》卷下稱:"其天辭虚篇,非凡賢所聞。雖同載《五符》之中,故廢其龍迹,不顯大音矣。徒見而不知,亦何所言哉。"《真一自然五稱符上經》卷下則稱:"此經言高仙淩虚之道具矣……玄真之真,希微之旨,不可思而議矣。仙公曰:故歷代凡賢有絶思之謡也。"[①]這三處極爲類似的關於"天文"或"天書"的表述,並不見於除以上三部經典之外的其他古靈寶經中。因此,《太極左仙公請問經》卷上的作者在撰作這段文字時,很可能直接參照了《太上靈寶五符序》和《真一自然五稱符上經》的相關文字。

通過以上的考辨,可以證明"新經"《太極左仙公請問經》所徵引的"《五稱文》",就是指"元始舊經"《太上無極大道真一自然五稱符上經》。所以"新經"《太極左仙公請問經》作成於"元始舊經"之後。

五、《太極左仙公請問經》所稱"《太極智慧經》上篇"與"元始舊經"《智慧罪根上品大戒經》的關係

《太極左仙公請問經》上、下卷各自都出現了兩種戒律,其上卷所引的兩種戒律明確敍述出自"《太極智慧經》上篇"。由於在"元始舊經"《太上洞玄靈寶智慧罪根上品大戒經》上卷中能找到這四種戒律完整的内容,學術界一般認爲《太極左仙公請問經》徵引的"《太極智慧經》上篇",就是指《智慧罪根上品大戒經》,並以此作爲"元始舊經"在"新經"之前作成的一個例證。然而劉屹博士在對比了《太極左仙公請問經》中四種戒律與《智慧罪根上品大戒經》上卷相關戒律之後,認爲二者之間存在不少差異,並認爲這些差異顯示出《智慧罪根上品大戒經》的四種戒律文字,是對《太極左仙公請問經》

① 《太上無極大道自然真一五稱符上經》卷下,《道藏》第11册,第641頁。

戒律内容的發展和完善。因此他認爲《太極左仙公請問經》作成在《智慧罪根上品大戒經》之前。① 需要討論的問題是：能否根據劉屹博士所提出的這些戒律方面的文字差異，就判定“新經”《太極左仙公請問經》與“元始舊經”《智慧罪根上品大戒經》在戒律内容和觀念上存在時代先後的變化呢？

《太極左仙公請問經》卷上徵引自“《太極智慧經》上篇”的内容，在《智慧罪根上品大戒經》中對應“十善因緣上戒”和“十四持身之品”兩種戒律。爲便於展開討論，我們有必要將以上兩部經典中對應的内容引録於下。《太極左仙公請問經》卷上云：

仙公稽首，禮太上太極高上老子無上法師，夫爲善功之法，修行等事，願聞其旨。法師答曰：子之所問要也。夫學道修德，以善功爲上，然後當齋戒，吐納元和，挹漱流霞五華之英也。學道不勤修善功齋戒，亦徒勞於山林矣。故《太極智慧經》上篇曰：救疾治病，奉侍師寶，營静建舍，書經校定，修齋念道，燒香然燈，念濟一切，宣化愚俗，諫諍解惡，施惠窮困，拔度厄難，恤死護生，邊道立井，殖種果林，教化曈曚，勸人作善，有德於家國，動静可觀，施爲可法，教制可軌。此謂道士之行矣。與人君言則惠於國……奴婢言則慎於事也。令心口相應，心爲口主，口爲心客，心念便是矣。故曰：功滿三千，白日升天，修善有餘，坐降雲車，弘道無已，自致不死，斯之謂也。②

《智慧罪根上品大戒經》卷上云：

天尊言曰：夫欲安身治國，使門户清貴，天神祐護，地祇敬愛，當修善功，勤心齋戒，廣施法門。先人後身，有惠於萬物，功普於一切，功滿三千，白日升天，修善有餘，天降雲車。弘道無已，自致不死。斯本行之上戒，可不遵奉之乎。

一者，當恤死護生，救度戹難，命得其壽，不有夭傷。二者，救疾治病，載度困篤，身得安全，不有痛劇。三者，施惠窮困，拯度危戹，割己濟物，無有悋惜。四者，奉侍師寶，營靖建舍，廣作功德，無有怠倦。五者，書經校定，晨夕禮誦，供養香燈，心無替慢。六者，修齋念道，恭心遵法，内外清虚，不生穢惡。七者，退身護義，不争

① 劉屹：《六朝道教古靈寶經的歷史學研究》，第 281—285、296—298 頁。

② 《太極左仙公請問經》卷上，《中華道藏》第 4 册，第 119 頁。

功名,抱素守樸,行應自然。八者,宣化愚俗,諫諍解惡,咸令一心,宗奉大法。九者,邊道立井,植種果林,教化童蒙,勸人作善。十者,施爲可法,動静可觀,教制可軌,行常使然。此十善因緣上戒之律,十天神王所奉,能行之者飛天齊功。次當持身慎行,與人君言則惠於國……與奴婢言則慎於事。此一十四戒持身之品,四天帝王常所宗奉,普告四方正士神祇,人民百姓子男女人,咸使行此上品,參於四天自然福堂。能行之者,四天所貴,地祇所稱,位比仙王。①

首先,這兩部經典在戒律内容上最明顯的差異,在於《智慧罪根上品大戒經》中的"十善因緣上戒"在文字上整齊有序,條目清晰,而《太極左仙公請問經》所引用的内容則文字簡略,敍述順序顯得比較隨意。然而,能否據此就認定前者在後者的基礎上"進行過文字規整"呢?我們認爲,在兩部經典中這兩種戒律所依據的宗教義理背景是相同的。《太極左仙公請問經》卷上稱"夫學道修德,以善功爲上,然後當齋戒";《智慧罪根上品大戒經》則云"夫欲安身治國……當修善功,勤心齋戒,廣施法門"。兩部經典都是在一種積善爲先、積德成仙的觀念下,通過敍述這兩種戒律來表明具體的積累善功的行爲規範。而且這兩種戒律在敍述上是前後相連,同時出現的。《智慧罪根上品大戒經》又把兩者合稱爲"十善十四持身之品"。可見這兩種戒律原本都是在相同的宗教義理背景下,作爲一組完整的内容被構建出來的。在《太極左仙公請問經》所引用的"《太極智慧經》上篇"中,"十四持身之品"的内容明顯已具有整齊的條目形式,而這兩種戒律内容之間的關係又如此密切,那麽同樣出現在"《太極智慧經》上篇"中的"十善因緣上戒",就不能被認定爲其原貌還只是一些簡略散亂的文字。《太極左仙公請問經》卷上所作的徵引,應該不是一種逐字逐句的引用。實際上,對這種戒律類似的徵引也出現在南朝道經《洞真太上太霄琅書》中。該經《十善十惡訣》曰:

十善既行,十惡自息,息惡行善,大慈德成。是以《上品誡》云:恤死度生,救疾治病,施惠窮困,割己濟物,奉侍師主,營建静舍,書經校定,修齋念道,退身讓義,不争功名,宣化愚俗,諫諍解惡,道邊立井,植種菓林,教化童蒙,勸人作善,施爲可法,動静可觀,教制可軌,行常使然。十善遍行,謂之道士。②

① 《太上洞玄靈寶智慧罪根上品大戒經》卷上,《道藏》第6册,第886—887頁。
② 按:原文"十善遍行"误作"十恶遍行"。《洞真太上太霄琅書》,《道藏》第33册,第690頁。

以上"十善訣"的出處"《上品誡》",無疑是指《智慧罪根上品大戒經》。《洞真太上太霄琅書》所徵引的"十善",雖然在文字敍述順序上與《智慧罪根上品大戒經》中的"十善因緣上戒"相同,但在詳略程度上卻有明顯差别。然而這並不能説明《洞真太上太霄琅書》所引《智慧罪根上品大戒經》版本所載的"十善因緣上戒"原貌就是如此簡略。因爲該經明確以"十善訣"命名它所稱引的"十善因緣上戒",説明該經作者所見到的這種戒律已經是一種整齊有序的戒文條目。而《洞真太上太霄琅書》所徵引的二十組"十善訣"卻不能被兩兩劃分爲十條整齊的戒律條目。這説明該經對"十善因緣上戒"的徵引也是一種簡略化的略顯隨意的摘引。

其次,兩者之間的差異還在於《太極左仙公請問經》卷上所徵引的《太極智慧經》中的内容,並没有出現"十善因緣上戒"和"十四持身之品"這樣的戒律名稱,甚至《太極左仙公請問經》卷上也没有出現過明確的"戒律"字樣,而這樣的戒名在《智慧罪根上品大戒經》中是明確存在的。我們在前面已經指出,《太極左仙公請問經》卷上所透露的是一種積善爲先的修道思想。該經之所以引用這兩種戒律文字,也正是爲了説明學道者應該通過怎樣的行爲來積累善功。從早期道教戒律和倫理觀念的關係來看,戒律規範始終突出的就是"止惡"與"揚善"兩方面的内容。而道經宣揚積善立德、防非止惡的具體内容時,往往也是以宗教戒律的形式將這些内容固定下來並賦予其宗教神學上的權威。最典型的證據莫過於東晉葛洪《抱朴子内篇·微旨》所云:

> 然覽諸道戒,無不云欲求長生者,必欲積善立功,慈心於物,恕己及人……不自貴,不自譽,不嫉妬勝己,不佞諂陰賊,如此乃爲有德,受福於天,所作必成,求仙可冀也。若乃憎善好殺,口是心非……凡有一事,輒是一罪,隨事輕重,司命奪其算紀,算盡則死。①

據此而論,《太極左仙公請問經》卷上的作者雖然没有將徵引自《太極智慧經》上篇的内容明確化爲戒條,甚至卷上確實也没有出現明確的"戒律"字樣,但這並不能説明該經作者就没有明確的戒律思想。因爲這種判斷並不符合早期道教戒律規範的普遍特徵。

第三,《太極左仙公請問經》卷上關於這兩種戒律的持戒功德的介紹是相對平實

① 王明:《抱朴子内篇校釋》,北京:中華書局,1980年,第125—126頁。

的,而《智慧罪根上品大戒經》則賦予了這兩種戒律更爲神聖的來源和功效。關於“十善因緣上戒”,《太極左仙公請問經》稱“此道士之行也”,《智慧罪根上品大戒經》稱“十天神王所奉,能行之者飛天齊功”。然而,這兩種“十善因緣上戒”的宗教定位其實只是從不同的角度而言,並不必然構成戒律來源和功德上從低到高的誇大。單單一句“此道士之行”也並不是在説明守持該戒律所能具有的功德。關於“十四持身之品”,劉屹博士認爲前者稱守持該戒可以“功滿三千,白日升天,修善有餘,坐降雲車,弘道無已,自致不死”,而後者則稱該戒爲“四天帝王所奉”,能行之者可“位比先王”。實際上,從《太極左仙公請問經》卷上開篇的上下語境來看,經中“故曰:功滿三千……自致不死”這段話,並不是只用來説明守持十四持身之品會帶來的功德,而是針對前面的“十善因緣上戒”和“十四持身之品”這兩種戒律所作的整體説明。而這段“功滿三千……自致不死”的文字,在《智慧罪根上品大戒經》中則出現在天尊傳授這兩種戒律的序説中,也是被用來説明這兩種戒律所具有的功效。可見,兩經在持戒功德上實際上並不存在從低到高的演變。

在劉屹博士所提出的兩經在相關戒律内容的多方面差異中,特别值得討論的是出現在《太極左仙公請問經》卷下的相關内容。該經卷下共敍述了兩種戒律,其中“太上十戒”的戒律條目、“十惡戒”的戒律條目及違戒惡果,都與《智慧罪根上品大戒經》中的相關内容基本相同或相似。最大的差異出現在兩經關於“太上十戒”的解釋性文字上。《太極左仙公請問經》卷下在列述“太上十戒”的戒律條文之後稱:

> 能奉此十誡,分明立願,無不必報也。夫人見世行惡而不報者,是其先世餘福未盡,福盡而禍至。見世行善而不報者,是其先世餘殃未盡,殃盡而福至,或後生受報,不必在今世也。人能見世大建善功,必以功過相補,乃可免先世殃對。施恩望報則不報,陰陽必然矣。①

《智慧罪根上品大戒經》卷上則稱:

> 此十戒普教十方無極世界,度一切人。能奉之者,功書十天,福延七祖,拔出長

① 《太上洞玄靈寶本行宿緣經》,《道藏》第24册,第666頁。

夜九幽之中,上升南宫。身入光明,因缘不絶,剋得神仙。[1]

經過對比,他認爲《太極左仙公請問經》説遵守十戒,可以立願必報,並且解釋有些人行善作惡而不受報,是因爲每個人在今世的命運,要由其個人前生的善惡福報決定。這是明顯地照搬佛教業報輪回説的"己身受報論",即個人的業報只由個人承擔,與其所屬家庭無關。這樣的觀念在東晉中後期曾經爲士大夫階層公開接受,《請問經》如果成書於東晉末年,正符合這樣的背景。而《智慧罪根上品大戒經》則説,能遵奉十戒不僅可救度在地獄受苦的祖先,自己也馬上成仙。這等於又回到承認個人業報與家庭和家族産生關聯的老路上去。[2]

如果兩經在報應觀念上真的存在這種先後變化,那麽《請問經》確實有可能作成於《智慧罪根經》之前。但我們已經對古靈寶經"元始舊經"和"新經"的報應觀作了專門考察,證明了這兩組經典在報應觀念上是完全相同的,即都在直接吸收和借鑒佛教的己身受報思想時,也始終堅持中國本土傳統的家族報應立場。在"新經"和"元始舊經"之間,實際上並不存在一條在報應觀念上先後變化的綫索。[3] 以下僅以直接討論到的《太極左仙公請問經》爲例,擇要列出其中反映家族報應觀念的内容。該經卷上稱:

五千文是道德之祖宗,真中之真,不簡穢賤,終始可輪讀。敷演妙義,則王侯致治;齋而誦之,則身得飛仙,七祖獲慶,反胎受形,上生天堂,下生人中王侯之門也。[4]

這裏明確講到,修道者誦讀《道德經》不僅能够使自己成就飛仙,同時也會使自己的七世祖先獲得福報,得到救度。該經卷下又云:

經不從師受,則無神炁,修之不行,侍經仙童恒司考人,殃及七世父母。……受經未應宣傳,便擅宣泄者,則七祖囚於地獄,身履三惡之考。[5]

① 《太上洞玄靈寶智慧罪根上品大戒經》卷上,《道藏》第6册,第887頁。
② 劉屹:《六朝道教古靈寶經的歷史學研究》,第297頁。
③ 參見王承文、張曉雷:《論古靈寶經的報應觀》,《敦煌學輯刊》2019年第3期。
④ 《太極左仙公請問經》卷上,《中華道藏》第4册,第120頁。
⑤ 《太上洞玄靈寶本行宿緣經》,《道藏》第24册,第670頁。

據此,修道者如果非法獲取或者泄露道經,不僅自己會受到考罰,也會連累七世祖先遭受殃禍。以上兩段引文都明確體現了子孫與祖先之間存在果報關聯的家族報應觀念。這充分證明在《太極左仙公請問經》中不僅有個人受報的觀念,同時也具有家族報應的内容。而《請問經》和《智慧罪根經》對同一種戒律的説明性文字之所以反映出兩種不同的報應觀念,其原因只是特定經文在内容表達上的側重點不同而已。

以上我們重新討論了《太極左仙公請問經》上、下卷中的四種戒律同《智慧罪根上品大戒經》相關戒律之間的關係。我們認爲某些差異並不足以判定"元始舊經"《智慧罪根上品大戒經》中的戒律文字,就是在"新經"《太極左仙公請問經》中四種戒律的基礎上完善和發展而來。而有的差異在兩部經典之間其實並不存在。所以《太極左仙公請問經》中所徵引到的"《太極智慧經》上篇",應該就是指《智慧罪根上品大戒經》。

六、"新經"《智慧本願大戒上品經》所稱"《大智慧經》上卷"與"元始舊經"《智慧上品大戒經》的關係

"新經"《太上洞玄靈寶智慧本願大戒上品經》,敦煌本又名《太上消魔寶真安志智慧本願大戒上品》。該經在列舉了名爲"太極智慧十善勸助功德戒"的戒文後稱:"此戒名太上智慧勸進要戒上品,皆《大智慧經》上卷所言也,法傳太極真人,及治道行也。"[①]而在"元始舊經"《太上洞玄靈寶智慧上品大戒經》中,也有一種名爲"智慧十善勸助上品大戒"的戒律。這兩種戒律的名目相似,文字也完全一致。研究者一般認爲《智慧本願大戒上品經》所徵引的"《大智慧經》上卷",就是指"元始舊經"《智慧上品大戒經》。然而劉屹博士對此提出質疑,他認爲這部"新經"所言"《大智慧經》上卷"如果是指某部"元始舊經"的話,也應該是指《智慧罪根品》上卷,因爲其他講戒律的"元始舊經"中沒有再分成上下卷的,但其"勸助十戒"的内容卻又只見於並不分卷的《智慧上品大戒經》,而不見於《智慧罪根上品大戒》上卷。因此,他認爲《智慧本願上品大戒經》中所引的"《大智慧經》上卷"不是指某部"元始舊經",而是指在"元始舊經"造作之前就已存在然而後來亡佚的某部經典。[②] 以上便産生了目前"新經"徵引"元始舊經"討論中的另一個疑難:《智慧上品大戒經》從最初的版本開始都是不分卷的,如果《智慧本願大戒上

① 《太上洞玄靈寶智慧本願大戒上品經》,《道藏》第6册,第158頁。

② 劉屹:《古靈寶經"未出一卷"考論》,《中華文史論叢》2010年第4期,第97—98頁;劉屹:《六朝道教古靈寶經的歷史學研究》,第223頁。

品經》所徵引的就是《智慧上品大戒經》,爲何對該經的稱名會出現與其本經實際卷數不符的情況呢?

在“元始舊經”中,經名中有“智慧”一詞的只有《智慧上品大戒經》、《智慧罪根上品大戒經》及《太上洞玄靈寶智慧定志通微經》三部經典。《智慧定志通微經》雖然有戒律内容,但該經本身並不是完全以戒律爲主。而前兩部則是古靈寶經中專門闡述戒律的經典,可以説古靈寶經的衆多戒律主要集中在這兩部經典中。要特别指出的是,這兩部經典不僅在内容和性質上存在一致,而且還被特意設計出一種更爲密切的内在關係。而這一點是學术界以往所未曾注意到的。《智慧罪根上品大戒經》卷上開篇稱:

> 太上道君時於南丹洞陽上館柏陵舍,稽首禮問元始天尊:自顧宿世福慶因緣,億劫運通,得會聖明。昔蒙顯擢,過忝上真,加見訓喻三寶神經,賜以大戒,告以法音。過泰之歡,實爲無量。自受訓勵,長齋空山……既蒙開悟,願卒未聞。不審智慧宿命罪根,靈音秘重,可得暫盼篇目不乎。如蒙哀憐,重賜戒言,則以幽夜披太陽之光,長劫苦魂,得蒙拔度,更生福堂,道濟無外,惠宜普隆,所陳曲碎,懽觸天顔,顒顒之心,實希恩造。元始天尊是時當授太上道君《智慧罪根上品戒經》。①

以上明確交代了這部經典的説法背景。該經是以太上大道君禮請元始天尊爲其講授戒律的模式展開的。特别值得注意的是,在太上大道君請求元始天尊講法的自述中,特意提到了在此之前,元始天尊已經爲太上道君講授過一次戒律,即所謂“昔蒙顯擢……賜以大戒,告以法音”。因而在這次祈請天尊講授“智慧宿命罪根”等新内容時,太上道君才會有“如蒙哀憐,重賜戒言”之語,即再次請求元始天尊講説新的戒律。《智慧罪根上品大戒經》作爲一部專門的戒律類經典,其特定的説法背景表明該經的撰成應該直接參考了“元始舊經”中某部經典的説法模式。

在宣講戒律的幾部“元始舊經”中,其開篇以元始天尊爲太上道君講説戒律的模式展開的,除《智慧罪根上品大戒經》外,只有《智慧上品大戒經》。《智慧上品大戒經》開篇稱:

> 元始天尊以開皇元年七月一日午時,於西那玉國鬱察之山浮羅之嶽長桑林中,

① 《太上洞玄靈寶智慧罪根上品大戒經》,《道藏》第6册,第885頁。

授太上道君《智慧上品大戒》法文。是其時也,道君受戒起,北向首體投地,回心十方,還向東而伏。天尊告太上道君曰:今當宣通法音,開悟群生,爲諸男女解災却患,請福度命,拔諸苦根。①

很明顯,其中"授太上道君智慧上品大戒法文"、"宣通法音"等文字,正與《智慧罪根上品大戒經》中"昔蒙顯擢……賜以大戒,告以法音"的記載完全符合。由此可知,《智慧罪根上品大戒經》所提到的元始天尊此前對太上道君傳授大戒,指的就是《智慧上品大戒經》開篇所記載的這次授戒經歷。而這也恰恰説明《智慧罪根上品大戒經》在寫成時,其作者其實是有意延續了《智慧上品大戒經》的説法模式,所以《智慧上品大戒經》無疑是先於《智慧罪根上品大戒經》作成的。

我們需要强調的是,《智慧上品大戒經》與《智慧罪根上品大戒經》在説法模式和背景上的内在關聯,使得這兩部各自獨立成篇的經典,其實變成了元始天尊爲太上大道君前後兩次集中傳授戒律的説法記録。而這兩部專門宣教戒律的經典之間所存在的這種内在關係,無疑出自"元始舊經"創作者的有意設計。在敦煌本《靈寶經目》中,這兩部經典被著録於"元始舊經紫微金格目"中"明戒律之差品"的"第五篇目",而"第五篇目"即含有"智慧上品三(大)戒三卷"。可見,"元始舊經"的作者其實是將《智慧上品大戒經》和《智慧罪根上品大戒經》視作"智慧上品三(大)戒三卷"中的兩種"智慧上品大戒"來創作的。

多部"新經"在命名上具有一個明顯特點,即將兩部各自獨立成篇但在内容或性質上確有一致性的古靈寶經,以上、下卷的名義統合成一部完整的經典。例如,《太極左仙公請問經》分上下兩卷,其實是太極左仙公葛玄分别向高上老子和太極真人徐來勒兩位仙真請教經法的記録。兩經既各自獨立成篇,又在敍述模式和經教内容上存在一致性,所以被命名爲《太極左仙公請問經上》與《太極左仙公請問經下》;又如敦煌本《靈寶經目》將兩部相鄰的"新經"著録爲"《太上太極太虚上真人演太上靈寶威儀洞玄真一自然經訣》上卷"和"《太極真人敷靈寶齋戒威儀諸經要訣》下一卷"。這種特殊的命名方式,並不意味着這兩部經典各自至少有二卷或三卷,而是表明這兩部"新經"在最初實際上被看成一部完整經典的上、下卷。因爲這兩部經典同樣以"靈寶威儀"或"靈寶齋戒威儀"命名,同時它們的全部内容都是集中闡述以《靈寶五篇真文》爲核心的靈寶

① 《太上洞玄靈寶智慧上品大戒經》,《中華道藏》第 3 册,第 256 頁。

儀式,只是前者側重於闡述《靈寶五篇真文》的傳授儀式,而後者則側重於闡述以《靈寶五篇真文》爲核心的齋法儀式。[①] 正是基於兩部經典之間的内在關係,它們才既各自獨立成卷,但是卻又被命名成一部完整經典的上、下卷。

在"新經"《智慧本願大戒上品經》中,之所以會把只有一卷的《智慧上品大戒經》稱作"《大智慧經》上卷",其最合理的解釋就是在前述"新經"的這種命名方式下,該經作者基於《智慧上品大戒經》與《智慧罪根上品大戒經》之間所存在的内在關係,給予《智慧上品大戒經》這樣特殊的稱名。因爲這兩部經典其實是被"元始舊經"作者作爲"智慧上品三(大)戒三卷"的兩種"智慧上品大戒"而創作出來的,二者也因此被設計成元始天尊對太上大道君前後兩次集中傳授戒律的説法記録,而《智慧上品大戒經》正是這兩次中第一次的説法記録,所謂"《大智慧經》上卷"中的"上卷"兩字,也正是由此而來。還要指出的是,如果考慮到"新經"《智慧本願大戒上品經》本身經名也含有"智慧大戒上品"字樣,而該經又將《智慧上品大戒經》視作"《大智慧經》上卷",那麼該經作者很可能是受到"十部舊目"中"智慧上品三(大)戒三卷"以及已出的兩種"智慧上品大戒"的啓發,將《智慧本願大戒上品》當成還未出世的第三種"智慧上品大戒"撰作出來的。這樣的情形並非孤例。如敦煌本《靈寶經目》中作爲"元始舊經"之一的《衆聖難》被著録爲"未出",即實際上並未創作出來。但在"新經"中,卻出現參照此《衆聖難》經名所撰作的《仙公請問本行因緣衆聖難》一卷。

通過以上討論,我們認爲《智慧本願大戒上品經》所徵引的"《大智慧經》上卷",其實就是指"元始舊經"《智慧上品大戒經》。而且將《智慧上品大戒經》稱引爲"《大智慧經》上卷"的做法,必然是在該"新經"作者完全洞悉《智慧上品大戒經》和《智慧罪根上品大戒經》之間内在关系的前提下,才會出現的。因此,"新經"《智慧本願大戒上品經》無疑作成於這兩部"元始舊經"之後。

七、結　　論

學術界圍繞"元始舊經"和"新經"出世孰先孰後的討論,構成了近年來古靈寶經研究的一個重要方面。"新經"徵引"元始舊經"的經題及相關内容究竟能否成立,就成爲其中最關鍵的問題。目前相關討論之所以存在明顯分歧和争議,在很大程度上源於其中一系列疑難問題還亟需得到合理解釋。在本文中,我們以新發現的確鑿的文本證據,

① 王承文:《漢晉道教儀式與古靈寶經研究》,第627—628頁。

證明了"新經"《真文要解上經》中的"中央衛靈神咒",是在合并和改編《上元金築簡文》以及《五煉生尸妙經》等"元始舊經"相關内容的基礎上形成的。因而《洞玄靈寶真文要解上經》的作成,確實要晚於《真文天書經》、《上元金築簡文》、《五煉生尸妙經》等"元始舊經"。而我們的討論也證明,雖然將數部"新經"對"元始舊經"經題及内容所作的徵引直接與特定的"元始舊經"相對比,往往會呈現出某些"漏洞"或"矛盾",但是,如果從"元始舊經"所構建的經教神話以及經典内在關係等方面來看,就會發現這些所謂"漏洞"或"矛盾",實際上都源自研究者對古靈寶經文本的一種誤解。因爲"新經"的這種徵引,有的是依託"元始舊經"特有的經典出世神話在宗教神學意義上所作的合理化虚構;有的是一種靈活方便的引用;有的則是基於相關"元始舊經"之間原本存在的内在關係,對相關經題所作的特殊化稱引。因此,如果我們完全按照文獻學的邏輯來討論"新經"徵引"元始舊經"的問題,就可能會混淆古靈寶經文本形成的實際歷史和古靈寶經經教神學之間的差别,也會誤解"新經"和"元始舊經"出世先後的問題。

《魏晋南北朝隋唐史資料》第四十輯
2019 年 11 月,121—136 頁

從傳言到定説
——褚淵失節與《褚賁傳》的書寫和變異

陳燦彬

歷史"事實"和形象多由後人建構,它們經由語言創造代代相傳,如同文學敘事作品,隨着時間的推移而不斷得到修正和改變。柯林武德所謂"構造性的歷史學描述"即是"從權威們那裏所引用來的陳述之間插入了另一些爲它們所蘊涵着的陳述"。[①] 這種插入和補充讓歷史敘事更具連續性,也鮮明地反映了史家的思想及其時代的風氣。那麽,史家面對同一史料的處理態度和方法就值得深究。蔡涵墨曾提倡對史料進行"文本考古學"的考察,垂直地理解材料,因爲"材料並非一次完成的静態的產物,而應看作伴隨着政治與思想變化,文本隨時代變化不斷經歷變更與操作的動態過程的結果"。[②] 通過比勘源初文本與衍生文本的異同,我們可以清晰地看到史家是如何對源初文本進行改補刪削,由此生成新的衍生文本,而探究史家爲何要進行改補刪削,則又需深入其個人思想及時代背景。此外,衍生文本生成之後,如果被後世普遍接受,那麽源初文本就會逐漸隱形,而衍生文本則逐漸知識化,成爲歷史事實。

褚賁"恥其父失節"見於司馬光《資治通鑑》,與此敘事類似的還見於唐代李延壽之《南史》,兩書的史源都可追溯到《南齊書》,但是三書記載卻略有不同,折射出不同的時代背景和史家用心。後世基本沿襲司馬光之説,而忽略其中微小的差異,甚至今天的歷史論述對此亦是習焉不察,[③]故而有重新討論的必要。本文以"褚賁恥父失節"文本爲中心,從文本的歷史性和歷史的文本性出發,考察"褚淵失節"言論的傳播環境與《南齊

① (英)柯林武德:《歷史的觀念》,北京:商務印書館,1997 年,第 335 頁。

② (美)蔡涵墨:《歷史的嚴妝:解讀道學陰影下的南宋史學》序,北京:中華書局,2016 年,第 5 頁。可參孫正軍:《通往史料批判研究之途》,《中國史研究動態》2016 年第 4 期,第 34—39 頁。

③ 如胡耀震:《任昉代褚蓁表和相關的〈文選〉舊注》(《文獻》1994 年第 2 期,第 42—49 頁)、張承宗、蘇利嫦:《陽翟褚氏與東晉南朝政治》(《揚州大學學報(人文社會科學版)》2003 年第 2 期,第 73—79 頁)等文都是接受《南史》、《資治通鑑》之説。

書》史傳書寫的關係,接着比對《南齊書》、《南史》、《資治通鑑》記載的異同,觀覘李延壽、司馬光之用心及其時代風氣,最後闡述經由司馬光確定下來的文本如何被接受和傳播。

一、褚淵失節與時人謗議

褚賁之父褚淵,字彦回,河南陽翟人。南朝宋齊鼎革之際,褚淵身爲劉宋顧命大臣,卻出仕蕭齊。《南史・褚賁傳》所謂"父背袁粲等附高帝",指的是褚淵與袁粲同受宋明帝臨終顧命,輔佐幼主劉煜(蒼梧王),然而在蕭道成廢蒼梧王立宋順帝一事上,褚淵卻站在蕭道成(即齊高帝)一邊。[①] 禪代之後,褚淵更是"求爲齊官",仍任侍中、中書監。[②] 袁粲、劉秉與蕭道成、褚淵,本號爲劉宋朝"四貴",然在廢立之事上,袁、劉卻與蕭、褚意見相左,形成兩股不同的政治勢力。當時,齊王蕭道成"功高德重,天命有歸",袁粲自以爲身受顧托之命,不欲身事二姓,[③]遂與劉秉等人起兵,但以失敗告終。[④]

易代之際,褚淵與袁粲截然不同的命運選擇,引起時人"謗議沸騰",[⑤]《南齊書》稱"世之非責淵者衆矣",[⑥]《南史》則謂"然世頗以名節譏之,於時百姓語曰:'可憐石頭城,寧爲袁粲死,不作彦回生。'"[⑦]今檢史書,尚可窺當時士人之非議,兹舉幾條以見其概:[⑧]

> 司徒褚淵入朝,以腰扇鄣日,祥從側過,曰:"作如此舉止,羞面見人,扇鄣何益?"淵曰:"寒士不遜。"祥曰:"不能殺袁、劉,安得免寒士?"[⑨]

"作如此舉止"除指褚淵以腰扇遮蔽太陽外,還影射了褚淵的失節。"袁、劉"即袁粲和

① 《南齊書》卷二三《褚淵傳》,北京:中華書局,2017年,第478頁。

② 《南齊書》卷二三《褚淵傳》,第478—479頁。

③ 《宋書》卷八九《袁粲傳》,北京:中華書局,1974年,第2232頁。

④ 《宋書》卷一〇《順帝本紀》,第195—196頁。

⑤ 《南史》卷二八《傳論》,北京:中華書局,1975年,第759頁。

⑥ 《南齊書》卷二三《傳論》,第488頁。

⑦ 《南史》卷二八《褚彦回傳》,第753頁。

⑧ 安田二郎曾詳細考察時人和史家(沈約、裴子野)對褚淵和袁粲的評價,探尋他們的發言意圖和道德倫理觀。參見(日)安田二郎:《六朝政治史の研究》,京都:京都大學學術出版會,2003年,第608—634頁。本文對褚淵失節事的探討則更關注《南齊書》、《南史》記載的異同。

⑨ 《南齊書》卷三六《劉祥傳》,第711—712頁。《南史》所記與此相同,見《南史》卷一五《劉祥傳》,第430頁。

劉秉,劉祥言下之意就是指斥褚淵背叛劉宋,出賣袁、劉,出仕蕭齊,擔任高職。只有褚淵這種舉止行徑,才能獲致榮華富貴,而免寒士之譏。有趣的是,《南史·謝超宗傳》亦有類似的記載:

> 後司徒褚彦回因送湘州刺史王僧虔,閣道壞,墜水;僕射王儉驚跣下車。(謝)超宗拊掌笑曰:"落水三公,墜車僕射。"彦回出水,沾濕狼藉。超宗先在僧虔舫,抗聲曰:"有天道焉,天所不容,地所不受。投畀河伯,河伯不受。"彦回大怒曰:"寒士不遜。"超宗曰:"不能賣袁、劉得富貴,焉免寒士。"前後言誚,稍布朝野。①

同樣是説"寒士不遜",但針對的是不同的事件,而且謝超宗與劉祥的對話幾乎是一樣的。其中"前後言誚,稍布朝野"正可與"世之非責"的總體輿論環境相發明。然而,《南齊書》只記載了謝超宗所説"落水三公,墮車僕射",後面"寒士不遜"的對話都不見録。② 首先,稱陳郡謝氏爲"寒士",恐有不妥。其次,謝超宗曾在蕭道成霸府中,易代之際也有功勞。③《南史》增加此對話,可能是出於凸顯褚淵失節的考慮。此類現象並不少見,在非議褚淵失節的記載上可見一斑。

如《南齊書》:

> 輕薄子頗以名節譏之,以淵眼多白精,謂之"白虹貫日",言爲宋氏亡徵也。④

《南史》變"輕薄子"爲"袁粲",文本亦有增飾:

> 及袁粲懷貳,曰:"褚公眼睛多白,所謂白虹貫日,亡宋者終此人也。"**他日,粲謂彦回曰:"國家所倚,唯公與劉丹陽及粲耳,願各自勉,無使竹帛所笑。"**彦回曰:"願以鄙心寄公之腹則可矣。"**然竟不能貞固**。⑤

① 《南史》卷一九《謝超宗傳》,第 543 頁。
② 《南齊書》卷三六《謝超宗傳》,第 708 頁。
③ 參見陶賢都:《魏晉南北朝霸府與霸府政治研究》,長沙:湖南人民出版社,2007 年,第 172 頁。
④ 《南齊書》卷二三《褚淵傳》,第 497 頁。
⑤ 《南史》卷二八《褚彦回傳》,第 751 頁。

可見《南史》對待褚淵失節之事,態度較《南齊書》堅決。王鳴盛認爲《南史》"所添頗有意",[①]此意就是在强化褚淵失節的嚴重性。

又如《南史》所載褚炤"非彦回身事二代"事:

彦回子賁往問訊炤,炤問曰:"司空今日何在?"賁曰:"奉璽紱,在齊大司馬門。"炤正色曰:"不知汝家司空將一家物與一家,亦復何謂。"彦回拜司徒,賓客滿坐,炤歎曰:"彦回少立名行,何意披猖至此! 門户不幸,乃復有今日之拜。**使彦回作中書郎而死,不當是一名士邪? 名德不昌,遂有期頤之壽。**"彦回性好戲,以軺車給之,炤大怒曰:"著此辱門户,那可令人見。"索火燒之,馭人奔車乃免。[②]

《南齊書》只有褚炤"使淵作中書郎而死,不當是一名士? 德不昌,遂令有期頤之壽"[③]之語,《南史》則增飾了許多對話,其意皆在指斥褚淵失節。從《南齊書》與《南史》的差異來看,唐代史書對其事的記載有變本加厲的傾向,但不管如何,當時士人譏議褚淵失節是一個存在的事實。我們要追問的是,爲何同時代人會有如此之多的批評? 蕭齊政權對這些言論的態度是什麽? 南朝人的態度與後世又有什麽區别?

二、輿論生態:謗議何以沸騰

時人對褚淵失節的非議之多,前所未有。正因如此,後人在此事件中發現了其具有歷史轉折的意味。宋代晁説之云:"予嘗歎自開闢有君臣來,未有比肩近臣,一旦北面,稱翊贊佐命,以本朝輸人者,實自齊褚淵始。"[④]但是這也啓人疑竇,因爲在褚淵之前,此事也未嘗没有,爲何褚淵成了歷史的標誌? 王若虚云:"蕭道成取宋,王儉、褚淵之力爲多……而一時物議,往往咎淵,而少及儉者。何邪?"[⑤]王夫之則稱:"魏、晉以降,臣節隳,士行喪,擁新君以戕舊君,旦比肩而夕北面,居之不疑,而天下亦相與安之也久矣。獨至於褚淵而人皆賤之。……華歆、王祥、殷仲文、王弘、傅亮之流,均爲黨逆,淵獨不

① (清)王鳴盛:《十七史商榷》卷六〇《南齊書不譏褚淵》,上海古籍出版社,2013年,第772頁。
② 《南史》卷二八《褚炤傳》,第756—757頁。
③ 《南齊書》卷三二《褚炫傳》,第644頁。
④ (宋)晁説之:《嵩山文集》卷一二《讀梁書》,《四部叢刊續編》第385册,上海書店,1989年,第32頁。
⑤ (元)王若虚:《滹南遺老集》卷二八,《四部叢刊初編》第1356册,第7頁。

齒,何也?"[①]王夫之認爲不僅是因爲褚淵聯姻宋室,爲宋明帝的顧命大臣,而且最主要是他要借蕭道成之手除掉另一個顧命大臣袁粲。[②] 前者《南史》已有類似之論,即褚淵"以人望見推,亦以人望而責也",[③]後者則從權力鬥争的角度出發論證褚淵之不仁不義。另又有從其家族累世賣國切入,論證其"醜聲真自不堪",故而爲士論所不齒。[④] 要之,已有三種解釋都没有充分考慮到時人謗議的傳播環境。换言之,爲何同時代會有如此之多的言論孳生?蕭齊政權難道不對這種不利的言論進行管控嗎?這就必須觸及蕭齊對禪代與士人的態度,兹從兩點論述。

首先,南朝並不忌諱禪代,態度與魏晉已有差别。"禪讓"是魏晉南北朝時期王朝更替的基本模式,但魏晉和南北朝的禪讓卻有些變化。正如趙翼所説,"及劉裕則身爲晉輔而即移晉祚"和"劉裕篡大位而即戕故君",此後齊、梁、陳、隋、北齊、後周,莫不皆然,此是歷史一大變局。這種禪讓模式的轉變使得南朝君主對待禪讓的態度與前代大不相同。趙翼稱:"曹魏假稱禪讓以移國統,猶仿唐、虞盛事,以文其奸。及此例一開,後人即以此例爲例,而並忘此例之所由仿,但謂此乃權臣易代之法,益變本而加厲焉。此固世運人心之愈趨愈險者也。"[⑤]"愈趨愈險"其實就是指南北朝君臣把王朝的更替當成稀鬆平常的事情。周一良先生也指出南朝史臣所修的國史,在對待本朝禪代的事上,遠不如前代"曖昧畏縮,隱瞞回護"。[⑥] 在此背景下,南朝的皇帝雖然也要極力營造和渲染政權的合法性,[⑦]但是對禪代之事實際上不太避諱,甚至有時還能容忍士族的譏斥。比如:

> 永明初,(劉祥)撰《宋書》,譏斥禪代,尚書令王儉密以啓聞,上銜而不問。[⑧]

---

① (清)王夫之:《讀通鑒論》卷一六,北京:中華書局,1975年,第458頁。

② (清)王夫之:《讀通鑒論》卷一六,第458—459頁。

③ 《南史》卷二八《傳論》,第759頁。

④ 可參見《十七史商榷》卷六〇《褚賁傳互有短長》,第773頁;張承宗、蘇利嫦:《陽翟褚氏與東晉南朝政治》,《揚州大學學報(人文社會科學版)》2003年第2期,第73—79頁。

⑤ (清)趙翼:《廿二史札記校證》卷七《禪代》,北京:中華書局,2001年,第144頁。

⑥ 周一良:《魏晉南北朝史學與王朝禪代》,《魏晉南北朝史論集》,北京大學出版社,1997年,第431頁。

⑦ 使臣出使,甚至還要隨時準備應對北朝的質疑。《南齊書》載僧朗出使北魏,面對魏人正統性的質疑,曾予以詳細的解答,宣揚蕭齊政權的合法性。這是因爲外交辭令的需要,故而需要不避諱禪代,而是儘量找到更多説辭來輔助。見《南齊書》卷五七《魏虜》,第1094—1095頁。

⑧ 《南史》卷一五《劉祥傳》,第430頁。按:《南齊書》與《南史》同。參見《南齊書》卷三六《劉祥傳》,第712頁。

對於劉祥私修史書的譏刺,齊武帝不過是銜而不問,没有立即以此問罪。可想而知,蕭齊君主對於此問題的容忍態度。事實上,齊高帝踐阼伊始,就曾向劉瓛詢問當時士族對於自己“應天革命”的看法:

> 齊高帝踐阼,召瓛入華林園談語,問以政道。答曰:“**政在《孝經》**。宋氏所以亡,陛下所以得之是也。”帝諮嗟曰:“儒者之言,可寶萬世。”又謂瓛曰:“吾應天革命,物議以爲何如?”瓛曰:“**陛下戒前軌之失,加之以寬厚,雖危可安;若循其覆轍,雖安必危**。”及出,帝謂司徒褚彦回曰:“方直乃爾。學士故自過人。”敕瓛使數入,而瓛自非詔見,未嘗到宫門。[①]

劉宋之所以短祚,是因宗室自相殘殺,導致自身力量大大削弱,政權由此旁落。因此,劉瓛答以“政在《孝經》”。此後,王儉在國子學中設置《孝經》,就體現了這種政治嗅覺。面對陸澄“《孝經》非鄭所注”,“不宜列在帝典”的懷疑,王儉首先點明“此書明百行之首,實人倫所先”,[②]實際上有着强烈的現實針對性。另外,劉瓛對於蕭道成謀朝篡位的看法,也不過是讓他吸取前代的教訓,不要重蹈覆轍,而是“加之以寬厚”。如果接續前言“政在《孝經》”,那麽這裏的語境是指寬厚對待宗室;但是,“政在《孝經》”的對話不見於《南齊書》,[③]是《南史》後來所加,因此,《南齊書》“加之以寬厚”的語境又可泛指對士族,對天下百姓。總之,這些對話既表明當時士族對於禪代無可無不可的意見,而且也闡明了齊高帝未來的施政方針及其對士人的態度。

其次,南朝的皇權雖較魏晉有所增强,但是門閥世族依舊是政治的主要力量。[④] 易代之際,新朝仍需依靠前朝大臣,在政治上與世家大族合作。因此,南朝士族的君臣觀念與後世大不相同,面對如同弈棋般的王朝更替,南朝門閥貴族“自來無動於衷者爲多,表現封建忠臣氣節者雖非絶無而極少”,[⑤]他們不太可能會忠於一家一姓,而是更注重家族的傳承和門户的張大。這種“與時推遷,爲興朝佐命,以自保其家世”正是南朝

---

① 《南史》卷五〇《劉瓛傳》,第1236頁。

② 《南齊書》卷三九《陸澄傳》,第761頁。

③ 《南齊書》卷三九《劉瓛傳》,第754頁。

④ 參見田餘慶:《東晉門閥政治》,北京大學出版社,1996年,第361—362頁。

⑤ 周一良:《東晉以後政權嬗代之特徵》,《魏晉南北朝史札記》,北京:中華書局,1985年,第259頁。可參見唐長孺:《魏晉南朝的君父先後論》,《魏晉南北朝史論拾遺》,北京:中華書局,1983年,第233—248頁;(日)安田二郎:《南朝貴族制社會の変革と道德・倫理》,《六朝政治史の研究》,第605—680頁。

之“風會習尚”。[1] 换言之,他們關心的並非是誰家的天下,而是尋求安定的統治環境,促進家族的發展。當時士族也有意與皇權争奪平等的地位,故而皇權無法取得絶對性的優勢。永明五年,文惠太子蕭長懋親臨國學,與王儉、張緒等人討論“無不敬”義。太子代表皇權,强調尊卑有别,所謂“上之接下,慈而非敬”,但是王儉卻處處强調尊卑所同,所謂“資敬奉君,必同至極,移敬逮下,不慢而已”,代表士族階層的看法。[2] 如果再與上面提到的劉瓛“加之以寬厚”相參看,那麽王儉、張緒所説“移敬逮下,不慢而已”、“接下思恭”、“恭敬是立身之本,尊卑所以並同”、“禮者敬而已矣。自上及下,愚謂非嫌”等一系列話語,正是士族要與皇權相匹敵的訴求。由此不難想見此時士族之地位,他們不但可與皇權抗衡,而且皇族亦須對其禮讓三分。因此,對於士族的激烈言論,蕭齊政權大多能够容忍,而其時士族之言論亦頗爲自由。

了解了蕭齊的政治生態,我們就可以更好地理解當時“謗議”的發生場域。但需要强調的是,《南史》關於“褚淵失節”的敍事在某種程度上遮蔽了原本寬容的輿論環境。這從《南齊書》、《南史》的異同便可見端倪。

如卞彬事,《南齊書》曰:

> **宋元徽末,四貴輔政**。彬謂太祖曰:“外間有童謡云:‘可憐可念尸著服,孝子不在日代哭,列管蹔鳴死滅族。’尸著服,褚字邊衣也,孝除子,以日代者,謂褚淵也。列管,蕭也。”彬退,太祖**笑曰**:“彬自作此。”**齊台初建**,彬又曰:“誰謂宋遠,跂予望之。”太祖聞之,**不加罪也**。[3]

《南史》載:

> 齊高帝輔政,袁粲、劉彦節、王藴等皆不同,而沈攸之又稱兵反。**粲、藴雖敗,攸之尚存**。彬意猶以高帝事無所成,乃謂帝曰:“比聞謡云‘可憐可念尸著服,孝子不在日代哭,列管暫鳴死滅族’。公頗聞不?”時藴居父憂,與粲同死,故云“尸著服”也。“服”者,衣也。“孝子不在日代哭”者,褚字也。彬謂沈攸之得志,褚彦回當

① 《廿二史札記校證》卷一二《江左世族無功臣》,第254頁。
② 《南齊書》卷二一《文惠太子傳》,第447—448頁。
③ 《南齊書》卷五二《卞彬傳》,第984頁。

敗,故言哭也。列管謂蕭也。高帝**不悦**,及彬退,曰:"彬自作此。"後常於東府謁高帝,高帝時爲齊王。彬曰:"殿下即東官爲府,則以青溪爲鴻溝,鴻溝以東爲齊,以西爲宋。"仍詠詩云:"誰謂宋遠,跂予望之。"**遂大忤旨,因此擯廢數年,不得仕進**。①

兩書的史料大致相同,其差異主要有三點:首先是卞彬敍述童謡的時間,其次是卞彬關於童謡的解讀,最後是這兩個事件的結果。述童謡的時間,《南齊書》繫在元徽(473—477)末年,《南史》則繫在昇明(477—479)初年,但這兩個時間都是蕭道成篡宋之前;詠詩事:《南齊書》在革命後,《南史》在革命前。其次對於童謡中"尸著服"的解讀,《南史》稱是暗指王藴居父憂,《南齊書》則無。這點區别與敍事時間的變動有關係,因爲元徽末年王藴與袁粲還在世。不過,兩者雖有内容的詳略,但都是直指褚淵和蕭道成。② 最重要的變動是兩次事件的結果,《南齊書》的蕭道成是以"笑曰"應對卞彬的唐突,而且禪代之後,對於卞彬所謂"誰謂宋遠,跂予望之",也是聞而不加罪。《南史》則異於此,首先蕭道成面對卞彬所敍述的童謡,當面就表示"不悦",其後其詠《河廣》詩,也"大忤旨",而不得仕進。也就是説,《南齊書》所塑造是個寬宏大量的君主形象,對非議禪代的言論能够一笑了之,但是《南史》改易字詞之後,感情色彩完全變味,蕭道成的形象也就有了一個一百八十度的轉變。如前文所述,對於"褚淵失節"事,《南史》較《南齊書》的記載有變本加厲、强化其失節的傾向。卞彬兩事記載的差異亦復如此。然而,此條的改易也遮蔽了蕭齊政權對"褚淵失節"言論的真正態度。事實上,蕭齊奪權與褚淵失節是一體兩面,既然蕭道成能够容忍非議禪代的言論,自然不會有意控制有關褚淵失節的言論。這可從沈文季事得到印證。

《南齊書》云:

文季風采稜岸,善於進止。司徒褚淵當世貴望,頗以門户裁之,文季不爲之屈。**世祖在東宫**,於玄圃宴會朝臣。文季數舉酒勸淵,淵甚不平,啓世祖曰:"沈文季謂淵經爲其郡,數加淵酒。"文季曰:"惟桑與梓,必恭敬止。豈如明府亡國失土,不識枌榆。"遂言及虜動,淵曰:"陳顯達、沈文季當今將略,足要委以邊事。"**文季諱稱將**

① 《南史》卷七二《卞彬傳》,第1767頁。

② 李曉紅認爲時間的差别正好可以闡釋史書解讀的詳略,參見《卞彬童謡與宋齊革易之歷史書寫——從〈南齊書·卞彬傳〉據〈南史〉補字説起》,《中山大學學報(社會科學版)》2015年第5期,第23—33頁。筆者認爲兩者的不同,不能只是單方面説蕭子顯爲親者諱,而李延壽所載就是歷史真實。童謡敍事在史書上常有不同的解釋,這是根據修史者想要達到的目的來建構的。因此,在不同的記載中,更要看到他們所代表的不同的時代精神和史家之心。《南齊書》、《南史》對褚淵失節的不同態度,恰恰可以説明其背後是兩種不同的指導觀念。

門,因是發怒,啓世祖曰:"褚淵自謂是忠臣,未知身死之日,何面目見宋明帝?"世祖笑曰:"沈率醉也。"中丞劉休舉其事,**見原**。①

"褚淵自謂是忠臣,未知身死之日,何面目見宋明帝",《南史》此句作"褚彦回遂品藻人流,臣未知其身死之日,何面目見宋明帝",②從指斥褚淵失節事來看,《南齊書》顯然要勝於《南史》。值得注意的是,齊武帝在東宫玄圃宴請朝臣,此時尚爲太子,而對於沈文季指斥褚淵失節事,不過是笑稱這是一時醉語。與此同時,中丞劉休還向齊高帝舉報,但結果也没有追究。《南齊書》、《南史》對此所載均同。由此可見,在蕭齊政權統治下,士族的言論頗爲自由,官方並没有抑制有關"褚淵失節"的言論,而是相對寬容,這是謗議能够"沸騰"的原因,也影響了《南齊書》的書寫。

三、《南齊書》、《南史》所載"賁恨淵失節"之異同

如上文所述,《南齊書》、《南史》對於"褚淵失節"的書寫表現出完全不同的取向,這一點也貫徹在《褚賁傳》的書寫中。

《南齊書》(頁 481—482)	《南史》(頁 754)
長子賁,字蔚先。解褐秘書郎。昇明中,爲太祖太尉從事中郎,司徒右長史,太傅户曹屬,黄門郎,領羽林監,齊世子中庶子,領翊軍校尉。**建元初,仍爲官官,歷侍中**。淵薨,服闋,見世祖,賁流涕不自勝,上甚嘉之,以爲侍中,領步兵校尉,長史,左民尚書,散騎常侍,秘書監,**不拜**。六年,上表稱疾,讓封與弟蓁,**世以爲賁恨淵失節於宋室,故不復仕**。永明七年卒,詔賜錢三萬,布五十匹。	長子賁,字蔚先,**少耿介。父背袁粲等附高帝,賁深執不同,終身愧恨之,有棲退之志**。位侍中。彦回薨,服闋,見武帝,賁流涕不自勝。上甚嘉之,以爲侍中、領步兵校尉、左户尚書。常謝病在外,上以此望之,**遂諷令辭爵**,讓與弟蓁,仍居墓下。 **及王儉薨**,乃騎水牛出吊,以繫門外柱,入哭盡哀而退,家人不知也。**會疾篤**,其子霽載以歸。疾小間,知非故處,大怒,不肯復飲食,内外合悉釘塞之,不與人相聞,數日裁餘氣息。謝瀹聞其弊,往候之,排閤不可開,以杵搥破,進見賁曰:"事之不可得者身也,身之不可全者名也,名與身俱滅者君也,豈不全之哉!"賁曰:"**吾少無人間心,豈身名之可慕**。但願啓手歸全,必在舊隴。兒輩不才,未達余趣,移尸徙殯,失吾素心,更以此爲恨耳。"永明七年卒。

① 《南齊書》卷四四《沈文季傳》,第 862 頁。
② 《南史》卷三七《沈文季傳》,第 962 頁。

首先,《南史》有意突出褚賁對於褚淵失節的愧怍。如《南齊書》"世以爲賁恨淵失節於宋室,故不復仕"放在傳記的最後,表達的是時人對他的看法;而《南史》"少耿介。父背袁粲等附高帝,賁深執不同,終身愧恨之,有棲退之志"則冠於傳首,並言之鑿鑿。王鳴盛據此認爲"世以爲"云云爲曲説,因爲"蕭子顯身爲齊之子孫,故多諱飾"。[①] 然而,"世以爲"正與當時之物議形成互文。此外,蕭子顯記録傳聞,也不失爲審慎的處理。退一步説,如果他有意諱飾,爲何還要加此一筆? 付之闕如,不是更能達到此種效果嗎? 可見,蕭子顯以旁觀者的姿態敍述,不失客觀,[②]而李延壽的變易則是代入感甚强的敍述,有其經營之匠心。

其次,褚賁同樣也是歷仕宋齊。《南齊書》稱其"昇明中,爲太祖太尉從事中郎,司徒右長史,太傅户曹屬,黄門郎,領羽林監,齊世子中庶子,領翊軍校尉。建元初,仍爲宫官,歷侍中"。昇明(477—479)爲宋順帝年號,其時褚賁已在齊高帝幕府中任職,且是世子(齊武帝)中庶子,屬於王府舊僚。齊受宋禪後之建元(479—482)初年,褚賁仍爲宫官,遷爲侍中。《南史》對昇明和建元這段時間的官職有大幅度的删減,只留下"位侍中",並没有時間上的提示,很容易讓人一筆帶過,忽略褚賁曾擔任齊官的事實。王鳴盛認爲:"(《南史》)但欲表賁忠以形淵醜,若書其先歷任齊官,恐礙賁之節,於是没其實而去之,則又謬,此非求文法簡净,乃是有意掩覆矣。"[③]史臣這種安排,用意昭然若揭。

第三,褚賁服除之後的謝官讓封。據王儉《褚淵碑文并序》所載,褚淵卒於建元四年(482)八月二十一日,享年四十八。[④] 褚賁服闋,如果按照守喪二十七個月算,[⑤]那麽褚賁會見齊武帝,當在永明二年冬。《顔氏家訓》稱:"江左朝臣,子孫初釋服,朝見二宫,皆當泣涕;二宫爲之改容。"[⑥]褚賁傳的書寫恰可印證此風俗,然而齊武帝不但爲之改容,而且甚是嘉許,於是有了封官之舉,這亦證明了褚賁表現之難能可貴。但兩書的區别在於:《南齊書》明言褚賁"不拜",且在永明六年上表辭爵讓封;《南史》没有説明

---

① 《十七史商榷》卷六〇《褚賁傳互有短長》,第773頁。

② 歷來多認爲蕭子顯《南齊書》修撰立場存在不客觀的傾向,然而,蕭子顯亦不乏其實録之處,應具體問題具體分析。參見陳金城:《史臣與兒臣角色的擺蕩——論蕭子顯〈南齊書〉的修撰立場》,《中國歷史學會史學集刊》2009年第41期,第365—394頁。

③ 《十七史商榷》卷六〇《褚賁傳互有短長》,第773頁。

④ (梁)蕭統編:《文選》卷五八,北京:中華書局,1977年,第808頁。

⑤ "鄭玄注禮,三年之喪,二十七月而吉,古今學者多謂得禮之宜。晉初用王肅議,祥禫共月,故二十五月而除,遂以爲制。江左以來,唯晉朝施用;縉紳之士,多遵玄義。"可見三年之喪多取二十七月。參見《宋書》卷六〇《王准之傳》,第1624頁。

⑥ (北齊)顔之推:《顔氏家訓集解》卷二,中華書局,1993年,第103頁。

不接受，因爲褚賁“常謝病在外”，所以齊武帝婉言勸其主動辭爵。下文“仍居墓下”，可見其“謝病在外”也是居於墓下。可以肯定的是，永明三年到永明六年之間，褚賁仍是南康郡公。但這段時間，對於齊武帝的賞封，褚賁的表現是比較消極的。

那麽，褚賁何以表現消極，甚至謝官辭爵呢？

褚賁傳的書寫，《南史》比《南齊書》多了幾件事情，均發生在辭爵居墓下後。王鳴盛稱“李延壽則力表其謝病廬墓，絶食拒客，釘塞門户”，但值得注意的是，這一系列事情都是由褚賁憑吊王儉引起的，因爲哀悼王儉而病情加重，家人把他帶回家療養，當他知道身處並非廬墓時，遂有絶食拒客、釘塞門户的舉動。事實上，王儉與褚淵一樣，同樣也是由宋入齊，身仕兩朝。金代王若虚就認爲“蕭道成取宋，王儉、褚淵之力爲多，然觀其始謀，本出於儉。淵初無意，爲所迫而後從，則儉之罪重於淵矣”。[①] 王氏所言雖過於誇大，但如謝超宗“落水三公，墜車僕射”、何點“淵既世族，儉亦國華。不賴舅氏，遑恤外家”[②]等譏斥，都是針對褚王二人，而且王儉的行爲在後世倫理觀看來，仍屬於失節。如若褚賁對其父失節有愧恨之心，何以王儉死後，仍要弔唁慟哭？事實上，褚賁對失節應没有外界和後世所想象的那樣芥蒂。我們有理由相信，褚淵失節並非褚賁謝官辭爵的主要原因。

據《南史》所載，褚賁恥父失節，然後才有“棲退之志”。但據其自述，則是“吾少無人間心，豈身名之可慕”。任昉《爲褚諮議蓁讓代兄襲封表》則云：“（褚）賁嬰疾沉固，公私廢禮，逢不世之恩，遂良已之志，確然難奪，有理存焉。”[③]這條可與其“謝病”居於廬墓參看。王儉卒於永明七年（489）五月，[④]褚賁由於過分悲痛，病情加重，也卒於永明七年。那麽，永明三年服闋至永明六年辭爵讓封這段時間，褚賁身體狀況不佳，應不是托詞。另外，從其服除後見齊武帝的哀慟情態，亦能理解其仍居墓下的舉止，不僅是遵從形式上的禮節。换言之，在忠孝面前，褚賁選擇孝，故而繼續廬墓生活，而在此期間又抱病並無回官場之打算。因此就有主動辭爵讓封或齊武帝諷令辭爵之舉。

時人之所以認爲褚賁“恨淵失節”，除了其“謝病在外”的消極表現之外，還與永明元年對袁粲的重新評價有關。褚淵死後次年，即永明元年四月，齊武帝降旨爲袁粲、劉秉修建塋兆，詔稱：“袁粲、劉秉，並與先朝同獎宋室，沈攸之於景和之世，特有乃心，雖

① （元）王若虚：《滹南遺老集》卷二八，《四部叢刊初編》第1356册，第7頁。
② 《南齊書》卷五四《何點傳》，第1034頁。
③ （唐）歐陽詢：《藝文類聚》卷五一，上海古籍出版社，1965年，第934頁。
④ 《南齊書》卷三《武帝本紀》，第61頁。

末節不終,而始誠可録。"①在此之前,齊武帝已經重新評價了袁粲:

> 世祖使太子家令沈約撰《宋書》,擬②立《袁粲傳》,以審世祖。世祖曰:"袁粲自是宋家忠臣。"③

他讓沈約修撰《宋書》,但是對於要不要設立《袁粲傳》,沈約頗有疑慮,遂來請示齊武帝。齊武帝以"袁粲自是宋家忠臣"打消了沈約的顧慮。緊接着頒詔爲袁粲、劉秉等人正名,一方面固然是爲了消除史官修史的顧慮,另一方面也是新朝通過褒獎前朝忠臣,來鞏固自己統治的通常策略。沈約在《宋書·袁粲傳論》中明確説:"辟運創基,非機變無以通其務,世及繼體,非忠貞無以守其業。……(袁粲)雖不達天命,而其道有足懷者。"④由此可見,蕭齊政權正由創業轉入守成,齊武帝褒賞忠臣的用心,正是爲了鞏固統治,以忠貞守業。因此,齊高帝朝早已謗議沸騰的褚淵失節事,在前代忠臣身份解禁的情況下,就更顯突出,而褚賁謝病在外,辭爵讓封,自然會讓人聯想到他是"恨父失節"。不過,蕭子顯的處理非常謹慎,他只稱是世人的猜測,然而李延壽則逕自認爲褚賁本意就是如此,文本也就發生了變異。

四、"褚賁恨淵失節"的接受與闡釋

《南齊書》與《南史》對"褚賁恨淵失節"的書寫明顯分屬兩個譜系,前者以"褚賁恨淵失節"是世人的猜測,後者則以其是褚賁本來的想法。由上文的論述可知,前者的存疑應該更近於歷史真實,後者則是史臣出於貶斥失節的考慮,重新對褚賁傳記進行增删改易,渲染其辭爵讓封的意義。

《南齊書》的看法,在唐代還不乏嗣響。如中唐竇臮《述書賦》評褚淵書品與其人品掛鈎,稱"彦回無節,筆翰亦爾",而褚賁則是"蔚先忠良,自我名揚。老成不虧,和雅允臧。若窮隱肥遁,志傲侯王"。竇蒙注曰:"褚賁字蔚先,淵之子,齊秘書監,因父憂免職便不仕。時人以爲恥父失節於宋室,遂爾屏居。"⑤竇蒙所注應是采自《南齊書》,"時人

① 《宋書》卷八九《袁粲傳》,第2233—2234頁。
② 《南史》作"疑"。
③ 《南齊書》卷五二《王智深傳》,第989頁。
④ 《宋書》卷八九《傳論》,第2234頁。
⑤ (清)董誥等編:《全唐文》卷四四七,北京:中華書局,1983年,第4568頁。

以爲”正是對應史傳中“世以爲”,仍是表示一種不確定的揣測。

然而,入宋之後,“褚賁恥父失節”的書寫基本是《南史》一脉。最著名的莫過於司馬光的《資治通鑑》:

(建元四年八月)癸卯,南康文簡公褚淵卒,世子侍中賁恥其父失節,服除,遂不仕,以爵讓其弟蓁,屏居墓下終身。①

首先,“恥”字與竇蒙注同,而與《南齊書》的“恨”、《南史》的“愧恨”有着明顯的差異,其中加深的不僅是褚賁的羞愧程度,而且也含有史家鄙夷的意味。其次,“屏居墓下終身”之“終身”固然可以理解爲“終竟此身”,但卻給人一種錯覺,以爲持續時間很長。事實上,從其讓封至死去,其間不過一年時間。司馬光下此語固然爲了文字簡省,但也爲了要説明褚賁氣節的可貴。如果説唐代還存在兩種不同的話語,那麽進入宋代之後,“褚賁恥父失節”的書寫則變成一家獨大,完全由《南齊書》的不確定變成《南史》的確定無疑,經過重新形塑的文本固定下來,從而使文本知識化。司馬光的接受無疑是關鍵,這在一定程度上反映了宋代整體的價值觀念。

晁説之甚至認爲蕭子顯《南齊書》没有發揮褚賁讓封的意義是種不幸:

子顯書褚淵之子蕡②讓封於弟蓁,曰世以爲蕡恨淵失節於宋室,故不復仕。書裴昭明從祖弟顗,曰太祖受禪,上表誹謗,掛冠去,伏誅。曾不本末發揮,以申二子之志,其真不幸耶。③

如果上述《南史》、《資治通鑑》只是在文字敘事的變動上表達史官對《南齊書》記載的不滿的話,那麽,晁説之則是直接發聲,宣洩其不滿,認爲記載不詳,不能表彰“世之忠臣義士”,而使其志蕪没不申。

晁説之這種觀點是與宋代士大夫尊崇氣節的風氣相一致的,而且只有放在宋代儒學復興的傳統下才能更好地理解“褚賁恥父失節”的接受。歐陽修《五代史記》,專設

① 《資治通鑑》卷一三五《齊紀一》,北京:中華書局,1956年,第4249頁。

② 晁説之認爲“賁”應作“蕡”,“蕡字蔚先,蓁字茂緒,則蕡之爲蕡也。審矣。今學官書以蕡作賁……然《資治通鑑》亦以蕡作賁,何耶?”《嵩山文集》卷一二《讀齊書》,第31頁。

③ 《嵩山文集》卷一二《讀齊書》,第31頁。

《死節傳》、《死事傳》、《一行傳》,批判唐末五代士大夫"恬然以苟生爲得",[①]而極力推崇忠臣義士的死事死節,其目的是爲了力挽五代頹喪的士風,復興儒學倫理綱常的價值觀念,重整國家政治和社會秩序。《宋史》稱:"士大夫忠義之氣,至於五季,變化殆盡。……真、仁之世,田錫、王禹偁、范仲淹、歐陽修、唐介諸賢,以直言讜論倡於朝,於是中外搢紳知以名節相高,廉恥相尚,盡去五季之陋矣。"[②]晁説之批判蕭子顯《南齊書》不發揮褚賁恥父失節事,自然也是屬於"知以名節相高,廉恥相尚"的序列中。事實上,司馬光《資治通鑑》的書寫也應如是觀。

有趣的是,《南史》也基於對前代史書的反思,重新修撰南朝歷史。據李延壽《上書表》稱:"一則王道得喪,朝市貿遷,日失其真,晦明安取。二則至人高迹,達士弘規,因此無聞,可爲傷歎。三則敗俗巨蠹,滔天桀惡,書法不記,孰爲勸奬。"褚淵無疑就是李延壽眼中的"敗俗巨蠹",而痛貶其失節,表彰褚賁辭爵讓封的高尚,則是體現他修史的"書法"。李延壽表中又稱"若文之所安,則因而不改,不敢苟以下愚,自申管見"。[③] 在他看來,蕭子顯《南齊書》褚淵失節和褚賁讓封的書寫,明顯是文之所不安,因此不能因襲不改。趙翼稱李延壽對宋齊魏三史删汰最多,其實正是因爲它是南北朝人所編,反映的是當時的時代精神;而對梁陳周齊隋五史的增删俱不甚多,則是因爲這是唐初所修,符合唐代的官方意識形態。[④] 南北朝和五代的士風頗有相似之處,士大夫的出處大都不太符合儒家的倫理道德規範。初唐和北宋的修史活動,正是要以史爲鑒,在總結前代失敗經驗,批評士風澆漓的基礎上,重構新的政治和社會秩序。《南史》、《資治通鑑》"褚賁恥父失節"的書寫就是這種意欲重振儒家綱常規範的體現。從這一點來看,李延壽《南史》、《北史》的流傳不僅是因前人所説的"卷帙稍簡,抄寫易成"、[⑤]"删去蕪詞,專敍實事",[⑥]而且更是因爲李延壽敍事的褒貶更符合包括司馬光在内的後世儒家士大夫的想象。這也是唐以後史評的主流。

由上可知,"褚賁恥父失節"敍事的形成有其現實指向,然而該記載成爲定讞之後,人們卻開始偏離文本的歷史語境,純粹就知識加以歸納和演繹。這在道學家的高論中

① 《新五代史》卷三三《死事傳》,北京:中華書局,1974 年,第 355 頁。
② 《宋史》卷四四六《忠義傳》,北京:中華書局,1985 年,第 13149 頁。
③ 《北史》卷一〇〇《李延壽傳》,北京:中華書局,1974 年,第 3345 頁。
④ (清)趙翼:《陔餘叢考》卷八《南北史原委》,北京:中華書局,1963 年,第 147—148 頁。
⑤ 《廿二史札記校證》卷九《八朝史至宋始行》,第 199 頁。
⑥ (清)趙翼:《陔餘叢考》卷八《南北史原委》,第 147 頁。

表現得尤爲明顯,如宋代胡寅:

> 褚淵卒,子賁恥父失節,遂不仕,以爵讓其弟,屏居墓下終身。褚賁之心可謂孝矣,其嘗三復幹父之爻乎?其讀《蔡仲之命》而興起者乎?雖然有未盡焉,兄弟一體也,齊爵可受,已爲世子,何義而辭。若不可受,已處其義,而使弟處其汙,豈理也哉。①

此書是胡寅謫居之時,讀司馬光《資治通鑑》而作,上引首句,即從《通鑒》所來,而其"幹父之爻"、"蔡仲之命"説也是本於司馬光。司馬光稱譽沈勁"恥父之惡,致死以滌之,變凶逆之族爲忠義之門",就是用《易》中"幹父之蠱"與《尚書》中《蔡仲之命》能"蓋前人之愆"來評價。② 兩者均是表示子孫的品德能够遮蓋掉前人之過。在這點上,沈勁與褚賁有其相似之處,所以胡寅移用此語。在此基礎上,胡寅卻偏離了司馬光表彰忠義的用心,而以理學家的標準,批評褚賁辭爵讓封,是陷弟弟褚蓁於不義。王應麟批評胡寅"但就一事詆斥,不究其事之始終",四庫館臣亦云其論人論事,"彌用嚴苛"、"不近人情,不揆事勢,卒至於窒礙而難行"。③ 然而,此類道學式的苛評在後世卻不難找到。如黄恩彤在《鑒評别録》就對褚賁提出更高的要求,稱其"不能幾諫其父於生前,而自潔其身,益以彰父之過,亦非爲子之道也"。④ 胡寅從爲兄之道出發,黄恩彤則從爲子之道着眼,其實都脱離了當時的歷史語境,完全是憑自己的倫理想象進行演繹。

在這些苛論面前,褚賁自然不是"完人"。然而,面對這些質疑,後世亦有回應,他們重新完善褚賁的人格,證明其辭爵讓封"不傷父子相隱之恩",是能够"曲全於人倫之變"。⑤ 褚賁形象在後世的接受中,經過道學家的質疑,也經過史學家的正名,但他們最終仍是要樹立一個符合儒家倫理道德規範的完美形象,這樣不僅可以符合他們的想像,也能發揮"褚賁恥父失節"的勸誡意義。

綜上所述,李延壽、司馬光對"褚賁恥父失節"的書寫和接受都有其現實針對性:李延壽要實踐懲惡揚善的春秋書法,司馬光則貫徹了宋人尊崇氣節的精神。司馬光之後,

① (宋)胡寅:《致堂讀史管見》卷一一,《續修四庫全書》第448册,上海古籍出版社,2002年,第592頁。
② 《資治通鑑》卷一〇一《晉紀二十三》,第3199頁。
③ (清)永瑢等撰:《四庫全書總目》卷八九,北京:中華書局,1965年,第757—758頁。
④ (清)黄恩彤:《鑒評别録》卷二九,《四庫未收書輯刊》第2輯第29册,北京出版社,1997年,第518頁。
⑤ 《讀通鑒論》卷一六,第459頁。

《南齊書》一脉的書寫逐漸湮没不彰,"褚賁恥父失節"的接受和闡釋完全變成李、馬一系。在這種情況下,又繼續衍化成兩個譜系:一種是道學家式的求全責備,一種是讚美和回護之聲。相對而言,後者居多。但兩者已經偏離了李延壽和司馬光書寫的具體語境,他們在接受過程中不斷質疑和正名,讓作爲歷史符號的褚賁,更加符合後世的倫理想象,使其形象變得比歷史事實更加合理和豐滿。

五、結　　語

蕭子顯《南齊書》記"賁恨淵失節"一節,並非有意諱飾,而是與蕭齊政權下衆多譏諷褚淵失節的言論構成互文性的關係。考察蕭齊時代的政治生態和言論環境,可以發現官方對有關禪代和失節的言論是持容忍態度的,並没有採取相關措施進行禁遏。永明元年,官方降詔褒賞與褚淵同列劉宋"四貴"的袁粲和劉秉的忠義,此舉無疑愈加彰顯了褚氏的失節。湊巧的是,褚賁服除之後一系列消極表現,時論更是與褚淵失節事勾連起來,但事實上這只是影響之談,並無確鑿證據。《南齊書》"世以爲"的書寫與蕭齊時代衆多非議褚淵的言論恰好互文見義,構成一個"謗議沸騰"的文本系統。這也正是蕭子顯文本産生的土壤。

從《南齊書》到《南史》、《資治通鑑》,"恨父失節"的書寫由不確定變成確定,凸顯了褚賁的主體性,賦予其新的人格魅力。後世拋棄《南齊書》之敍事,而接受《南史》、《資治通鑑》的説法,一方面是因人們更青睞於確定性的知識,另一方面則是其書寫更符合儒家倫理觀。李延壽和司馬光的改寫都有其時代背景和現實考慮,然而在知識傳衍中,後世卻不斷偏離其具體語境,各取所需,並在倫理較量中完善作爲符號的褚賁形象。古史乃層累造成的,歷史人物的形象亦是文本疊加而成,運用文本考古學,可以卸下歷史的嚴妝,回到其具體的書寫語境,從而直擊史家之文心。

歷來對南北朝八書二史之優劣與異同的討論很多,王鳴盛、趙翼等人均曾涉獵二史較八書之增删改易,今人高敏亦有《南北史考索》,[①]但多局限於增删之當與不當。日本學界對於八書二史的研究很早就採取了史料批判研究模式,從文本的異同切入,分析其成書背景、撰述意圖、歷史觀念,取得了不少成果。[②] 通過本文的個案可知,八書二史的對勘研究仍有許多地方可以深化。

---

① 高敏:《南北史考索》,天津古籍出版社,2010年。

② 參見孫正軍:《魏晋南北朝史研究中的史料批判研究》,《文史哲》2016年第1期,第21—37頁。

《魏晉南北朝隋唐史資料》第四十輯
2019 年 11 月,137—162 頁

論北周中正的發展與演變

過　超

與東晉南朝不同,北朝的九品中正制度有其獨特的發展脉絡。[①] 作爲北朝最後的王朝,北周官制的演變是探討北朝向隋唐過渡變遷的重要綫索。然而,無論《周書》還是《北史》,傳世文獻中記載任職中正的北周人物,幾乎全爲西魏時事。那麽,北周究竟是否存在過中正呢?這個問題一直以來困擾着衆多學者。

王仲犖先生認爲,"西魏北周選舉之格,多取法太和,亦尚冠冕,尊右姓",[②]並引庾信《周上柱國宿國公河州都督普屯威神道碑銘》、《李元海造元始天尊像》、《大唐故銀青光禄大夫守司刑太常伯李公墓志銘》等多條材料,列舉任職北周的州大中正李崇義等四人,州都李亮一人,郡中正李穆等六人,縣中正李景儁一人,由此説明"北周本有州大中正之置也"。[③] 王先生還注意到北周中正與北齊之制有差别,"是不用京官爲州大中正,與北齊有異也"。[④]

張旭華先生認爲西魏、北周時期的中正組織沿用北魏舊制,仍然分爲中央與地方兩大系統,"就中央系統而言,中正組織仍然分爲州郡兩級,即州設大中正,郡設中正"。進而指出,西魏、北周的選官體制以九品中正制度作爲主導,門蔭制度與世襲州郡縣制

---

① 北朝的九品中正制度雖仿效南朝,但也摻雜了北魏早期大師、小師制度,並有中央、地方中正之别。關於中央、地方之説,可參見嚴耕望:《中國地方行政制度史:魏晉南北朝地方行政制度史》,上海古籍出版社,2007年;張旭華:《九品中正制研究》,北京:中華書局,2015 年。另,筆者研究南朝時期的勛品與寒人升遷問題,認爲寒人以勛升遷多依靠上司以及皇權,其中并不涉及中正。梁武帝天監改革,將勛品制度納入正式的官僚政治體制之中,以此爲基礎,重新劃分士庶之别。要之,皇權與士人、寒人之間圍繞九品中正制度所呈現出來的南朝歷史狀況與北朝迥然不同。過超、晉文:《南朝時期的勛品及其升遷制度》,《南京曉莊學院學報》2018 年第 2 期,第 21—25 頁。

② 王仲犖:《北周六典》卷五《夏官府第十》,北京:中華書局,1979 年,第 358 頁。

③ 王仲犖:《北周六典》卷五《夏官府第十》,第 358 頁。

④ 王仲犖:《北周六典》卷五《夏官府第十》,第 359 頁。

度爲重要補充,北朝的門閥世襲制度在西魏、北周時代依然存在並延續。[①]

日本學者宮川尚志認爲,“所有西魏時期在任並且在隋唐時期有列傳的北周系人物,他們擔任中正的經歷都無一例外未被記載,根據正史第一主義這類説法來看,甚至可以説北周没有中正,這讓人想起《通典》中所説的‘他史多闕’”。[②] 在宮川看來,雖無記載,但可能存在“他史多闕”的問題,他相信北周有過中正。宮崎市定後來對這種現象作了解釋,指出北周“不存在門閥、貴族流品的貴賤清濁之分,而純爲地位的上下之别,一命以上爲士之地位,九秩則爲庶人身份,其間没有大的斷層”。[③] 宮崎没有明確表明北周是否存在中正,但對北周的選人制度及其性質作了如下論斷:“如果此制度長期實行下去,也會形成另外一種貴族制度。”[④]即認爲北周也有類似九品中正制度的起家官制度,但其標準卻已無法找到。

萬繩楠先生的觀點是:“北魏分裂爲東、西兩魏後,東魏、北齊與西魏、北周的選舉之法分爲二途。東魏、北齊繼承了北魏的選舉法,州與縣都設置了中正;西魏、北周則廢除了九品中正制。”[⑤]毛漢光先生在統計魏晉南北朝時期中正數據作分析時,並没有列北周,因爲其依據來源是“正史中尋找得到三百二十七名中正”。[⑥] 從這點來看,他似乎也不認同北周有中正。[⑦]

黄壽成先生近年的一系列文章,從中正任職以及選官制度兩個層面對北周實行九品中正制度予以了否定。黄先生首先考證《北齊書》、《周書》、《隋書》、《北史》、《陳書》等史籍以及《漢魏南北朝墓誌彙編》等考古資料中所載疑似北周中正的記録,指出這些“都是在西魏時期,而進入北周之後再也没有一個官員擔任過中正這一職官”。[⑧] 其次,針對其時任宰相、柱國的族屬仕宦情況進行分析,認爲其中並無一人通過九品中正制入仕。由此説明,雖然割據關隴的宇文氏在西魏實行過九品中正制的選官制度,但在進入

① 張旭華:《九品中正制研究》,北京:中華書局,2015年,第468頁。另外,張先生在此書第六章第三節詳細闡述了西魏、北周時期的九品中正制度,並引王仲犖先生在《北周六典》中的相關墓誌碑銘,對西魏、北周時期九品中正制度的内涵、作用、意義等做了分析,認爲“從大量史實來看,西魏、北周的選官體制仍然具有較爲濃厚的門第色彩,九品中正制並没有發生根本性的變革”。(第467—479頁)

② (日)宮川尚志:《六朝史研究·政治社會篇》,東京:日本學術振興會,1956年,第310頁。

③ (日)宮崎市定著,韓昇、劉建英譯:《九品官人法研究》,北京:中華書局,2008年,第31頁。

④ (日)宮崎市定著,韓昇、劉建英譯:《九品官人法研究》,第304頁。

⑤ 萬繩楠:《魏晉南北朝文化史》,合肥:黄山書社,1989年,第61頁。

⑥ 毛漢光:《兩晉南北朝主要文官士族成分的統計分析與比較》,《中國中古社會史論》,上海書店,2002年,第174頁。

⑦ 參見毛漢光:《中國中古社會史論》,第176頁。

⑧ 黄壽成:《北周是否實行九品中正制》,《文史哲》2014年第4期,第97—115頁。

北周後并没有實施這項制度。①

至於《北周六典》以及張旭華先生所引相關碑銘,黄先生判斷其大部分記載時間有誤,或時間不確定,或碑銘自身的真僞存疑,並認爲北周放棄九品中正制度的原因,有可能是北周政權廢止了九品官秩,以命之高低來區别官員的地位高下,確定官員應享受的俸禄,由此放棄了漢魏以來的職官制度而實行周六官制。②

由此可見,考察北周制度,需澄清以下問題:北周是否存在中正?是否實行過九品中正制度?如果存在中正,它又以怎樣的形式在北周存續,是否有别於北朝其他政權?本文擬在前輩學者的研究基礎上,深入探討北周中正的存廢問題,同時從中正任職的變遷這一角度對北周府兵制度下的選官制度稍作考察。

一、北周中正考辨

張旭華先生據王仲犖先生《北周六典》所引,明確指出西魏、北周施行過九品中正制度。③ 本文參照王、張二位先生所引史料,同時根據筆者搜檢史料所得,製成《出土、金石材料所見記載爲北周中正一覽表》:

表1　出土、金石材料所見記載爲北周中止一覽表④

序號	州郡	大中正/中正	姓名	本官	時期	出處
1	滎陽郡	大中正	宇文恪	使持節、侍中、驃騎大將軍、開府儀同三司、大都督、勛州諸軍事、勛州刺史、廣州諸軍事、廣州刺史、安德郡開國公	周天王三年/北周明帝武成元年(559)	《北京圖書館藏中國歷代石刻拓本彙編》〇〇六《宇文恪造龍華浮圖銘》

① 黄壽成:《北周是否實行九品中正制》,《文史哲》2014年第4期。

② 黄壽成:《再論北周政權未實施九品中正制》,《陝西師範大學學報(哲學社會科學版)》2017年第5期,第115—121頁。

③ 嚴耕望先生首先提出了北朝中正"有中央地方之别"(《中國地方行政制度史:魏晉南北朝地方行政制度》,第639頁),張旭華先生在此基礎上,進一步梳理了西魏、北周時期的中正組織,"西魏、北周時期,中正組織依然沿用北魏舊制,分爲中央與地方兩大系統"(《九品中正制研究》,第468頁)。本文主要解決的是北周中正有無的問題,對中正組織的中央與地方系統之分並不涉及,故本文所列表1中之中正不再標注中央或地方中正,對州郡的考察也不在本文範圍内。

④ 《北周六典》中還有其他一些書寫爲中正或疑爲中正的材料,經黄壽成先生辨析,應被排除的,已不再列入本表。如《周宜州崇慶寺釋僧妙碑》云:"姓張,弟環,一任郡正,再舉賢良,三辟郡功曹"等。

續表

序號	州郡	大中正/中正	姓名	本　官	時　期	出　處
2	利州	郡中正	李買憘		北周武帝建德元年(572)	《北京圖書館藏中國歷代石刻拓本彙編》○○八《李元海造像記》
3	不明	縣中正	李景儁		北周武帝建德元年(572)	《北京圖書館藏中國歷代石刻拓本彙編》○○八《李元海造像記》
4	河州	大中正	辛威	河州總管、都督七州諸軍事	北周武帝建德四年(575)	《隴右金石録》之《周上柱國宿國公河州都督普屯威神道碑銘》①
5	正平郡	中正	裴景徽		北周武帝宣政二年(579)	《漢魏南北朝墓誌彙編・寇熾墓誌》
6	滎陽郡	大中正	趙賢		北周	《文物》2010年第12期《河南滎陽唐代邛州刺史趙德明墓》
7	安州	大中正	宗善	驃騎大將軍、儀同三司、大都督、齊興縣開國侯	北周	《西安碑林博物館新藏墓誌續編》四七《宗士儒墓誌》
8	華山郡	郡中正	劉植乂		北周	《大唐西市博物館藏墓誌》一○一《劉猷墓誌》
9	雍州	大中正	李崇義		北周	《金石萃編・李靖碑》
10	京兆郡	郡中正	李祖	雍州州都	北周	《西安碑林博物館新藏墓誌續編》三三《李楷墓誌》
11	京兆郡	大中正	李亮		北周	《唐代墓誌彙編》總章○二○《大唐故銀青光禄大夫守司刑太常伯李公墓志銘》

① 也載於(北周)庾信撰,(清)倪璠注,許逸民點校:《庾子山集注》卷一四《周上柱國宿國公河州都督普屯威神道碑》,北京:中華書局,1980年,第887頁。

續表

序號	州郡	大中正/中正	姓名	本　官	時　期	出　處
12	檢校永興酒泉二郡中正	郡中正	李穆		北周	《敦煌碑銘贊輯釋》之《李君莫高窟佛龕碑并序》
13	上黨郡	郡中正	李沖	壺關寄氏二縣令	北周	《漢魏南北朝墓誌集釋·李沖暨妻郭氏墓誌》
14	清河郡	本郡大中正	張達		北周	《唐代墓誌彙編》垂拱〇五六《大唐故左□□□監察御史張府君墓誌銘并序》
15	淮州	本州大中正	費清		北周	《唐代墓誌彙編》咸亨〇七一《□□□□州刺史上護軍費府君墓誌銘并序》
16	甘州	大中正	康默		北周	《唐代墓誌彙編》咸亨〇二九《大唐故康敬本墓誌銘》

此表絶大部分資料已爲學界熟知，如王仲犖先生《北周六典》據《□□□□州刺史上護軍費府君墓誌銘并序》、《李元海造像記》、《大唐故銀青光禄大夫守司刑太常伯李公墓誌銘》、《李君莫高窟佛龕碑并序》等材料斷定，"則北周本有州大中正之置也"。①張旭華先生在墓誌、造像碑之外，又加入《文苑英華》卷九一一庾信《周上柱國宿國公河州都督普屯威神道碑銘》以及《周書》等相關材料，説明"西魏、北周時期，中正組織依然沿用北魏舊制"。②

然而，黄壽成先生通過分析第 2、第 3、第 4、第 9、第 11、第 12、第 13、第 15 條材料，提出了不同意見。

第 2、3 條：《李元海造像記》云："弟平東將軍羽林直長大中正都督李元淑……周建德元年，歲次壬辰，九日庚子朔，十五日甲寅造記。"黄先生一方面認爲這條資料並没有明確説李元淑任中正的時間一定是在北周。另一方面，從平東將軍和羽林直長兩個官

① 王仲犖：《北周六典》卷五《夏官府第十》，第 358 頁。
② 張旭華：《九品中正制研究》，第 468 頁。

職入手,通過對《周書》、《北史》、《隋書·百官志》等文獻的分析,認爲並無一人在北周任以上兩個官職,"不論如何北周政權並没有設置平東將軍和羽林直長這兩項官職,那麼,李元淑所任的中正當也是在西魏時期"。①

第4條:《周上柱國宿國公河州都督普屯威神道碑銘》云:"建德四年,授河州總管都督七州諸軍事,即爲河州大中正。"黄先生根據《周書·辛威傳》與《北史·辛威傳》記載一致,從而强調"辛威任河州大中正是在北周政權建立之前的西魏政權時期"。②

第9條:《新唐書》卷七二上《宰相世系表》李氏丹陽房所記"崇義,後周雍州大中正",通過對李崇義任殷州刺史在後魏時期,而《舊唐書·李靖傳》也未提其祖父李崇義任職雍州大中正的記録,推斷"《新唐書·宰相世系表》李氏丹陽房關於李崇義任雍州大中正的記載也未必靠得住"。③

第11、第12條:《大唐故銀青光禄大夫守司刑太常伯李公墓誌銘》云:"祖亮,周儀同三司、京兆郡大中正、雍州州都、宕渠郡守、司藩大夫、光州刺史。"④《李君莫高窟佛龕碑并序》云:"曾祖穆,周敦煌郡司馬、使持節張掖諸軍事、張掖太守,兼河右道諸軍事、檢校永興酒泉二郡大中正,蕩寇將軍。"⑤黄先生以追述先祖事迹簡略爲據,對這兩條材料提出了質疑,並認爲與《辛威神道碑》可能存在同樣問題,即先祖任中正的時間可能是西魏年間。

第15條:《□□□□州刺史上護軍費府君墓誌銘》云:"□諱胤,江夏人也。父清,周本州大中正。"黄先生從"胤"的書寫方式出發,判斷此墓誌的可靠性存疑。⑥

由上述可知,黄先生對王、張二位先生所引史料一一做了批駁,認爲在傳世文獻並無記載的情況下,僅以幾方墓誌來斷定北周存在中正似嫌牽强,而出土、金石材料所載或多或少均有年代不清、本爲西魏中正以及記載模糊等問題。

黄先生的考證,當然值得重視,不過在某些具體材料的判斷上似乎還有可斟酌之

① 黄壽成:《再論北周政權未實施九品中正制》,《陝西師範大學學報(哲學社會科學版)》2017年第5期。

② 黄壽成《再論北周政權未實施九品中正制》云:"據《周書·辛威傳》記載,辛威'遷河州刺史,本州大中正。頻領二鎮,頗得民和。閔帝踐祚,拜大將軍,進爵包罕郡公,增邑五千户',《北史》卷六五《辛威傳》的記載與之相同。由此可知,辛威任河州大中正正是在北周政權建立之前的西魏政權時期。"

③ 黄壽成:《再論北周政權未實施九品中正制》。

④ 周紹良主編:《唐代墓誌彙編》總章〇二〇《大唐故銀青光禄大夫守司刑太常伯李公墓誌銘》,上海古籍出版社,1992年,第494頁。

⑤ 鄭炳林:《敦煌碑銘贊輯釋》,蘭州:甘肅教育出版社,1992年,第13頁。

⑥ 黄壽成先生在《再論北周政權未實施九品中正制》一文中談到,王仲犖先生在《北周六典》中引用墓誌的"胤"字缺末筆,應是避諱,而南北朝時無避諱"胤"字,"所以此墓誌的可靠性讓人生疑"。

處。以下試以第4條和第11條爲例,稍作分析。

第4條《周上柱國宿國公河州都督普屯威神道碑》[①]是較爲重要的一則材料。普屯威即辛威,"仍賜姓普屯"。[②] 在《辛威神道碑》中,辛威任職中正的時間約爲建德四年(575),即"(建德)四年(575),授寧州總管、都督七州諸軍事,即爲河州大中正"。[③]

但《周書》記載不同:"十三年(547),遷車騎大將軍、儀同三司、驃騎大將軍、開府儀同三司,賜姓普屯氏,出爲鄜州刺史。威時望既重,朝廷以桑梓榮之,遷河州刺史,本州大中正。頻領二鎮,頗得民和。閔帝踐阼,拜大將軍,進爵枹罕郡公,增邑一千户。"[④]這條史料載於西魏大統十三年(547)後,閔帝踐祚之前。《北史》記載較《周書》簡略,對辛威官職記載僅短短幾行:"累遷開府儀同三司,賜姓普屯氏。出爲鄜州刺史。威時望既重,朝廷以桑梓榮之,遷河州刺史、本州大中正。頻領二鎮,頗得人和。周孝閔帝踐祚,拜大將軍,進爵枹罕郡公。"[⑤]

目前可知載有辛威任職中正記録的,主要集中於《庾子山集注》、《周書》和《北史》。《庾子山集注》所載小注云"本傳在魏大統十七年(551),此爲周建德四年(575),小異",[⑥]雖不知其來源,但就《周書》與《北史》而言,其任大中正時間當在大統十三年(547)之後,北周孝閔帝踐祚之前的西魏時期。《北史·辛威傳》本就取材於《周書·辛威傳》,兩者出現記載一致的情況不足爲奇。據此,可從兩方面展開分析:

第一,從史料來源來看,《北史》與《周書》成於唐初,而辛威神道碑作者庾信與辛威生活在同一時代,辛威在宣政元年(578)去世,其神道碑作於開皇元年(581)七月,即"以今開皇元年七月某日,反葬於河州金城郡之苑川鄉"。[⑦] 該神道碑不僅作爲庾信作品録於《庾子山集》中,也作爲金石材料,録入《隴右金石録》中,從碑銘和文集史料記載一致來看,其可信度較高。[⑧]

---

① 爲便於行文,後文簡稱爲《辛威神道碑》。

② 《庾子山集注》卷一四《周上柱國宿國公河州都督普屯威神道碑》,第883頁。

③ 《庾子山集注》卷一四《周上柱國宿國公河州都督普屯威神道碑》,第887頁。

④ 《周書》卷二七《辛威傳》,北京:中華書局,1971年,第447頁。

⑤ 《北史》卷六五《辛威傳》,北京:中華書局,1974年,第2311頁。李延壽在《北史·序傳》中也已申明:"梁、陳、齊、周、隋五書,是貞觀中敕撰……臣既夙懷慕尚,又備得尋聞,私爲抄録,一十六年,凡所獵略,千有餘卷。連綴改定,止資一手。"可見《北史·辛威傳》的文字應出自《周書·辛威傳》。

⑥ 《庾子山集注》卷一四《周上柱國宿國公河州都督普屯威神道碑》,第887頁。在四庫本《庾開府集箋注》中,此碑録爲《周上柱國宿國公河州都督辛威神道碑》,記載與點校本同,見第36頁。

⑦ 《庾子山集注》卷一四《周上柱國宿國公河州都督普屯威神道碑》,第888頁。

⑧ 《庾子山集注》卷首《庾子山年譜》載大定元年(隋開皇元年)辛丑條:"碑銘(指辛威碑)猶出信手。子山之殁,當在秋冬矣。"以神道碑反證庾信生卒年月,神道碑之真實性,應當較高。

第二,單從《周書》記載而論,對辛威的官職履歷也有省略,如辛威本傳載“(建德)三年(574),遷少傅,出爲寧州總管”。[①] 但《周書》卷六《武帝本紀下》記載辛威擔任寧州總管的時間爲建德四年(575),“建德四年春正月戊辰,以柱國枹罕公辛威爲寧州總管,太原公王康爲襄州總管”。在辛威神道碑中,辛威就任寧州總管有兩次,“保定四年(564),授寧州總管”,“建德二年(573),授少傅。四年(575),授寧州總管、都督七州諸軍事”。[②] 至少在建德四年這一次記載中,《周書・武帝本紀》與辛威神道碑保持一致,而《周書》爲記事簡便,將建德四年省略爲“出”,導致僅從《周書》入手無法判定辛威任寧州總管的時間。此外,《周書・辛威傳》中遷少傅的時間記載爲建德三年(574),中華書局本《周書》校勘記第20條云:“普屯威碑‘三’作‘二’。按卷五《武帝紀》建德二年(573)五月載‘滎陽公司馬消難爲大司寇’,知辛威已由大司寇遷少傅,疑碑作‘二年’是。”[③]

由上述可知,辛威任職中正的時間雖然存在西魏年間與北周建德四年兩種説法,但建德四年任河州大中正的説法較爲可信。

再看第11條。《大唐故銀青光禄大夫守司刑太常伯李公墓誌銘》收於《唐代墓誌彙編》中,墓主李爽之祖父李亮任北周中正:“祖亮,周儀同三司、京兆郡大中正、雍州州都、宕渠郡守、司藩大夫、光州刺史。”[④]墓主去世於貞觀十年(636),總章元年(668)遷葬。

據《唐六典》卷四“主客郎中”條載,“(主客郎中)龍朔二年(662)改爲司藩大夫,咸亨元年(670)復故”。[⑤] 從墓誌中“司藩大夫”一職可推測,該墓誌書寫年份在總章元年,“司藩大夫”之名爲唐職,但如因“司藩大夫”的書寫而判定該史料爲假則過於冒險,據王仲犖先生判斷“司藩大夫當是蕃部大夫之誤。蕃藩古通用”。[⑥]

李亮任職中有“宕渠郡守”一職,宕渠郡於史記載主要有兩處,一處爲唐代合州,“宋置東宕渠郡。西魏置合州(涪、漢二水合流處,因爲名)。後周爲宕渠郡。隋初郡廢,改合州爲涪州。煬帝初州廢,置涪陵郡”。[⑦] 另一處爲唐代渠州,“建安末,蜀先主割

① 《周書》卷二七《辛威傳》,第448頁。
② 《庾子山集注》卷一四《周上柱國宿國公河州都督普屯威神道碑》,第887頁。
③ 《周書》卷二七《辛威傳》,第460頁。
④ 周紹良主編:《唐代墓誌彙編》總章〇二〇《大唐故銀青光禄大夫守司刑太常伯李公墓誌銘》,第494頁。
⑤ (唐)李林甫等:《唐六典》卷四《尚書禮部》,北京:中華書局,2014年,第129頁。
⑥ 王仲犖:《北周六典》卷六《秋官府第十一》,第420頁。
⑦ (元)馬端臨:《文獻通考》卷三二一《輿地考七》,北京:中華書局,1986年,第2520頁。

巴郡之宕渠等三縣置宕渠郡。大通三年(529)又置渠州,大業三年(607)罷州爲宕渠郡,武德元年(618)復爲渠州”。① 無論是唐代合州還是渠州,在墓誌書寫的總章元年(668),均不可能出現宕渠郡名,因此此處的宕渠郡只能爲古地名。若造假宕渠郡,一則應與“司藩大夫”書寫方式同步,用時人地名如合州或渠州來書寫更爲自然,二則宕渠郡爲西南偏遠小郡,李亮其他任職已非常顯赫,没有造假的必要。

總章元年的墓誌書寫距離北周不過百年,其可信度要高於正史。從史源來看,中古時期墓誌中所撰先祖官爵,極有可能來源於中古世家譜牒,②至少在先祖官爵記述上,可信度還是較高的。

值得注意的是,在論證北周是否存在中正這一問題時,還有一則碑刻材料尚未受到學者關注,這即是收録於《北京圖書館藏中國歷代石刻拓本彙編》(第六册)的《宇文恪造龍華浮圖銘》。

宇文恪造龍華浮圖銘

現將其原文録入如下:

---

① (唐)李吉甫:《元和郡縣圖志·闕卷逸文卷一》,北京:中華書局,1983年,第1068頁。

② 見陳爽:《出土墓誌所見中古譜牒探迹》,《中國史研究》2013年第4期,第69—100頁。

維三年歲次大火,正月庚寅月八日丁酉,使持節、侍中、驃騎大將軍、開府儀同三司、大都督勋州諸軍事、勋州刺史、廣州諸軍事、廣州刺史、滎陽郡大中正、安德郡開國公宇文恪,字文直,率州之士民仰爲先帝文王起龍華浮圖安置像身伏維:

先王舍此穢土,升遊浄堺。又願國道□隆,統曆惟永。固謂樹功不在於己,使法堺蒼生普成佛道。[①]

這件碑銘據《北京圖書館藏中國歷代石刻拓本彙編》稱應爲北魏或東西魏之物,而在目録中列爲東魏之物:"魏(386—557)□□三年正月八日刻。石在河南。拓片高 67 釐米,寬 115 釐米。正書。"[②]查《二十史朔閏表》,北魏後期至北周時期,正月爲庚寅月的只有梁中大通五年,即公元 533 年,北魏永熙三年。如果是北魏永熙三年,文中提及的"先帝文王"應爲北魏皇帝,如節閔帝元恭或孝莊帝元子攸,這均不符合史實。北朝符合"先帝文王"稱呼的,似乎只有未登基的周王宇文泰。

查《周書》,宇文泰的文王尊號始於北周孝閔帝元年(557)正月,"元年春正月辛丑,即天王位。柴燎告天,朝百官於路門。追尊皇考文公爲文王,皇妣爲文后",[③]終於北周明帝武成元年(559)八月,"秋八月己亥,改天王稱皇帝,追尊文王爲帝,大赦改元"。[④]那麼能稱宇文泰爲"先帝文王"的,只有孝閔帝元年正月至明帝武成元年八月之間。這裏的"維三年",應指第三年,即周天王三年,也就是武成元年。武成元年正月爲乙丑月,似乎不符合銘文所謂"正月庚寅月"的紀年。然查《二十史朔閏表》,陳垣先生在己卯月下標注"周五丁亥、閏五丁亥、八丙寅、己亥改武成"。[⑤] 可知此年按照北周的紀年方式,應爲閏兩個月,則北周己卯年的正月,應該是該表上一年,即戊寅年十一月,此年的十一月恰是庚寅月,符合銘文所記。文中所謂"歲次大火",是指古代歲星紀年法,"寅曰析木,卯曰大火,辰曰壽星,巳曰鶉尾,午曰鶉火,未曰鶉首,申曰實沈,酉曰大樑,戌曰降婁,亥曰娵訾,子曰玄枵,丑曰星紀"。[⑥] 這一年爲己卯年,是爲"歲次大火"。故,文中所謂"維三年歲次大火,正月庚寅月八日丁酉",應爲北周孝閔帝三年(559)正月,

① 北京圖書館金石組編:《北京圖書館藏中國歷代石刻拓本彙編》○○六《宇文恪造龍華浮圖銘》,鄭州:中州古籍出版社,1989 年,第 188 頁。

② 《北京圖書館藏中國歷代石刻拓本彙編》○○六《宇文恪造龍華浮圖銘》,第 188 頁。

③ 《周書》卷三《孝閔帝本紀》,第 46 頁。

④ 《周書》卷四《明帝本紀》,第 58 頁。

⑤ 陳垣:《二十史朔閏表》,北京:古籍出版社,1956 年,第 77 頁。

⑥ 李學勤主編:《十三經注疏·尚書正義》卷二《堯典》,北京大學出版社,1999 年,第 28—29 頁。

當年八月,明帝改元武成。

據上述可知,《北京圖書館中國歷代拓本彙編》該條資料標注年份有誤,正確時間應爲北周孝閔帝三年正月。碑中宇文恪之官職爲"使持節、侍中、驃騎大將軍、開府儀同三司、大都督勛州諸軍事、勛州刺史、廣州諸軍事、廣州刺史、滎陽郡大中正、安德郡開國公",宇文恪史無傳記,蒙海亮推測其可能爲滎陽鄭氏之鄭恪。①

魏廢帝三年(554)春正月改置郡縣,"南汾爲勛州",②這是勛州最早的記録。勛州後改絳州,"至平齊,廢勛州,乃移絳州治勛州舊治玉璧城也",③時爲北周建德六年(577),勛州於史書所載應僅在此之間。這與碑銘所載孝閔帝三年相符。

《宇文恪造龍華浮圖銘》是造像記類碑文,④不存在墓誌所謂羅列歷任官職的習慣,碑中所刻是鄭恪在北周孝閔帝三年正月所任職位,若此碑爲真,則北周有中正職務一目了然。⑤

以上,筆者分析了《辛威神道碑》、《大唐故銀青光禄大夫守司刑太常伯李公墓誌銘》、《宇文恪造龍華浮圖銘》等材料,基本可以確定:出土或金石碑銘材料所載北周中正的記録,其中部分材料真實可信。

既然王仲犖、張旭華二先生所主張的北周存在中正的可能性無法否定,那麼涉及西魏北周選舉制度核心部分的《六條詔書》,似乎也有必要重新解讀。

二、《六條詔書》的"不限資蔭"與北周九品中正制度

大統十年(545),西魏頒行《六條詔書》。據《周書》卷二三《蘇綽傳》:"太祖方欲革

① 蒙海亮:《成備墓誌所見周隋地方經營——兼對北朝後期軍功家族興衰的思考》,《碑林集刊》,2016年,第96—103頁。

② 《周書》卷二《文帝本紀》,第34頁。

③ 王仲犖:《北周地理志》卷九《河北上·絳州》,北京:中華書局,2007年,第785頁。

④ 關於造像記類碑銘的研究,可參看(日)佐藤智水:《北朝造像銘考》,收於《日本中青年學者論中國史(六朝隋唐卷)》,上海古籍出版社,1995年,第56—115頁。侯旭東:《五、六世紀北方民衆佛教信仰》,北京:中國社會科學出版社,1998年。

⑤ 《中國國家博物館藏文物研究叢書(墓誌卷)》收録了一則北周的墓誌《周故柱國大將軍永州刺史河内戾公墓誌》的誌文和拓片圖版,即《獨孤信墓誌》,該墓誌刻於孝閔帝元年(557),接近《宇文恪造龍華浮圖銘》的刻造時間,其墓誌出土於陝西咸陽,現藏於中國國家博物館,北京圖書館藏拓片,《漢魏南北朝墓誌彙編》(四八〇頁)著録誌文,真實性較高。從墓誌拓片來看,《宇文恪造龍華浮圖銘》中歲、州、刺等字的書寫方式,與《獨孤信墓誌》中字體類似。從内容書寫風格來看,《宇文恪造龍華浮圖銘》使用歲星紀年法,《獨孤信墓誌》記載爲"以周之元年,歲維星紀三月己酉薨於長安",書寫風格類似。此外,西安市長安區出土的《拓跋寧墓誌》,其誌文、拓片圖版收録於《西安碑林博物館新藏墓誌續編》,該墓誌刻於北周二年(558),其墓誌字體與《宇文恪造龍華浮圖銘》也類似。(見《西安碑林博物館新藏墓誌續編》,陝西師範大學出版總社有限公司,2014年,第7—8頁)由此可見,《宇文恪造龍華浮圖銘》真實性毋庸置疑。

易時政,務弘强國富民之道,故綽得盡其智能,贊成其事。減官員,置二長,並置屯田以資軍國。又爲六條詔書,奏施行之。"[①]詔書針對選舉制度云:"今之選舉者,當不限資蔭,唯在得人。苟得其人,自可起廝養而爲卿相。"[②]《通典》卷一四載:"初霸府時,蘇綽爲六條詔書,其四曰'擢賢良'。綽深思本始,懲魏、齊之失,罷門資之制。其所察舉,頗加精慎。"[③]黄壽成先生據此認爲北周並没有任用一個中正官,他推測北周政權效法兩漢,以察舉作爲主要的選官制度,進而指出北周政權放棄了九品中正制度。[④] 然而,張旭華先生却認爲《六條詔書》的頒行,並没有從根本上改變世家大族把持選舉的局面,九品中正制依然是漢族士族和當朝新貴操縱的政治工具。[⑤] 有鑒於此,我們有必要重新討論《六條詔書》的相關内容,以期對北周的九品中正制度有更爲全面的了解。

首先,以《六條詔書》中的"不限資蔭"而論,這並不能成爲否定九品中正制的證據。"但取門資,不擇賢良"並不是九品選官制度的特點,正如閻步克先生所説:"九品中正制是'以名取人'與'以族取人'的結合與制度化。必須指出,九品中正制優遇士族門閥,可是它與任子制、門蔭制、恩蔭制等等絶不相同。前者形式上中正必須徵諸'鄉論'、'清議'、考校士人'功德材行所任',而後者入仕資格的確認則僅僅在於父祖的官位品階。"[⑥]魏齊之世,多有"課試之法"以考驗士人,只是"中正所銓,但在門第,吏部彝倫,仍不才舉"罷了。[⑦] 蘇綽也解釋道"夫門資者,乃先世之爵禄"。[⑧] "但取門資",僅以先祖官爵等級高低作爲中正授予鄉品標準的現象,是九品中正制度發展出的一種變態,並不是九品中正制度本來所應該遵循的選人方式。蘇綽所要改正的,正是這種"但取門資"的現象或者説默認的制度,本意乃"懲魏、齊之失,罷門資之制"。[⑨]

---

① 《周書》卷二三《蘇綽傳》,第 382 頁。

② 《周書》卷二三《蘇綽傳》,第 386 頁。

③ (唐) 杜佑:《通典》卷一四《選舉二・歷代制》,北京:中華書局,2016 年,第 344 頁。

④ 参見黄壽成:《北周政權察舉制度考釋》,《北京師範大學學報(社會科學版)》2016 年第 5 期。黄先生認爲北周政權統治者無法想出更好的選舉制度替代九品中正制,關中地區是察舉制的發源地,於是效法兩漢,實行察舉制。

⑤ 張旭華:《中古時期清濁官制研究》,北京:人民出版社,2017 年,第 346 頁。另,張旭華先生在《"周氏以降,選無清濁"辨》(《史學集刊》2012 年第 4 期,收録於氏著:《中古時期清濁官制研究》第十二章,第 343—370 頁)一文中利用《六條詔書》等相關資料,探討了北周選官制度的特點。在基於北周實行九品中正制度這一前提下,認爲西魏、北周的主要選官制度依然是九品中正制度,在西魏、北周的選官體制中,仍然存在比較濃厚的門第色彩。本文的目的,是通過《六條詔書》來看北周中正存在與否的問題,這一點與張先生的研究在側重點上有所不同。

⑥ 閻步克:《察舉制度變遷史稿》,北京:中國人民大學出版社,2009 年,第 156 頁。

⑦ 《通典》卷一四《選舉二・歷代制》,第 340 頁。

⑧ 《周書》卷二三《蘇綽傳》,第 386 頁。

⑨ 《通典》卷一四《選舉二・歷代制》,第 344 頁。

由此來看,所謂“不限資蔭”並非直接廢除九品中正,而極有可能是矯正九品選官中父祖官爵品級決定本人起家官的問題。如薛貴珎爲河東薛氏,其祖父爲敦煌太守,其父歷任扶州刺史、涇州總管等職,而他本人“天和之初,妙簡門胄,以公俊乂,入奉承華,爲左前侍中士”。① 薛貴珎雖爲“門胄”,但也經歷了“妙簡”這一選拔過程,②因爲“俊乂”,以其出衆的才華和德行起家爲左前侍中士。

其次,在九品中正制度中,起家制度是一項非常重要的考察標準。一般來説,起家官與本人的鄉品有一定的品級聯繫。筆者從《隋書》和《周書》中找出了部分明確爲北周起家的史料,見下表2:

表2　北周起家者起家官统计表

姓　名	籍　貫	起 家 官	品　階	出　處
李渾	隴西成紀	左侍上士	正三命	《隋書》卷三七《李渾傳》
李崇	隴西成紀	州主簿	正二命或正三命	《隋書》卷三七《李崇傳》
鄭譯	滎陽開封	給事中士	正二命	《隋書》卷三八《鄭譯傳》
于宣敏	河南洛陽	右侍上士	正三命	《隋書》卷三九《于宣敏傳》
柳旦	河東解人	左侍上士	正三命	《隋書》卷四七《柳旦傳》
柳肅	河東解人	齊王文學		《隋書》卷四七《柳肅傳》
牛弘	安定鶉觚	中外府記室、内史上士	正三命	《隋書》卷四九《牛弘傳》
令狐熙	敦煌	吏部上士	正三命	《隋書》卷五六《令狐熙傳》
于璽	河南洛陽	右侍上士	正三命	《隋書》卷六〇《于璽傳》
宇文述	代郡武川	開府		《隋書》卷六一《宇文述傳》
張奫	清河	州主簿	正二命或正三命	《隋書》卷六四《張奫傳》

① 西安市文物稽查隊編:《西安新獲墓誌集萃》,《大隋使持節大將軍建興公薛使君墓誌銘》,北京:文物出版社,2016年,第25頁。

② 關於“妙簡”,還有一些例子,如《魏故使持節平北將軍恒州刺史行唐伯元使君墓誌銘》(載趙超《漢魏南北朝墓誌彙編》,天津古籍出版社,1992年,第45頁)中,元龍早年襲爵平舒男,墓誌稱“會北虜寇邊,烽燧時警,妙簡勛胄,以啓戎行。乃假君寧朔將軍,襲行北討。”元龍是宗室子弟,自然屬於“勛胄”,但並不是所有的勛胄都有資格參與重要戰事,而是需要通過“妙簡”這一過程,元龍也因爲“妙簡”,才算正式任官。此外,《元彝墓誌》(載趙超《漢魏南北朝墓誌彙編》,第226頁)載“孝明皇帝春秋富沖,敦上庠之學,廣延宗英,搜揚俊乂。王以文宣世子,幼緝美譽,參兹妙簡,入爲侍書。”元彝爲宗室,通過“妙簡”,被選拔入仕。

續表

姓 名	籍 貫	起家官	品 階	出 處
薛貴珎	河東汾陰	左前侍中士	正二命	《大隋使持節大將軍建興公薛使君墓誌銘》,《西安新獲墓誌集萃》
宇文愷	昌黎大棘	右侍上士	正三命	《周書》卷一九《宇文貴傳》
李威	隴西成紀	右侍上士	正三命	《周書》卷二五《李賢傳》
厙狄嶷	代郡	吏部上士	正三命	《周書》卷三三《厙狄峙傳》
裴師民	河東聞喜	秦王府記室參軍		《周書》卷三四《裴寬傳》
裴義宣	河東聞喜	譙王府記室參軍		《周書》卷三四《裴寬傳》
司馬孝仁	河内温縣	舍人上士	正三命	《周書》卷三六《司馬裔傳》
宇文神舉		中侍上士	正三命	《周書》卷四〇《宇文神舉傳》
樂運	南陽淯陽	夏州總管府倉曹參軍	正二命或正三命	《周書》卷四〇《樂運傳》

由表可知,北周時起家官多爲正三命,對應的北魏官品則爲正七品,這與九品中正制度中鄉品二品,多以官品七品或六品起家類似。① 以左右侍上士起家占到了 50%,其餘明確有品級記録的起家官中,還包括類似的左前侍中士、中侍上士等侍從類官職。《隋書・禮儀志》載左右中侍上士"掌御寢之禁,皆金甲,左執龍環,右執獸環長刀,並飾以金",左右侍上士"陪中侍之後,並銀甲,左執鳳環,右執麟環長刀",左右前侍"掌御寢南門之左右,並銀甲,左執師子環,右執象環長刀"。

從表中所見,無論是漢人士族還是鮮卑貴族,起家官多爲侍從禁衛之職,這與北魏以來的起家之制多有類似:"從道武帝時代起,名門子弟首先擔任天子的近侍,學習武

① 關於南北朝時期官品與鄉品對應關係的探討,從宫崎市定的《九品官人法研究》開始,幾十年來一直没有中斷過,如陳長琦先生認爲資品(即鄉品)與起家官品之間的確有聯繫,"西晉以後資品與起家官品大致相差四品"(參見氏著《官品的起源》第六章《資品與官品》,北京:商務印書館,2016 年,第 249 頁)。汪征魯先生在討論魏晉南朝鄉品與起家官品時,認爲"有一種在某些範圍上,在大致趨勢上的對應"(見氏著《魏晉南北朝選官體制研究》,福州:福建人民出版社,1995 年,第 357 頁)。閻步克先生認爲中正品與鄉品之間存在着對應和不對應的關係,對這種對應和不對應的關係進行了分析(見氏著《品位與職位——秦漢魏晉南北朝官階制度研究》,北京:中華書局,2002 年,第 334—348 頁)。李濟滄先生認爲鄉品與起家官品存在對應關係,"這種對應關係呈現出大致趨勢,相差四品應是一個大致的原則,有着上下的浮動"。(《六朝貴族的自律性問題——以九品官人法中鄉品與官品、官職的對應關係爲中心》,《文史哲》2016 年第 4 期,第 66—76、165 頁)此處不再一一贅述,總的來説,學界對於南北朝時期鄉品與起家官品之間的關係,至少都認爲有一定聯繫,但對於西魏、北周時期的鄉品與起家官品,關注並不多。

藝和政治,等待機會獲得好職務。"[①]孝文帝以後,實行挽郎起家制度:"其起家都是七品官,至於官名不同,大概是由於綜合考察門地上下的緣故。"[②]從品級對應程度來看,九品中正制度中起家官常爲官品七品的現象,在北周六官制度下,依然存在。

此外,"不限資蔭,唯在得人"的標準,也被嚴格地執行着。以上起家雖大多爲正三命,但卻多以各自才能見任,非爲家世所定。如柳旦柳肅兄弟,柳旦因"工騎射,頗涉書籍"起家左侍上士。而柳肅因"少聰敏,閑於占對",故起家齊王文學,後因周武帝賞識,拜宣納上士,才升爲正三命。令狐熙世爲西州豪右,卻"博覽群書,尤明《三禮》,善騎射,頗知音律",以通經的才能,起家吏部上士。宇文愷"少好學,頗解屬文,雜藝多通,尤精巧思"起家右侍上士。幾乎每一位起家正三命的官員,都有自己家世以外的才能被記録下來,從這一點來看,"得人"的標準,應當是北周選官所看重的。

最後,《六條詔書》稱"凡求賢之路,自非一途"。[③] 北周選人制度,不會局限於一種。魏晉以來,察舉制一直與九品中正制度並行,只是"從整個選官格局來看,九品中正制已經表現出明確的優遇士族的傾向並成了選官的主導因素,仕進諸途,遂不能超脱中正制度的制約……由察舉一途入仕者,自然不能不經過中正品第,於是在形式上,察舉也被納入了中正制度的支配範圍内"。[④] 但在北周,情況發生了變化,"北周政權所實施的察舉制度確實打破九品中正制的選官界限,不過這項選官制度並不是北周政權的主要選官途徑"。[⑤]

史書記載了北周的多次察舉,至少我們可以從中看出,北周統治者爲彌補九品論人中出現的"但取門資"現象做出了許多努力。如武帝平齊後,"己丑,詔山東諸州舉有才者,上縣六人,中縣五人,下縣四人,赴行在所,共論政治得失"。[⑥] 無論這條資料能否被解讀成舉明經或者其他,但武帝廣收有才者,不以門資作爲衡量人才水準的態度,卻是明確的。此外,《通典》有北周舉秀才、孝廉的記載:"至宣帝大成元年,詔州舉高才博學者爲秀才,郡舉經明行修者爲孝廉,上州、上郡歲一人。"[⑦]我們認爲,這種行爲只能説明北周統治者不以門資爲限的努力,而不能將其作爲未實行九品中正制度的依據。例如

---

① (日)宫崎市定著,韓昇、劉建英譯:《九品官人法研究》,第278頁。

② (日)宫崎市定著,韓昇、劉建英譯:《九品官人法研究》,第279頁。

③ 《周書》卷二三《蘇綽傳》,第388頁。

④ 閻步克:《察舉制度變遷史稿》,瀋陽:遼寧大學出版社,1991年,第152頁。

⑤ 黄壽成:《北周政權察舉制考釋》,《北京師範大學學報(社會科學版)》2016年第5期,第106—115頁。

⑥ 《周書》卷六《武帝本紀》,第103頁。

⑦ 《通典》卷一四《選舉二·歷代制》,第344頁。

北齊,在實施九品中正制度的同時,[①]“其大州、中州、下州,畿内,上郡、中郡,並三年之内各舉一人”,[②]可見察舉制度與九品中正制度之間並無矛盾,可以同時實施。

要而言之,《六條詔書》的實施,顯現出北周改革選官和選人制度,除家世以外,更注重其地方家族實力和個人的才能。[③]“不限資蔭”的決定在一定程度上打破了北魏以來九品中正制度唯家世論人的局面,但從表2來看,北周起家從而擔任官職的,絶大多數也都是地方士族或者軍事貴族,並且起家的官品與其家世、能力在某種程度上有一定的關聯。這種關聯,與九品中正制度中的鄉品和官品的聯繫十分相似,[④]而這也可以説是北周實施九品中正制度的證據之一。

那麽,爲何北周的九品中正制度會讓學界如此困惑,從而産生“北周是否有九品中正制度”這一問題和疑惑呢?

三、西魏北周中正本官變遷考

九品中正制度在實行的幾百年時間裏,並非一成不變。在中正評品標準方面,曹魏時期,家世和德行,都是九品論人所看重的標準。唐長孺先生指出,“制度初創之時,本以家世、才德並列,綜合二者定品,至少在曹魏時家世還不是定品的唯一標準”。[⑤]魏末西晉之際,中正評品最重要的標準仍然是品德。[⑥]西晉以降,由於士族的形成與門閥制度的確立,中正定品的標準才變成專重家世。[⑦]南朝時期,九品中正制度結合清議,進一步穩固士族地位。在寒人勢力興起之後,蕭梁時代通過與勛品制度、官班制度等結

---

① 北齊的九品中正制度,可參看(日)宫崎市定著,韓昇、劉建英譯:《九品官人法研究》第五章《北朝的官制與選舉制度》,第293—301頁。

② 《通典》卷一四《選舉二·歷代制》,第343—344頁。

③ 谷川道雄指出,《六條詔書》既是對門閥主義的否定,又非單純的能力主義。六朝時代的中央、地方行政官廳,通常由超脱政務的貴族出身的高官與專念於實務的非貴族僚屬構成。而詔書的意圖則在於樹立一種能活用此二階層之長處的新型官員形象。谷川之論,旨在説明《六條詔書》的頒布,並不是一味完全否定九品中正制度,而是希望在家世與能力之間,尋求一個平衡點,以此來建立長久的政治統治。參見(日)谷川道雄著,馬彪譯:《中國中世社會與共同體》第三編第二章《西魏“六條詔書”中的士大夫倫理》,上海古籍出版社,2013年,第182頁。原題爲《關於蘇綽的六條詔書》,載《名古屋大學文學部研究論集》史學15,1967年。

④ 鄉品與起家官的具體關係,可參看(日)宫崎市定:《九品官人法研究》第二章《魏晉的九品官人法》,第60—72頁。

⑤ 唐長孺:《論魏晉時期的變化》,《唐長孺文集》四《魏晉南北朝隋唐史三論》,北京:中華書局,2011年,第47頁。

⑥ 參見毛漢光:《從中正評品與官職之關係論魏晉南朝之社會架構》,《中研院歷史語言研究所集刊》第46本第4分,臺北:中研院歷史語言研究所,1975年,第600頁。

⑦ 參見張旭華:《九品中正制研究》,第134頁。

合，嚴格區分士庶，使九品中正制度發展到了一個新的高度。①

在九品中正制度中，中正的人選也是非常重要的一環。根據唐長孺先生的研究，魏晉時期，擔任州郡中正的主要條件有兩條，其一是必須與本人籍貫相符，其二是以現任中央官兼領，而且本人的鄉品必須爲二品。② 南朝時期，由於門閥制度的確立和譜學的興盛，中正也必須精通譜牒。③

北魏以降，九品中正制度也有其獨特的發展路徑。北魏分東、西兩魏，北齊承襲東魏，在九品中正制度上，北齊承襲舊制，"後齊制官，多循後魏"。④ 北齊之中正，依然與北魏相同，由中央朝官擔任，但已不是兼任的無品階官，而是將其納入了流內比視官序列："諸州大中正，第二不領人酋長，第一不領人庶長，視第五品。諸州中正，畿郡邑中正，第三領人酋長，第二領人庶長，視從第五品。""諸郡中正、功曹，清都郡主簿，視從第八品。"⑤這是中正第一次有了明確的品級。

西魏時期，出現了州大中正任職的地方化傾向，張旭華先生稱其爲"以他州刺史兼領他州大中正"、"以本州刺史兼任本州大中正"、"以郡太守、州刺史加官而爲本州大中正者"⑥。無論張先生所舉三者中的哪一種，都與北魏不同。西魏所有的州大中正，均在地方任職，不再由中央朝官兼任。

根據目前已知的北周幾則材料，我們可以考察一下北周中正任職出現的變化。

鑒於西魏北周存在時間短，這裏把西魏和北周放在一起進行討論。首先，在府兵制完全建立之前，即西魏大統十六年(550)前，任西魏中正的主要有以下數人：

楊紹：楊紹字子安，弘農華陰人也。祖興，魏新平郡守。父國，中散大夫。……(大統)四年，出爲鄜城郡守。紹性恕直，兼有威惠，百姓安之。稽胡恃衆與險，屢爲抄竊。紹率郡兵從侯莫陳崇討之，疋馬先登，破之於默泉之上。加帥都

① 參見張旭華：《九品中正制研究》第四章《南朝九品中正制的發展與流品制度的發達》，第273—374頁。關於南朝的九品中正制度，還有一點值得注意的是，南朝時期，門閥貴族在社會性和政治性上呈現出自律於皇權的特徵，在區別士庶之際，鄉品二品是尺規，而貴族自律於皇權的關鍵在於鄉品二品的授予權由中正而非皇權授予。參見李濟滄：《六朝貴族的自律性問題——以九品官人法中鄉品與官品、官職的對應關係爲中心》，《文史哲》2016年第4期，第66—76、165頁。

② 唐長孺：《九品中正制度試釋》，《唐長孺文集》一《魏晉南北朝史論叢》，第81—121頁。

③ 參見張旭華：《九品中正制研究》，第282—283頁。

④ 《隋書》卷二七《百官下》，北京：中華書局，1973年，第751頁。

⑤ 《隋書》卷二七《百官下》，第770頁。

⑥ 張旭華：《九品中正制研究》，第468—469頁。

督、驃騎、常侍、朔州大中正。①

崔彦穆:崔彦穆字彦穆,清河東武城人也,魏司空、安陽侯林之九世孫。曾祖顗,魏平東府諮議。……魏孝武西遷,彦穆時不得從。大統三年,乃與兄彦珍於成皋舉義,因攻拔滎陽,擒東魏郡守蘇淑。仍與鄉郡王元洪威攻潁川,斬其刺史李景(道)〔遺〕。孝武嘉之,拜鎮東將軍、金紫光禄大夫、滎陽郡守。四年,兼行右民郎中、潁川邑中正,賜爵千乘縣侯。②

辛威:辛威,隴西人也。祖大汗,魏渭州刺史。父生,河州四面大都督。及威著勛,追贈大將軍、涼甘等五州刺史。……(大統)十三年,遷車騎大將軍、儀同三司,驃騎大將軍、開府儀同三司,賜姓普(毛)〔屯〕氏,出爲鄜州刺史。威時望既重,朝廷以桑梓榮之,遷河州刺史,本州大中正。頻領二鎮,頗得民和。③

楊子昕:大統十年,歲在旅蒙,乃謁諸天子,命車騎大將軍、儀同三司、西兖州大中正、華山郡守、城陽縣開國公恒農楊子昕經始締構,别更列植青松二千餘根,堂廟顯敞,房廊肅穆。④

以上四人在西魏年間擔任中正的共同點是:第一,爲地方望族,如弘農楊氏、清河崔氏、隴西辛氏。第二,擔任地方刺史或者郡守,鎮守地方。⑤ 第三,除了楊子昕我們無法判斷以外,其他三人都是因事加封中正,以軍功爲主。

三人都爲地方望族,但並非靠家世而任中正。楊紹在擔任鄜城郡守時征討稽胡有功,崔彦穆於成皋起兵攻占滎陽郡,而辛威更是因"時望既重",於大統十三年後成爲西魏重要軍事將領。三人因軍功而得中正,説明此時的中正還有光耀家門的作用。《周書·辛威傳》載其"以桑梓榮之",遷河州刺史和本州大中正,可見中正一職在地方望族

---

① 《周書》卷二九《楊紹傳》,第500頁。

② 《周書》卷三六《崔彦穆傳》,第640頁。

③ 《周書》卷二七《辛威傳》,第447頁。

④ (清)王昶:《金石萃編》卷三七《華嶽頌》,又見《北京圖書館藏中國歷代石刻拓本彙編》〇〇八《華嶽廟碑》,鄭州:中州古籍出版社,1989年,第135頁。

⑤ 谷川道雄氏認爲,"在天下知名的大族之下,集結着堪稱各地中小貴族的階層,並通過這一階層將統一的意志傳達到各個村落,换言之,即散步於廣泛地域内的各個村落,以大小貴族爲聯結點,形成了網路"。"在這種方式下'村'的統合,就必然要與州、郡、縣地方行政系統發生關聯,這種統合力也就要轉化成地方行政權力。六朝時代的地方名族,被辟召爲州、郡、縣屬官幾乎成爲常例。或者就任爲刺史、守、令等長官,其例亦不勝枚舉"。見(日)谷川道雄著,馬彪譯:《六朝時期城市與農村的對立關係——從山東貴族的居住地問題入手》,收於《中國中世社會與共同體(增訂本)》,上海古籍出版社,2013年,第256頁。也正是在這種地方刺史、郡守由地方家族擔任的情況下,中正官的選拔同時出現了地方化現象,這也反映出地方與中央權力的博弈。

看來,具有一定的榮譽意義。

另外,楊紹和崔彦穆在大統四年(538)擔任中正時的本官中,不僅包含了鄜城郡守和榮陽郡守這樣的地方守職,還有常侍和右民郎中等中央官職。當然,在擔任本官的時候,他們肯定是在地方任職而不在中央。但到了大統十三年(547)之後,辛威就任河州大中正時,就不再有中央官職的本官了。

大統十六年(550),府兵制度建立前後,西魏北周任中正的主要有:

叱羅協:叱羅協本名與高祖諱同,後改焉。少寒微,嘗爲州小吏,以恭謹見知。恒州刺史楊鈞擢爲從事。……(大統)九年,除直閣將軍、恒州大中正,加都督,進爵爲伯,增邑八百户。尋遷大都督、儀同三司。①

王悦:王悦字衆喜,京兆藍田人也。……太祖初定關、隴,悦率募鄉里從軍,屢有戰功。……十四年,授雍州大中正、帥都督,加衛將軍、右光禄大夫、都督。率所部兵從大將軍楊忠征隨郡、安陸,並平之。②

崔猷:崔猷字宣猷,博陵安平人。……父孝芬,左光禄大夫、儀同三司,兼吏部尚書,爲齊神武所害。……屬大軍東征,太祖賜以馬輿,命隨軍,與之籌議。(大統)十七年,進侍中、驃騎大將軍、開府儀同三司、本州大中正,賜姓宇文氏。③

宗善:君諱士儒,字守樸,南陽人也。……曾祖善,周驃騎大將軍、儀同三司、大都督、安州大中正、齊興縣開國侯。祖預,周輔國將軍、中散帥都督、齊興縣開國侯。考達,皇朝驍騎尉、同州澄城縣令。④

府兵制度建立前後,這些中正的本官,逐漸從大統初年的地方刺史、郡守,轉變爲軍職加銜。西魏後期的中正,絶大多數都有府兵制中的戎秩銜,即有帥都督、大都督、都督等加銜,⑤戎秩以外,一般還有將軍號,這是典型的西魏北周雙授型封號,將軍號與戎秩

① 《周書》卷一一《叱羅協傳》,第178頁。

② 《周書》卷三三《王悦傳》,第579頁。

③ 《周書》卷三五《崔猷傳》,第615—616頁。

④ 趙力光主編:《西安碑林博物館新藏墓誌續編》四七《宗士儒墓誌》,西安:陝西師範大學出版總社有限公司,2014年,第143頁。

⑤ 參見谷霽光:《府兵制度考釋》,北京:中華書局,2011年,第46頁。

銜同時授予。[①] 叱羅協擔任恒州大中正時爲都督,王悦爲帥都督,崔猷爲驃騎大將軍、開府儀同三司。楊子昕於大統十年(544)任滎陽郡中正時,也有車騎大將軍、儀同三司的軍職。

宗善的安州大中正與其他職務,一來不能證明是否爲同時兼任,二來具體時間未詳。從墓誌記載來看,宗善在北周所任,除了中正和爵位,都是府兵制度中的戎秩。可見安州大中正的任職,與府兵制度的戎秩關係緊密,其子宗預爲"周輔國將軍、中散帥都督、齊興縣開國侯",[②]也是府兵制中的軍官。

此時的中正,與帥都督、大都督、都督等戎秩銜結合在一起,作爲地方鄉望的一種身份,成爲宇文氏籠絡地方、廣募豪右的手段。[③] 王悦家世不顯,據本傳所載,當爲地方豪强,所以才能"率募鄉里從軍",而且入軍後依然統率所部。他的雍州大中正,正是在經歷了"屢有戰功"後授予的。據此推測,府兵制度建立前後的這些中正任官,軍功成爲重要的選任標準之一。[④]

綜上所述,在中正本官變化方面,從北魏中正由中央朝官擔任,到西魏府兵制建立之前由地方郡守、刺史擔任,至府兵制度建立前後轉變爲府兵制下的戎秩官擔任,九品中正制度下的中正官任職,經歷了由中央到地方,再編入軍中的過程。北周的中正,已經成爲府兵系統下,地方豪右領兵之官的兼職。[⑤]

從目前資料來看,在北周擔任中正的官員,不一定還在行使其中正品人的權力,但中正作爲地方鄉望代表以及士族地位象徵的作用,卻被一直延續下來了。如《周書·

---

① 關於西魏北周雙授制度,可參看閻步克先生對軍號與散官雙授的考察(見氏著:《品位與職位——秦漢魏晉南北朝官階制度研究》,第482—499頁),另可參看熊偉:《北周府兵軍號階官化的政治過程與意義》(《山西師大學報(社會科學版)》2015年第6期,第84—88頁)對將軍號和戎秩銜雙授的考察。這樣的例子在史書中記載頗多,如梁昕"孝閔帝踐祚,進位驃騎大將軍、開府儀同三司"(《周書》卷三一《梁昕傳》);宇文盛"除馮翊郡守,加帥都督、西安州大都督、通直散騎常侍、撫軍將軍,增邑三百户"(《周書》卷二一《宇文盛傳》)等等。

② 趙力光主編:《西安碑林博物館新藏墓誌續編》四七《宗士儒墓誌》,第143頁。

③ 關於鄉兵和宇文氏"廣募豪右"的研究,可參看(日)谷川道雄著,李濟滄譯:《隋唐帝國形成史論》補編第四章《西魏二十四軍的成立與豪族社會》和第五章《府兵制國家論》内容,第325—355頁。谷川認爲"在當時的地方社會中,'郡望'之下有着多個的'豪右'層在活動,他們極大地支持了西魏政權"。這種聯繫加强了皇權對地方的控制。

④ 有學者指出,西魏以來的府兵制度主要承擔置收府兵、行軍征戰、入仕朝廷這三方面的軍事政治功能。具體可參看熊偉:《北周府兵軍號階官化的政治過程與意義》,《山西師大學報(社會科學版)》2015年第6期,第84—88頁。"入仕朝廷"的實現,極有可能是與中正的地方化有聯繫。

⑤ 北周時期的戎秩由府兵軍號發展得來,包括柱國、大將軍、開府儀同三司、儀同三司、大都督、帥都督、都督等。在府兵制度初創時期,擁有這些軍號的,就是實際上的領兵之官。參見熊偉:《西魏北周府兵制組織系統功能與作用分析》,《廣西社會科學》2012年第1期,第114—118頁。

辛威傳》載“朝廷以桑梓榮之，遷河州刺史，本州大中正”，[①]河州刺史和河州大中正，在這裏都成爲朝廷名器以慰士族的方式。[②]

四、北周中正的新變化

西魏至北周時期，中正的職能可能存在某種分離傾向。中正設置之初，其本職，或者説其最主要的功能，當然是品評人物，考核定品，也就是所謂“銓第等級”。[③] 這種職能到北魏依然存在，即“後魏州郡皆有中正掌選舉，每以季月，與吏部銓擇可否。其秀才對策，第居其上，表敘之”。[④] 具體而言，如韋崇先後擔任司州中正、河南邑中正，史載“頻居衡品，以平直見稱”，[⑤]可見北魏中正仍在行使品第人物的職能。

張旭華先生認爲，北魏中央系統的州郡中正職責主要有四：一是品第人物，二是列上本郡“方司格”，三是以“季月”參與吏部銓選，四是分定姓族。[⑥] 以上職能概括來説，都與士族人物有關。但除此以外，中正的人選長期被地方大族把持，無形之中，中正也有了提高家族聲望地位的功效。擔任中正，象徵着自己的家族，或者中正本人，在地方具有了一定的聲望和地位。北魏時期，許多寒門甚至宦官，在官運亨通之後，都有着擔任地方中正的經歷，如王仲興是趙郡南欒人，“父天德，起自細微，至殿中尚書。……仲興世居趙郡，自以寒微，云舊出京兆霸城，故爲雍州大中正”；[⑦]茹皓“舊吴人也……皓既宦達，自云本出雁門，雁門人諂附者乃因薦皓於司徒，請爲肆州大中正。府、省以聞，詔特依許”；[⑧]趙邕得寵，其父趙怡“以邕寵召拜太常少卿。尋爲荆州大中正”，趙邕寵冠一時，“以趙出南陽，徙屬荆，邕轉給事中、南陽中正，以父爲荆州大中正，乃罷”。[⑨] 因爲趙

① 《周書》卷二七《辛威傳》，第447頁。

② 窪添慶文在《魏晉南北朝時期地方官的本籍任用》一文中，也探討了北朝時期地方官本籍任用的現象，其中就有“因功業豐碩而任命”的例子，這與《周書·辛威傳》中“朝廷以桑梓榮之”的表述，是契合的。本籍任用的例子，“從北魏末年六鎮之亂到東西魏建立之初期的案例特别多”，也可見辛威案例不是孤例。見窪添慶文著，趙立新等譯：《魏晉南北朝官僚制研究》，上海：復旦大學出版社，2017年，第276頁。

③ 《通典》卷一四《選舉二》云：“魏氏革命，州郡縣俱置大小中正，各取本處人任諸府公卿及臺省郎吏有德充才盛者爲之，區别所管人物，定爲九等。其有言行修著，則升進之，或以五升四，以六升五；儻或道義虧闕，則降下之，或自五退六，自六退七矣。是以吏部不能審定覆天下人才士庶，故委中正銓第等級。”

④ 《通典》卷一四《選舉二》，第339頁。

⑤ 《魏書》卷四五《韋崇傳》，北京：中華書局，1974年，第1012頁。

⑥ 張旭華：《九品中正制研究》，第406頁。

⑦ 《魏書》卷九三《恩幸·王仲興傳》，第1996—1997頁。

⑧ 《魏書》卷九三《恩幸·茹皓傳》，第2000—2001頁。

⑨ 《魏書》卷九三《恩幸·趙邕傳》，第2003頁。

邕出自南陽,就要讓他做南陽中正,可見做南陽中正,乃是一種地位的象徵。

《魏書・恩幸傳》記載的大多數恩幸,在得寵後幾乎都争先恐後地去擔任無品級的中正一職。這種行爲當然不能用恩幸都想操縱地方士族人物品第來思考,從王仲興、茹皓等人的例子來看,較爲合理的解釋是:通過擔任中正這一職務,顯示出其本人,或者家族在當地具有一定的地位和聲望。再明確説,就是通過這一行爲標榜自己是地方大族。而這種形象的塑造,正是通過擔任中正這一職務來完成的。

品第人物和提高聲望,中正所具有的這兩種功能到西魏北周時期逐漸出現分離。其中原因,或與當時東西魏之争有關。邙山會戰後,大統九年(543)西魏"廣募關隴豪右,以增軍旅"。① 與此同時,大量的中正任職開始伴隨府兵制度下的戎秩一起出現,這應當是宇文氏將原本由中央朝官擔任的州大中正授予府兵制度下能統率鄉兵的"關隴豪右",以期得到他們的支持。② 宇文氏通過轉移中正選人職能,將州大中正的象徵符號授予地方,從而達到加强中央集權,籠絡地方豪右的目的。從現存史料來看,中正品第人物的職能,正在被逐漸弱化,選人的權力也逐漸被中央收回。王朝進而通過察舉、徵辟、恩蔭等方式,加强了中央在選人過程中的掌控力度。

北周察舉制的實施相當頻繁,如《周書・孝閔帝本紀》元年八月詔:

> 帝王之治天下,罔弗博求衆才,以乂厥民。今二十四軍宜舉賢良堪治民者,軍列九人。被舉之人,於後不稱厥任者,所舉官司,皆治其罪。③

建德三年(574)二月"令六府各舉賢良清正之人",④建德四年閏月"詔諸畿郡各舉賢良"。⑤ 閻步克先生認爲:"從大統十年(544)到開皇二年(582),不到四十年中,有記載的舉賢良之舉就有七次之多,看來以賢良求'牧民之才',在此期成爲慣例。"⑥

除察舉以外,恩蔭入仕做官之人在北周也頗多,如"(王羆)子慶遠,弱冠以功臣子

① 《周書》卷二《文帝本紀下》,第28頁。

② 從宇文氏集團軍力的來源來看,關隴地區地方豪右所謂的"義兵"、"義衆",有很大一部分均納入了府兵系統:"大統十二年及其稍後,曾經在關中、河東諸郡設置鄉兵,由當地大姓統率,這些分布諸郡的鄉兵以後可能并入府兵系統,成爲府兵中的鄉團"。(見唐長孺:《論南北朝的差異》,收録於《唐長孺文集》四《魏晉南北朝隋唐史三論》,第201頁)這與中正任職逐漸從中央朝官至地方刺史、郡守的時間上吻合。

③ 《周書》卷三《孝閔帝本紀》,第45頁。

④ 《周書》卷五《武帝本紀上》,第84頁。

⑤ 《周書》卷六《武帝本紀下》,第94頁。

⑥ 閻步克:《察舉制度變遷史稿》,第288頁。

拜直閣將軍”。[1] 建德六年正月甚至下詔:“自晉州大陣至於平鄴,身殞戰場者,其子即授父本官。”[2]可見至少入仕之門檻,對於這些功臣或以軍功爲恩蔭的子侄輩是較低的。這些人是否需要經過中正品評,目前還不得而知。

中正定品的記載在西魏北周較爲少見,但中正作爲地方士族聲望地位象徵的授官記録,卻比比皆是。最有名的當爲辛威,“威時望既重,朝廷以桑梓榮之,遷河州刺史,本州大中正”。[3] 授官河州刺史和河州大中正,其目的很明確,就是表彰其功勛。那麽在這裏,河州大中正與河州刺史一道,成爲榮譽的象徵,而實際是否發揮中正自身職能,便不再重要了。

此外,如《康敬本墓誌》提到的其曾祖康默爲北周甘州大中正:

> 君諱敬本,字延宗,康居人也。元封内遷家張掖郡。酋帥望重,播美□西。因地□□,派流不絶。……曾祖默,周甘州大中正。祖仁,隋上柱國、左驍衛三川府鷹揚郎將。[4]

康敬本爲粟特人,粟特人在河西走廊均有定居,墓誌稱在西漢年間就遷至張掖,雖無確證,但其爲外來家族没有任何問題。經過幾百年的地方經營,康氏在張掖已“望重”,北周時期,曾祖康默擔任了甘州大中正。榮新江先生指出,“此職例由地方世家豪族擔任,其爲左右甘州一方的人物,當不成問題。由此可見粟特人在張掖的勢力不弱”。[5] 榮先生從甘州大中正的任職入手,認爲康氏可以“左右甘州一方”。由此可見在中古社會,至少在西魏北周年間,州大中正的地方世家豪族的符號意義,是頗有象徵和代表性的。

由上文分析可知,也正是在北朝後期,宇文氏因爲邙山會戰的失敗,通過府兵制度的建立,將地方鄉兵納入國家系統中。谷川道雄指出,“府兵制就是國家權力侵入到州郡制社會,並在那裏確立集權性軍事機構的一個系統……説的極端一點,這也就是地方

---

① 《周書》卷一八《王羆傳》,第 292 頁。
② 《周書》卷六《武帝本紀下》,第 100 頁。
③ 《周書》卷二七《辛威傳》,第 447 頁。
④ 周紹良主編:《唐代墓誌彙編》咸亨○二九《大唐故康敬本墓誌銘》,第 530 頁。
⑤ 榮新江:《中古中國與外來文明》,北京:生活·讀書·新知三聯書店,2014 年,第 61 頁。

鄉黨社會的中央化”。[①] 也正如窪添慶文所言:“鄉兵從過去以地方統治力者爲主的組織,偏重與領導者有私屬連結之性質,轉化爲國家兵力,納入常態兵制裏。”[②]

伴隨地方社會的中央化,本由中央朝官兼任的州大中正一職,也因其作爲地方望族的象徵,而被宇文氏納入地方鄉黨社會之中,成爲地方鄉黨中央化的重要環節。與此同時,從中正身上剥離出來的選人職能,經由中央政府所在的吏部等部門整合,構成了北朝後期中央集權化的重要支柱。

值得注意的是,北魏時期出現了“軍前大中正”一職。如北魏《楊瑩墓誌》載:

> 君諱瑩,字玉起,秦州天水人也。入侍紫幃,出鄉名蕃。聖世高祖孝文南巡軍前大中正,選哲維仁,德並伊陟,遂除荆州長史。冶同緝熙,後除七陽太守。矛遠能邇宇宙寧謐,埋蘭根於天水,展芳柯於四海,直以西光易奄,東流難息,今在甘泉鄉華望里西三里吴公坂上,非山尤腳,以爲墓焉。[③]

由墓誌原文可知,楊瑩爲秦州天水人,在孝文帝南巡時擔任軍前大中正的官職,後除荆州長史,轉任七陽太守。孝文帝有三次南巡,首次在太和五年(481),即:“五年春正月己卯,車駕南巡。丁亥,至中山。親見高年,問民疾苦。”[④]這次南巡至中山而還。第二次在遷都的太和十七年(493):“(太和十七年八月)己丑,車駕發京師,南伐,步騎百餘萬。”[⑤]當年年底到達鄴,第二年即太和十八年(494)繼續南巡至洛陽。第三次南巡從太和二十一年(497)起直至其去世。墓誌落款時間爲“大魏大統七年(541)歲次辛酉十一月廿八日”,[⑥]楊瑩至少在大統七年已去世,楊瑩任軍前大中正之時至少應已經成年,故最有可能參加的南巡應是太和二十一年的那一次。

軍前大中正的職務到底是什麽呢?爾朱仲遠任徐州大行臺時曾上書云:“將統參佐,人數不足,事須在道吏僕以充其員。竊見比來行臺采募者皆得權立中正,在軍定第,斟酌授官。今求兼置,權濟軍要。”[⑦]由此,我們可以推測行臺有“權立中正”的權力,從

① (日)谷川道雄著,李濟滄譯:《隋唐帝國形成史論》,第317頁。
② (日)窪添慶文著,趙立新等譯:《魏晉南北朝官僚制研究》,上海:復旦大學出版社,2017年,第305頁。
③ 郭茂育等編:《新出土墓誌精粹(北朝卷)》,上海書畫出版社,2014年,第100頁。
④ 《魏書》卷七上《高祖本紀上》,第150頁。
⑤ 《魏書》卷七下《高祖本紀下》,第172頁。
⑥ 郭茂育等編:《新出土墓誌精粹(北朝卷)》,第101頁。
⑦ 《魏書》卷七五《爾朱仲遠傳》,第1666頁。

而使中正在軍隊中定立鄉品，行臺便可“斟酌授官”。① 據祝總斌先生的研究，宣武帝之前，北魏主要存在過兩種行臺，一種是北魏初年設置的地方行臺，如鄴行臺，不過幾年就撤去。另一種行臺，是隨駕出征、出巡的行臺。宣武帝景明四年後，逐漸演變成了由大臣出巡的地方行臺。②

據嚴耕望先生考證，行臺最早因軍事需求而設置，至少在北魏末年，已經開始涉及地方民事。③《魏書·楊椿傳》載，“詔椿以本官加侍中、兼尚書右僕射行臺，節度關西諸將，其統内五品已下、郡縣須有補用者，任即擬授”。④ 行臺對統内地方官員的直接除授，可以與上文爾朱仲遠上書所言相印證。《隋書·百官志》載北齊行臺之制：“行臺，在令無文。其官置令、僕射。其尚書丞郎，皆隨權制而置員焉。其文未詳。”⑤可見行臺的僚佐可以根據實際需求來設置。從性質上來看，行臺權立之中正，與軍前大中正都是臨時性的，或與軍事需求有關係。從職能來看，兩者都負責管轄範圍内官員的除授。據此我們可推測，在行臺的演變過程中，軍前大中正可能逐漸演變成了所謂的行臺“權立”之中正，即爾朱仲遠上書所云隨軍補充授官而立。或者軍前大中正的稱呼，可能就是行臺所立之中正的名稱。

據前引《楊瑩墓誌》，軍前大中正一職最遲在孝文帝南巡之時即已有之。在北魏末年戰亂頻繁時，各地行臺紛紛“權立中正”，從而保障軍中的官員除授。從這點來看，至少經中正授品，而後除官的程式依然得到了遵守。至於中正的人選、除授人員的品第，限於史料，目前尚難得其詳細。⑥

綜上所述，出於軍事行動的便利和選拔人才的目的，西魏北周可能在軍中設置了類似“軍前大中正”的軍職來隨軍定第。《楊瑩墓誌》云“聖世高祖孝文南巡軍前大中正，選哲維仁，德並伊陟”，可見楊瑩擔任“軍前大中正”，起到了“選哲維仁”的作用，同時也

---

① 當然，從權力來源看，行臺所立之中正，可能更接近於北朝地方系統之州都、郡縣中正，由刺史或太守自行辟任，屬於府屬僚佐類型。

② 祝總斌：《關於北魏行臺的兩個問題》，《材不材齋文集——祝總斌學術研究論文集（下編）》，西安：三秦出版社，2006年，第322—336頁。

③ 參見嚴耕望：《中國地方行政制度史：魏晉南北朝地方行政制度史》第十二章《魏末北齊地方行臺》，第799—815頁。

④ 《魏書》卷五八《楊椿傳》，第1287—1288頁。

⑤ 《隋書》卷二七《百官中》，第759頁。

⑥ 根據張鶴泉先生對於行臺的研究，似乎行臺之僚佐中並没有中正任職，可參看張鶴泉：《北魏後期行臺僚佐考略》，《社會科學戰綫》2007年第6期，第122—129頁。但根據本節所引楊瑩及爾朱仲遠之例，似可認爲行臺中有中正任職。

説明該職並非虚職。《周書》卷三《孝閔帝本紀》載元年八月甲午詔云,“今二十四軍宜舉賢良堪治民者,軍列九人。被舉之人,於後補稱厥任者,所舉官司,皆治其罪”。可見,北周的二十四軍府是有推薦人才之權的。這種軍隊與地方同有舉賢良權力的方式,進一步表明,在北周,軍府與地方可能存在同類型的地方行政僚屬,如“軍前大中正”可類比“州大中正”或“郡中正”。

五、結　語

根據現存史料來看,墓誌、造像銘等金石材料中所記載的北周中正,部分内容真實可信。傳世文獻中北周中正的缺載,固然因爲北周存世時間較短,更爲重要的是西魏北周時期,中正自身的職能已開始發生變化,品評人物的職能逐漸被削弱。九品中正制度中最重要的中正品人功能,已然被察舉、徵辟、恩蔭等其他選人制度侵蝕。中正這一職位,從中央朝官兼任,到地方官兼任,再到府兵系統中由地方豪右兼任,逐漸從選人制度中退出歷史舞臺。

閻步克先生曾談道:“在北魏末到東西魏,門閥化了的洛陽權貴受到重創,戰亂中一大批軍功新貴湧入了統治階層。值此之時,中古文號、軍號、清官、濁官的品位秩序,再一次面臨猛烈衝擊。”①在這樣的形勢下,西魏北周中正的地位和作用自然無法等同於北魏或者南朝。基於當前史料,我們或許可以確定,北周的中正稱號依然存在,但實際作用已不能和北魏相提並論。

西魏北周時期,府兵制度逐漸建立。從中央到地方,宇文氏通過“廣募豪右”的方式,建立起穩固的政權。在這一過程中,中正作爲地方士族、豪右地位的象徵,首先在大統年間被用來授予地方刺史或者地方豪右。到大統末至北周初年,逐漸被納入府兵系統,作爲府兵戎秩的加銜,用以彰顯地方豪右的家族地位。不過從“軍前大中正”和行臺中正的設置推測,中正在納入府兵系統後,仍在某一時期内行使着軍中品人的職能。

---

① 閻步克:《波峰與波谷:秦漢魏晉南北朝的政治文明(第二版)》,北京出版社,2017年,第199頁。

《魏晋南北朝隋唐史資料》第四十輯
2019 年 11 月,163—187 頁

關於唐代明堂禮的一些問題*

吴麗娱

古代明堂祭祀是祭天典禮的一項重要内容,且明堂從來與郊祀並重,由此成爲經學史上最集中的問題之一,爲歷代禮家和學者矚目。唐朝明堂由於建成於武則天時,故關注者尤多。近來讀到吕博討論明堂設計與武則天借助明堂、利用佛教僞經打造帝王形象的文章,使人深受啓發。① 特别是論證唐朝明堂關於五室、九室設計理念的争議與"六天説"、"一天説"及《顯慶禮》編纂之關係,可以認爲是揭示了唐朝明堂禮争議的本質。但是明堂禮既涉及天帝觀念的統一,就有必要對導致其觀念變革的禮制本身進行深入探討。考慮到明堂祭祀於高、武之際引起矛盾最多,且始終是以五方帝的處置爲根本,但此禮沿革取捨的綫索在前人的研究中却不够明晰;故本文即試從這一時期的相關禮制論争入手,討論其制度變革之來源、經過及與唐現時禮法制作之關係,由此進一步追溯明堂禮的演變及其對《開元禮》確立郊天原則的意義和影響。

一、唐朝明堂禮争議的出現和緣起

關於明堂形制問題的討論史料記載最早出現於貞觀中。而高宗永徽二年(651)七月,頒布詔書,用"是知五精降德,爰應帝者之尊;九室垂文,用紀配天之業"的説法暗示了明堂建設中五室、九室的兩種不同理念,同時宣命所司與禮官學士等"考覈故事,詳議得失,務依典禮,造立明堂","其明堂制度令諸曹尚書及左右丞、侍郎、太常、國子監、秘書官、弘文館學士同共詳議"。② 於是明堂五室、九室的辯論從此開始。五室意味五

---

* 本文爲國家社科基金重點項目《大唐開元禮校勘整理與研究》(15AZS001)階段性成果。

① 吕博:《唐初明堂設計理念的變化》,武漢大學中國三至九世紀研究所編:《魏晋南北朝隋唐史資料》第 37 輯,上海古籍出版社,2018 年,第 115—130 頁;吕博:《明堂建設與武周的皇帝像——從"聖母神皇"到"轉輪王"》,《世界宗教研究》2015 年第 1 期,第 42—58 頁。相關明堂論著並見其文介紹,此不具列。

② 《唐會要》卷一一《明堂制度》,上海古籍出版社,1991 年,第 314—315 頁。

精帝或曰五方帝各居其一,而九室以像九州,衹能由一帝居中而統。因此誠如吕博所言,五室還是九室的争議,其實還是根源於對六天説和一天説的抉擇。《舊唐書·禮儀志》説其時"太常博士依鄭玄義,以爲明堂之制,當爲五室;内直丞孔志約據《大戴禮》及盧植、蔡邕等義,以爲九室",以至"諸儒紛争,互有不同"。而高宗雖"初以九室之議爲是",但到了明年六月,"内出九室様,仍更令有司損益之",而有司再根據内様提出設計規劃時,却導致了更多的争論——"此後群儒紛競,各執異議",於是高宗又"以五室爲便,議又不定,由是且止"。[①] 可見至少在永徽中,皇帝還是比較贊同構建祭祀五方帝的五室,而君臣於此亦尚未形成定見。

1. 明堂配祀問題的起因和理論來源

五室和九室的争議既然立場不同,自然意味着對堅持鄭玄理論的懷疑和動摇。而在此之後,我們就看到了《舊唐書·禮儀志》一所載顯慶元年(656)太尉長孫無忌與禮官等的奏議:

> 臣等謹尋方册,歷考前規,宗祀明堂,必配天帝,而伏羲五代,本配五郊,預入明堂,自緣從祀。今以太宗作配,理有未安。伏見永徽二年七月,詔建明堂,伏惟陛下天縱聖德,追奉太宗,已遵嚴配。時高祖先在明堂,禮司致惑,竟未遷祀,率意定儀,遂便著令。乃以太宗皇帝降配五人帝,雖復亦在明堂,不得對越天帝,深乖明詔之意,又與先典不同。
>
> 謹案《孝經》云:"孝莫大於嚴父,嚴父莫大於配天。昔者周公宗祀文王於明堂,以配上帝。"伏惟詔意,義在於斯。今所司行令,殊爲失旨。又尋漢、魏、晋、宋歷代禮儀,並無父子同配明堂之義。唯《祭法》云:"周人禘嚳而郊稷,祖文王而宗武王。"鄭玄注云:"禘、郊、祖、宗,謂祭祀以配食也。禘謂祭昊天於圓丘,郊謂祭上帝於南郊,祖、宗謂祭五帝、五神於明堂也。"尋鄭此注,乃以祖、宗合爲一祭,又以文、武共在明堂,連衽配祀,良爲謬矣。故王肅駁曰:"古者祖有功而宗有德,祖、宗自是不毁之名,非謂配食於明堂者也。審如鄭義,則《孝經》當言祖祀文王於明堂,不得言宗祀也。凡宗者,尊也。周人既祖其廟,又尊其祀,孰謂祖於明堂者乎?"鄭引《孝經》以解《祭法》,而不曉周公本意,殊非仲尼之義旨也。又解"宗武王"云:"配勾芒之類,是謂五神,位在堂下。"武王降位,失君叙矣。

① 《舊唐書》卷二二《禮儀志》二,北京:中華書局,1975年,第853—862頁。

又案《六韜》曰:"武王伐紂,雪深丈餘,五車二馬,行無轍迹,詣營求謁。武王怪而問焉,太公對曰:'此必五方之神,來受事耳。'遂以其名召入,各以其職命焉。既而克殷,風調雨順。"豈有生來受職,殁則配之,降尊敵卑,理不然矣。故《春秋外傳》曰:"禘、郊、祖、宗、報五者,國之典祀也。"《傳》言五者,故知各是一事,非謂祖、宗合祀於明堂也。

臣謹上考殷、周,下洎貞觀,並無一代兩帝同配於明堂。南齊蕭氏以武、明昆季並於明堂配食,事乃不經,未足援據。又檢武德時令,以元皇帝配於明堂,兼配感帝。至貞觀初緣情革禮,奉祀高祖配於明堂,奉遷世祖專配感帝。此即聖朝故事已有遞遷之典,取法宗廟,古之制焉。

伏惟太祖景皇帝構室有周,建絶代之丕業;啓祚汾、晉,創歷聖之洪基。德邁發生,道符立極。又世祖元皇帝潛鱗韞慶,屈道事周,導濬發之靈源,肇光宅之垂裕。稱祖清廟,萬代不遷。請停配祀,以符古義。伏惟高祖太武皇帝躬受天命,奄有神州,創制改物,體元居正,爲國始祖,抑有舊章。昔者炎漢高帝,當塗太祖,皆以受命,例並配天。請遵故實,奉祀高祖於圓丘,以配昊天上帝。伏惟太宗文皇帝道格上元,功清下瀆,拯率土之塗炭,協大造於生靈,請準詔書,宗祀於明堂,以配上帝。又請依武德故事,兼配感帝作主。斯乃二祖德隆,永不遷廟;兩聖功大,各得配天。遠協《孝經》,近申詔意。①

這篇奏議也見於《通典》,②繫年相同,而文字略有簡化。看得出是針對明堂的配祀問題,請求將原來貞觀所行高祖、太宗並配明堂的制度,改爲以太宗獨配。這一問題雖然不是關乎五方帝本身,但説明在形制之外,相關明堂禮法争議却是從配帝開始。可見這個問題對明堂影響很大,且因涉及祭祀的根本理念而由來深遠,故在討論這篇奏議之前,有必要先解釋一下它的起因和來源。

據前人所論,古禮祭天有着王者事天事父的雙重含義,作爲最高統治者的天子不僅代表國民,也代表其自身的家族,故以何祖爲配,始終是漢魏以降祭天禮中根本性的問題。《孝經》言:"人之行,莫大於孝,孝莫大於嚴父,嚴父莫大於配天,則周公其人也。昔者周公郊祀后稷以配天,宗祀文王於明堂,以配上帝。(下略)"③這裏后稷爲周之始

① 《舊唐書》卷二一《禮儀志》一,第821—823頁。
② 《通典》卷四四《大享明堂》,1988年,北京:中華書局,第1222—1223頁。
③ 《孝經注疏》卷五,《十三經注疏》,北京:中華書局,1980年,第2553頁。

祖,而文王是周受命之祖,也是周公之父,兩者分配郊祀和明堂。兩漢無始祖,漢武帝初於泰山建明堂,元封五年(公元前106)三月增封泰山,"甲子,祠高祖於明堂,以配上帝"。太始四年(公元前93)三月再行幸,壬午,先"祀高祖於明堂",癸未,復"祀孝景皇帝於明堂"。① 後者大約是依《孝經》嚴父之説而爲之。但平帝時,依照王莽建議恢復南北郊,按《孝經》原則所定祭天禮便是"郊祀高祖以配天,宗祀孝文以配上帝"。② 自後至東漢光武帝,仍"採元始中故事"以高祖配天。至漢明帝改以光武帝配明堂,基本實現了《孝經》以始祖郊祀配天,以受命祖明堂配上帝的宗旨。③ 而這裏的上帝,即被鄭玄解作五帝。

兩漢制度形成後,對後世仍深有影響。如曹魏文帝黄初二年(221)正月,郊祀天帝明堂。明帝太和元年(227)正月丁未,"郊祀武皇帝(曹操)以配天,宗祀文皇帝(曹丕)於明堂以配上帝"。史稱"是時二漢郊禋之制具存,魏所損益可知也"。④ 不過,之後的明堂配祀也往往依違於受命帝或在位帝父二者之間。如晉武帝泰始二年(266)正月因有司議奏,"明堂南郊,宜除五帝之坐。五郊改五精之號,皆同稱昊天上帝,各設一坐而已"而"帝悉從之";故二月丁丑,"郊祀宣皇帝以配天,宗祀文皇帝於明堂,以配上帝"。此"文皇帝"司馬昭乃武帝父而並非受命帝。太康十年(289)十月下詔,以爲"往者衆議除明堂五帝位,考之禮文正經不通"。且由於"宣帝以神武創業,既已配天,復以文皇帝配天,於義亦不安",故詔令"其復明堂及南郊五帝位",可想而知,配祀明堂者仍是武帝之父司馬昭。宋武帝永初三年(422)九月定以高祖武皇帝配天郊,但孝武帝大明五年(461)四月庚子,下詔"依漢汶上圖儀,設五帝位,太祖、文皇帝對饗"。次年正月,"世祖親奉明堂,祠祭五時之帝,以文皇帝配,是用鄭玄議也。"⑤是從開國受命帝的獨配,變爲與在位皇帝父並配,最終改以在位皇帝父獨配。

馬端臨關於郊、丘和明堂有"此三祭者,必皆有祖考可配,而後可以舉事","是以配天之祀,必俟奕世之後,又復上取之遥遥華胄以足之,然後可以行禮耳"的評議。⑥ 因此

① 《漢書》卷六《武帝紀》,北京:中華書局,1962年,第196、207頁。

② 《漢書》卷一二《平帝紀》元始四年春正月,第356頁。

③ 分見《續漢書·祭祀志》上、中,《後漢書》,北京:中華書局,1965年,第3159、3181頁。以上參見陳壁生:《鄭玄與中國的經史傳統——以"圜丘"禮爲例》,清華大學道德與宗教研究院、清華大學歷史系舉辦"禮制與漢傳佛教社會生活"會議論文,2019年4月7日。

④ 《宋書》卷一六《禮志》三,北京:中華書局,修訂本,2018年,第458頁。

⑤ 分見《宋書》卷一六《禮志》三,第461—462、471—472頁。

⑥ 《文獻通考》卷七〇《郊社考》三,北京:中華書局,1986年,第631頁。

歷代明堂配祀固亦受帝王家族根基和祖宗條件的影響。又東晉孫耆之解釋《孝經》説:“郊以配天,故配之以后稷;明堂祀帝,故配之以文王。由斯言之,郊爲皇天之位,明堂爲上帝之廟。故徐邈以配之爲言必有神主,郊爲天壇,則明堂非文廟矣。”①意謂郊祀、明堂分祭皇天和上帝,文王僅是作配而非主祭對象。但按照這樣的邏輯,則明堂爲五帝主場的原則是基本不變的,此即所謂“用鄭玄議也”。而事實上北朝明堂禮雖未建成,但南朝宋孝武帝创建後,齊、梁、陳都接受了專祀上帝——五帝的通規,梁武帝並建立了五帝(五天帝、五精帝)——五人帝——五官的祭祀系統。②

不過對配帝如何取則的認識却始終不一致。這是因爲“宗祀文王於明堂以配上帝”衹是《孝經》的説法,若按《禮記·祭法》言禘、郊、祖、宗,則有“祖文王而宗武王”之説,其言在鄭玄即解釋爲“禘、郊、祖、宗,謂祭祀以配食也。……祭五帝五神於明堂曰祖、宗,祖、宗通言爾”;並有“郊祭一帝,而明堂祭五帝,小德配寡,大德配衆”的區别。③這樣就提供了明堂祭五帝以祖、宗並配的依據。所以杜佑也在“周制,季秋大享於明堂,宗祀文王以配上帝”之下加注釋説:

> 謂祀昊天上帝。先儒所釋不同。若以祭五帝,則以天帝皆坐明堂之中,以五人帝及文王配之,五官之神坐於庭中,以武王配之,通名曰祖宗,故云“祖文王而宗武王”。文王爲父,配祭於上;武王爲子,配祭於下。如其所論,非爲通理。但五神皆生爲上公,死爲貴神,生存之日,帝王饗會,皆須升堂。今死爲貴神,獨配於下,屈武王之尊,同下坐之義,爲不便。意爲合祭五帝於明堂,唯有一祭,《月令》所謂九月大饗帝於明堂也。五帝及神俱坐於上,以文武二祖,汎配五帝及五神而祭之。以文王配祭五帝,則謂之祖,以武王配祭五神,則謂之宗。明二君同配,故《祭法》云“祖文王而宗武王”。夫祖者始也,宗者尊也,所以名祭爲始尊者,明祭之中有此二義。④

① 《通典》卷四四《大享明堂》,第1218頁。

② 《隋書·禮儀志》一言陳明堂安六座,“四方帝各依其方,黄帝居坤維,而配享坐依梁法”(北京:中華書局,修訂本,2019年,第136頁);《通典》卷四四《大享明堂》言“陳祀昊天上帝、五帝於明堂”(第1220頁),但又言堂制中央六間,依前代安六座,則無昊天之座,疑《通典》有誤。按關於南朝明堂,參見牛敬飛:《經學與禮制的互動:論五精帝在魏晉南朝郊祀、明堂的發展》,《文史》2017年第4輯,第132—136頁。

③ 《禮記正義》卷四六《祭法》,《十三經注疏》,北京:中華書局,1980年,第1587—1588頁。

④ 《通典》卷四四《大享明堂》,第1215頁。

這裏杜佑解釋《孝經》所説季秋大享,有祭昊天上帝和五方帝的不同。其中對五方帝的祭祀,就全然用了鄭玄釋《祭法》,以文、武二祖“汎配五帝及五神而祭之”的説法。這一點,顯然與貞觀曾採用高祖、太宗並配明堂之制有關。

而在宋孝武帝之後,再次採用過這一並配之法的是南齊。史載隆昌元年(494),“有司奏,參議明堂,咸以世祖(武帝)配”。但國子助教謝曇濟即據《祭法》和鄭注提出“宜祖宗兩配,文、武雙祀”。當時還有助教徐景嵩、光禄大夫王逡之等提出宜以世宗文皇帝(即文惠太子)配。祇是祠部侍郎何佟之認爲“周之文、武,尚推后稷以配天,謂文皇宜推世祖以配帝。雖事施於尊祖,亦義章於嚴父焉”,即應以世祖配明堂。左仆射王晏議,也以爲若按照鄭玄的祖、宗之義,則有功德而獲尊稱的歷代配帝,何止於二?所以“今殷薦上帝,允屬世祖,百代不毀,其文廟乎”!即認爲世祖相當周文王,故詔可其奏而以世祖定讞。①

但何佟之上述意見恐怕是出自齊初在位衹有二帝,世宗文皇帝僅從文惠太子追尊,未實際在位的現實考慮。所以至永元二年(500),其本人就一改先前之見。他以鄭玄解《祭法》爲言,贊同並配,批評漢明帝以來明堂無兼配之祀的不合理。提出:“竊謂先皇宜列二帝於文祖,尊新廟爲高宗,並世祖而泛配,以申聖主嚴父之義。先皇於武皇,倫則第爲季,義則經爲臣,設配饗之坐,應在世祖之下,並列,俱西向。”所説先皇、高宗均指新去世的明帝,其意乃是主張將高宗與世祖並配明堂。而針對他人關於《孝經》明堂配祀不言武王的質疑,他的回答是“《孝經》是周公居攝時禮,《祭法》是成王反位後所行,故《孝經》以文王爲宗,《祭法》以文王爲祖”,認爲《孝經》所説“孝莫大於嚴父配天”也是從周公而言,若從成王則爲嚴祖,何得云嚴父?並引《詩》和《國語》之語及韋昭論證明其觀點,解釋鄭注《祭法》的“祖、宗通言耳”,以及鄭注《詩經》“昊天有成命,二后受之”的“二后”乃“文、武也”的看法。他提出:

> 且明堂之祀,有單有合。故鄭云“四時迎氣於郊,祭一帝,還於明堂,因祭一帝,則以文王配”。明一賓不容兩主也。“享五帝於明堂,則泛配文武。”泛之爲言,無的之辭。其禮既盛,故祖、宗並配。

意思是將四時迎氣與明堂祭五帝分爲單、合兩種,前者迎氣衹祭一帝,故僅配以文王;後

① 《南齊書》卷九《禮志》上,北京:中華書局,修訂本,2017年,第138—139頁;下同,引文並見第140頁。

者因饗五帝，所以便“泛配文武”而行祖、宗並配。於是朝廷“參議以佟之爲允，詔‘可’”，而果然實行了明堂的並配，這可以説是唐永徽明堂行並配之制的先行。

另外，前述諸朝無論行獨配抑或兼配，在定配帝之後，其變化不甚明顯。但由於何佟之發揮《孝經》的嚴父之説，肯定嚴父一稱是從在位帝王出發的意義，所以南齊的並配，已採用了“先皇”的配祀。而到了陳朝明堂，就有“武帝時，以德帝配；文帝時，以武帝配；廢帝已後（《通典》卷四四無“已後”二字），以文帝配”的變化，[①]即配帝隨皇帝更替而變。這一做法，同樣可視作後來唐制之濫觴。

但弄清唐朝明堂的配祀，還要從隋制出發。《隋書·禮儀志》一載隋文帝祀昊天上帝於圜丘、祀感帝於南郊以及祀皇地祇、神州皆以太祖武元皇帝配。至大業元年（605），孟春祀感帝、孟冬祀神州，改以高祖文帝配。[②] 另自開皇十三年（593）議建明堂，大業中又因宇文愷造《明堂議》及樣而煬帝下詔再議，但均無結果。“終隋代，祀五方上帝，止於明堂，恒以季秋在雩壇上而祀。”“人帝各在天帝之左。太祖武元皇帝在太昊南，西向。五官在庭，亦各依其方。”[③]這樣隋代郊祀雖從一祖增爲二祖，但明堂配祀以祖不以父，且與圜丘不分。這可能是因爲北朝明堂祭祀未曾實行，故理論上尚未能打通漢魏，更未能吸收南朝之故。

而《舊唐書·禮儀志》一記載的武德初定令，冬至及孟夏雩祀昊天上帝於圓（圜）丘、夏至祀皇地祇於方丘、孟冬祭神州於北郊都由景帝（太祖）配，孟春祈穀祀感帝於南郊和季秋祀五方上帝於明堂則是由元帝（世祖）配，基本依從隋代。但以世祖而非太祖配明堂，已經開始接近《孝經》與“元始故事”。貞觀初，“詔奉高祖配圜丘及明堂北郊之祀，元帝專配感帝，自餘悉依武德”。[④] 由於將開國受命帝高祖加入配圜丘及明堂北郊，故減少了景帝的配祀，並使元帝專配感帝。儘管如此，明堂以高祖配仍是按《孝經》的以父獨配之則。至永徽二年，明堂纔改成上述以高祖和太宗——即以祖、父分配五天帝和五人帝的做法，由於這一做法是吸收了鄭玄按《祭法》的並配原則，所以仍可以認爲是並不違背武德、貞觀以來的北朝理念。

但這樣做的結果，是太宗的權威和重要性得不到突出，加之這時唐配祀之祖已增爲四人，人數過多，且既有遠祖，又有近祖，性質、理念不一。而明堂的獨配、兼配涉及經學

---

① 《隋書》卷六《禮儀志》一，第136頁；《通典》卷四四《大享明堂》，第1220頁。

② 《隋書》卷六《禮儀志》一，第131、133頁。

③ 《隋書》卷六《禮儀志》一，第136頁。

④ 《舊唐書》卷二一《禮儀志》一，第819—821頁。

理念的分歧,意味着唐朝廷必須就郊祀的配帝問題作出選擇,顯慶元年長孫無忌的奏文正是針對這一點提出解決的方案。

而按長孫無忌等的提議,一是完全取消唐初以來景帝和元帝爲主的配祀,以高祖配祀昊天、太宗配祀明堂取而代之,從而以王朝創建爲基準,建立了以受命之祖取代始封之祖配天,以有功業之父配祀明堂的唐朝新規。其二者地位,實即相當於周之文、武,雖然奏議説明對景帝、元帝的安排是“稱祖清廟,萬代不遷”,但按宗廟組成而言,太祖之外,真正因“殊功異德”而可當不毀之廟的衹能是高祖和太宗,故高祖、太宗分工主配不僅是結合漢魏經學傳統打造了配天格局,也等於爲有唐一代的太廟定下基調。

二是從明堂的角度講,太宗以“嚴父”專配,更符合《孝經》的基本精神。故以獨配而放棄和否定永徽初以父祖並配,等於在理論上服膺《孝經》而摒棄《祭法》和鄭注,這是對經學理論的新抉擇,也是顯慶定禮的一個明確認識。不僅如此,因“嚴父”概念的深入,故從貞觀到顯慶,明堂以當朝皇帝之父配祀已漸成定格。雖然高宗乾封至武則天,明堂又行並配之法(詳下),但中宗以高宗、玄宗以睿宗配明堂均可説明。玄宗以睿宗配明堂也寫入《大唐開元禮》,成爲永久的指南。而唐後期也有代宗以肅宗、憲宗以順宗、穆宗以憲宗配明堂之記載,可見以皇父配明堂始終未變。[1]

因此總的來看,明堂配帝雖由太宗的去世行並配之制,但於顯慶初改行獨配之法。這之中,已經開始了對鄭玄用《禮記·祭法》行並配原則的批判,並引用了王肅關於祖宗配祭明堂的駁論。雖然,經長孫無忌等所定基本依從《孝經》原理,但也非絶對,如皇父配明堂就是接受了南朝制度,而顯慶的定制也可以説是對漢魏至南朝以來制度的吸收和總結。由此開始,唐朝的明堂祭祀改革纔可謂是真正拉開帷幕。

2. 明堂五方帝的取締及其時間辨析

對於明堂制度的進一步改革就是直接針對祭祀的主神——五方帝。此事被《舊唐書·禮儀志》一記在上條奏議之後:

(顯慶)二年七月,禮部尚書許敬宗與禮官等又奏議:“據《祠令》及《新禮》,並用鄭玄六天之義,圜丘祀昊天上帝,南郊祭太微感帝,明堂祭太微五帝。謹按鄭玄此義,唯據緯書,所説六天,皆謂星象,而昊天上帝,不屬穹蒼。故注《月令》及《周

① 《唐會要》卷一二《饗明堂議》,上海古籍出版社,1991 年,第 335 頁;並參《大唐開元禮》卷一〇《皇帝季秋大享於明堂·進熟》,北京:民族出版社,2000 年,第 77 頁。

官》,皆謂圜丘所祭昊天上帝爲北辰星曜魄寶。又説《孝經》'郊祀后稷以配天'及明堂嚴父配天,皆爲太微五帝。考其所説,舛謬特深。按《周易》云:'日月麗於天,百穀草木麗於地。'又云:'在天成象,在地成形。'足以明辰象非天,草木非地。《毛詩傳》云:'元氣昊大,則稱昊天。遠視蒼蒼,則稱蒼天。'此則天以蒼昊爲體,不入星辰之例。且天地各一,是曰兩儀。天尚無二,焉得有六?是以王肅群儒,咸駁此義。又檢太史《圜丘圖》,昊天上帝座外,别有北辰座,與鄭義不同。得太史令李淳風等狀,昊天上帝圖位自在壇上,北辰自在第二等,與北斗並列,爲星官内座之首,不同鄭玄據緯書所説。此乃羲和所掌,觀象制圖,推步有徵,相沿不謬。

"又按《史記·天官書》等,太微宫有五帝者,自是五精之神,五星所奉。以其是人主之象,故況之曰帝,亦如房心爲天王之象,豈是天乎!《周禮》云:'兆五帝於四郊。'又云:'祀五帝則掌百官之誓戒。'唯稱五帝,皆不言天。此自太微之神,本非穹昊之祭。又《孝經》唯云'郊祀后稷',無别祀圜丘之文,王肅等以爲郊即圜丘,圜丘即郊,猶王城、京師,異名同實。符合經典,其義甚明。而今從鄭説,分爲兩祭,圜丘之外,别有南郊,違棄正經,理深未允。且檢《吏部式》,唯有南郊陪位,更不别載圜丘。式文既遵王肅,祠令仍行鄭義,令、式相乖,理宜改革。

"又《孝經》云'嚴父莫大於配天',下文即云:'周公宗祀文王於明堂,以配上帝。'則是明堂所祀,正在配天,而以爲但祭星官,反違明義。又按《月令》:'孟春之月,祈穀於上帝。'《左傳》亦云:'凡祀,啓蟄而郊,郊而後耕。故郊祀后稷,以祈農事。'然則啓蟄郊天,自以祈穀,謂爲感帝之祭,事甚不經。今請憲章姬、孔,考取王、鄭,四郊迎氣,存太微五帝之祀;南郊明堂,廢緯書六天之義。其方丘祭地之外,别有神州,謂之北郊。分地爲二,既無典據,理又不通,亦請合爲一祀,以符古義。仍並條附式令,永垂後則。"①

據此是顯慶二年高宗由許敬宗直接展開了對鄭玄六天説的批判。涉及者既含圜丘南郊,又有明堂。目標直指鄭玄的郊、丘分祭,申明五帝爲星象而非天,贊同王肅"郊即圜丘,圜丘即郊"的郊丘合祭與一天之説。而結果是其建議完全被接受,"詔並可之,遂附於禮令"。由此《顯慶禮》的郊天原則完全取代了《貞觀禮》,不僅南郊感生帝被昊天上帝所取代,明堂的五方帝也被取締而專祀昊天。

① 《舊唐書》卷二一《禮儀志》一,第823—825頁。

以上奏議,也見於《通典》和《册府元龜》,衹是上奏時間有不同。《通典·郊天》下載爲永徽二年七月,且上奏者被改爲長孫無忌。最後一段文字被大大化簡,變成:

"又《孝經》云'嚴父莫大於配天',下文即云'周公宗祀文王於明堂,以配上帝',則是明堂所祀,正在配天,而以爲但祭星官,反違明義。"詔從無忌等議,存祀太微五帝,於南郊廢鄭玄六天之義。①

如按其説法,是長孫無忌等於高宗下令討論明堂建制之際,已經展開了對鄭玄六天説的批判。但由於"存祀太微五帝"並沒有指明是何種禮儀,所以給人的印象是雖然南郊取消了感生帝,包括明堂、迎氣在内,五方帝祭祀卻都予以保留。《册府元龜》則雖然内容文字與《舊志》基本一致,繫年却更寫作"龍朔二年(662)"。

在以上永徽、顯慶和龍朔的三個年份中,哪一年份更合理可靠呢?由於《大唐開元禮》明言祈穀和明堂改祀昊天上帝爲"大唐後禮"的基本特徵,所以其規定的産生不應晚於顯慶三年《顯慶禮》成書,如到龍朔二年纔提出取消六天是不可能的,故龍朔二年的年份肯定是錯的,這一點吕博文也已指出。

那麽會不會是永徽二年呢?上面已舉《舊唐書》説明彼時高宗朝對明堂按九室抑或五室建制一直在猶豫。可見在高宗即位初期,尚没有決心打破舊的體制。《通典》卷四四關於明堂也有曰:

永徽二年,又奉太宗配祠明堂,有司遂以高祖配五天帝,太宗配五人帝。下詔造明堂,内出九室樣。(下略)②

表明永徽二年甚至次年出九室樣時,還是實行太祖、太宗並配的。《資治通鑑》更將"詔諸禮官學士議明堂制度,以高祖配天帝,太宗配五人帝"置於其年七月癸巳條,③説明彼時形成決議的只是二祖並配問題,不包括其他。而正因如此,明堂所祭還是五天帝和五人帝。這一點,上述顯慶元年奏議其實也已給予證明。因爲當時還在糾結太宗配五人帝,不得對越"天帝"的問題,五人帝與五天帝的祭祀有連帶關係,所以這個天帝

① 《通典》卷四三《郊天》下,北京:中華書局,1988年,第1193—1194頁。
② 《通典》卷四四《大享明堂》,第1221頁。
③ 《資治通鑑》卷一九九高宗永徽二年,北京:中華書局,1956年,第6275頁。

也祇能是五方帝而不會是昊天上帝。可見明堂改换天帝的問題在顯慶元年尚未提上日程,之前的永徽二年七月就更不可能了。

但是否會如上面對《通典·郊天》下的理解,是永徽二年已下敕取締感生帝廢六天,而明堂五方帝却仍予保留呢?這一點,顯慶元年奏議其實也已給予回答。其最後的提案是以高祖配圜丘,太宗則不僅"宗祀於明堂,以配上帝",而且還"請依武德故事,兼配感帝作主",是感帝當時也在祭祀之中。這可以證明,無論是南郊感生帝抑或是明堂五方帝的問題,在顯慶元年以前都没有解決。所以可以肯定,《通典·郊天》下記載的年代有誤,敍事也有混亂,而《舊唐書·禮儀志》的述事和繫年纔是更合理而可予採信的。也即南郊感帝和明堂五方帝的廢除,都是要到顯慶二年纔由許敬宗一并提出。

二、高宗時代的明堂禮争議及與禮法關係

筆者在以往的文章中,曾指出高宗修禮雖然始自永徽二年,但真正有别《貞觀禮》的内容,都是在顯慶以後,前揭顯慶元年、二年的奏議即證明了這一點。而如果説,顯慶元年針對明堂和郊祀配帝的奏議,還不過是打破鄭玄體系的開始,那麽顯慶二年奏議宣告的天帝之變,却是觸及了郊天禮的根本,也是使《顯慶禮》與《貞觀禮》對立的關鍵所在。所以《顯慶禮》的制定可以認爲是揭開了唐代禮制史新的一頁。

但這一變化的産生涉及南北郊祀理念中長期存在的矛盾和衝突,其分歧並非容易解決。所以《顯慶禮》明堂五方帝祭祀的停廢不斷遭致攻訐,成爲不同派别争議的導火索和焦點。乾封以後,復舊的呼聲占了上風,甚至儀鳳修格也以《貞觀禮》的恢復作爲主張。但爲了解決兩派的尖鋭衝突,對五方帝問題採取調和與折中的實用做法漸成方向。這一做法,深刻地影響了高宗後期乃至武則天時代的禮法與政治。

1.《顯慶禮》的經學立場及時代劃分

理解《顯慶禮》的經學立場,或許還要舊話重提。如前所述,在《舊唐書》標爲許敬宗顯慶二年的奏議中,明確地指斥作爲國家禮法的"祠令和新禮",應用鄭玄"六天"説,使"圓丘祀昊天上帝,南郊祭太微感帝,明堂祭太微五帝"。這裏他是將南郊感帝和明堂五(方)帝的祭祀作爲一個問題來討論的。認爲將圓丘所祭昊天上帝當作北辰曜魄寶,是"考其所説,舛謬特深"。而他的主要論辯依據就是經典、《圓丘圖》等關於昊天與作爲星辰的太微五帝等有别,以及《史記·天官書》關於五帝"自是五精之神,五星所奉"的説法。由此第一次直接、徹底地批判了鄭玄依據緯書所建立的郊祀理論,接受了王肅"郊即圓丘,圓丘即郊,猶王城、京師,異名同實"之説,推翻了武德、貞觀以來繼承

北朝和隋的郊丘分立之制。其最終結果,便是南郊祭感生帝和明堂的五帝祭祀被同時取締,而由於實行郊丘合一,並將南郊改稱祈穀,與虞祀、明堂均改祭昊天上帝。另外將北郊、方丘的神州、地祇之祭也合而爲一,是充分吸收了南朝制度而又有改革。

關於《顯慶禮》的内容指向及其與《貞觀禮》、《開元禮》的關係,以往研究者如金子修一先生已有過很清晰的論述,[①]本文没有必要作過多重複。但有一點很清楚,即關於郊丘問題的争議早在南北朝之際已經發生。故魏徵領銜的《隋書·禮儀志》在敍述南北郊祀之前提綱携領地區分了"祭天之數,終歲有九,祭地之數,一歲有二"的"鄭學之所宗",和"唯有昊天,無五精之帝。而一天歲二祭,壇位唯一"的"王學之所宗"。並指明"梁、陳以降,以迄於隋,議者各宗所師,故郊丘互有變易",[②]可見對此理論歧異所導致的南北郊祀之争貞觀史家已深有所悉。

而貞觀十四年成書的孔穎達《五經正義》,更是在涉及郊天之處引述諸家義疏以及鄭、王對立之論。例如在鄭注《禮記·祭法》"禘、郊、祖、宗"之義下,《五經正義》即先述鄭玄郊、丘分離的觀點;繼而便引用王肅《聖證論》關於"郊與圜丘是一郊,即圜丘"、"所郊則圜丘,圜丘則郊,猶王城之内,與京師異名而同處"的質疑和論難,以及馬昭、張融在五帝問題上申鄭、反鄭之義,並説明張融之論引用董仲舒、劉向、馬融諸家"皆以爲《周禮》圜丘則《孝經》云南郊,與王肅同非鄭義"之來源,[③]但並不就雙方觀點加以批駁。

《五經正義》這種無偏無黨、不唯一家門户之見的客觀介紹有異於之前以家學爲標榜的義疏學,實對當時影響甚大,也成爲其書被指"繁雜",遭致批駁、"掎摭"的一個主因。[④] 但孔穎達本人所持立場並不激進。《册府元龜》關於孔穎達生平,言其貞觀中任太子右庶子兼國子司業,"與諸儒議曆及明堂,皆從穎達之説"。[⑤]《舊唐書·禮儀志》也載他親身參加了太宗時的明堂論證活動。稱明堂,"高祖受禪,不遑創儀。太宗平定天下,命儒官議其制。貞觀五年,太子中允孔穎達以諸儒立議違古,上言曰"云云,内中他以《孝經》"宗祀文王於明堂"並無明樓、明觀之説,而反對劉伯莊等於重樓上建堂的提

---

① 金子修一:《關於魏晉到隋唐的郊祀、宗廟制度》,原載《史學雜誌》88編10號,1979年;譯文見《日本中青年學者論隋唐史·六朝隋唐卷》,上海古籍出版社,1995年,第337—386頁,説見第337—362頁。並見氏著:《中國古代皇帝祭祀の研究》第二章,(東京)岩波書店,2006年,第70—91頁。

② 《隋書》卷六《禮儀志》一,第121頁。

③ 《禮記正義》卷四六《祭法》,《十三經注疏》,第1587—1588頁。

④ 見《舊唐書》卷七三《馬嘉運傳》,第2603—2604頁。

⑤ 《册府元龜》卷五九七《學校部·選任》,北京:中華書局,1960年,第7167頁。

議。認爲帝王示儉,今若"飛樓架道,綺閣淩雲"則與古制不合。且反對所謂"上層祭天,下層布政"的提法,請求將己言下群臣詳議。[①] 可見他在明堂建置上,以經典爲據,不贊成創新,引領了其時朝廷關於明堂的討論,所謂"皆從穎達之説"並非虚言。

另外,《正義》表明孔穎達在《祭法》"五帝五神於明堂曰祖宗,祖宗通言爾"問題上,也基本從鄭説,如從《明堂月令》的"五時皆有帝及神"和《月令》的"季秋大享帝"出發,證明"明堂之祭有五人神及五天帝也";又如結合《孝經》、《雜問志》和《祭法》,證明堂祭五帝而使"文、武之配皆於明堂上";至如對鄭注"郊祭一帝而明堂祭五帝,小德配寡,大德配众,亦禮之杀也"之論,則解作:"郊祭雖尊,但祭一帝以嚳,與鯀及冥、后稷之等配之,皆不如所祖宗之人,是小德配寡。明堂雖卑於郊,總祭五帝而以顓頊、契、湯、文、武配之,皆優之於所配郊之人,是大德配衆,禮之殺也"。其説雖與南齊何佟之不盡相同,但進一步化解《孝經》和《祭法》在説法和理解上的矛盾,而爲明堂的"並配"提供解釋。所以,雖然高宗即位時孔穎達已去世,但永徽以高祖、太宗参配,很可能取自《五經正義》。而這也説明,在貞觀至永徽的天帝、明堂問題上,從理論到實踐,於舊禮和鄭説尚改變不大。

不過,孔穎達《五經正義》畢竟打破舊義疏學窠臼,將南北學術流派和不同觀點引入經疏,展現了國家統一之後的學術大觀,同時也適應了經學舍北從南的趨勢。皮錫瑞説:"學術隨世運爲轉移,亦不盡隨世運爲轉移。隋平陳而天下統一,南北之學亦歸統一,此隨世運爲轉移者也;天下統一,南並於北,而經學統一,北學反並於南,此不隨世運爲轉移者也。"[②]顯慶之變就是這一潮流之變的現實反映,而《顯慶禮》的實際主持者許敬宗正是這一大勢的推動者和得益者。

史載許敬宗乃"杭州新城人,隋禮部侍郎善心子也。其先自高陽南渡,世仕江左",[③]其家爲江東士族而有南學根底的背景。太宗去世的貞觀二十三年五月,許敬宗已被命爲太子左庶子兼禮部尚書。不過他之能提出與貞觀相悖之論,而使南朝制度反客爲主,乃是借助武則天册后的契機。因爲此前修禮的主持者是長孫無忌,而就在立后不久的永徽六年十二月,便有"遣禮部尚書、高陽縣男許敬宗,每日待詔於武德殿西門"的記載。[④] 許敬宗貞觀中已爲東宫臣僚,册后一事支持高宗立場鮮明。故以禮部尚書

① 《舊唐書》卷二二《禮儀志》二,第849—850頁。

② (清)皮錫瑞:《經學歷史》七《經學統一時代》,北京:中華書局,2004年(新一版),第135頁。

③ 《舊唐書》卷八二《許敬宗傳》,第2761頁。

④ 《舊唐書》卷四《高宗紀》上,第66、75頁。

日日“待詔”者不應有他故,衹能是秉承高宗、武后之意,爲之打造足以顯示皇權震慑力,和能够標新立異、代表朝廷改换格局和政治氣象的新禮。故顯慶以後,新建禮法的實際主持者即許敬宗,這是我在舊文中已討論過的。[①] 而最能體現帝王權威的明堂、封禪諸禮尤獲武則天支持。[②] 由此可以理解這些貞觀、永徽齟齬頗甚的禮制大事爲何能在顯慶初獲得解決,而最中心的南郊、明堂之理論都發生了根本性的扭轉。對照《五經正義》,可以知道許敬宗之論奏相當成分是取自王肅《聖政論》及各家批鄭之説,這也與其本人之家世學問相合,可以認爲是借權力而推行自身的學術理念;但由新、舊《唐書》本傳所言其人品德,更恰當的解釋還是深諳學術爲政治服務之道。

但既然如此,爲何《通典》會誤將取締感生帝和五方帝置於永徽二年,且又將許敬宗張冠李代爲長孫無忌呢? 我認爲這裏存在兩方面的原因。

一是從長孫無忌任職經歷看,他貞觀初已與房玄齡、魏徵等同修《貞觀禮》。永徽二年,作爲顧命大臣,更是開始領銜禮的修撰,上文所言明堂形制的討論,正是這一階段的産物。不過由於争議尖鋭,未能取得統一認識,也無法打破貞觀格局,故禮制的修撰始終不能完成。永徽六年以後,因反對武則天立后長孫無忌已經逐漸失勢,顯慶四年被許敬宗誣告謀反。衹是得罪之前,作爲皇帝的舅舅,尚没有被解除職務,史料中也有顯慶元年他與史官令狐德棻綴集武德、貞觀二朝史爲八十卷表上之的記載。[③] 甚至顯慶四年二月,還有他領銜上《進五經正義表》,[④]説明當時他個人的政治生活還在繼續。而由於他從永徽直至顯慶三年,始終是禮書修撰領銜人而未聞裁撤,[⑤]所以一些奏議上會有他和許敬宗等修禮官共同的署名。這樣就會看到同一件奏議,或從領銜人出發、或從實際主持者出發而寄名不一樣的情况。

二是從長孫無忌個人的思想觀和立场看。如上所述貞觀之際是南北交流、思想交鋒十分激烈、活躍的時期。參加《貞觀禮》制作的孔穎達、魏徵、顔師古都非保守之人,許敬宗也是修撰者之一。魏徵有《類禮》一書針對《禮記》,其中有不少反傳統、反潮流的言論思想,故玄宗時元行沖有爲其作注的《類禮義疏》,成爲提倡“改撰《禮記》”的實

① 吴麗娱:《〈顯慶禮〉與武則天》,《唐史論叢》第10輯,西安:三秦出版社,2008年,第1—16頁。

② 關於封禪,見《舊唐書》卷二三《禮儀志》三言:“高宗即位,公卿數請封禪,則天既立爲皇后,又密贊之。”(第884頁)而武則天對明堂的支持則可從她在位對明堂的建置以推知。

③ 《舊唐書》卷六五《長孫無忌傳》,第2455頁。

④ 長孫無忌:《進五經正義表》,《全唐文》卷一三六,北京:中華書局,1983年,第1374—1375頁。下引文同。

⑤ 見《新唐書》卷五八《藝文志》二,北京:中華書局,1975年,第1491頁。

踐和先導。[①] 長孫無忌作爲刊定《正義》的主持人之一,對於其中的思想交鋒應當有一定的了解。而從長孫無忌所上《進五經正義表》所言高宗"而垂拱無爲,遊心經典,以爲聖教幽賾,妙理深元,訓詁紛綸,文疏踳駁;先儒競生别見,後進争出異端,未辨三豕之疑,莫祛五日之惑",對孔疏"雖加討核,尚有未周,爰降絲綸,更令刊定"的意圖十分清楚。就表而言,他對高宗辨析孔疏,以求統一和落實於當時禮制的思想還是理解和積極支持的。

當然長孫無忌並非經生出身而有許敬宗那樣的學問背景,刊定《正義》和修禮本身衹是因其身份而有的職務行爲。作爲關隴貴族,他與許敬宗、李義府等新興集團政治上無疑完全對立,但學術上的界限却不是十分清楚,我們很難了解其個人關於郊天改制的真實看法。以唐初學術大勢而言,推測他最初對於南學興盛,以及顯慶的禮制改革未必就是極端反對的,亦未必採取完全敵對的立場。例如就明堂永徽初以太宗與高祖並配,到改以太宗獨配,若從長孫無忌與太宗關係的立場判断,無疑應該是支持的,何況他與許敬宗的職務並未作明確的交接。所以顯慶元年那則奏議,史料無一例外均繫於長孫無忌。而当時或之後的一些改革,也需要具体分析,限於本文主旨,這裏不一一討論。但《顯慶禮》的突破畢竟是以許敬宗的上位爲標誌的,顯慶二年觸及南北郊祀的理論焦點問題,恐怕還是出自許敬宗。這類問題,由許敬宗策劃,借用長孫無忌威望,而打着他旗號的可能性很大。因爲無論是從自身學術條件還是處境、權勢而言,他本人都無力予以反擊。贊成與否,都衹能接受許敬宗之提議而"署位",[②]這也就是史料中常常見到二者稱名混亂以導致《通典》發生錯誤的原因了。

總之,筆者認爲明堂禮法的變化,由永徽二年七月將太宗加入配帝行列,與高祖分配五天帝、五人帝開始,到顯慶元年實行太宗在明堂的單獨配祭,不單單是關係配帝的取則,也是自遵從到否定鄭玄並配理念的轉變。在此之後的顯慶二年,由許敬宗進一步提出對鄭玄"六天"説的批判,從而在取消南郊感帝的同時,也使昊天上帝的祭祀完全取代了明堂的五方帝。這是顯慶和貞觀、永徽之際的分水嶺,也是唐初國家禮制變革的標誌,而從永徽—顯慶禮的修訂開始,可以認爲是進入了唐明堂禮建制的第一個階段。

---

① 吴麗娛:《從王通〈續六經〉到貞觀、開元的改撰〈禮記〉——隋唐之際經典意識的變化》,《中華文史論叢》2017年第3期,第1—40頁,説見第29—40頁。

② 即於官文末簽署官職位號及姓名。如《舊唐書》卷一八八《崔沔傳》(第4928頁)載崔沔曰:"今之中書皆是宰相承宣制命。侍郎雖是副貳,但署位而已,甚無事也。"

2. 乾封以降的禮儀反覆與儀鳳修格

《顯慶禮》修成後,史家評價不高。《舊唐書》説《顯慶禮》"增損舊禮,并與令式參會改定,高宗自爲之序。時許敬宗、李義府用事,其所損益,多涉希旨,行用已後,學者紛議,以爲不及貞觀"。《新唐書》也説:"其文雜以式令,而義府、敬宗方得幸,多希旨傅會。事既施行,議者皆以爲非。"[①]意思差不多,都是指許、李二人修禮,完全投高宗、武則天所好,所謂"與令式參會"或"雜以式令"者,無非是指將唐朝新制直接塞入,完全取代古禮和貞觀制度。這裏的"令式"恐怕衹是一種籠統的説法,按"希旨"論則新改郊天和明堂制度都在内。因爲郊祀是大禮,天帝問題是二禮最本質的不同,先已由制敕頒下,並修改令、式而落實於禮制。前揭《舊志》"詔並可之,遂附於禮令",即是此意。所謂"學者紛議"者,自然包括這些與《貞觀禮》最相齟齬的内容。

此段話,坐實了《顯慶禮》的策劃出自許敬宗、李義府的看法。但在顯慶以後的一段時間,反對或質疑的批評卻似乎並不多見。而這一點與彼時的立法似乎也是相配合的。筆者曾經討論過高宗時代的三次修格:[②]分别於永徽二年、龍朔二年(662)和儀鳳二年(676),發現後二次,也就是被稱爲"格中本"、"格後本"的兩次修格在政治取向上針鋒相對。龍朔在顯慶之後,始於龍朔二年二月,截止於麟德二年,由司刑太常伯源直心主持。[③]《資治通鑑》載顯慶五年"冬,十月,上初苦風眩頭重,目不能視,百司奏事,上或使皇后決之。后性明敏,涉獵文史,處事皆稱旨。由是始委以政事,權與人主侔矣"。[④]這使武則天的干政由幕後走向前臺。此是龍朔改元的前一年,説明其時武則天已參決百司奏事,故龍朔修格實在武則天的掌控之下。

據《唐會要》所説此次修格"重定格式,唯改曹局之名,而不易篇第",即不但推翻了永徽二年初定之格,重加修訂,而且秉承武則天意志,以《周禮》改官名。除此之外,我們還發現有改革朝服品級衣色,以及龍朔二年八月討論和訂立嫡繼母、庶母服制等問題,[⑤]作爲武則天打造新政的標誌,也都在第二次修格期間發生。這些筆者已另文探討,不擬多贅。但可以肯定的是,《顯慶禮》已定禮法不會再重加討論,而是會將相關制敕作爲既定禮法直接收入新格。所以在這個階段,反對的聲音即使出現也會遭到打壓,

① 《舊唐書》卷二一《禮儀志》,第818頁;《新唐書》卷一一《禮樂志》一,第308頁。
② 吴麗娛:《試析唐高宗朝的禮法編纂與武周革命》,《文史》2016年第1輯,第83—115頁。
③ 《唐會要》卷三九《定格令》,第820頁,下引《唐會要》文不另。
④ 《資治通鑑》卷二〇〇,北京:中華書局,1956年,第6322頁。
⑤ 見《唐會要》卷三一《輿服》上龍朔二年九月孫道茂奏,卷三七《服紀上》龍朔二年八月條,第664、788頁。

不可能有伸張的機會。

這樣做的結果是大大提升了武后的權力,但矛盾也因此而生。《資治通鑑》載由於武后"專作威福,上欲有所爲,動爲后所制,上不勝其忿",結果麟德元年十二月發生了上官儀爲高宗草詔廢后被殺事件。① 這之後便是封禪禮的準備和進行。就在武則天終於達到以皇后身份擔任"亞獻",參與封禪地祇大典的目的達到後,圍繞郊祀天地的争議也正式開始。《舊唐書·禮儀志》一稱"乾封初,高宗東封回,又詔依舊祀感帝及神州。司禮少常伯郝處俊等奏",其言曰:

> 顯慶新禮,廢感帝之祀,改爲祈穀。昊天上帝,以高祖太武皇帝配。檢舊禮,感帝以世祖元皇帝配。今既奉敕依舊復祈穀爲感帝,以高祖太武皇帝配神州,又高祖依新禮見配圓丘昊天上帝及方丘皇地祇,若更配感帝神州,便恐有乖古禮。按《禮記·祭法》云:"有虞氏禘黄帝而郊嚳,夏后氏亦禘黄帝而郊鯀,殷人禘嚳而郊冥,周人禘嚳而郊稷。"鄭玄注云:"禘謂祭昊天於圜丘也。祭上帝於南郊曰郊。"又按《三禮義宗》云,"夏正郊天者,王者各祭所出帝於南郊",即《大傳》所謂"王者禘其祖之所自出,以其祖配之"是也。此則禘須遠祖,郊須始祖。今若禘、郊同用一祖,恐於典禮無所據。其神州十月祭者,十月以陰用事,故以此時祭之,依檢更無故實。按《春秋》"啓蟄而郊",鄭玄注禮云:"三王之郊,一用夏正。"又《三禮義宗》云"祭神州法,正月祀於北郊。"請依典禮,以正月祭者。請集奉常博士及司成博士等總議定奏聞。其靈臺、明堂,檢舊禮用鄭玄義,仍祭五方帝,新禮用王肅義。②

這裏,郝處俊再次提出貞觀、顯慶二禮因各自採用鄭、王之學,而導致的郊天理論的對立。從所説"今既奉敕依舊復祈穀爲感帝,以高祖太武皇帝配神州",知當時已按《貞觀禮》恢復郊祀感帝和神州。雖然是請求解決因此而造成的高祖已配昊天和方丘,却又要配感帝、神州的矛盾,但明顯是站在擁護鄭學的立場上,試圖用《禮記》鄭注及《三禮義宗》,證明禘、郊配祀不用一祖的問題。

不過,關於郊祀、明堂的五方帝問題以及神州祭祀用時如何處置,看起來尚無定論。所以"又下詔依鄭玄義,祭五天帝,其雩及明堂並準勅祭祀"。雩及明堂《顯慶禮》改爲

① 以上參見《資治通鑑》卷二〇一麟德元年十一月條,第6342頁。
② 《舊唐書》卷一《禮儀志》一,第255—256頁,下引文同。

專祭昊天上帝,這裏似乎是以"依鄭玄義"完全取代。兼有奉常博士陸遵楷、許子儒等議,以爲北郊之月,古無明文,東晉咸和中用正月無所指據,故請北郊神州祭祀仍按武德以來禮令以十月祭,則是在方向上全面恢復《貞觀禮》。

史料對爲何乾封初郊祀、明堂重回《貞觀禮》並没有解釋。但在禮制上否定郊丘合一而行郊丘分離,不僅意味着與《顯慶禮》原則的對立,也是對之前政治取向的一種批判和背離。那麽何以如此呢? 一方面固因北朝以來"鄭學"體制的影響很難消除,另一方面武則天因封禪而造成的權力膨脹,以及許、李行事遭致朝野和高宗個人反感,而宰相人事上的變更則也導致了某些方向性的扭轉。龍朔三年李義府得罪,下獄除名,配流巂州。許敬宗雖一直任用,並於麟德二年(665)五月與李勣等同被任命爲檢校封禪使,但年老體衰,"乾封初,以敬宗年老,不能行步,特令與司空李勣每朝日各乘小馬入禁門至内省",①顯然已不是主持政事的首相。史載麟德元年八月丁亥,劉祥道和竇德玄分任右相和左相,②實際已取代許、李。其中劉祥道曾在封禪亞獻的問題上,與武后針鋒相對。雖然乾封元年二人皆致仕及卒,但其時已改劉仁軌任右相,繼續和支持了這一立場。③ 乾封元年司禮少常伯郝處俊的奏議正當其時,説明重臣中否定《顯慶禮》的一派開始占了上風。

另外,顯慶中定禮,以高祖配南郊(圓丘)而太宗配明堂。但史載高宗封禪郊天,有司所定儀注是"封祀以高祖、太宗同配"。這可能也是高宗下敕重定郊祀配帝的起因之一。所以繼乾封元年郝處俊提出配帝問題後,乾封二年十二月下詔,再次以"夫受命承天,崇至敬於明祀;膺圖纂籙,昭大孝於嚴配"爲名,專門作出指示。詔書從漢晉以來"或同昊天於五帝,分感帝於五行,自兹以降,遞相祖述,異論紛紜,是非莫定"出發,最終落實於高祖、太宗的並配問題:"自今以後,祭圓丘、五方、明堂、感帝、神州等祠,高祖太武皇帝、太宗文皇帝崇配,仍總祭昊天上帝及五帝於明堂。庶因心致敬,獲展虔誠,宗祀配天,永光鴻烈。"④這個並配已從明堂推廣於以上五大祠祀之中。從後來武則天垂拱元年(685)鳳閣舍人元萬頃、范履冰奏議所説"謹案見行禮,昊天上帝等祠五所,咸奉高祖神堯皇帝、太宗文武皇帝兼配",知乾封中所建的這個祖宗並配之制一直持續到武則天之初。此外還可以明確兩點,即一是已經取消的感帝、神州和五方帝的祭祀仍予保

① 參見《舊唐書》卷四《高宗上》、卷五《高宗下》,第83、87頁。

② 《舊唐書》卷四《高宗紀》上,第85—86頁。

③ 按關於宰相更换見《新唐書》卷六一《宰相表上》,第1643頁。按劉祥道及劉仁軌事並參見吴麗娱:《試析唐高宗朝的禮法編纂與武周革命》,第94—96、103—104頁。

④ 《舊唐書》卷二二《禮儀二》,第855—856頁;並參《唐大詔令集》卷六七《祭圓丘明堂並以高祖太宗配詔》。

留,另一則是明堂同時祭祀昊天和五方帝,這基本成爲乾封以後的制度。

不久便是經"詳宜略定"後所下詔書,也即《舊紀》所云乾封三年二月丙寅(十二日),"以明堂制度歷代不同,漢魏以還,彌更訛舛,遂增古今,新制其圖。下詔大赦,改元爲總章元年"。[①] 所説"下詔大赦"即見於《唐大詔令集》的《改元總章詔》,衹是年代在《集》和《舊志》、《唐會要》中均被誤作乾封二年二月。[②] 此詔顯然是上年十二月詔書頒下後討論的結果。值得注意的是,詔書下令"采三代之精微,探九皇之至賾;斟酌前載,製造明堂",並未提五室、九室問題,却要求"宜命有司,及時起作,務從折中,稱朕意焉"。這是第一次提出"折中"二字。可以理解,所謂折中就是要合乎上年詔所説"總祭昊天上帝及五帝於明堂"的原則。

此次下詔改元不久,高宗復下令"分長安、萬年置乾封、明堂二縣,分理於京城之中"。可見是將明堂與封禪對等看待。而在總章改元之後,我們就看到總章二年三月"又具規制廣狹"設計明堂的詔書。内中提到"當中置堂,處二儀之中,定三才之本";"自降院每面三門,同爲一宇,徘徊五間";"又《周易》三爲陽數,二爲陰數,合而爲五。所以每門舍五間。院四隅各置重樓,其四墉各依本方色。按《淮南子》地有四維,故四樓又按《月令》,水、火、金、木、土五方各異色。故其墉各依本方之色"。按所説其建置應該是中間爲一,四方爲五,以象徵五行,則五方圍繞中間之堂,不知是不是昊天與五帝同祭在建築格局的安排。

由於明堂的建制畢竟是與天帝理念密切結合的,所以"詔下之後,猶群議未決。終高宗之世,未能創立"。因明堂引起的郊天争議仍糾紛不斷,並以此爲政争焦點而引起激烈衝突,以至於到儀鳳中仍有反覆。《舊唐書·禮儀志》一曰:

> 儀鳳二年(677,《册府元龜》卷五八五《掌禮部·奏議》一三作"三年")七月,太常少卿韋萬石奏曰:"明堂大享,准古禮鄭玄義,祀五天帝,王肅義,祀五行帝。《貞觀禮》依鄭玄義祀五天帝,顯慶已來新修禮祀昊天上帝。奉乾封二年敕祀五帝,又奉制兼祀昊天上帝。伏奉上元三年三月敕,五禮並依貞觀年禮爲定。又奉去年敕,並依《周禮》行事。今用樂須定所祀之神,未審依古禮及《貞觀禮》,爲復依見行之禮?"時高宗及宰臣並不能斷,依違久而不決。尋又詔尚書省及學者詳議,事

① 參見《舊唐書》卷二一《禮儀一》,卷五《高宗紀》下,第827、91頁。

② 《唐大诏令集》卷三《改元總章詔》,北京:商務印書館,1959年,第14—15頁。並參《唐會要》卷一一《明堂制度》,第317頁。

仍不定。自此明堂大享,兼用《貞觀》、《顯慶》二禮。①

此外《唐會要·五禮篇目》也在《顯慶禮》"詔中外頒行"和評論下有曰:

至上元三年二月(676,《舊唐書·禮儀志》一作"三月",其年十一月改元儀鳳)敕:"五禮行用已久,並依貞觀年禮爲定。"至儀鳳二年(677)八月,又詔:"顯慶已來新修禮多不師古,其五禮悉宜依《周禮》行事。"(自是禮司益無憑〔準?〕,每有大事,皆參會古今禮文,臨時撰定。)②

此兩條言事其實相互呼應,前條韋萬石所説"又奉去年敕,並依周禮行事"應當就是《唐會要》所説儀鳳二年八月詔,所以韋萬石上奏的時間應當依《册府元龜》作儀鳳三年是。高宗朝第三次修格約始於儀鳳元年前後,儀鳳二年三月格修成。③ 上元三年二月即在修格之前。

筆者在前揭文中已分析過其時用事宰相劉仁軌、郝處俊、來恒、李義琰等對武則天的態度,④而儀鳳所修格後本正是在他們的主持下修成。按照時間,上元三年敕所謂"依《貞觀禮》行事"就表明了他們的立場,而高宗當時也是贊同的,否則不會下敕。而這恐怕也是被修進《儀鳳格》的。並且儀鳳二年八月的敕文,也是强調顯慶以來的新修禮"多不師古"而要求按照《周禮》精神行事的。

不過,這樣氛圍下修成的新格既然針對《顯慶禮》,也必然會遭致武則天一派的不滿。以至儀鳳三年争議仍没有解决,所以韋萬石纔有此問。而從韋萬石將古禮和《貞觀禮》與"見行之禮"的《顯慶禮》對舉,説明是將《周禮》與按"古禮鄭玄義"祭"六天"的《貞觀禮》視作一體。不過《周禮》與《貞觀禮》畢竟還是有一些差别。考慮到對《周禮》的解釋既有關於天、帝並列的説法,⑤乾封二年敕又有明堂"兼祀"五方帝和昊天上帝之

① 《舊唐書》卷二一《禮儀志》一,第827頁。

② 《唐會要》卷三七《五禮篇目》,第782—783頁。

③ 按:儀鳳修格的開始時間見《册府元龜》卷六一二《刑法部·定律令四》(第7345頁);修成時間見《唐會要》卷三九《定格令》,第820頁。

④ 吴麗娱:《試析唐高宗朝的禮法編纂與武周革命》,第103—106頁。

⑤ 按:清人金榜解釋《周禮·大宗伯》"以禋祀祀昊天、上帝",司服"祀昊天、上帝則服大裘而冕,祀五帝亦如之"和《典瑞》"四圭有邸,以祀天、旅上帝",认爲是"明昊天與上帝殊"。孫詒讓也同意金榜的解釋,認爲鄭玄和賈公彦將昊天上帝並合爲一,以爲專指圜丘之天帝是錯誤的。這雖然是後人的看法,但或者可作昊天、五帝並祭的依據。見(清)孫詒讓正義、汪少華點校:《周禮正義》卷三三《春官·大宗伯》,北京:中華書局,第1565頁。

説,不知道是不是可以將"依《周禮》行事",理解爲將昊天與五方帝並祭的中間立場?無論如何,高宗朝後來的明堂禮,是依違於《周禮》、《貞觀禮》和《顯慶禮》之間的。從上述《舊唐書》、《唐會要》記事的落脚點來看,高宗爲了調和矛盾,"自此明堂大享,兼用《貞觀》、《顯慶》二禮",已經開始成爲一種方式和原則,落實於實際執行中。

所以如果説永徽、顯慶是高宗朝討論明堂形制的第一個階段,那麽乾封、總章以後就進入了明堂禮改革的第二個階段。這個階段是反《顯慶禮》之道而行之,以恢復《貞觀禮》感帝、神州和明堂五方帝祭祀爲宗旨,同時按鄭玄理論全面實行高祖、太宗的並配之制。儀鳳修格重復五禮"依貞觀年禮爲定"的精神,可以看到與前一階段相反的立場。但兩種互相針對的立場,最終還是被高宗提出的"總祭昊天上帝及五帝於明堂"、"兼用《貞觀》、《顯慶》二禮"所取代。由此促使這一階段《貞觀禮》回歸的努力,向着與《顯慶禮》協調和統一的方向轉化。而昊天和五方帝的同祭於明堂,開始成爲明堂禮發展的一個方向。

儘管如此,在祭祀神位的序次安排上,仍然是有問題的。明堂歷來是五方帝的主場,但如採取"總祭"的方式,恐怕便要排在昊天上帝之後,或者是圍繞昊天爲中心,無論如何,都是堅持《貞觀禮》和《顯慶禮》的兩方不願意接受的。加上這一辦法,從無經學和歷史依據可以支持,所以一直到高宗晚期,這個矛盾都難於解決,纔會出現《唐會要》所説,"自是禮司益無憑準,每有大事,皆參會古今禮文,臨時撰定"的糾結情狀。

三、武則天時代明堂禮的"折中"與《大唐開元禮》的繼承

武則天在位之初,並未親行郊祀。而明堂却成爲武則天成功打造、展示其權威的祭天之所。《舊唐書·禮儀志》一"則天臨朝,儒者屢上言請創明堂。則天以高宗遺意,乃與北門學士議其制,不聽群言"。① 從最後型制是以上、中、下三層分象四時,法十二辰和二十四氣的建築格局來看,其實仍本着高宗基本理念而加以變通。衹是由於"不聽群言",故可置原來五室、九室的争議於不顧。加之佛教的影響,可以使得所建明堂在一定程度上打破儒家規範,成就别開生面的樣式和規模。《志》及《册府元龜》言武則天垂拱四年十二月頒詔,説明建明堂的由來,及"上堂爲嚴配之所,下堂爲布政之居"的安排,而這一安排與貞觀孔穎達的主張顯然已經背道而馳。

① 以上見《舊唐書》卷二二《禮儀志》二,第853—862頁。

在明堂建成的同時,武則天宣布"來年正月一日,可於明堂宗祀三聖,以配上帝",並下令禮官、學士、内外明禮者、詳定禮儀奏聞。[①] 而其建政和在位時期的明堂禮,大致體現在配祀、五方帝和告朔三個問題上。以下,我們僅就與本文關係較大的配祀和五方帝兩個問題進行探討。

1. 武周時期關於明堂的配祀與天地合祭

郊祀和明堂的配帝問題,《顯慶禮》已分别確定爲高祖和太宗,但分行獨配之制。乾封中因恢復南北郊,又重行五祠(圜丘、方丘、南郊、北郊和明堂)的二帝並配之制,此後相因不改。但由於高宗去世,涉及對他的定位,故《舊志》言"垂拱元年(685)七月,有司議圜丘、方丘及南郊、明堂嚴配之禮",使配祀問題重又提上日程。時孔玄義提出依《孝經》嚴父配天和《易》"先王以作樂崇德,殷薦之上帝,以配祖考"之説,昊天上帝之祭,合祖考並配。所以"請奉太宗文武聖皇帝,高宗天皇大帝配昊天上帝於圜丘";並請奉二者"配祭於明堂"。而神堯皇帝則"請配感帝於南郊,義符《大傳》之文"。沈伯儀又請按《祭法》、《孝經》及《孝經緯》,以高祖配圜丘方澤,太宗配南郊北郊,而高宗皇帝"德邁九皇,功開萬宇,制禮作樂,告禪升中"故理應總配五天。但最終的結果是制從元萬頃、范履冰等提議,在原有高祖、太宗並配五祠的情況下增加高宗,"自是郊丘諸祠皆以三祖配"。[②] 從而將高宗增入本朝的"祖宗"之位。

從配祀的情況可以知道,武則天登朝以後,並不再針對高宗時的既定政策加以批判或者進行原則性變更,而是在此之上略加增補。不僅"革命"前如此,奪位之後,也蕭規曹隨,因襲了前轍。《資治通鑑》載永昌元年(689)"春,正月,乙卯朔,大饗萬象神宫,太后服衮冕,搢大圭,執鎮圭,爲初獻,皇帝爲亞獻,太子爲終獻。先詣昊天上帝座,次高祖、太宗、高宗,次魏國先王,次五方帝座"。這實際上是武則天以帝禮規格第一次祭祀明堂。由於尚未登基,故配帝中唐三帝排在武氏先王(武士彠)之前。但天授二年正式稱帝後大饗明堂,便主從顛倒,成了"武氏祖宗配饗,唐三帝亦同配"。是武氏祖宗置於李唐三祖之前。享祀亞獻、終獻甚至也以武氏諸王行之,此爲稱帝前後之變,但仍没有改易並配原則。

不過武則天的明堂,也有唐朝没有的特色。《資治通鑑》卷二〇四載永昌元年(689)十月"己卯,詔太穆神皇后、文德聖皇后宜配皇地祇,忠孝太后從配",對於地祇配

① 同上並見《册府元龜》卷五六四《掌禮部·制禮》二,第6773—6774頁。

② 以上見《舊唐書》卷二二《禮儀志》二,第821—823、828—830頁。

祀也別作安排。時在建周之前,故可以肯定在次年即天授元年(690)“始用周正”的明堂大饗即實現了天地合祭。[①] 而如同配天以唐帝爲主,武氏魏國先王(載初應改爲忠孝皇帝)爲從,配地也以唐皇后爲主,武氏母爲從。這其實是相當於唐高宗封禪以“后”配地祇的做法,祇是亞獻、終獻並不再以當朝后妃充當。在明堂祭祀問題上,只有天帝合祭與配祀問題尚能體現出武則天曾作爲皇后和女性主祭的特徵和痕迹。

天地合祭作爲武周一朝的定制,後來也照搬於天册萬歲(695)和長安二年(702)兩次南郊。《舊志》稱天册萬歲元年“親享南郊,合祭天地”,而以周文王爲始祖文皇帝,與武則天父“無上孝明高皇帝”同配,“如乾封之禮”。所謂“乾封之禮”應指泰山封祀以高祖、太宗同配,此處即以周文王與武士彠比仿之。但《新唐書·后妃傳》卻言“太后祀天南郊,以文王、武王、士彠與唐高祖並配”,[②]則雖以周祖爲配,卻仍未完全取消唐帝的配祀,頗疑明堂其實也如此。

由於武后天授二年不僅在明堂行天地合祭,“以周文王及武氏先考、先妣配”,且以“百神從祀,並於壇位布席次第以祀之”;[③]故春官侍郎韋叔夏上言,反對這種將所有天地神祇集合於明堂的做法。認爲據《月令》和《曲禮》、《祭法》以及鄭玄注,“明堂正禮,唯祀五帝,配以祖宗及五帝、五官神等,自外餘神,並不合預”。如果“加昊天上帝、皇地祇,重之以先帝、先后配享”還可算是“補前王之闕典,弘嚴配之虔誠”,但“於明堂之下,廣祭衆神,蓋義出權時,非不刊之禮也”。他提出所祭内官、中官、五嶽、四瀆諸神,均應取消。“望請每歲元日,惟祀天地大神,配以帝、后。其五嶽以下請依禮於冬夏二至,從祀方丘,圓丘庶不煩黷。”得武則天敕旨“從之”。從後來的情況看,“百神從祀”很可能不再進行,但明堂中五方帝的祭祀仍應如韋叔夏所言予以保留。

武周時代曾定廟樂、明堂樂和樂舞。《册府元龜》載:“則天光宅元年(684)九月,制高宗廟樂以《鈞天》爲名。天授中制天授樂舞,四人畫五彩鳳。長壽二年(693)正月,親享萬象神宫。先是自製神宫大樂舞,用九百人。至是,舞於神宫之庭。是時又制長壽樂武(舞),十有二人畫衣冠。延載元年(694)正月,制《越古長年樂》一曲。又有《鳥歌萬歲樂》。時宫中養鳥,能人言,嘗稱萬歲,爲樂以象之。舞三人,緋大袖,並畫鸜鵒,冠作鳥像。”[④]内除爲高宗制廟樂在即位前,明堂樂舞、長壽樂舞等均爲天授以後武則天所

① 《資治通鑑》卷二〇四,第6461—6462頁。
② 《舊唐書》卷二一《禮儀志》一,第830頁;《新唐書》卷七六《后妃傳》,第3483頁。
③ 《舊唐書》卷二二《禮儀志》二,第864頁,下引韦叔夏言同。《舊志》文見第864—873頁。
④ 《册府元龜》卷五六九《掌禮部·作樂》五,第6840頁。

制,可見武則天除了興建明堂,以明堂爲中心的禮樂制度也是在逐步完善的。

2. 五方帝的折中

高宗中、後期,已經逐漸明確了明堂禮中昊天與五方帝的合祭。這一點顯然也影響到武則天明堂建成之後。從上面引用《通鑑》文可知,永昌元年(689)正月明堂的奠獻次序是昊天上帝居於首位,然後是配帝,最後纔是五方帝。這裏以五方帝叨陪末座,證明武則天還是接受了高宗後期所定的昊天與五方帝共祭、"兼用"的原則。但這裏還是有變化的。即五方帝並不是與昊天列在一起,而是排在配帝之後。這説明配帝之配只有昊天,不包括五方帝。或者换言之,五方帝已經被排除出了主祭神位的範圍,而衹能忝居其末。何以如此?《通典·郊天下》所記永昌元年九月勅可予解釋:

天無二稱,帝是通名。從前諸儒,互生同異,乃以五方之帝,亦謂爲天。假有經傳互文,終是名實未當。稱號不別,尊卑相混。自今郊祀之禮,惟昊天上帝稱天,自餘五帝皆稱帝。①

敕文顯然是重申了《顯慶禮》的"一天"原則,五方帝既非"天",則主祀之位即被取締,這正是爲載初元年(天授元年)正月享明堂所定,也是對昊天上帝和五方帝地位的劃分,是在高宗以後,對於五方帝的進一步明確定位。如果説高宗制敕的"總祭"和"兼用"對二者的先後尚有猶疑和含糊之處,那麽武則天敕文卻是一錘定音,昊天與五方帝的明堂位次在此之後不會或不允再有争執。

從敕文可以看出武則天與高宗有所不同。高宗對五方帝的定位仍有對學術理念和朝廷論争的考慮,但武則天此敕衹是對將五方帝作爲天而"互生同異"的現象直接進行批判,而完全不再引經據典,也不再對不同意見有所糾纏,則顯然已不以學術觀點或者理論爲是非,可以説是以皇帝意旨强加於朝廷禮制。此後《開元禮》之所謂"折中",也是在昊天唯一的前提之下考慮五方帝的存留問題,所以武則天所定軌則,實開後來《開元禮》之先河。

筆者曾撰文討論《開元禮》五方帝問題,注意到明堂卷不同版本奠獻物品中,所出現的五方帝與配帝序位先後不同的矛盾。② 例如在此卷的《陳設》一節中,安排尊罍明

① 《通典》卷四三《郊天下》,北京:中華書局,1988年,第1197頁。

② 吴麗娛:《從經學的折衷到禮制的折衷——由〈開元禮〉五方帝問題所想到的》,《文史》2017年第4期,第139—169頁,説見第153—155頁。

明是按照先昊天,再配帝,再五方帝和五人帝的次序,但在《奠玉帛》一節中,就出現了五方帝尊罍排列在配帝前的問題。另外,在《進熟》一節中,皇帝也是先跪奠昊天上帝,然後等太祝等進獻五方帝完畢,才再奠獻於睿宗神座。筆者認爲,這一問題如作爲原書抄寫過程中發生的錯誤,可能性極小;而涉及觀念和意識的可能性較大。它證明儘管從《顯慶禮》到《開元禮》五方帝作爲天帝的地位被逐步取消,但由於高、武以來的明堂祭祀實際上仍不能被完全無視,且在主祭和配祀之間的地位仍有猶疑,所以即使《開元禮》在總體上宣明了昊天上帝的獨尊及"折中"的規則,但在具體禮儀的安排上,仍會出現劃分不清的錯誤。總之《開元禮》五方帝的陪祀,武則天之明堂可謂先導,而禮中出現的疑問,也完全可以從高宗、武則天制度中找到淵源。

總括言之,明堂禮作爲祭天禮的一部分有着豐富的内容,唐代郊祀和明堂都有着與隋以前不同的演變過程及發展特色。本文追尋和梳理了高宗、武則天時期明堂禮的發展綫索與軌迹,認爲高宗時期的明堂禮可以分爲兩個階段。第一個階段自永徽二年建立高祖與太宗並配明堂開始,到顯慶元年實行太宗獨配和顯慶二年許敬宗批判鄭玄"六天"、取消明堂五帝以昊天上帝取而代之爲止,建立了與武德貞觀完全對立的禮儀規範。這個時段一直延續到乾封封禪之前。第二個階段以封禪的乾封元年敕令恢復感帝、五方帝、神州祭祀,並實行全面的並配制度始,到儀鳳修格都將《貞觀禮》的回歸作爲主要的宗旨。但爲了調和矛盾,此後高宗又不得不提出二禮"兼用"的方式和主張,作爲實際的執行辦法。因此兩階段可以認爲分别是以《顯慶禮》和《儀鳳格》爲宗旨的,而有對立的特色,但最終建立在二者之上的折中意向,形成禮法實際運行中的主流。

武則天登朝後,不再以擇從鄭、王作爲禮制取捨的基礎和方向,而是以皇權直接爲天、帝進行劃分和等級定位,從而以帝王權威建立了以昊天爲中心的祭祀準則。表現在明堂禮的具體實施上,是雖對五方帝予以保留,卻突出了昊天上帝的唯一性。而無論是明堂建築,抑或是祭祀大典,武則天也都有繼承高宗朝制度的成分,是在已有基礎上的變革。唐朝前期的明堂禮就是在這樣的破立和妥協交互的矛盾下前行,而由此,我們也可以找到《開元禮》成立的綫索和根源。總之,禮制的變化是不同理論和意識形態長期鬥争與相互混融的結果,也是高宗、武則天時代皇權不斷加强的體現。唐朝前期"結束"南北朝,明堂禮也許就是一個最好的説明。

《魏晉南北朝隋唐史資料》第四十輯
2019 年 11 月,188—193 頁

"隴右節度使"始置時間考*

宋　翔

嚴耕望先生從地緣政治的角度對"隴右節度使"曾作過精闢的論述:

> 唐置隴右節度使鎮鄯州(今樂都);統軍多至二十有餘,兵額十有餘萬,屯田積穀,爲常備之計。復左翼劍南、右翼河西、安西諸節度爲犄角,自西北迄劍南,戰綫綿延逾萬里,爲大弧形以制之,而隴右、河、湟實爲主戰場,兵爭之中心。①

由此可見"隴右節度使"對於唐王朝邊防體系的重要性。但對於如此重要的邊防將領,其始置時間卻一直存有爭議。本文即擬對此一問題進行探討,以期釐清節度使這一體制在"隴右"地區的成立過程。

關於"隴右節度使"的始置時間,諸史記載不一,爭議較大的則主要有兩種説法:一是開元元年(713)。據《唐會要》卷七八《節度使》所載:"隴右節度使,開元元年十二月,鄯州都督陽(楊)矩除隴右節度,自此始有節度之號。"②另一觀點爲開元二年(714)。依《資治通鑑》卷二一一"唐玄宗開元二年"條所記:十二月"甲子,置隴右節度大使,須(領)嗣(衍字)鄯、奉(秦)、河、渭、蘭、臨、武、洮、岷、郭(廓)、疊、宕十二州,以

* 本文爲國家社科基金青年項目"唐蕃關係視野下的'隴右'邊防體制研究"(18CZS050)的階段性成果。

① 嚴耕望:《唐代交通圖考》第二卷《河隴磧西區》,上海古籍出版社,2006 年,第 497 頁。

② 《唐會要》卷七八《節度使》,上海古籍出版社,2006 年,第 1688 頁。杜治先生在《唐初鎮兵考》一文中既同意《資治通鑑》"開元二年(714)"的説法,亦認爲"然《會要》云開元元年(713)除陽矩隴右節度,置使之年又先於《通鑑》記載一年,似難定其説之非。陽矩於是年正爲鄯州都督;二年八月,因吐蕃入寇懼罪自殺。於元年十二月除隴右節度,亦不無可能,是《會要》之説甚爲可據也。"(載《史學年報》第三卷第二期,1939 年,第 43 頁)並未作出明確判斷。

隴右防禦副使郭知運爲之”。① 王永興、李宗俊等皆持是論,影響較大。②

其實,以上兩種看法争論的焦點就在於開元元年(713)楊矩是否曾擔任過“隴右節度使”。楊矩在兩《唐書》中無傳,勾稽相關史料,可以大致復原其開元元年(713)以前之活動。這些活動皆與吐蕃有關。中宗神龍二年(706)唐、蕃雙方劃界訂盟時,楊矩即爲盟誓代表之一。③ 景龍四年(710)正月,中宗送金城公主入吐蕃和親,“命左驍衛大將軍、河源軍使楊矩爲送金城公主入吐蕃使。”④使命完成後,楊矩又被委以鄯州都督之任。在此任上,楊矩是否擔任過“隴右節度使”之職,即爲關鍵所在。據楊矩之父楊孝弼的墓誌——《唐故徵士、朝散大夫、許州司馬楊君墓誌銘并序》(以下簡稱爲《楊君墓誌》)所載:

> 第二子輔國大將軍兼左羽林軍大將軍、持節隴右諸軍州節度大使兼鄯州都督、河源經略大使、銅城大總管、檢校鴻臚卿、虢國公矩,雄材命代,英略冠時,下棘署以揚蕤,入柳營而按節,三推受律,得廓地之鈐鈕;萬里收功,罷玉門之亭鄣。疇唐(庸)茂典,恩浹後昆;延賞隆規,榮申先代。制曰:贈許州司馬。所謂積善餘慶,揚名顯親者乎?雖岱山孫令,欣制美於泉塗(途);魯國顔生,得脩文於地府。豈若恩流二(天)涣,寵洽泉埃,式彰身後之榮,無忝生前之貴。以先天元年(712)歲次丁酉(壬子)⑤十月丁酉朔廿五日庚辰,與夫人廣平縣君宋氏合葬於河南縣洛邑鄉北

① 《資治通鑑》卷二一一“唐玄宗開元二年”條,北京:中華書局,1956年,第6706頁。

② 王永興先生在《論唐代前期隴右節度》一文中即認爲“考隴右節度設置之時間,應以《通鑑》爲依據”(原載袁行霈主編:《國學研究》第四卷,北京大學出版社,1997年。後收入氏著《唐代經營西北研究》,蘭州大學出版社,2010年,第199頁)。其後,李宗俊先生《唐前期西北軍事地理問題研究》一書中亦贊同《資治通鑑》的“開元二年(714)”説(北京:中國社會科學出版社,2015年,第268頁)。此外,關於“隴右節度使”的始置時間,尚有《新唐書》卷六七《方鎮表四》所記:開元五年(717)“置隴右節度,亦曰隴西節度,兼隴右道經略大使”(北京:中華書局,1975年,第1863頁)以及《元和郡縣圖志》卷三九《隴右道上》“鄯州”條所載“開元二十一年(733)置隴右節度使”(北京:中華書局,1983年,第991頁)説。上引二書又提出“開元五年(717)”及“開元二十一年(733)”説。但大量的史料記載表明開元二年(714)郭知運曾任過“隴右節度使”,學界對於此點也並無争議,故上引二書的説法當爲史籍記載或傳刻錯誤。

③ 《册府元龜》卷九八一《外臣部·盟誓》載:“所緣和事者,孝和帝在日,其國界並是逐便斷當訖,彼此亦已盟誓。漢宰相等官人誓者:僕射豆盧欽望、魏元忠、中書令李嶠、侍中紀處訥、蕭至中、侍郎李迥秀、尚書宗楚客、韋安石、楊矩等一十人;吐蕃宰相等亦同盟誓訖,遂迎公主入蕃,彼此安穩。”(北京:中華書局,1960年,第11526頁)孝和帝即指唐中宗。

④ 《舊唐書》卷七《中宗本紀》,北京:中華書局,1975年,第149頁。

⑤ 查《二十史朔閏表》,先天元年爲壬子歲(其前後均無丁酉年),且先天元年十月恰爲丁酉朔,故墓誌干支紀年有誤,當爲“歲次壬子”。

邙山之原,禮也。①

上引墓誌中提到楊矩的職銜中有“持節隴右諸軍州節度大使兼鄯州都督”,這説明楊矩是任過“隴右節度使”的。但有一點尚需注意,《楊君墓誌》中提到楊矩父母之合葬時間爲先天元年(712)。故若依墓誌所言,楊矩任“隴右節度使”的時間要提前到先天元年(712)十月以前。此與《唐會要》所記的時間不和,這又當如何取捨?

關於楊矩任“隴右節度使”的時間,筆者贊同《楊君墓誌》所記“先天元年(712)十月以前”的説法。該篇墓誌記載了楊矩之父楊孝弼,因楊矩所立功勛而被追贈爲許州司馬,又於先天元年(712)十月與夫人宋氏合葬於洛邑,此事也極有可能是楊矩一手操辦,故《楊君墓誌》所記楊矩官職之準確度當較高。

且先天元年(712)十月前,楊矩任“隴右節度使”亦符合當時的地區形勢。衆所周知,睿宗到玄宗初年是唐前期邊防體系全面向“節度使”制轉變的重要時期。爲了應對北部及西北邊境可能存在的外部威脅,唐中央對於邊防體系進行了一系列地調整。一個比較顯著的趨勢就是劃定軍區,建立起統一的協調、指揮體制。唐中宗景龍四年(710)五月,在“隴右”地區即設有“隴右防禦群牧大使”。② 此後不久,“河西”也設置了“河西節度使”。可能受此影響,當楊矩送金城公主入吐蕃歸來後,在被委以“鄯州都督”的同時或稍後,又加授了“隴右節度使”之職。因此,後來才發生了唐、蕃關係史上非常著名的“割河西九曲”事件。《册府元龜》卷九九八《外臣部·姦詐》即載:

吐蕃,以玄宗先天中(712—713)遣使厚遺鄯州都督楊矩,因請河西九曲之地,以爲金城公主湯沐之所,矩遂奏與之。吐蕃既得九曲,其地肥良,堪頓兵、畜牧,又與唐境接近,自是後率兵入寇。③

---

① 周紹良、趙超主編:《唐代墓誌彙編》“先天〇〇三”,上海古籍出版社,1992年,第1144頁。

② 《唐大詔令集》卷一三〇《命吕休璟等北伐制》即有“防禦群牧大使、臨洮軍使甄亶,領當軍、莫門、積石等軍兵募及秦蘭渭城(成)等州大家子弟,總二萬騎”(北京:中華書局,2008年,第705頁)。此制下於景龍四年(710)五月十五日,可見此時已有“防禦群牧大使”之稱。從其所領諸軍州,即“當軍(即臨洮軍)、莫門、積石等軍兵募及秦蘭渭城(成)等州大家子弟”來看,此防禦大使的統轄範圍當爲“隴右”地區,故其亦可被稱作“隴右防禦群牧大使”。此次北伐所針對的是突厥默啜,甄亶是以“(隴右)防禦群牧大使、臨洮軍使”的身份領“隴右”諸州軍參與北伐,可見此使在戰時可作爲統帥領軍出征。又從其“防禦”、“群牧”的職銜來看,此使在平時亦有管理牧群,以防備吐蕃對臨洮等地牧群侵擾的職責。

③ 《册府元龜》卷九九八《外臣部·姦詐》,第11712頁。

此事在敦煌本吐蕃歷史文書《大事紀年》中亦有記載:

> 64. 至牛年(玄宗開元元年,公元 713 年)
>
> 夏,贊普駐於墨竹之怎塘。坌達焉與大論乞力徐於蘇布之江布園召集夏會,任命"五百部(長)"。(唐廷)允賜夏冬牧場(指黃河九曲之地),唐使者楊卿(楊矩)前來致禮。[①]

可見,此次"割河西九曲"事件發生在玄宗先天(712—713)年間。[②] "九曲"地區爲黃河上游回環彎曲處,"包括今甘肅瑪曲縣以下黃河以東的甘肅碌曲縣、青海河南、澤庫縣、同德縣和貴南縣等縣,東邊自南向北與今甘肅卓尼、臨潭、夏河等縣,還有青海的同仁、貴德等縣相鄰。"[③]其所囊括的地域甚廣,且緊鄰鄯州、洮州等邊州都督府。若先天中(712—713),楊矩僅爲鄯州都督,恐無法單獨決定此一地區的歸屬。故在此前,唐廷可能即加楊矩"隴右節度使"之職,以全權負責"隴右"地區與吐蕃的和戰事宜。故《楊君墓誌》所記楊矩於先天元年(712)十月前已任"隴右節度使"之職,應當是可信的。至於《唐會要》記作"開元元年(713)十二月",可能是因爲此時作者已不知楊矩任職的具體日期,暫且附之於開元元年(713)下。

綜上可知,"隴右節度使"的始置時間當爲"先天元年(712)十月以前",首任節度使應爲楊矩。那麽,前引《資治通鑑》"開元二年(714)"始置"隴右節度使"的説法又當如何解釋呢?

這可能與"隴右節度使"設立初期並不穩定有關。使職本身即是因人因事而設,根據形勢的不同,唐中央會設立不同的使職來處理"隴右"地區所面臨的問題。在楊矩之後、開元二年(714)郭知運任"隴右節度使"之前,唐廷在"隴右"地區的邊防體系一直在"隴右節度使"與"隴右防禦使"之間摇擺不定。

---

① 黃布凡、馬德:《敦煌藏文吐蕃史文獻譯注》,蘭州:甘肅教育出版社,2000 年,第 48 頁。

② 關於此次"割河西九曲"事件發生的時間,史料記載歧出。如《新唐書》卷四《中宗紀》載景龍四年(710)"三月,以河源九曲予吐蕃。"(第 112 頁)但此時距金城公主從長安出發赴吐蕃和親僅過兩月,時間間隔太短,幾乎不可能,故可排除。又如《資治通鑑》卷二一〇"睿宗景雲元年"條載"安西都護張玄表侵掠吐蕃北境,吐蕃雖怨而未絶和親,乃賂鄯州都督楊矩,請河西九曲之地以爲公主湯沐邑;矩奏與之。"(第 6661 頁)《資治通鑑》將此事附於"唐睿宗景雲元年(710)年末"。這種寫法本身即表明作者當時已不能明確該事發生的具體時間。此外,將此條記載附於景雲元年(710)年末主要是針對張玄表侵掠吐蕃事,楊矩割九曲當更在其後。

③ 劉滿:《唐九曲及其相關軍城鎮戍考》,《敦煌學輯刊》2010 年第 2 期,第 22 頁。

開元二年(714)八月,吐蕃攻掠“隴右”,楊矩“悔懼,飲藥而死”。在他死前不久,唐玄宗還下令設置過“隴右道防禦大使”。據《册府元龜》卷九九二《外臣部·備禦五》載開元二年(714):

> 八(六)[①]月庚申,制曰:“朕聞天生五材,廢一不可;不教人戰,是謂棄之……突厥比通和好,頗負盟約,不有金革,孰寧疆埸?不有師徒,誰捍牧圉……衛尉卿兼簡較(檢校)左金吾衛大將軍凉國公李延昌,克樹勋庸,遍該韜略;關、張萬人之敵,勇不顧身;程、李二將之名,忠於衛主。董司戎事,行料兵權,可充隴右道防禦大使。左武衛將軍白道恭等,居運六奇,行謀百勝,早聞晉平之議,思覩嫖姚之捷,可爲之副。宜取朔方後軍兵及前年朝堂應募捷兒等,總十萬人,群牧馬四萬疋,於秦州、成、蘭、渭等州界,逐便屯集教練。仍書報贊普,共爲聲援。明加偵候,勿使失機”。[②]

此“隴右道防禦大使”的主要職責是於“秦州、成、蘭、渭等州界,逐便屯集教練”,亦即對囤集於“隴右”地區的兵士、牧馬進行作戰訓練。而從其屯兵區域“秦州、成、蘭、渭等州”並非位於“隴右道”西南部與吐蕃接壤的邊界地區亦可看出,“隴右道防禦大使”之設主要是立足於防。“隴右節度使”則不同,此職一般由鄯州都督兼任,亦是以鄯州爲核心,緊鄰唐、蕃交戰區,較之“隴右道防禦大使”,其攻擊性更强。此外,從名稱上亦可看出“節度”的權限要大於“防禦”。上文已經提到,楊矩受吐蕃賄賂,奏割“河西九曲”地區,這表明楊矩所任的“隴右節度使”權限較大,可負責與吐蕃的和戰事宜,並對重要軍事區域的歸屬具有一定的決策權。

---

① 《册府元龜》記該制所下時間“八月庚申”有誤。《册府元龜》卷一二四《帝王部·修武備》載開元二年(714)八月辛巳,玄宗下詔“遣薛訥等於隴右防禦,使令教習爾等。既練韜鈐,須明隊伍,使投石拔劍以勵威鋒,裹糧坐甲,待清逋寇。”(第1489—1490頁)八月辛巳爲公曆十月九日,八月庚申則爲九月十八日,僅過二十餘日即以薛訥代李延昌,時間太短,於理不合。再查朔閏表,開元二年六月有庚申日(公曆七月二十日),且“六”與“八”字形相似,極易訛誤,故前引制文李延昌任“隴右道防禦大使”當在六月庚申日,而非八月。且李延昌所任“隴右道防禦大使”之置當本諸於解琬的意見,《舊唐書》卷一〇〇《解琬傳》載:“未幾,吐蕃寇邊,復召拜左散騎常侍,令與吐蕃分定地界,兼處置十姓降户。琬言吐蕃必潛懷叛計,請預支兵十萬於秦、渭等州嚴加防遏。”(第3113頁)《資治通鑑》繫此事於開元二年五月己酉下,而六月庚申恰在此後。此外,從《舊唐書·解琬傳》可知,《册府元龜》所載玄宗此詔實爲防備吐蕃而下,並非如制文表面所言,意在聯合吐蕃,防制突厥。下此制書時,唐、蕃雙方關係並未完全決裂。因僅隔數日,六月“丙寅(公曆七月二十六日),吐蕃使其宰相尚欽藏來獻盟書”(《資治通鑑》卷二一一“唐玄宗開元二年”條,第6701頁),雙方尚有盟書往來。這也就是爲何玄宗所下制文中要以防突厥爲名。

② 《册府元龜》卷九九二《外臣部·備禦五》,第11649頁。

李延昌去職後，薛訥又接任“隴右道防禦大使”。《新唐書》卷五《玄宗紀》載：

（開元二年八月）乙亥，吐蕃寇邊，薛訥攝左羽林軍將軍，爲隴右防禦大使，右驍衛將軍郭知運爲副，以伐之。[①]

而在玄宗的任命詔制中提到“遣薛訥等於隴右防禦，使令教習爾等。既練韜鈐，須明隊伍，使投石拔劍，以勵威鋒，裹糧坐甲，待清逋寇。”[②]可見，此“隴右防禦大使”亦是以訓練軍士爲主。

此時，薛訥爲何接替的是防禦大使而不是楊矩所任的節度大使呢？這可能是因爲一則薛訥是以白衣從軍，不宜任權責較重的“節度使”。此前在與契丹作戰時，薛訥因軍敗被削去官爵。二來，此年六月“丙寅，吐蕃使其宰相尚欽藏來獻盟書”，[③]唐、蕃雙方尚有盟書往來。吐蕃此時只是初次寇邊，雖然未來與吐蕃的大戰不可避免，但在名義上還要以“防禦”爲名，以加强防備、訓練兵士。且根據李延昌的任職情況來看，“隴右道防禦大使”的駐屯區主要設在秦、成、蘭、渭等州，這也是吐蕃此次進攻的主要方向。以薛訥任此職，亦可更好地應對與吐蕃之戰。

薛訥抵達“隴右”地區後，終不負使命，成功地抵禦了吐蕃此後的進攻。故開元二年(714)又以薛訥副手隴右防禦副使郭知運“徙隴右諸軍節度大使、鄯州都督”。[④] 説明因邊事日重，唐廷在“隴右防禦使”與“隴右節度使”的抉擇中又重新回復到了節度使體制。以鄯州都督兼任“隴右節度使”，既可與“河西節度使”相配合，又可集中“隴右”地區的優勢資源於邊境，擺出一副攻擊態勢，與吐蕃進行較量。此後，“隴右節度使”一直穩定存在，而再未見“隴右（道）防禦大使”之職，這可能也就是爲何《資治通鑑》將“隴右節度使”之置繫於開元二年十二月下，以郭知運爲首任節度使的原因所在。[⑤]

① 《新唐書》卷五《玄宗紀》，第123頁。

② 《册府元龜》卷一二四《帝王部・修武備》，第1489—1490頁。

③ 《資治通鑑》卷二一一“唐玄宗開元二年”條，第6701頁。

④ 《新唐書》卷一三三《郭知運傳》，第4545頁。

⑤ 此外，楊矩在節度使任上，割讓九曲之地，釀成大禍，也可能影響了其首任地位的認定。故唐人宣傳或後世史家追溯時出現了以郭知運爲首任的情況。

《魏晉南北朝隋唐史資料》第四十輯
2019 年 11 月,194—211 頁

唐代的北都留守

李　永

關於唐代的留守制度,《通典》云:

> 留守,周之君陳,似其任也,此後無聞。後漢和帝南巡,祠園廟,張禹以太尉兼衛留守。晉張方劫惠帝幸長安,僕射荀藩等與其遺官在洛陽爲留臺,承制行事,號爲東西臺。至安帝時,劉裕置留臺,具百官。又後魏孝文南伐,以太尉元丕、廣陵王羽留守京師,並加使持節。大唐留守之制,蓋因此也。①

這説明周朝已有留守雛形,唐代留守制度繼承前代而來。《新唐書・百官志》記載:

> 初,太宗伐高麗,置京城留守,其後車駕不在京、都,則置留守,以右金吾大將軍爲副留守……(開元)十一年,太原府亦置尹及少尹,以尹爲留守,少尹爲副留守:謂之三都留守。②

可見,唐代都城留守最初設置的前提是皇帝不在京師、東都。如貞觀十八年(644)十月,太宗親征高麗,離開長安先至洛陽,便"以房玄齡留守京師"。③ 留守有正、副二人,副留守一般以右金吾大將軍爲之,如蘇頲《司農卿劉公神道碑》即記劉某以"右金吾大將軍副京師留守"。④ 開元十一年(723),玄宗又置北都留守、副留守,以太原尹、少尹爲

① 杜佑撰,王文錦、王永興等點校:《通典》卷三三《職官一五・州郡下》,北京:中華書局,1988 年,第 904 頁。

② 《新唐書》卷四九下《百官志四下》,北京:中華書局,1975 年,第 1311 頁。

③ 《資治通鑑》卷一九七,唐太宗貞觀十八年十月,北京:中華書局,1956 年,第 6213 頁。

④ 李昉等:《文苑英華》卷八九九《碑五六・司農卿劉公神道碑》,北京:中華書局,1966 年,第 4734 頁。

之。如韋湊即於開元十一年北都留守設置之時,被任命爲"太原尹、仍充太原以北節度大使、北都留守";[①]張延賞於肅宗時出任太原少尹、兼北都副留守。[②] 可見,唐代留守制度是在前代基礎上進一步發展完善,形成"三都留守"制。

目前學界對唐代留守的研究集中於東都留守、京師留守,[③]而對北都留守的關注較少。[④] 本文在前人研究基礎上,首先整理唐代的北都留守,[⑤]然後以此爲基礎,探討唐代北都留守的設置原因、職掌特點等,不當之處,還望方家賜教。

一、太原留守——唐代北都留守的前身

上引《新唐書·百官志》之文記載,唐玄宗開元十一年,設置北都留守、副留守。其實,早在隋煬帝時,便已在太原設置留守、副留守了。不同的是,隋代的太原留守屬於在戰略要地,而非在都城設置的留守。據相關記載,隋煬帝大業十三年(617),以李淵爲太原留守,"仍遣獸賁郎將王威、獸牙郎將高君雅爲副"。[⑥] 李淵父子太原起兵後,欲西入關中,"以四郎元吉爲太原郡守,留守晉陽宫,文武後事並委焉。"[⑦]讓李元吉以太原郡守身份留守太原,穩固後方。李淵建唐後,於武德元年(618)改太原郡爲并州,置總管府,改授元吉爲并州總管。武德二年,并州爲劉武周攻陷,元吉逃歸京師,總管府司馬劉德威總留府事。[⑧] 衛尉少卿劉政會亦於此時留守太原。[⑨] 次年,唐王朝重新收復并州,之後便不再有留守之設。唐初在太原設置留守,一方面源於對隋末留守之設的沿襲,另一方面是因爲太原是李唐義軍的大本營,作爲李唐王朝的龍興之地,具有重要的戰略地

---

① 《文苑英華》卷九一四《碑七一·唐太原節度使韋湊神道碑》,第4811頁。參見王溥:《唐會要》卷六八《諸府尹》,上海古籍出版社,2006年,第1409頁。

② 《舊唐書》卷一二九《張延賞傳》,北京:中華書局,1975年,第3607頁。

③ 參見程存潔:《唐代東都留守考》,《魏晉南北朝隋唐史資料》第13輯,1994年,第112—123頁;氏著:《唐代城市史研究初篇》,北京:中華書局,2002年,第37—57頁;蘇小華:《文獻所見唐東都制度考略》,陝西師範大學碩士學位論文,2002年,第26—40頁;勾利軍:《唐代東都分司官研究》,上海古籍出版社,2007年,第29—46頁;李永:《唐代京師留守研究》,榮新江主編:《唐研究》第21卷,北京大學出版社,2015年,第339—355頁。

④ 陸冰曾將北都留守與京師留守、東都留守一起探討,廖靜靜則在對太原尹的研究中對北都留守有所涉及,尚未有专文对北都留守進行研究。參見陆冰:《唐代留守研究》,上海師範大學碩士學位論文,2013年;廖靜靜:《鎮守北都:唐代太原尹研究》,北京師範大學博士學位論文,2014年,第59—61頁。

⑤ 天寶元年(742),北都改稱北京,故北都留守又稱北京留守。本文統作北都留守,不再加以區分。

⑥ 温大雅撰,李季平、李錫厚點校:《大唐創業起居注》卷一,上海古籍出版社,1983年,第2頁。

⑦ 《大唐創業起居注》卷二,第18頁。

⑧ 《舊唐書》卷七七《劉德威傳》,第2676頁。

⑨ 《舊唐書》卷五八《劉政會傳》,第2313頁。

位與象徵意義。誠如李世民所言:"太原王業所基礎,國之根本。"[①]武德三年以後,并州雖不再設留守,但於武德四年"改爲上總管,五年又改爲大總管,七年又改爲大都督。天授元年罷都督府,置北都,神龍元年依舊爲并州大都督府",[②]一直保持着唐王朝北邊重鎮的軍事地位。[③]

二、唐代北都留守設置的原因

如上文所言,太原留守,僅在李唐起義之初有所設置,此後直至開元十一年以前,太原一直未設留守。其實早在唐高宗、武則天時期,車駕不在京、都時設置留守,已經成爲朝廷慣例。比如,武則天臨朝稱制之初,便以劉仁軌擔任西京留守;[④]長安二年(702),武則天西返長安,也以韋巨源、李嶠爲神都留守、副留守,後李嶠代巨源爲留守。[⑤] 但武則天天授年間(690—692),太原曾升爲北都,並未置北都留守。玄宗即位之後,蒲州曾於開元九年升爲河中府,設置中都,[⑥]但亦未置中都留守,緣何至開元十一年重升太原爲北都之時,便設置北都留守?筆者認爲主要有以下兩個原因:

第一,與此時的邊疆形勢有關。從高宗、武則天時代開始,唐王朝與周邊少數民族政權間的關係,便由攻勢轉爲守勢,[⑦]其中北方主要是受突厥勢力的騷擾。并州作爲唐王朝的北邊門户,歷任地方官都非常重視對突厥勢力的防禦。開元四年,"突厥墨啜爲九姓所殺,其下酋長多款塞投降,置之河曲之内,俄而小殺既立,降者漸叛。"[⑧]小殺即毗伽可汗。此後,北部邊境的動亂主要來自"在北部關中和河東的中國領土上定居的突厥族和其他遊牧民族的集團"。[⑨] 因此,時任并州長史王晙上疏建議内徙突厥降户,防其叛逃。"疏奏未報,降虜果叛,敕晙帥并州兵西濟河以討之。"[⑩]次年,張嘉貞出任并州長史,更加重視突厥降户可能帶來的邊境困擾。史載:"時突厥九姓新來内附,散居太

① 《舊唐書》卷二《太宗紀上》,第25頁。

② 李吉甫撰,賀次君點校:《元和郡縣圖志》卷一三《河東道二》,北京:中華書局,1983年,第361頁。

③ 參見李裕民:《論太原城的城防設施及其戰略地位》,《古都研究》第20輯,第23—31頁。

④ 參見《舊唐書》卷八四《劉仁軌傳》,第2796頁。

⑤ 參見《資治通鑑》卷二〇七,則天后長安二年六月,第6559頁。

⑥ 參見《舊唐書》卷八《玄宗紀上》,第181頁。

⑦ 參見李鴻賓:《唐朝中央集權與民族關係》,北京:民族出版社,2003年,第106—113頁。

⑧ 《舊唐書》卷九三《王晙傳》,第2986頁。

⑨ 崔瑞德主編,中國社會科學院歷史研究所西方漢學研究課題組譯:《劍橋中國隋唐史》,北京:中國社會科學出版社,1990年,第363頁。

⑩ 《舊唐書》卷三九《王晙傳》,第2989頁。

原以北,嘉貞奏請置軍以鎮之,於是始於并州置天兵軍,以嘉貞爲使。"[①]并州長史由此兼任天兵軍節度大使。開元六年,蔚州横野軍也歸天兵軍節度。[②] 雖然毗伽可汗此後遣使請和,但毗伽可汗的勢力卻漸趨强盛,玄宗時,朝廷對其頗爲忌憚。[③] 不僅如此,降居并州附近的部落衆多,并州及其周邊面臨的民族形勢頗爲複雜,北疆形勢不容樂觀。玄宗《并州置天兵軍制》表明了朝廷對太原周邊少數民族勢力的擔憂:"骨咄禄男小殺,覆巢之餘,仍敢陸梁。九姓等雖類頗親,而仇讎久著……深憂復怨,固請防萌。"[④]開元八年,朔方大使王晙誅殺突厥降衆,"時并州大同、横野等軍有九姓同羅、拔曳固等部落,皆懷震懼。"時任并州長史、天兵大使的張説"率輕騎二十人,持旌節直詣其部落,宿於帳下,召酋帥以慰撫之"。[⑤] 史稱"拔曳固、同羅由是遂安"。[⑥] 面對如此時局,玄宗於開元十年決定北巡,其目的之一即爲"安邊而訓武"。[⑦] 次年,抵達并州,改之爲太原府,並於此設北都,置留守。上言張説撫慰諸降户時特意持旌節前往的細節,説明唐王朝中央權威在穩定北邊形勢中能够發揮重要作用。玄宗此舉當是賦予太原以都城地位,以留守具備的皇權代理身份,增强太原在王朝邊防體制中發揮的作用。不僅如此,《唐六典》記載唐代符節之制云:"銅魚符,所以起軍旅,易守長。兩京留守,若諸州、諸軍、折衝府、諸處捉兵鎮守之所及宫苑總監,皆給銅魚符。"[⑧]《唐律疏議》則曰:"應給魚符及傳符,皆長官執。"[⑨]《唐六典》針對兩京留守而言,按常理推之,北都留守應亦如此。也就是説,按唐制規定,北都设置留守,掌握發兵之權,這無疑更有利於發揮其穩定北部邊疆的作用。[⑩]

第二,與玄宗開元初期重塑李唐權威的舉動有關。唐玄宗登基之前的成長經歷,與唐王朝自武則天臨朝稱制以來的高層政局動蕩相始終。在太平公主勢力被清除之後的

---

① 《舊唐書》卷九九《張嘉貞傳》,第3090頁。

② 參見《資治通鑑》卷二一二,玄宗開元八年二月,第6732頁;《全唐文》卷二一《元(玄)宗皇帝・移蔚州横野軍於代郡制》,北京:中華書局,1983年,第251頁。

③ 參見《舊唐書》卷一九四上《突厥傳上》,第5175頁。

④ 《全唐文》卷二一《元(玄)宗皇帝・并州置天兵軍制》,第251頁。

⑤ 《舊唐書》卷九七《張説傳》,第3052頁。

⑥ 《資治通鑑》卷二一二,玄宗開元八年六月,第6741頁。

⑦ 《全唐文》卷二二《元(玄)宗皇帝・幸并州制》,第257頁。

⑧ 《唐六典》卷八《符寶郎》,北京:中華書局,1992年,第253頁。

⑨ 《唐律疏議》卷一六《擅興》,北京:中華書局,1983年,第301頁。

⑩ 關於開元九年升蒲州爲中都時,未設留守之因,未見有學者探討。筆者認爲,可能與唐玄宗更看重中都的經濟功能,而非其軍事功能有關。參見丁俊:《唐玄宗置中都之始末及其深層意義》,《山西大學學報》2018年第4期。

開元初年,唐玄宗面臨的首要任務便是撥亂反正、清算武氏政治影響、重塑李唐權威。其中,洛陽與并州這兩處武則天非常重視的政治空間成爲玄宗重點關注的對象。先天二年(913),唐玄宗在擊敗太平公主及其黨羽之後,首先做的事情之一便是"毁天樞,取其銅鐵充軍國雜用",並下令取消武則天父母的帝、后稱號:"周孝明高皇帝依舊追贈太原王,宜去帝號;孝明皇后宜稱太原王妃;昊陵、順陵並稱太原王及妃墓。"①開元五年,"以則天拜洛受圖壇及碑文並顯聖侯廟,初因唐同泰僞造瑞石文所建,令即廢毁"。② 同年,玄宗接受太常博士馮宗等人奏請,將武則天所修之明堂復爲乾元殿,以便"人識其舊"。③ 天樞、明堂是武則天以洛陽爲政治中心期間所建,它們在武周政權的建立、延續,以及武周政治理念、政治秩序的構建過程中發揮過重要作用,是洛陽城内武周政權的標誌性視覺景觀建築。④ 玄宗此時毁棄之,旨在削弱武周政治影響,重塑並提高李唐皇室權威。不僅如此,武則天時期曾鑄造九鼎,置於通天宫,其中豫州鼎最爲高大。胡三省注《通鑑》曰:"豫州鼎獨高大,神都畿也。"⑤高大的豫州鼎不僅從視覺象徵上顯示神都洛陽的政治地位,而且其上有武則天御制《鼎銘》,用來顯示武周政權承天受命而建。《通典》記載其銘文曰:"唐虞繼踵,湯禹乘時。天下光宅,域内雍熙。上玄降鑒,方建隆基。"由於文涉"隆基",《鼎銘》亦被玄宗君臣當做受命之符而被宣付史館。⑥ 總之,玄宗即位之後針對洛陽的重要政治空間進行改造的事實表明,他試圖逐漸削弱武周因素在王朝權威象徵體系中的角色地位。⑦

爲更好地達到目的,洛陽之外,玄宗還將并州納入其重點關注之地。并州是李唐龍興之地,又是武氏家鄉所在,對李唐與武周政權均有重要意義。武則天當上皇后之後,與高宗於顯慶五年(660)北幸并州。⑧ 期間,高宗雖有褒獎李唐佐命功臣之舉,但此次

① 《舊唐書》卷八《玄宗紀上》,第171頁。

② 《舊唐書》卷八《玄宗紀上》,第177頁。

③ 《通典》卷四四《吉禮三·大享明堂》,第1228頁。

④ 關於武則天時期明堂、天樞的建造及其在政治生活中發揮的作用,學界研究頗多。較新研究的成果參見孫英剛:《佛教與陰陽災異:武則天明堂大火背後的信仰與政争》,《人文雜誌》2013年第12期,收入氏著:《神文時代:讖緯、術數與中古政治研究》,上海古籍出版社,2014年,第262—283頁;吕博:《明堂建設與武周的皇帝像——從"聖母神皇"到轉輪王》,《世界宗教研究》2015年第1期。

⑤ 《資治通鑑》卷二〇六,則天后神功元年四月,第6517頁。

⑥ 《通典》卷四四《吉禮三·大享明堂》,第1229頁。胡三省注《資治通鑑》時所引《通典》之文中,"湯禹"作"湯武"。參見《資治通鑑》卷二一一,玄宗開元二年八月,第6704頁。

⑦ 參見吕博:《轉輪王"化謂四天下"與武周時期的天樞、九鼎製造》,《魏晋南北朝隋唐史資料》第31輯,上海古籍出版社,2015年,第183—195頁;李永:《拆毁與營建:唐玄宗開元時期都城景觀的歷史變遷》,夏炎主編:《中古中國的都市與社會》,上海:中西書局,2019年,第249—262頁。

⑧ 參見《舊唐書》卷四《高宗紀上》,第80頁。

巡幸并州的主角當是武則天。武則天"宴親戚故舊鄰里於朝堂,婦人於内殿,班賜有差。詔:'并州婦人年八十以上,皆版授郡君。'"[①]另外,因爲并州是武則天的故鄉,故"并州長史、司馬各加勛級",即便在高宗祠祭李唐舊宅之時,武則天的父親武士彠亦入配食之列。[②] 考慮到顯慶四年朝廷局勢"政歸中宫"的政治背景,此次北幸很有可能是武則天利用其并州籍貫的身份,爲自己尋求更多層面的支持。不僅如此,武則天還與高宗一同遊賞并州童子寺與開化寺内的大像,在開化寺内"大舍珍寶財物衣服,并諸嬪妃内宫之人,並各捐捨"。還京之後,至龍朔二年(662),"内官出袈裟兩領,遣中使馳送二寺大像"。[③] 據《唐六典》,唐代内官有妃、儀、美人、才人等號,均屬協助皇后治理後宫之職。[④] 出送袈裟由内官負責,當出則天之意。袈裟送至後,史稱:

> 其童子寺像批袈裟日,從旦至暮,放五色光,流照崖岩,洞燭山川。又入南龕小佛像赫奕堂殿。道俗瞻睹,數千萬衆。城中貴賤睹此而遷善者,十室而七八焉。衆人共知,不可言悉。[⑤]

如此異象,無疑是武則天形象在民間塑造與傳播的重要途徑之一。此外,武則天臨朝稱制之初,又於并州文水設立武氏先祖祠堂,[⑥]並於天授元年正式升并州爲北都,[⑦]文水縣"改爲武興縣,以天后鄉里縣,與太原、晉陽並爲京縣"。[⑧] 長安三年,武則天還將自己的御容像送至太原崇福寺供養。[⑨] 寺廟供養帝王御容像,可以起到塑造帝王權威與武周政權神聖性的重要作用。[⑩] 由此可見,隨着武則天政治生涯的進展,并州地位逐步提高,尤其是武氏祠堂的建立與北都的設立,使并州納入武周政權的象徵體系。

唐玄宗若想順利地重塑李唐權威,需要對并州進行妥善處理。因此,玄宗開元十一

① 《資治通鑑》卷二〇〇,高宗顯慶五年三月,第6319頁。

② 《舊唐書》卷四《高宗紀上》,第80頁。

③ 釋道世著,周叔迦、蘇晉仁校注:《法苑珠林校注》卷一四《感應緣·唐并州童子寺大像放光現瑞緣》,北京:中華書局,第486頁。

④ 參見《唐六典》卷一二《内官》,北京:中華書局,1992年,第347—348頁。

⑤ 釋道世:《法苑珠林校注》卷一四《感應緣·唐并州童子寺大像放光現瑞緣》,第486頁。

⑥ 參見《資治通鑑》卷二〇三,則天后光宅元年九月,第6422頁。

⑦ 李吉甫撰,賀次君點校:《元和郡縣圖志》卷一三《河東道二》,北京:中華書局,1983年,第361頁。

⑧ 《舊唐書》卷三九《地理志二》,第1841頁。

⑨ 參見延一重編:《廣清涼傳》卷上,《大正藏》第51册,第1107頁。

⑩ 關於帝王圖像進入寺觀在强化國家政權神聖性方面的作用,參見雷聞:《郊廟之外:隋唐國家祭祀與宗教》,北京:三聯書店,2006年,第132—133頁。

年北幸,除去震懾北疆之外,另外一個重要目的便是恢復唐中宗神龍年間被降級的并州之都城地位。重置北都之因,玄宗於《并州置北都制》中有所表述:

> 我國家以神武聖德,應天受命,龍躍晉水……今王業正興,宫觀猶在,列於邊郡,情所未安。非所以恢大聖之鴻規,展孝思之誠效。①

可見在玄宗心中,其時王業正興,宜乎重新强化太原龍興之地的形象象徵,這既是對李唐權威的追溯與塑造,也是鞏固强化玄宗統治地位的重要方式。爲此,玄宗還御撰《起義堂頌序》,在太原城晉陽門街立起義堂碑,②並聲勢浩大地觀覽晉陽宫,賦詩《過晉陽宫》。在《起義堂頌序》中,玄宗將李唐祖業上溯至皋繇,並且"高祖受之,太宗有之,高宗守之,中宗復舊業,睿宗新景福",③不僅未將武則天放入傳承譜系之中,還以復興舊業之功歸於中宗,去武周化、重塑李唐正統化的政治意圖非常明顯。《過晉陽宫》則言:

> 緬想封唐處,實惟建國初……井邑龍斯躍,城池鳳翔餘……運革祚中否,時遷命兹符……艱難安可忘,欲去良踟躕。④

以北幸之機緬懷先祖功業之意溢於言表。起義堂碑位於太原城主要街道之上,成爲展現李唐權威的全新景觀。⑤ 晉陽宫位於太原城内,⑥也是具有紀念碑性質的建築景觀,⑦由於駕幸之日,"傳呼大駕來,文物如雲從。連營火百里,縱觀人千重",⑧無疑也是塑造李唐歷史記憶的重要場合。一系列新景觀的出現與舊景觀的强化,無疑是玄宗即位後營造王朝新秩序這一政治理念的繼續。此外,到并州之前,玄宗還途徑潞州,"改其舊

① 《全唐文》卷二二《元(玄)宗皇帝・幸并州制》,第257頁。

② 參見《元和郡縣圖志》卷一三《河東道二》,第366頁。

③ 《全唐文》卷四一《元(玄)宗皇帝・起義堂頌序》,第445頁。

④ 《全唐詩》卷三《明皇帝・過晉陽宫》,北京:中華書局,1999年,第26頁。

⑤ 仇鹿鳴探討過圍繞唐代德政碑體現出的權力關係,認爲這些碑是體現國家權威的政治景觀。參見氏著:《權力與觀衆:德政碑所見的唐代中央與地方》,榮新江主編:《唐研究》第19卷,北京大學出版社,2013年,第79—111頁。

⑥ 參見《元和郡縣圖志》卷一三《河東道二》,第365頁。

⑦ 參見巫鴻:《中國古代藝術與建築中的"紀念碑性"》,上海人民出版社,2009年。

⑧ 《全唐詩》卷八六《張説二・奉和聖制過晉陽宫應制》,第921頁。

宅爲飛龍宫”。[①] 回長安,玄宗又於晉州舉行祭后土之禮,禮儀舉行時,“經始壝壇,寶鼎出地,奠兹玉帛,榮光塞河”,[②]實爲天祐唐祚之祥瑞。結合北幸前後的一系列舉動來看,重置北都並設留守,提高太原地位,是唐玄宗開元時期重塑李唐權威這一執政理念的具體體現。

據史料可知,唐玄宗任命韋湊爲第一任北都留守。開元初,時爲將作大匠的韋湊曾針對西域諸蕃問題上奏玄宗,並被事實證明其策可行。[③] 此外,韋湊還有東都留守的任職經歷。[④] 這爲其順利履行北都留守之職,提供了重要保證。

三、唐代北都留守的職掌與特點

太原既爲唐王朝北門重鎮,又爲李唐龍興之地、王朝北都。太原以及河東的地緣環境特點,決定了北都留守與京師留守、東都留守的職掌、特點有所不同。

關於唐代北都留守的職掌。由於北都留守、太原尹以及唐代後期的河東節度使往往由一人擔任,彼此間的職掌互相滲透,諸如處理與北邊少數民族政權間的關係,維繫北境邊防穩定等,便無法徹底分剥清楚究竟屬於哪一種身份的職掌。[⑤] 本文重點强調能够體現出北都留守居守都城性質的職掌。唐制規定:“三都留守,兩京每月一日起居,北都每季一起居,並遣使。行幸未有處,其三都留守三日一起居。暫出行幸發處,留守亦准此遞表。”[⑥]因此,與中央互動,並通過各種禮儀活動,塑造王朝權威,成爲北都留守的重要職掌之一。唐代宗大曆七年,北都留守薛兼訓負責“徙忻州七聖廟尊容,置於太原之紫極宫”。[⑦] 常衮有《中書門下賀太原紫雲見表》曰:

> 臣等言:伏見太原尹北都留守檢校工部尚書薛兼訓奏:忻州七聖廟内尊容,奉敕移太原府紫微宫安置,昨正月二十九日啓告,其時有紫雲見,兼聞金奏之聲者……兹以聖靈在天,緬暮增惕,是有象設,不忘哀矜。永念興王之地,如聞樂沛之

① 《舊唐書》卷八《玄宗紀上》,第185頁。

② 《全唐文》卷二二《元(玄)宗皇帝·祠后土獲符瑞行慶制》,第259—260頁。

③ 《舊唐書》卷一〇三《郭虔瓘傳》,第3188—3189頁。

④ 《文苑英華》卷九一四《碑七一·唐太原節度使韋湊神道碑》,第4811頁。

⑤ 北都留守與太原尹的一些職能便極爲相似,不易區分。太原尹的職能研究,參見廖静静:《鎮守北都:唐代太原尹研究》,第38—40頁。

⑥ 《唐會要》卷六七《留守》,第1410頁。

⑦ 王欽若等:《册府元龜》卷三〇《帝王部·奉先三》,北京:中華書局,1960年,第328頁。

言……用彰莫大之孝,以嗣無疆之曆。[①]

太原是唐王朝龍興之地,故徙置七聖尊容於此,目的當是更好地塑造李唐記憶,强化國家政權的神聖性與合法性,從而維護王朝權威。[②] 北都留守作爲皇帝代表駐守太原,自當主持此事。加上紫雲之現,無疑讓此次活動達到了更好的效果。無獨有偶,李説擔任北都留守期間,太原府交城縣石壁寺夜降甘露,"戒壇西及寺外柏林上,大枝小葉,無不周遍,凝泫垂滴,甘甜如蜜",[③]因上《進甘露表》奏報。地方祥瑞的出現與上奏構架起一座中央與地方溝通的橋樑,既是地方社會對中央權威向心力與擁護程度的體現,又是中央權威在地方社會投射與塑造的過程。北都留守無疑承擔了太原與長安間交流溝通的重要職能。

關於北都留守的特點。上引《新唐書·百官志》之文説明,北都留守以太原尹兼之。但由前人研究成果可知,實際情況是,並非所有的太原尹皆兼任北都留守,至少從嚴格的史料記載角度出發,當是如此。[④] 郁賢皓曾統計唐代歷任太原尹,[⑤]陸冰則統計過唐代的北都留守,但均有所遺漏。[⑥] 廖静静進行增訂修補,並就太原尹的兼官進行統計,但仍有訛誤。[⑦] 筆者在前人基礎上制定唐代北都留守統計表,附於文後。結合此表、文獻記載,以及上文所論,可以發現唐代北都留守有如下幾個特點:

第一,唐代的北都留守不僅主要以太原尹兼任,而且該職先後兼任太原以北諸軍節度大使、河東節度、採訪、觀察等使,集河東軍政大權於一身。河東節度使前身爲天兵軍節度使,開元十一年三月,"改爲太原以北諸軍節度。至十八年十二月,宋之悌除河東節度,以後遂爲定額"。[⑧] 開元二十一年,"分天下爲十五道,每道置採訪使……又於邊境置節度、經略使"。[⑨] 河東節度使即爲其一。乾元元年(758),諸道又置觀察使。北都留守之外,太原尹按例兼任以上諸使。如唐代第一任北都留守韋湊即兼太原以北節度

① 《文苑英華》卷五六二《賀祥瑞二》,第2880頁。

② 參見雷聞:《郊廟之外:隋唐國家祭祀與宗教》,第111—114頁。

③ 顧炎武:《金石文字記》卷四《石壁寺甘露戒壇碑》,《景印文淵閣四庫全書》第683册,臺灣商務印書館,1986年,第787頁。

④ 也有一種可能是太原尹例兼北都留守,但文獻中未明確記載。

⑤ 鬱賢皓:《唐刺史考全編》,合肥:安徽大學出版社,2000年,第1288—1314頁。

⑥ 參見陸冰:《唐代留守研究》,第123—129頁。

⑦ 參見廖静静:《鎮守北都:唐代太原尹研究》,第55—57、141—157頁。

⑧ 《唐會要》卷七八《諸使中》,第1687頁。

⑨ 《舊唐書》卷三八《地理志一》,第1385頁。

大使。[①] 裴度於元和十四年(819)出任"太原尹、北都留守,充河東節度觀察處置等使"。[②] 北都留守表明太原的都城地位,是中央權威的代表,賦予太原尹中央性;諸使則體現太原的軍事戰略地位,是地緣政治與地方社會特點的表現,賦予太原尹地方性。

第二,唐代的北都留守具有相對獨立的僚佐系統,且與河東節度、觀察使府的僚佐間相互充任、遷轉。北都留守的僚佐系統主要包括副留守、留守判官與留守推官。北都副留守按慣例以太原少尹兼任,但並非所有的北都副留守均由太原少尹兼任,德宗時期的孫絳便以河東觀察判官攝北都副留守。[③] 另外,生於玄宗開元年間,終於德宗建中四年的源溥曾以太原府參軍充任北都留守判官;[④]李程於敬、文之際擔任北都留守期間,吕讓"以留守判官佐相國彭原公於北都";[⑤]敬晤於文宗太和年間由"鴻臚丞辟北都留守判官";[⑥]裴度擔任北都留守期間,辟孫簡擔任留守推官;[⑦]韋正貫於敬宗朝擔任過北都留守推官。[⑧] 此外,現存文獻還記載薛兼訓擔任北都留守期間,曾辟會稽人秦系擔任右衛率府倉曹參軍。[⑨] 至唐武宗會昌五年(845)九月,"中書門下奏:'條流諸道判官員額……淮南、河東舊額,各除向前職額外,淮南留營田判官,河東留留守判官。'"[⑩]此後北都留守府的僚佐除副留守外,當僅存判官。雖然北都留守府的僚佐系統相對獨立,但由於北都留守例兼河東節度、觀察等使,所以留守府與節度、觀察使府的僚佐系統雖不重疊,但卻存在着相互充任、遷轉的關係。[⑪] 如孫簡即先出任北都留守推官,後轉任河

---

① 《文苑英華》卷九一四《碑七一·唐太原節度使韋湊神道碑》,第4811頁。

② 《舊唐書》卷一五《憲宗紀下》,第468頁。

③ 周紹良、趙超主編:《唐代墓誌彙編》貞元〇二六《唐故中大夫守桂州刺史兼御史中丞充桂州本管都防禦經略招討觀察處置等使上柱國樂安縣開國男賜紫金魚袋孫府君墓誌銘并序》,上海古籍出版社,1992年,第1855頁。

④ 《唐故朝議郎守楚州長史賜緋魚袋源公(溥)墓誌銘并序》,《全唐文補遺》第1輯,西安:三秦出版社,1994年,第214頁。

⑤ 《唐代墓誌彙編》大中一〇七《唐故中散大夫秘書監致仕上柱國賜紫金魚袋贈左散騎常侍東平吕府君墓誌銘并序》,第2334頁。按:李程封彭原郡公。

⑥ 《贈尚書祠部員外郎文府君墓誌銘》,《全宋文》卷六五九《文彦博》,第16册,成都:巴蜀書社,1991年,第74頁。參見《新唐書》卷七五上《宰相世系表五上》,第3254頁。

⑦ 周紹良、趙超主編:《唐代墓誌彙編續集》咸通〇九九《唐故銀青光禄大夫檢校司空兼太子少師分司東都上柱國樂安縣開國侯食邑一千户贈太師孫公墓誌銘并序》,上海:上海古籍出版社,2001年,第1111頁。

⑧ 參見《文苑英華》卷九一五《碑七二·嶺南節度使韋公神道碑》,第4818頁。

⑨ 參見《新唐書》卷一九六《隱逸傳·秦系傳》,第5608頁。

⑩ 《唐會要》卷七九《諸使雜録下》,第1714—1715頁。

⑪ 廖静静認爲太原尹、河東節度使和北都留守三職合一,很難再用律令中規定的府制、使制、留守制去將官員們逐個劃分開。佐官們的身份也開始複合,一人身兼太原府官、河東節度使官和北都留守官的情況出現。整個體系可謂交錯重疊(參見廖静静:《鎮守北都:唐代太原尹研究》,第89頁)。此觀點尚可商榷,從下文論述可知,北都留守府當有相對獨立的僚佐系統。

東節度掌書記、河東節度判官;[①]崔凝則先出任河東支使,後出任留守判官。[②] 相對獨立的僚佐系統表明北都留守雖然同時兼任太原尹、河東節度使等職,但其任務職能與行政運轉當與太原尹、節度使等有所區分,處於同時並存的狀態。

第三,唐代北都留守多由地方官出任,尤其是安史之亂以後,諸鎮節度使成爲北都留守的主要來源:這與京師留守、東都留守多以宗室或宰臣爲之有所不同。之所以出現這種現象,一方面與北都留守與太原尹、河東節度使等職多由一人同時兼任有關,另一方面也與唐王朝政治局勢的發展演變密切相關。安史之亂以前,朝廷能够完全掌控北都留守的選任,但安史之亂爆發後,北境邊防的戰略重要性驟然提升。爲更好地平定叛亂,肅宗先後任命范陽節度使李光弼、潞沁等州節度使王思禮出任北都留守,加强太原防衛。光弼、思禮治軍有術,不僅成功擊退安史叛軍對太原的進攻,[③]而且廣積糧儲,史稱太原"軍糧百萬,器械精鋭",[④]成功保住唐王朝北邊重鎮。上元二年(761),王思禮薨於太原,肅宗轉而任命鴻臚卿管崇嗣出任北都留守。可見,肅宗出於平叛目的不得不起用地方節帥鎮守太原,但隨着叛亂形勢漸趨緩和,他開始改變策略,以京官出任北都留守。肅宗希望控制北都留守人選,進而掌控太原的意圖非常明顯。但在平定安史之亂過程中形成的太原地方勢力開始同中央展開争奪博弈,最終的結果是地方勢力擁護的代表人物辛雲京出任北都留守。[⑤] 從此以後,北都留守的出任者漸趨"河東地方化",亦即主要由有河東爲官經歷者,尤其是河東行軍司馬充之。從辛雲京擔任北都留守起,直至憲宗朝以前,共統計出十一任北都留守,除去李諶、李紘以宗室身份遥領外,其餘九任中有四任由河東行軍司馬出任;一任由代州刺史出任;一任由左龍武將軍出任;其餘三任分别由他鎮節度使出任。由代州刺史出任者爲辛雲京。辛雲京長期活動於河東、能够代表河東軍衆利益。[⑥] 由左龍武將軍出任者爲李自良。李自良是一名長期活動於太原的武將,曾先後擔任河東節度押衙、代州刺史等職。史料記載,貞元三年李自良跟隨河東節度使馬燧入朝,德宗"欲以自良代燧。自良懇辭事燧久,不欲代爲軍帥,物議多之,乃授右龍武大將軍。德宗以河東密邇胡戎,難於擇帥,翌日,自良謝,上謂之曰:

① 參見《唐代墓誌彙編續集》咸通099《唐故銀青光禄大夫檢校司空兼太子少師分司東都上柱國樂安縣開國侯食邑一千户贈太師孫公墓誌銘并序》,第1111頁。

② 參見《唐代墓誌彙編續集》乾寧〇〇三《故博陵崔府君墓誌銘》,第1160頁。

③ 《舊唐書》卷一一〇《李光弼傳》,第3305頁。

④ 《舊唐書》卷一一〇《王思禮傳》,第3313頁。

⑤ 參見《舊唐書》卷一一〇《鄧景山傳》,第3314頁。

⑥ 參見《舊唐書》卷一一〇《辛雲京傳》,第3314—3315頁。

‘卿於馬燧存軍中事分,誠爲得禮;然北門之寄,無易於卿。’即日拜檢校工部尚書、兼御史大夫、太原尹、北都留守、河東節度支度營田觀察使”。[①] 所以李自良雖由左龍武將軍出任留守,但並未真正履職,而是一位發迹於太原、長期從事於太原的河東地方勢力代表。由他鎮節度使出任者分别爲王縉、薛兼訓、馬燧。王縉在安史之亂期間曾出任太原少尹,“與李光弼同守太原,功效謀略,衆所推先”。[②] 薛兼訓兩《唐書》無傳,但據其墓誌可知,兼訓亦曾跟隨李光弼鎮守太原,且獻計破敵。[③] 九人中僅馬燧一人没有河東從事的經歷。《舊唐書·嚴綬傳》的記載很好地解釋了這種現象:

> 河東節度使李説嬰疾,事多曠弛,行軍司馬鄭儋代綜軍政;既而説卒,因授儋河東節度使。是時姑息四方諸侯,未嘗特命帥守,物故即用行軍司馬爲帥,冀軍情厭伏。儋既爲帥,德宗選朝士可以代儋爲行軍司馬者,因綬前日進獻,上頗記之,故命檢校司封郎中,充河東行軍司馬。不周歲,儋卒,遷綬銀青光禄大夫、檢校工部尚書,兼太原尹、御史大夫、北都留守,充河東節度支度營田觀察處置等使。[④]

可見,安史之亂後地方藩鎮勢力的增長以及中央採取的姑息政策是北都留守漸趨“河東地方化”的重要原因。從憲宗元和年間加强對藩鎮的控制開始,這種現象開始消失,雖然北都留守仍多由節度使出任,但也有由京官出任者,體現出唐王朝對太原的控制有所加强。

第四,唐代北都留守雖與太原尹、河東節度使等地方官互相兼任,但其居守北都的身份色彩仍非常明顯。現存有關文獻,在强調北都留守鎮守太原具有軍事、邊防等戰略意義的同時,還會强調其所具備的李唐中央色彩。順宗永貞元年(805),撫王李紘被任命爲河東節度觀察處置等使兼太原尹、北都留守,其任命制書中曰:“全晉雄藩,興王故地,屏護狄塞,統制甲兵。撫循系將領之才,居守藉公侯之重”,[⑤]既强調太原的戰略意義,又强調其興王故地的象徵意義;既關注李紘守邊的職責,又突出其居守的身份。僖宗廣明元年(880),鄭從讜出任太原尹、北都留守,制書中同樣强調太原“北門重鎮、興

---

① 《舊唐書》卷一四六《李自良傳》,第3957頁。

② 《舊唐書》卷一一八《王縉傳》,第3416頁。

③ 參見趙振華:《唐薛兼訓殘誌考索》,榮新江主編:《唐研究》第9卷,北京大學出版社,2003年,第477—490頁。

④ 《舊唐書》卷一四六《嚴綬傳》,第3960頁。

⑤ 《唐大詔令集》卷三六《諸王·撫王紘河東節度使制》,北京:商務印書館,1959年,第157頁。

王故都"[①]的雙重身份。被任命爲北都留守官員的謝官表則表明出任者本人對其身份有着明確認識。德宗貞元十六年,朝廷任命鄭儋出任北都留守,其謝官表曰:"太原守在北門,地方千里,豐沛故壤,陶唐遺人,合求勛賢,膺此委用。"[②]用"豐沛故壤,陶唐遺人"表明太原乃李唐龍興之地。另外,從唐人問候往來的詩作中,亦可看出時人對北都留守特質的理解。如令狐楚於文宗太和年間由太平軍節度使出任北都留守,劉禹錫以詩相賀,首句便云:"北都留守將天兵,出入香街宿禁扃",[③]表明令狐楚以北都留守身份鎮守太原。裴度於開成年間,由東都留守出任北都留守,白居易《寄獻北都留守裴令公》一詩云:"寵重移宫禴,恩新换闖旄。保釐東宅静,守護北門牢。"[④]用"宫禴"代指裴度的兩都留守身份;東宅、北門並舉,當是説明洛陽、太原對唐王朝的重要意義。劉禹錫《奉送裴司徒令公自東都留守再命太原》亦云:"山河歸舊國,管籥换離宫",[⑤]不僅注重裴度的留守身份,而且强調太原與洛陽均具備的都城地位。由此可見,不管是朝廷公文,抑或是文人詩作,都表明時人不僅對太原在李唐王朝象徵體系中的重要地位有着明確認識,而且對北都留守具備的李唐王朝中央代表的身份有着清晰理解。這當與玄宗開元初期對太原形象的重新塑造有着密切關係。

四、結　語

玄宗於開元十一年重建北都並設置留守,既是其時邊疆形勢的需要,也是他上臺後重塑李唐權威的重要舉措之一。此舉旨在提高太原地位的同時,在地方社會構建李唐王朝歷史記憶,提升王朝權威性和合法性。北都留守由此成爲王朝中央權威在太原地方社會的合法代表。由於太原在李唐王朝記憶維繫體系中具有重要地位,所以升爲北都、設置留守之後,玄宗仍然非常關注太原附近存在的、能够構建李唐權威的歷史遺存,尤其是在武則天時期被忽視的、與李唐先祖起義之初相關的一些遺迹,比如位於晉州境内羊角山的慶唐觀。由於道教諸神曾在李唐創業過程中庇佑李氏,所以李淵曾於羊角山立老君祠,高宗時期改成玄元皇帝廟,至玄宗開元十六年,改爲慶唐觀。玄宗御題觀額,並御撰《大唐羊角山慶唐觀紀聖之銘》。碑銘之立與觀中供奉的高祖到玄宗"六聖"

① 《唐大詔令集》卷五四《宰相・鄭從讜河東節度平章事制》,第280頁。
② 《文苑英華》卷五八四《藩鎮謝官表四・爲鄭儋尚書謝河東節度使表》,第3023頁。
③ 《全唐詩》卷三六〇《劉禹錫・令狐相公自天平移鎮太原以詩申賀》,第4077頁。
④ 《全唐詩》卷四五七,第5207頁。
⑤ 《全唐詩》卷三六二,第4095頁。

御容,均在李唐王朝合法性確立過程中發揮了重要作用。[①] 在被稱爲“集中展示大唐王朝最高權力核心”的《紀聖銘》碑陰題名中,北都留守李休光赫然在列,[②]這說明北都留守參加了《紀聖銘》的立碑過程,參與了李唐王朝合法性在地方社會的構建。這與玄宗開元十一年北巡之時對起義堂、晉陽宫、龍興舊邸的重視一脉相承。

太原除了龍興之地的地理身份之外,還是北邊門户,軍事戰略地位極其重要。所以,北都留守與太原尹、河東節度使等職往往由一人兼任,這讓北都留守雖不像京師留守那樣能在唐王朝政務運轉過程中扮演重要角色,但也不像東都留守那樣成爲悠閑養老之職,而是在抵禦少數民族騷擾以及東征西討的過程中,逐漸形成了自己在河東的地方勢力與影響力。唐僖宗面對李國昌、李克用父子率領的沙陀勢力南侵時,重新啓用擔任過北都留守的鄭從讜鎮守太原,在任命詔書中曰:“朕以北門興王故地,以爾嘗施惠化,尚有去思。方當用武之時,暫輟調元之職,佇殲凶醜,副我憂勤。”[③]看中的就是從讜爲政太原期間形成的地方影響力。當李克用以沙陀勢力代表代替從讜出任北都留守並一再擴大河東地盤之時,河東逐漸成爲唐王朝無法控制的區域勢力,但北都留守所具有的中央性也是李克用對抗其他割據勢力的重要優勢與砝碼。太原此地的留守之設也爲五代諸朝所沿襲,且仍具有重要地位,誠如清人所言:“五季之君,其三(按:指後唐、後晉、後漢)皆起於太原,故北京最爲重地,留守有管鑰之寄,大抵皆以勛戚領之。”[④]

附表　唐代北都留守統計表

北都留守	出任時間	遷入官	史料來源
韋湊	開元十一年	汾州刺史	《文苑英華》卷九一四《碑七一・唐太原節度使韋湊神道碑》,第4810—4811頁。
張孝嵩[⑤]	開元十二年	安西都護	《舊唐書》卷九八《杜暹傳》,第3076頁;《唐故歸義軍節度使檢校司徒南陽張府君墓誌銘》,鄭炳林:《敦煌碑銘贊集釋》,第301—310頁。

---

① 參見雷聞:《龍角仙都:一個唐代宗教聖地的塑造與轉型》,《復旦大學學報》2014年第6期。

② 《大唐龍角山慶唐觀紀聖之銘碑陰》,陳垣編纂,陳智超、曾慶瑛校補:《道家金石略》,北京:文物出版社,1988年,第113頁。

③ 《舊唐書》卷一五八《鄭餘慶附子澣附子從讜傳》,第四一七〇頁。

④ 永瑢、紀昀:《欽定歷代職官表》卷四八,《景印文淵閣四庫全書》第602册,第122頁。

⑤ P.2913號敦煌文書《唐故歸義軍節度使檢校司徒南陽張府君墓誌銘》載:“府君諱淮深,字禄伯,敦煌信義人也。其先曰季出問嵩,北都節度、留守、制度、營田、轉運等使。”其中“季出問嵩”不易理解。鄭炳林認爲“季”乃“孝”之誤,“出”爲“世”之誤,“問”爲衍字。參見鄭炳林:《敦煌碑銘贊集釋》,蘭州:甘肅教育出版社,1992年,第301—310頁。

續表

北都留守	出任時間	遷入官	史料來源
李休光	開元十七年		《大唐龍角山慶唐觀紀聖之銘碑陰》,陳垣編纂,陳智超、曾慶瑛校補:《道家金石略》,第113頁。
王昱	約開元二十五年		《文苑英華》卷三九七《中書制誥一八·卿寺二·授王昱太僕卿制》,第2014頁。
裴伷先	約開元二十七年	蒲州刺史	《全唐文補遺》第八輯《故銀青光禄大夫守工部尚書上柱國翼城縣開國公贈江陵郡大都督裴府君(伷先)墓誌銘并序》,第45頁。
裴寬	開元二十九年	左右金吾大將軍	《舊唐書》卷九《玄宗紀》下,第213頁。
韋濟	天寶六載	户部侍郎	《唐代墓誌彙編續集》天寶〇九九《大唐故正議大夫行儀王傅上柱國奉明縣開國子賜紫金魚袋京兆韋府君墓誌銘并序》,第654頁。
李光弼	至德元載	范陽節度使	《舊唐書》卷一〇《肅宗紀》,第243頁。
王思禮	乾元二年	潞州大都督府長史、潞沁等州節度使	《舊唐書》卷一一〇《王思禮傳》,第3313頁。
管崇嗣	上元二年	鴻臚卿	《舊唐書》卷一〇《肅宗紀》,第261頁。
辛雲京	廣德二年	河東節度使	《舊唐書》卷一一《代宗紀》,第276頁。
王縉	大曆三年	東都留守	《舊唐書》卷一一《代宗紀》,第290頁。
薛兼訓	大曆五年	浙東觀察使	《舊唐書》卷一一《代宗紀》,第297頁;《薛兼訓墓誌》,參見趙振華:《唐薛兼訓殘志考索》,《唐研究》第9卷,第477—490頁。
鮑防	大曆十二年	太原少尹、河南節度行軍司馬、權知河東留後	《舊唐書》卷一一《代宗紀》,第311頁。
馬燧	大曆十四年	河陽三城鎮遏使	《舊唐書》卷一二《德宗紀》上,第320頁。
李自良	貞元三年	左龍武將軍	《舊唐書》卷一四六《李自良傳》,第3957頁。
李諶	貞元十一年	通王	《唐會要》卷七八《諸使中·親王遥領節度使》,第1698頁。
李説	貞元十一年	河東行軍司馬、充節度留後、北都副留守	《舊唐書》卷一四六《李説傳》,第3958頁。

續表

北都留守	出任時間	遷入官	史料來源
鄭儋	貞元十六年	河東行軍司馬	《韓昌黎文集校注》卷六《碑誌·唐故河東節度觀察使滎陽鄭公神道碑文》,第400頁。
嚴綬	貞元十七年	河東行軍司馬	《舊唐書》卷一四六《嚴綬傳》,第3960頁。
李紘	永貞元年	撫王	《唐大詔令集》卷三六《諸王·授撫王紘河東節度使制》,第157頁。
范希朝	元和四年	靈鹽節度使	《舊唐書》卷一四《憲宗紀》上,第428頁。
王鍔	元和五年	前河中節度使	《舊唐書》卷一四《憲宗紀》上,第433頁。
張弘靖	元和十一年	中書侍郎、平章事	《舊唐書》卷一五《憲宗紀》下,第455頁。
裴度	元和十四年	門下侍郎、同中書門下平章事	《舊唐書》卷一五《憲宗紀》下,第468頁。
李聽	長慶二年	前靈武節度使	《舊唐書》卷一六《穆宗紀》,第495頁。
李光顔	寶曆元年	忠武軍節度使	《舊唐書》卷一七上《敬宗紀》,第515頁。
李程	寶曆二年	中書侍郎、同平章事	《舊唐書》卷一七上《敬宗紀》,第521頁。
柳公綽	太和四年	刑部尚書	《舊唐書》卷一七下《文宗紀》下,第536頁。
令狐楚	太和六年	天平軍節度、鄆曹濮觀察等使	《舊唐書》卷一七下《文宗紀》下,第544頁。
李載義	太和七年	山南西道節度使	《舊唐書》卷一七下《文宗紀》下,第549頁。
王璠	太和九年	户部尚書、判度支	《舊唐書》卷一七下《文宗紀》下,第562頁。
李載義	太和九年	起復	《舊唐書》卷一八〇《李載義傳》,第4675頁。
裴度	開成二年	東都留守	《舊唐書》卷一七下《文宗紀》下,第569頁。
符澈	開成五年	邠寧節度使	《全唐文》卷七一四《李宗閔·輔國大將軍行左神策軍將軍知軍事檢校右散騎常侍兼御史大夫義陽郡王實施封二百户贈越州都督刑部尚書符公神道碑銘并序》,第7340頁。
劉沔	會昌二年	振武麟勝節度使	《舊唐書》卷一八上《武宗紀》,第590頁。

續表

北都留守	出任時間	遷入官	史料來源
李石	會昌三年	荆南節度使	《舊唐書》卷一八上《武宗紀》,第598頁。
崔元式	會昌四年	晉絳河中慈隰等州節度觀察等使	《舊唐書》卷一八上《武宗紀》,第599頁。
王宰	會昌四年	忠武軍節度、陳許蔡等州觀察處置等使	《舊唐書》卷一八上《武宗紀》,第601頁。
李拭	大中四年	孟州刺史、河陽三城節度使	《舊唐書》卷一八下《宣宗紀》,第627頁。
李業	大中五年		《舊唐書》卷一八下《宣宗紀》,第628頁。
盧鈞	大中六年	檢校司空、太子少師	《舊唐書》卷一八下《宣宗紀》,第631頁。
鄭涓	大中九年	昭義節度使,檢校禮部尚書、兼潞州大都督府長史	《舊唐書》卷一八下《宣宗紀》,第634頁。
劉瑑	大中十一年	宣武軍節度使	《舊唐書》卷一七七《劉瑑傳》,第4607頁。
畢諴	大中十一年	昭義軍節度使	《舊唐書》卷一八下《宣宗紀》,第641頁。
裴休	大中十三年	昭義軍節度、潞邢磁洺觀察等使、檢校吏部尚書、兼潞州大都督府長史	《舊唐書》卷一九上《懿宗紀》,第650頁。
盧簡求	大中十四年	鳳翔隴右節度使、檢校刑部尚書	《舊唐書》卷一九上《懿宗紀》,第650頁。
蕭鄴	咸通二年①	吏部尚書	《舊唐書》卷一九上《懿宗紀》,第651頁。
劉潼	咸通四年	昭義節度使、檢校禮部尚書	《舊唐書》卷一九上《懿宗紀》,第654頁。
鄭從讜	咸通七年	吏部侍郎	《舊唐書》卷一九上《懿宗紀》,第660頁。
康承訓	咸通十年	義成軍節度使、檢校尚書左僕射、同平章事、滑州刺史	《舊唐書》卷一九上《懿宗紀》,第673頁。

① 蕭鄴擔任留守時間現存史料記載頗爲混亂,《舊唐書·懿宗紀》爲咸通二年,《資治通鑑》則記爲咸通十四年。今姑從《舊唐書·懿宗紀》,待考。

續表

北都留守	出任時間	遷入官	史料來源
崔彦昭	咸通十一年①	河陽三城節度使、孟懷澤觀察使、檢校禮部尚書、孟州刺史、御史大夫	《舊唐書》卷一九上《懿宗紀》,第675頁。
竇澣	咸通十五年	京兆尹	《舊唐書》卷一九下《僖宗紀》,第691頁。
曹翔	乾符五年	昭義節度使	《舊唐書》卷一九下《僖宗紀》,第701頁。
崔季康	乾符五年	河東宣慰使、權知代北行營招討	《舊唐書》卷一九下《僖宗紀》,第702頁。
李侃	乾符六年	邠寧節度使	《舊唐書》卷一九下《僖宗紀》,第703頁。
李蔚	乾符六年	檢校司空、東都留守	《舊唐書》卷一九下《僖宗紀》,第703頁。
康傳圭	乾符六年	檢校右散騎常侍、河東行軍司、雁門代北制置等使、石嶺鎮北兵代北軍等使	《舊唐書》卷一九下《僖宗紀》,第704頁。
鄭從讜	廣明元年	門下侍郎、兼兵部尚書、同平章事、充太清宫使、弘文館大學士、延資庫使	《舊唐書》卷一九下《僖宗紀》,第706頁。
李克用	中和三年	雁門已北行營節度、忻代蔚朔等州觀察處置等使、檢校尚書左僕射、代州刺史	《舊唐書》卷一九下《僖宗紀》,第716頁。

① 《唐刺史考全編》將崔彦昭擔任留守時間界定爲: 咸通十一年至十四年。依據爲:《舊唐書・僖宗紀》記崔彦昭以乾符元年三月由河東節度使爲尚書兵部侍郎,而《舊唐書・崔彦昭傳》則記其年月爲咸通十五年三月,本傳疑誤。按僖宗於咸通十四年七月繼承皇位,至十五年十一月方改元乾符,兩處記載並無矛盾。崔彦昭任留守時間當爲咸通十一年正月至咸通十五年三月。

《魏晋南北朝隋唐史資料》第四十輯
2019 年 11 月,212—229 頁

五代後唐洛陽宫城主要建築考

賈鴻源

就中古到近世的中國古代都城中的宫城佈局演進而言,五代因上承隋唐、下啓兩宋,在這一脉絡鏈條中具有無可否認之重要地位。然恕於文獻記載闕略不均,五代時期諸政權之宫城佈局原貌,目前尚無法得到較清晰之觀睹,而學界對五代時期宫城佈局問題雖已有一定涉及,但成果多趨於零散且有部分訛誤。① 有鑒於此,本文且試對五代時期後唐洛陽宫城的内部空間佈局,作一例證式之集中梳理。

之所以選擇後唐洛陽宫城進行重點復原,乃以下主客觀條件所促成:其一,本文不取五代時期另一重要的都城開封,是因開封由原地方軍鎮衙署升立,前期佈局情況無法追蹤,且後續定都於此的各朝所展開的宫城建設,史料記載頗爲含混,目前尚不具備復原的充分條件。其二,相比於開封,洛陽於五代後梁、後唐、後晉諸朝不同歷史時期也曾多次作爲都城,且其佈局與唐代洛陽存在部分繼承關係,有利於借助唐代洛陽宫城佈局的相關文獻,展開合理的方位追蹤與復原,②而其中的後唐,又獨以唐政權繼承者自居,

① 李健人著:《洛陽古今談》第三節《五代洛陽都城之建築》,鄭州:中州古籍出版社,1935 年,第 209—211 頁。劉慶柱主編:《中國古代都城考古發現與研究》上册,北京:社會科學文獻出版社,2016 年,第 380—381 頁。杜文玉著:《五代十國制度研究》,北京:人民出版社,2006 年,第 246 頁。作者或依《宋史・職官志》所載,認爲後唐洛陽宫城内之正衙殿爲端明殿。張學鋒:《所謂“中世紀都城”——以東晋南朝建康城爲中心》,《社會科學戰綫》2015 年第 8 期,第 79 頁。作者提出五代洛陽都城範圍縮小至原隋唐東城及以東之區域。本文對杜、張二先生的看法有所異同。

② 唐代洛陽宫城佈局,對於本文有相關參考意義者,兹舉其要:楊鴻年著:《隋唐宫廷建築考》,西安:陝西人民出版社,1992 年。楊焕新:《試談唐東都洛陽宫的幾座主要殿址》,中國社會科學院考古研究所《漢唐與邊疆考古研究》編委會編:《漢唐與邊疆考古研究》第 1 輯,北京:科學出版社,1994 年,第 157 頁。姜波:《唐東都宫城中軸綫佈局初探》,中國社會科學院考古研究所編著:《考古求知集》,北京:中國社會科學出版社,1997 年,第 437—447 頁。傅熹年主編:《中國古代建築史》第二卷《兩晋、南北朝、隋唐、五代建築》,北京:中國建築工業出版社,2001 年,第 366—374 頁。程存潔著:《唐代城市史研究初篇》,北京:中華書局,2002 年,第 109—116 頁。韓建華:《論唐東都洛陽城宫城形制佈局及相關問題》,《考古與文物》2004 年增刊(漢唐考古),第 161—165 頁。王静著:《中古都城建城傳説與政治文化》,北京:社會科學文獻出版社,2013 年,第 120 頁。張萍:《武則天與洛陽的都城建設》,王雙懷、賈雲主編:《漢唐史論趙文潤教授八十華誕祝壽文集》,西安:三秦出版社,2015 年,第 386—397 頁。沈小仙、龔延明:《唐宋“入閤”朝儀與議政之制源流考》,《河北大學學報(哲學社會科學版)》2017 年第 2 期,第 1—9 頁。

所謂"先帝以賜姓宗屬,爲唐雪冤,以繼唐祚",①故後唐宮城格局的集中揭示,對於分析其與唐代乃至五代其餘都洛政權的宮城佈局因革關係,有獨特之價值。其三,後唐屬五代時期以洛陽爲唯一都城的政權,文獻對於其宮城名物制度的記述也因而較爲豐贍。凡此,皆爲後唐洛陽宮城的佈局復原工作,提供了有利的内外部支持條件。

一、後唐宮城之道路系統與空間分區

宮城内部主要區域的劃定,主要受門道系統佈設的影響,故首先對後唐時期洛陽宮城主要門宇格局作一梳理:唐代洛陽宮城正門應天門,早自唐末天祐年間已改名五鳳門,後梁、後唐因之,直至北宋,如《河南志》北宋洛陽宮城正門曰五鳳樓,即"因唐天祐之名"。② 五鳳樓東西兩側分别爲興教門、光政門,二門沿襲隋唐舊名,且位置據考古探測亦因襲原址,③後唐莊宗李存勖遇弑,叛軍即由東側的興教門攻入,④西側的光政門,後唐新帝登基存問百姓也曾登臨。⑤ 興教、光政二門各自向北,隋唐時曾分設會昌、廣運二門,及至北宋改稱左、右安禮門,⑥然二門五代時期已不見諸記載。

隋唐會昌、廣運二門繼續向北,有章善、明福二門,隋時曾稱入此二門即入"内宮",⑦説明章善、明福二門一綫具有劃分宮城爲南部"前朝"、北部"内宮"兩大功能空間的緊要地位。與之相類,唐韋述《集賢記注》亦稱唐洛陽明福門外道西的集賢院,"南鄰中書省,北接宮城",⑧説明章善、明福二門東西一綫外,不僅有横街的設置,而且街北的"内宮"出於宮廷軍事防禦,同樣設有城牆。這種建築形式的直觀圖樣,可在唐長安太極宮内找尋到相似痕迹,如圖 1 所示,北宋吕大防《長安碑圖》太極宮太極殿後也設有東西横街,街北以兩儀殿爲核心的"内宮"建築群,便爲宮牆所環繞,依《唐六典》太極殿後有朱明門,門之東西各有虔化、肅章二門,入此二門,"則宮内也"。⑨ 中宗神龍三年

---

① (宋)薛居正等撰:《舊五代史》卷三五《唐書一一・明宗本紀第一》,北京:中華書局,1976 年,第 491 頁。
② (清)徐松輯,高敏點校:《河南志》卷五《宋城闕古迹》,北京:中華書局,1994 年,第 144 頁。
③ 韓建華:《試論北宋西京洛陽宮城、皇城的佈局及其演變》,《考古》2016 年第 11 期,第 114 頁。
④ 《舊五代史》卷三四《唐書一〇・莊宗紀第八》,第 477 頁。
⑤ 《舊五代史》卷四五《唐書二一・閔帝紀》,第 614 頁。
⑥ 《河南志》卷五《宋城闕古迹》,第 147—148 頁。
⑦ (唐)杜寶撰,辛德勇輯校:《大業雜記輯校》,西安:三秦出版社,2006 年,第 7—8 頁。
⑧ (宋)孫逢吉撰:《職官分紀》卷一五《集賢院》引《集賢記注》,北京:中華書局,1988 年,第 376 頁。
⑨ (唐)李林甫等撰,陳仲夫點校:《唐六典》卷七《尚書工部》,北京:中華書局,1992 年,第 217 頁。

(707)七月,節愍太子李重俊謀誅韋后與上官婉兒時,便曾率兵"自肅章門斬關而入",[①] 更印證虔化、肅章二門及其門内横街,不僅屬前朝、"内宫"之空間分界,且具有軍事防衛關卡建築的性質。

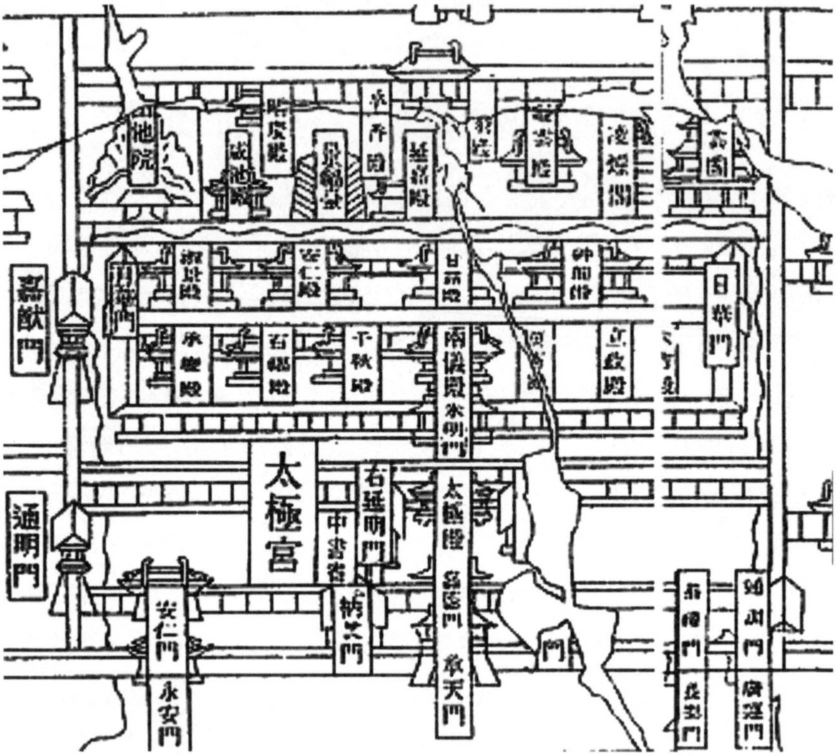

圖1　平岡武夫復原《長安碑圖》太極宮横街及街北宫牆部分示意[②]

五代時期對唐之章善、明福二門附近有較大改易。如《五代會要》後梁開平三年(909)十月,改左右章善門爲左右銀臺門,原左右銀臺門爲左右興善門,[③]據《河南志》,更名之後,左右興善門在南,其北正對左右銀臺門,這也是五代洛陽前朝部分自北而南的最後兩道東西向門宇建築,且這一格局一直保持到北宋。[④] 雖後梁左右銀臺門之前

---

① (後晉)劉昫等撰:《舊唐書》卷七《中宗》,北京:中華書局,1975年,第144頁。重俊率兵自肅章門突入"内宫",又見《舊唐書》卷五一《後妃上・上官昭容》,第2175頁;(宋)歐陽修、宋祁撰:《新唐書》卷七六《後妃上・韋皇后》附上官昭容傳,北京:中華書局,1975年,第3488頁。

② 截取自(日)平岡武夫著:《長安與洛陽:地圖》,西安:陝西人民出版社,1957年。按:圖内朱明門之東西側近,分别爲虔化、肅章二門所在。

③ (宋)王溥撰:《五代會要》卷五《大内》,上海古籍出版社,1978年,第79頁。

④ 《河南志》卷五《宋城闕古迹》,第147—149頁。

身左右章善門,唐時未見記載,但從後梁左右興善、左右銀臺兩組門宇的南北方位來看,若後梁洛陽宮城仍如隋唐,存在宮内横街與街北之"宫城"的話,則左右銀臺門因方位居北,更有繼承這一功能的優先可能性。

此點文獻有徵。如後梁太祖開平三年七月,敕"諸司使並諸司諸色人,並勒於左、右銀臺門外下馬,不得將領行官一人輒入門裹",[①]説明左右銀臺門因方位處於前朝諸門之最北部,靠近"内宫"而守衛森嚴。而乾化元年(911)五月,太祖再次"詔左銀臺門,朝參諸司使庫使已下,不得帶從人入城",[②]此敕令中不得"入城"之言辭,頗值關注,因詔令是專門下達給左銀臺門的守衛,而左銀臺門方位前已辨之,處於宫城内部,故經由此門所入之"城",顯非廣義的整個洛陽宫城。若結合前所引唐玄宗朝韋述《集賢注記》明福門外大街"北接宫城",可知此"城"當爲五代後梁宫城内横街之北的狹義"宫城",亦即"内宫",而後梁左右銀臺門,當直接承襲昔日隋唐章善、明福二門之功能,作爲前朝、"内宫"的空間分界,二門東西一綫也繼續附設城牆建築,以備宫廷防禦。

後唐時期,左右銀臺門具有通入"内宫"臨界點的性質,以及二門所在横街處仍設立宫牆,也可據以下事例推知。如莊宗迎生母貞簡曹太后入京,有司建議莊宗"合於銀臺門内奉迎",[③]因太后屬"内宫"品秩最高者,故皇帝於"内宫"最前方,亦即此區域南部之門處親自奉迎,以示尊禮。又同光二年(924)莊宗主持韓淑妃册禮,所遣册使"入右銀臺門,至淑妃宫",[④]也從側面點出右銀臺門是進入韓淑妃宫所在的"内宫"區域的顯著空間節點。又同光四年四月莊宗遭叛軍弑逆,後者自宫城南面東偏門興教門攻入後,曾"登宫牆歡噪",[⑤]因莊宗事先並不知情,已"入食内殿",[⑥]即返回洛陽宫横街之北的"内宫",而叛軍既已起事,必以迅速弑殺莊宗爲鵠的方得自保,所以其攻入興教門後所登之"宫牆",顯非洛陽宫城南面五鳳樓、興教門等處之宫牆,以致自行貽誤戰機,而是直接攻打莊宗所在的"内宫"宫牆,不給莊宗及侍衛親軍從容組織平叛的反應時間。然而同理,因横街之北"内宫"宫牆的存在,莊宗借之爲屏障,"御親軍格鬥",與叛軍在

① 《舊五代史》卷四《梁書四・太祖本紀第四》,第 70 頁。
② 《舊五代史》卷六《梁書六・太祖本紀第六》,第 96 頁。
③ 《舊五代史》卷三一《唐書七・莊宗本紀第五》,第 427 頁。
④ 《舊五代史》卷四九《唐書二五・後妃列傳第一・韓淑妃》,第 675 頁。
⑤ 《舊五代史》卷三四《唐書一〇・莊宗本紀第八》,第 477 頁。
⑥ (宋)歐陽修撰:《新五代史》卷三七《伶官傳第二五・郭從謙》,北京:中華書局,1974 年,第 402 頁。

此展開對壘戰,莊宗最終被射殺於"内宫"中的絳霄殿,[①]也説明叛亂爆發後,很快便以"内宫"區域作爲主戰場。

在明晰上述門道系統的基礎上,以下分别對後唐洛陽宫城的前朝、"内宫"區域中主要殿宇的佈局與功能情況,予以相應考述。

二、前朝部分

後唐洛陽宫城的前朝,功能與唐代基本相仿,主要佈局國家之外朝正殿、外朝正衙以及宫城内的中央衙署等,恕於文獻所記,以下且對前二者佈局作重點考察。另外值得關注的是,後唐洛陽的朝堂,佈局已經打破唐制,由原宫城正門外的東西兩側,移入宫城内的外朝正衙之南,故以下也對這一新變化予以詳細之論證。

然在展開分析之前,有必要對上述正殿、正衙、朝堂三者之概念及功用等稍作介紹。外朝正殿,是指位於中國古代都城城内中軸綫之上的主要建築物。[②] 外朝正衙,是指除外朝正殿之外,供皇帝在外朝空間内坐朝、受百官朝見的另一主要殿宇。[③] 朝堂,是朝廷百官議事之所。[④] 此三者乃中國古代都城外朝及其附近區域的主要建築。正因於此,本文且以此三者作爲揭示後唐洛陽宫城前朝格局之集中代表。

(一) 外朝正殿: 明堂殿

唐洛陽含元殿位於宫城正門應天門内正北,爲國家之外朝正殿,具備"元正、冬至,有時而御焉"的禮儀功能。[⑤] 後梁太祖開平三年正月改名朝元殿,[⑥]性質仍屬國家之外朝正殿,且沿襲唐時於此舉行元正冬至朝會的舊例,如開平四年元正、冬至,[⑦]乾化元年五月朔,[⑧]梁太祖皆曾於此舉行朝會活動。及至後唐開國,同光二年正月丁未(八日)莊宗詔改後梁朝元殿爲明堂殿,並於此舉行朝賀,[⑨]此後,莊宗同光三年正月朔,[⑩]明宗天

---

① (宋)歐陽修撰:《新五代史》卷三七《伶官傳第二五・郭從謙》,第402頁。
② 北京市文物研究所編:《中國古代建築辭典》,北京:中國書店,1992年,第29頁。
③ 龔延明:《宋代官語彙釋》,氏著:《中國古代制度史研究》,杭州:浙江大學出版社,2013年,第378頁。
④ 龔延明:《中國歷代職官别名大辭典》,上海辭書出版社,2006年,第686頁。
⑤ 《唐六典》卷七《尚書工部》,第221頁。又見同書卷四《尚書禮部》,第113頁。
⑥ 《舊五代史》卷四《梁書四・太祖本紀第四》,第67頁。
⑦ 《舊五代史》卷五《梁書五・太祖本紀第五》,第81頁;卷六《梁書六・太祖本紀第六》,第92頁。
⑧ 《舊五代史》卷六《梁書六・太祖本紀第六》,第95頁。
⑨ 《舊五代史》卷三一《唐書七・莊宗本紀第五》,第425頁。
⑩ 《舊五代史》卷三二《唐書八・莊宗本紀第六》,第444頁。

成二年(927)、長興元年(930)至四年正月朔,[①]閔帝應順元年(934)正月朔,[②]末帝清泰二年(935)正月朔,[③]諸帝皆御明堂殿行元正朝會之禮。

此外,明堂殿也是後唐南郊前夕皇帝本人的致齋場所。唐制,"若天子親祠,則於正殿行致齋之禮",[④]皇帝若親祀南郊,按《新唐書·禮儀志》須散齋於别殿,致齋於太極殿,[⑤]是知太極殿即國家之外朝正殿,這是就長安制度而言。而據《唐六典》洛陽含元殿禮制地位與長安太極殿相埒,[⑥]可推斷其具有充當南郊前夕皇帝致齋之所的類似潛質。雖唐代文獻未見皇帝南郊前致齋於洛陽含元殿的明確記載,但後唐時期此制已得以落實,如同光二年二月親祀圜丘前,莊宗曾"赴明堂殿致齋",長興元年二月親祀圜丘,明宗也預先"宿齋於明堂殿"。[⑦] 凡此皆表明,明堂殿沿襲唐制,屬後唐之外朝正殿。

(二)外朝正衙:文明殿

五代洛陽正衙,仍沿襲昔日唐洛陽正衙舊址,以下先對該殿之名稱先後因革脉絡作一梳理。唐洛陽正衙,依《舊唐書·地理志》爲武成殿,方位在外朝正殿含元殿西側;[⑧]及至唐末昭宗入洛,據《宋會要》此殿被改名爲宣政殿,而哀帝天祐二年又改稱之爲貞觀殿。[⑨] 雖然殿名被不斷改易,但依照《舊唐書·哀帝本紀》天祐三年整頓入閤儀之敕令,是時哀帝仍明確以貞觀殿爲"朝廷正衙"。[⑩] 及至五代後梁開平三年正月,貞觀殿又被改名曰文明殿,[⑪]後唐一朝沿襲此稱。

---

① 《舊五代史》卷三八《唐書一四·明宗本紀第四》,第517頁;卷四一《唐書一七·明宗本紀第七》,第559頁;卷四二《唐書一八·明宗本紀第八》,第575頁;卷四三《唐書一九·明宗本紀第九》,第587頁;卷四四《唐書二〇·明宗本紀第一〇》,第601頁。

② 《舊五代史》卷四五《唐書二一·閔帝本紀》,第615頁。

③ 《舊五代史》卷四七《唐書二三·末帝紀中》,第643頁。

④ 《舊唐書》卷二一《禮儀志一》,第819頁。

⑤ 《新唐書》卷一一《禮樂志一》,第311頁。

⑥ 《唐六典》卷七《尚書工部》,第220頁。

⑦ 《舊五代史》卷三一《唐書七·莊宗本紀第五》,第428頁;卷四一《唐書十七·明宗本紀第七》,第560頁。

⑧ 《舊唐書》卷三八《地理志一》,第1421頁。

⑨ (清)徐松輯,劉琳等點校:《宋會要輯稿》方域一《西京大内》,上海古籍出版社,2014年,第9269頁。又見《河南志》卷四《唐城闕古迹》,第121頁。按:學界多將哀帝天祐二年之貞觀殿,誤視作唐早中期洛陽含元殿北之貞觀殿,考諸史料可知,後者自則天朝以降,已基本毁廢,故與唐末貞觀殿無涉,關於此貞觀殿之因革,煩請另參拙文:《唐宋宫城禮儀空間研究》第一章《唐宋宫城佈局復原》,復旦大學歷史地理學專業博士學位論文,2018年,第48—50頁。

⑩ 《舊唐書》卷二〇下《哀帝》,第807頁。

⑪ 《舊五代史》卷四《梁書四·太祖本紀第四》,第67頁。

關於後唐文明殿性質仍屬正衙,可據以下史料推知。如《新五代史·李琪傳》宋人歐陽修追溯唐代入閤儀故事,曾云唐人又稱正衙爲前殿,[①]而入閤是指在禮制與政治因素影響下,將視朝地點由正衙改置於内朝正殿,並以此抨擊後唐之入閤儀,不僅不取内朝殿行禮,反而以"朔望一出御文明殿,前殿也,反謂之入閤",[②]儀式空間與唐制完全内外顛倒。借歐陽修之口,可知後唐的"前殿"文明殿,地位正對應唐時正衙,所以也就是後唐事實上的正衙,只是後唐在入閤儀中對此殿的使用出了差錯。

除卻以入閤儀爲代表的政治視朝功能,文明殿尚有其他政治與禮儀功用。首先,該殿也可如明堂殿舉行朝會。這種國家外朝正殿、外朝正衙兼具朝會功能的現象,唐代已經出現。[③] 然總體而言,後唐正衙主要舉辦的是五月朔、冬至朝會,如明宗天成元年冬至、[④]天成四年五月朔與冬至、[⑤]長興元年冬至、[⑥]長興二年與三年五月朔與冬至朝會等,[⑦]目前所見該殿唯一一次舉辦元正大朝會,發生在末帝清泰三年元日。[⑧]

其次,文明殿也是後唐皇帝主持重大册禮時的臨御場所。唐時武則天受册爲皇太后,曾隨之於此殿前身武成殿内,遣使告武氏宗廟,[⑨]洛陽正衙遣使册封的禮儀先例已然出現。後唐同光二年,莊宗曾分别御文明殿册封皇后劉氏、[⑩]貴妃韓氏以及三公太

---

① (宋)葉夢得撰,侯忠義點校:《石林燕語》卷二,北京:中華書局,1984年,第19頁。關於正衙政治功能層面等同於前殿,詳參杜文玉:《大明宫宣政殿與唐代中朝制度研究》,《乾陵文化研究》第七輯,西安:三秦出版社,2012年,第153頁。

② 《新五代史》卷五四《雜傳第四二·李琪》,第618頁。

③ 按:此一現象,於唐代長安大明宫外朝正殿含元殿、正衙宣政殿二者之上表現最爲突出,詳參杜文玉:《大明宫宣政殿與唐代中朝制度研究》,第153—166頁。

④ 《舊五代史》卷三七《唐書一三·明宗本紀第三》,第513頁。

⑤ 《舊五代史》卷四〇《唐書一六·明宗本紀第六》,第550、555頁。

⑥ 《舊五代史》卷四一《唐書一七·明宗本紀第七》,第571頁。

⑦ 《舊五代史》卷四二《唐書一八·明宗本紀第八》,第578、583頁;卷四三《唐書一九·明宗本紀第九》,第591、596頁。

⑧ 《舊五代史》卷四八《唐書二四·末帝本紀下》,第657頁。按:這一特例,也對後續國初定都於此的後晉有所影響,如天福元年十二月,高祖"詔國朝文物制度、起居入閤,宜依唐明宗朝事例施行",而次年正月朔,亦御文明殿受朝賀,詳參《舊五代史》卷七六《晉書二·高祖本紀第二》,第994頁。

⑨ 《新唐書》卷七六《後妃上·則天武皇后》,第3478頁。

⑩ 《新五代史》卷一四《唐太祖家人傳第二·莊宗神閔敬皇后劉氏》,第144頁。

尉,[①]莊宗本人受群臣上尊號亦取此殿。[②] 明宗時曾於此殿追贈先帝尊號,[③]册封諸王、公主、藩屬國國王,[④]接見外國來使等。[⑤] 閔帝又於此殿册立皇太后與皇太妃。[⑥] 正衙遣使册后的禮例,也爲末帝所沿襲。[⑦]

明宗天成三年十一月,經中書奏請,重大册禮皇帝須臨御正衙文明殿,已正式列入後唐國家禮制。[⑧] 是知文明殿,當屬後唐洛陽宫城前朝範圍内,地位僅次於外朝正殿明堂殿的國家政治、禮制性建築。

(三)正衙門:敷政門

文明殿作爲國家正衙,其殿門也在後唐政治、禮儀活動中地位獨特,故此處將之單獨列出加以考察。

首先,關於此門之方位與名稱。唐洛陽正衙武成殿之南,由近及遠,依次佈局武成門、千福門與敷政門。武成後改宣政,唐哀帝天祐二年(905)改敷政;千福後改乾化,天祐二年改乾元;敷政後改光範,天祐二年改應天。[⑨] 根據《舊唐書・哀帝本紀》天祐二年敕令,此三門之初次更名,是因昭宗遷洛之初懷戀長安舊都,"懷土有類於新豐",[⑩]所以將原洛陽宫城不少門、殿名改易爲長安時期所使用者,[⑪]至天祐二年,因天文星變、唐祚將去,哀帝又詔令正式廢除這些新名,[⑫]且哀帝改革後,貞觀殿南依次佈局敷政、乾元、應天三門的格局,[⑬]又一直保持至北宋西京洛陽時期,[⑭]可知五代後唐亦是如此。

---

① 《舊五代史》卷三二《唐書八・莊宗本紀第六》,第435、441頁。

② 《舊五代史》卷三一《唐書七・莊宗本紀第五》,第432頁。

③ 《舊五代史》卷四〇《唐書一六・明宗本紀第六》,第553頁。

④ 《舊五代史》卷四一《唐書一七・明宗本紀第七》,第570頁;卷四三《唐書一九・明宗本紀第九》,第593頁;卷四四《唐書二〇・明宗本紀第一〇》,第601頁。

⑤ 《舊五代史》卷一三八《外國列傳第二・回鶻》,第1842頁。

⑥ 《舊五代史》卷四五《唐書二一・閔帝本紀》,第617頁。

⑦ 《舊五代史》卷四六《唐書二二・末帝本紀上》,第639頁。

⑧ 《舊五代史》卷三九《唐書一五・明宗本紀第五》,第543頁。

⑨ 《河南志》卷五《宋城闕古迹》,第146頁。

⑩ 按:因西漢有高祖劉邦爲其父另立新豐之故事,故哀帝化用此典故,以説明其父昭宗遷都洛陽後,仍沿用長安宫室名號之事。

⑪ 按:宣政門、光範門皆爲唐長安大明宫内之門,乾化門即"虔化門",位於唐長安太極宫内,三門之具體位置,詳參楊鴻年著:《隋唐宫廷建築考》,第277—278、337—338、360—361頁。

⑫ 《舊唐書》卷二〇下《哀帝本紀》,第793—794頁。

⑬ 按:此唐末貞觀殿即原唐洛陽武成殿之更名,前揭已論之。

⑭ 《河南志》卷五《宋城闕古迹》,第146頁。

從三門之佈局方位順序來看,其分列於後唐正衙文明殿,亦即原唐正衙之南,且敷政門位置最靠北,故敷政門當爲文明殿之殿門,此處證據有二:其一,從此門的唐代命名來看,其初名武成門,與武成殿對應;後改名宣政門,與昭宗入洛改武成殿爲宣政殿呼應,已經説明此門與正衙屬同一建築群,遵循唐代"門隨殿名"的一般規則,只是哀帝時期此一名物對應關係被打破。其二,《册府元龜》曾記後唐末帝清泰元年,御史中丞張鵬奏請,每遇文明殿入閤禮畢賜食百官,請"别降使於敷政門外宣賜酒食",①而及至後晉追溯此故事,則云"僞主清泰元年中,入閤禮畢,更差中使至正衙門口宣賜食",②亦可確知敷政門乃後唐正衙文明殿殿門。

其次,關於此門之功能。其一,禮儀層面,其仍與前文所提到的後唐入閤儀制直接相關,前揭已論,後唐行入閤之禮於正衙文明殿,《五代會要》載,明宗長興三年五月詔,"文武兩班,每遇入閤賜食,從前御史臺官及諸朝官皆在敷政門外兩廊食,唯北省官於敷政門内别坐",此後,須"北省官亦宜於敷政門外東廊下設席",③之所以出現此一詔令,是因後唐沿襲唐長安大明宫每遇入閤,先於正衙宣政殿的殿門宣政門外廊下賜食之舊例,④此不僅再度佐證敷政門乃後唐正衙文明殿殿門,且得知後唐入閤之禮的儀式空間規劃,仍直接沿襲唐制。其二,政治層面,敷政門也是百官赴内殿起居皇帝時所經之重要門宇,《册府元龜》後晉天福二年(937)四月,御史臺曾奏稱,"文武百僚每五日一度内殿起居。在京城時百官於朝堂幕次,自文明殿門入穿文明殿庭,入東上閤門至天福殿序班",⑤因後晉高祖是時與百僚巡幸汴州,故御史臺所云乃洛陽故事,而後晉立國之初,曾明確詔令"國朝文物制度、起居入閤,宜依唐明宗朝事例施行",⑥故知後唐時期,百官内殿起居皇帝取道文明殿門,亦即敷政門已爲定制。⑦

---

① (宋)王欽若等編纂,周勛初等校訂:《册府元龜》卷一〇八《帝王部·朝會第二》,南京:鳳凰出版社,2006年,第1179頁。

② 《册府元龜》卷一〇八《帝王部·朝會第二》,第1180頁。又見《舊五代史》卷七六《晉書二·高祖本紀第二》,第998頁。

③ 《五代會要》卷六《廊下餐》,第95頁。

④ 拜根興:《唐代的廊下食與公厨》,《浙江學刊》1996年第2期,第98—102頁。

⑤ 《册府元龜》卷一〇八《帝王部·朝會第二》,第1180頁。

⑥ 《舊五代史》卷七六《晉書二·高祖本紀第二》,第994頁。

⑦ 按:内殿起居路綫之所以取道敷政門,與後唐宫城外朝正殿、内朝正殿二者南北相直的方位佈局有關,詳見下文對後唐内朝正殿中興殿之分析。

(四)朝堂及朝堂門

唐時長安、洛陽皆有朝堂之設,且有東西二堂之分。長安東西朝堂位於太極宫承天門外東西兩側,洛陽東西朝堂也位於宫城正門應天門外横街南之東西兩側,[①]其位置如徐松據《永樂大典》所繪"東都宫城皇城圖"(參見圖2)所示,朝堂於唐代曾被作爲重大册禮等的儀式空間。後唐時期的洛陽朝堂,就功能而言,仍基本沿襲唐制,但其佈局方位,已由唐時的宫城正門之外,新移入宫城内的前朝區域,具體而言,是在正衙文明殿之南。

此可借後唐明宗長子李從榮之秦王册禮加以證實。李從榮之受册,是時仍取朝堂成禮,[②]此舉與唐《開元禮》親王等受册於太極宫承天門外之東西朝堂,[③]仍保持着儀式空間規格上的一致性。然而,從當日儀式空間的佈設細節來看,皇帝明宗御正衙文明殿主持頒册,受册者李從榮及群臣列位於朝堂,及至成禮,秦王由應天門出,"(從榮)自理所乘輅車、備鹵簿,與群臣俱集朝堂,就次受册訖,至應天門外"。[④] 前已證之,後唐應天門正當正衙敷政門之南,而秦王既經朝堂方出應天門,可知朝堂不僅在應天門内,且方位更在正衙文明殿之正南。

關於朝堂在正衙南,文獻尚有另一旁證。上已言及,後晉國初以洛陽爲都,文物制度"起居入閤"皆承後唐之制,天福二年高祖駕幸汴州,時值入閤前夕,御史臺曾有如下一段議論,"文武百僚每月朔望入閤,禮畢賜廊下食。在京時衹於朝堂幕次兩廊下。今在行朝於正衙門外,權爲幕次",[⑤]後晉御史臺所謂洛陽入閤在朝堂幕次賜百官廊食,而前文亦知後唐入閤是在正衙門外賜食,兩相對比,已可知正衙門外,實際就是朝堂的分佈地。並且,後晉御史臺在仿照洛陽故事朝堂賜食的前提下,初將汴州宫城内入閤賜食地點也規劃在正衙門外,這一做法也側面證明,作爲賜食之地的洛陽朝堂,原本就在正衙門外。

---

① 《河南志》卷四《唐城闕古迹》,第130、132頁。按:唐長安大明宫亦有東西朝堂,方位已由宫城正門外,移至外朝正殿含元殿前翔鸞、棲鳳二閣之南,但仍有東西二堂之分。

② 《新五代史》卷一五《唐明宗家人傳第三·明宗子從榮》,第163頁。

③ (唐)中敕撰:《大唐開元禮》卷一〇八《嘉禮·臨軒册命諸王大臣》,北京:民族出版社,2000年,第507—508頁。

④ 《五代會要》卷二《雜録》,第21頁。又見《舊五代史》卷四一《唐書一七·明宗本紀第七》,第567—568頁。

⑤ 《册府元龜》卷一〇八《帝王部·朝會第二》,第1180頁。又見《五代會要》卷六《廊下餐》,第95頁。

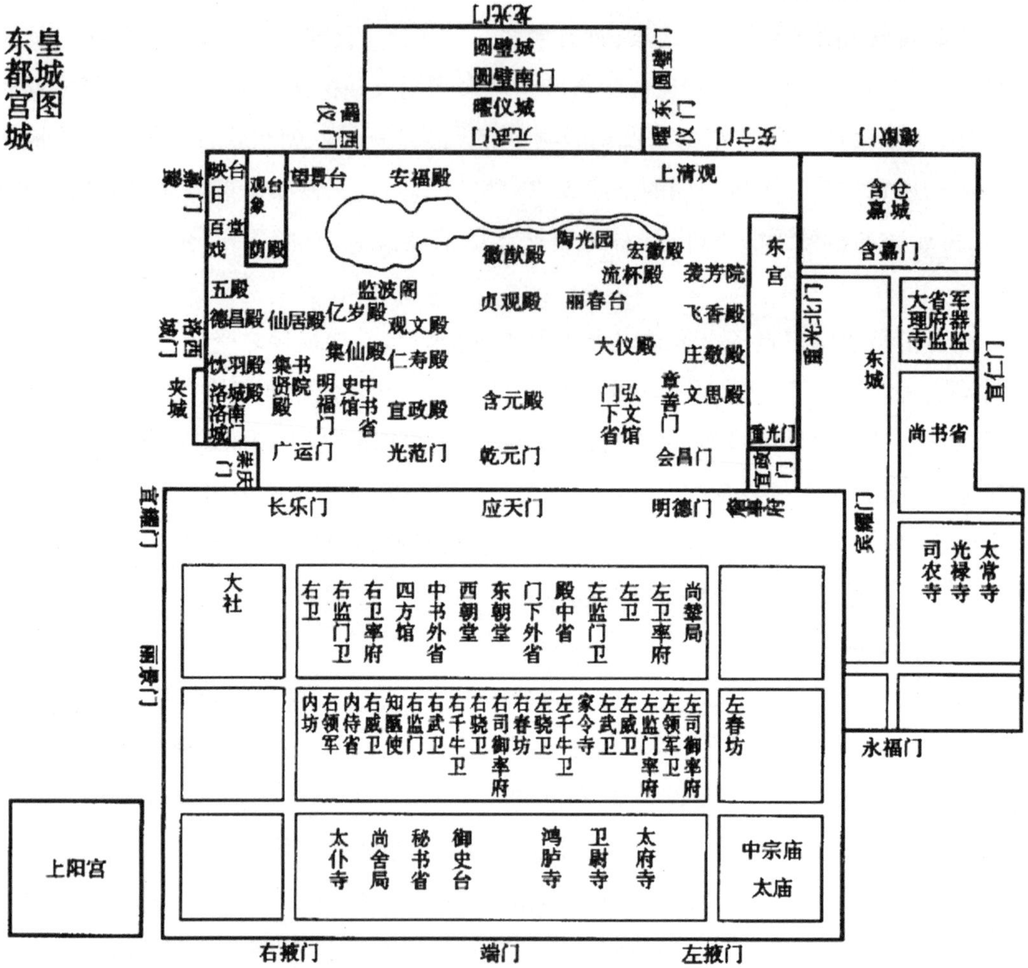

圖 2　清徐松《唐兩京城坊考》“東都宫城皇城圖”朝堂位置示意①

三、内 宫 部 分

後唐宫城左右銀臺門横街之北,是其内宫所在。因文獻所記詳略未均,以下重點對本區域中的核心建築——内朝正殿中興殿以及其他皇帝視朝殿宇與所寢偏殿等,分别加以考析。

① 截取自(清)徐松撰,張穆校補,方嚴點校:《唐兩京城坊考》附圖“東都宫城皇城圖”,北京:中華書局,1985 年。按:爲直觀展示唐洛陽朝堂位置,此處徑引徐松原圖。

(一)内朝正殿中興殿

此殿屬後唐宫城内宫區域中之核心建築,不僅方位上承唐代洛陽崇勛殿舊址,且其内朝正殿之政治地位,也系沿襲前者而來。洛陽崇勛殿,未見於唐早中期文獻,直至唐末昭宗移都洛陽,此殿才逐漸見於朝廷政治與禮儀活動且迅速升格爲國家之内朝正殿。關於此殿居唐末洛陽之内朝正殿地位,可借哀帝天祐二年整飭入閤儀之敕令加以證實,所謂入閤,系唐玄宗時期長安大明宫内之一盛禮,玄宗因陵寢祭祀禮儀之需,不出臨正衙宣政殿視朝,轉而改行視朝之禮於内朝正殿紫宸殿,"乃自正衙唤仗由閤門而入,百官俟朝於衙者,因隨以入見,故謂之入閤",①可知入閤儀行禮空間,是由正衙趨向内朝正殿,天祐二年哀帝爲糾正洛陽以正衙貞觀殿入閤這一弊病,特詔令日後洛陽入閤取崇勛殿行禮,②可知此殿是時已具内朝正殿地位。關於此殿之具體方位,前揭曾證實唐哀帝時期洛陽正衙貞觀殿位於外朝正殿含元殿西側,又據《河南志》,貞觀殿向北,隔横街與街北内宫中的延英殿相對,而延英殿北即崇勛殿,③可知唐末洛陽正衙,已經形成正衙貞觀殿——延英殿——内朝正殿崇勛殿這一自南而北的宫廷建築格局乃至政務運作空間。

後梁都洛,太祖朱温仍以唐末崇勛殿爲内朝正殿,且曾寢御於此。如乾化二年二月中和節,太祖"御崇勛殿,召丞相、大學士、河南尹,略封訖,於萬春門外廡賜以酒食",④説明萬春門毗鄰崇勛殿。後朱温遭養子朱友珪弑逆,友珪等"夜三鼓,斬關入萬春門,至寢中",⑤推測萬春門即崇勛殿之殿門。

此點文獻有徵,及至後唐立國,同光二年正月,莊宗曾專門敕令改唐、後梁崇勛殿爲中興殿,改萬春門爲中興門,⑥印證二者屬同一建築體系。⑦ 據敦煌文書殘卷,後唐明宗

---

① 《新五代史》卷五四《雜傳第四二·李琪》,第618頁。

② 《舊唐書》卷二〇下《哀帝》,第807頁。

③ 《河南志》卷五《宋城闕古迹》,第147—150頁。又見《宋會要輯稿》方域一《西京大内》,第9269—9270頁。

④ 《舊五代史》卷七《梁書七·太祖本紀第七》,第104頁。

⑤ 《新五代史》卷一三《梁家人傳第一·太祖子友珪》,第137頁。

⑥ 《舊五代史》卷三一《唐書七·莊宗本紀第五》,第425—426頁。

⑦ 按:若稍向後追溯,及至後晉開國初都洛陽,高祖天福二年(937)正月丙寅也敕"改中興殿爲天福殿,門名從之",亦印證此殿、門因作爲國家内朝正殿所具有的名物特殊意義,參見《舊五代史》卷七六《晉書二·高祖紀第二》,第995—996頁。

本人的誕日應聖節,也專門擇此殿行禮,①而百官五日内朝起居皇帝等活動,也以此殿爲依託,②益突出其在内宫諸殿中的核心地位。

(二)絳霄殿(絳霄樓)

後唐内宫中有絳霄殿,《新五代史·郭從謙傳》莊宗遭叛軍弑逆,後者攻入洛城内宫後,“從樓上射帝,帝傷重,踣於絳霄殿廊下”。③ 此殿具體方位,在後唐内朝正殿之北,如《宋會要》北宋洛陽天福殿即後唐中興殿,該殿後有太清樓,“後唐曰絳霄”。④ 此北宋太清樓,宋人亦稱其爲“太清殿”,如《宋會要》、《玉海》既云北宋太平興國三年絳霄樓更名太清樓,又記同年絳霄殿更名爲太清殿。⑤ 故知作爲此殿前身的後唐絳霄樓,亦即後唐莊宗所殞之絳霄殿。

(三)延英殿

前已論及,唐延英殿位於正衙武成殿之北、内朝正殿崇勛殿之南,而《玉海》及《宋會要》皆記此殿至北宋太平興國三年方改名垂拱殿,⑥是知五代時期此殿仍沿襲唐延英之舊名乃至舊址。後唐莊宗同光三年宰相於延英殿論事,皇后劉氏曾竊聽於殿内屏間。⑦ 而據《舊五代史·馮道傳》“天成、長同中”,“明宗每御延英,留道訪以外事”,⑧是知明宗一朝不僅仍有延英殿之設,且此殿亦屬後唐皇帝内殿視朝之重要殿宇。

(四)金鑾殿(二儀殿)

後唐内宫中之重要便殿,其東側毗鄰内朝正殿中興殿。⑨ 此殿唐時初名太極殿,又名思政殿,二名未見於唐洛陽早期文獻,推測當爲昭宗遷洛後新命名之殿宇。

---

① 楊雄:《〈長興四年中興殿應聖節講經文〉研究》,《敦煌研究》1990年第1期,第93—122頁。郭在貽、張湧泉、黄征:《〈長興四年中興殿應聖節講經文〉校議》,《敦煌學輯刊》1990年第1期,第88—92頁。

② 關於後唐内殿起居制度,詳參杜文玉著:《五代十國制度研究》,北京:人民出版社,2006年,第280—306頁。

③ 《新五代史》卷三七《伶官傳第二五·郭從謙》,第402頁。

④ 《宋會要輯稿》方域一《西京大内》,第9270頁。又見《河南志》,唯文字略有殘泐,詳參《河南志》卷五《宋城闕古迹》,第150頁。

⑤ 《宋會要輯稿》方域一《西京大内》,第9270頁。另見(宋)王應麟撰:《(合璧本)玉海》卷一六〇《宫室·殿下·太平興國西京太極殿》,京都:中文出版社,1977年,第3035頁。

⑥ 《宋會要輯稿》方域一《西京大内》,第9269頁。

⑦ 《新五代史》卷一四《唐太祖家人傳第二·莊宗神閔敬皇后劉氏》,第145頁。

⑧ 《舊五代史》卷一二六《周書一七·馮道傳》,第1657頁。

⑨ 《河南志》卷五《宋城闕古迹》,第150頁。

後梁開平三年二月改稱金鑾殿。[①] 後唐莊宗復名太極殿,明宗長興年間又改稱二儀殿。[②]

關於此殿功能,其曾數次作爲後唐大行皇帝喪禮殯宫,並因之又獲"西宫"之别稱,故禮制地位頗爲特殊。莊宗李存勖死於天成元年(926)都城洛陽兵亂,設殯於西宫,按《資治通鑑》是年四月丙午,明宗李嗣源以監國身份赴西宫成服,柩前即位。[③] 後唐明宗崩,據《舊五代史·閔帝本紀》長興四年(933)"十二月癸卯朔,發(明宗)喪於西宫,(閔)帝於柩前即位",[④]此事《舊五代史·明宗本紀》則記作十二月癸卯朔,遷明宗梓宫於二儀殿,是日宋王李從厚柩前即位,[⑤]是爲後唐閔帝;兩相對照,知後唐"西宫"即二儀殿之别稱,因方位毗鄰人君内宫正寢中興殿,故具備作爲大行皇帝喪禮設殯之所的特殊功能。

(五) 嘉慶殿(後改廣壽殿)

後唐内宫中之重要便殿,方位在外朝正殿明堂殿西北。《宋會要》北宋西京太極殿即原後唐明堂殿,[⑥]該殿後有東西向横街,街北正對通入内宫中的建禮門,此門之西爲廣壽殿門,門内爲廣壽殿,此殿"唐曰嘉慶,後唐改(廣壽)"。[⑦]

關於此殿後唐時期之功用。莊宗曾宴見諸將於嘉慶殿,[⑧]同光四年其本人於洛陽内宫遇弑時,皇后劉氏與莊宗弟李存渥曾焚該殿出逃。[⑨] 明宗踐祚,天成四年重修此殿並更名廣壽,[⑩]因此殿位置居内宫南部前端,故也被皇帝内殿視朝時所取用,長興四年五月明宗暴病,"旬日不見群臣,都人凶懼",爲此明宗"力疾御廣壽殿,人情始安",[⑪]知

---

① 《宋會要輯稿》方域一《西京大内》,第 9270 頁。後梁更名時間,據《舊五代史》卷四《梁書四·太祖本紀第四》,第 67 頁。

② 《宋會要輯稿》方域一《西京大内》,第 9270 頁。又見《河南志》卷五《宋城闕古迹》,第 150 頁。又見(元) 王士點撰:《禁扁》卷二《殿·五代》,景印文淵閣四庫全書,第 468 册,史部二二六,地理類,臺北:臺灣商務印書館,1986 年,第 468—62 頁。

③ (宋) 司馬光編著,(元) 胡三省音注:《資治通鑑》卷二七五,後唐明宗天成元年(926)四月丙午條,北京:中華書局,1976 年,第 8983 頁。

④ 《舊五代史》卷四五《唐書二一·閔帝本紀》,第 614 頁。

⑤ 《舊五代史》卷四四《唐書二〇·明宗本紀第十》,第 610 頁。

⑥ 《宋會要輯稿》方域一《西京大内》,第 9269 頁。

⑦ 《宋會要輯稿》方域一《西京大内》,第 9269—9270 頁。

⑧ 《舊五代史》卷五七《唐書三三·郭崇韜》,第 769 頁。

⑨ 《新五代史》卷一四《唐太祖家人傳第二·莊宗神閔敬皇后劉氏》,第 146 頁。又見《資治通鑑》卷二七五,後唐明宗天成元年四月丁亥條,第 8975 頁。

⑩ 《河南志》卷五《宋城闕古迹》,第 149 頁。

⑪ 《資治通鑑》卷二七八,後唐明宗長興四年七月庚辰條,第 9084 頁。

其有接見群臣的靈活功能。明宗崩,閔帝初即位,曾於該殿殿門廣壽門接見群臣,[①]此外,閔帝朝又曾取廣壽殿作爲元日視朝之所,如應順元年正月朔,閔帝便視朝於廣壽殿,因該殿非國家外朝正殿、正衙抑或内朝正殿,故北宋歐陽修特諷閔帝此舉"著非禮也"。[②]

(六)雍和殿

後唐内宫中另一皇帝所寢便殿。《宋會要》、《河南志》皆載北宋金鑾殿後有壽昌殿,此殿乃後梁雍和殿,至北宋太平興國三年方更名壽昌,[③]是知後唐時此殿亦沿稱雍和。因金鑾殿向東與中興殿平行,則金鑾殿北之雍和殿,方位更在中興殿西北。

《新五代史·唐明宗家人傳》明宗長興四年病篤,初居廣壽殿,後遷御雍和殿,並於此接受樞密使等起居,數日後病故。[④] 同卷又載,是時明宗長子秦王李從榮欲借機以兵入宫篡位,樞密使馮贇入宫告發,是先見樞密使朱弘昭等人"坐中興殿閣議事"之後,方"入見"明宗,[⑤]因中興殿已處内宫核心位置,則知雍和殿不僅在此殿附近,且更在其迤内(北部)之區域。此亦與上文《宋會要》、《河南志》所記相諧。

(七)解卸殿(後改端明殿)

位於内朝正殿迤北。《宋會要》北宋西京洛陽宫城之内朝正殿,即原後唐中興殿,其北依次有太清樓、思政殿、延春殿、武德殿,其中武德殿乃原後唐解卸殿,[⑥]同光二年,此殿更名端明殿。[⑦]

關於此殿功能,有必要略加詳辨。《宋史·職官志》、宋敏求《春明退朝録》諸書曾提出"端明殿即西京正衙殿"之説,[⑧]學界因尚未具體講求後唐之宫城佈局,或亦徑引此

---

① 《舊五代史》卷四五《唐書二一·閔帝本紀》,第614頁。

② 《新五代史》卷七《愍帝》,第70頁。

③ 《宋會要輯稿》方域一《西京大内》,第9270頁。又見《河南志》卷五《宋城闕古迹》,第150頁。按:《河南志》此處文字有殘泐。

④ 《新五代史》卷一五《唐明宗家人傳第三·明宗子從榮》,第165—166頁。又見同書卷六《唐本紀第六·明宗》,第65頁。

⑤ 《新五代史》卷一五《唐明宗家人傳第三·明宗子從榮》,第166頁。

⑥ 《宋會要輯稿》方域一《西京大内》,第9270頁。

⑦ 《舊五代史》卷三一《唐書七·莊宗本紀第五》,第426頁。又見《河南志》卷五《宋城闕古迹》,第150頁;《宋會要輯稿》方域一《西京大内》,第9270頁。

⑧ (元)脱脱等撰:《宋史》卷一六二《職官二·諸殿學士》,北京:中華書局,1977年,第3817頁。(宋)宋敏求撰:《春明退朝録》卷上,北京:中華書局,1997年,第13頁。

説。[1] 前已辨及,後唐正衙乃位於前朝的文明殿,且就端明殿的位置來看,其不僅已深處内宫,且更在人君所寢内朝正殿之北,這一佈局特徵,顯然也決定其不可能是後唐正衙的所在地,元人胡三省也曾從此殿功能角度,否認《宋志》之説,“按端明殿是燕閑接御儒臣之地,必非正衙殿”,[2]誠得其實。

端明殿因深居内宫,方位隱秘,故明宗時期已具有樞密使等當面向皇帝奏報軍機的特殊地位,因樞密使安重誨未諳文字,後唐又依託此殿設立端明殿大學士,以宰相趙鳳、馮道等人兼任學士之職,次年又規定端明殿學士班在翰林之上,[3]可見該殿地位之緊要。後唐此制,又影響五代諸朝乃至北宋,意義深遠。

(八)其他

除以上所舉外,後唐内宫中,文獻尚見興安、[4]長春諸殿,[5]長壽、[6]興聖諸宫之名,[7]因位置目前無法確知,故暫志於此,以俟來日之方家。

綜上所論,後唐宫城之建築佈局,可以圖 3 示意之:

---

① 杜文玉著:《五代十國制度研究》,第 246 頁。

② 《資治通鑑》卷二七五,後唐天成元年(926)五月甲戌條,第 8985—8986 頁。

③ 《五代會要》卷一三《端明殿學士》,第 225—226 頁。《舊五代史》卷一四九《職官》,第 1997 頁;卷三六《唐書一二・明宗本紀第二》,第 498 頁。關於端明殿學士之選任、職司等,詳參杜文玉著:《五代十國制度研究》,第 256—262 頁。

④ 後梁開平三年十一月改原行從殿曰興安殿,且“球場爲興安球場”,因位置接近後苑,後梁曾作爲宴殿。及至後唐,莊宗曾爲皇太妃劉氏舉哀行服於此。分參《舊五代史》卷五《梁書五・太祖本紀第五》,第 80 頁;卷六《梁書六・太祖本紀第六》,第 91 頁;卷三二《唐書八・莊宗本紀第六》,第 448 頁。

⑤ 後唐長春殿位於内宫之北,具體方位不明。莊宗同光二年九月於内園建成。次年十二月莊宗曾宴諸王與武臣於此殿。及至後晉,此殿又成爲晉高祖爲前朝皇后、皇弟等舉哀之所。分參《舊五代史》卷三二《唐書八・莊宗本紀第六》,第 440 頁;卷三三《唐書九・莊宗本紀第七》,第 461 頁;卷七六《晉書二・高祖本紀第二》,第 994 頁。

⑥ 後唐莊宗滅梁之初,將其母太祖貞簡皇后曹氏自晉陽迎入洛陽長壽宫。同光三年七月曹氏崩於此宫。分參《新五代史》卷一四《唐太祖家人傳第二・太祖貞簡皇后曹氏》,第 142 頁;《舊五代史》卷三三《唐書九・莊宗本紀第七》,第 453 頁。

⑦ 後唐興聖宫及興聖宫使一職,初見於北都鄴城,唐有皇子爲宫使之故事,故後唐於鄴城設興聖宫,以莊宗長子、北都留守李繼岌爲宫使。參見《新五代史》卷一四《唐太祖家人傳第二・莊宗子繼岌》,第 152 頁。同光四年莊宗遇弒於洛陽,明宗初以監國身份入城,及至四月甲午(八日)即位,始聽政於洛陽興聖殿,《新五代史》則云明宗朝群臣於興聖宫,是知殿、宫二者所指相同。長興四年十一月壬辰,秦王李從榮曾借其父明宗病篤之機,謀“以兵入興聖宫”,事後伏誅。分參《舊五代史》卷三六《唐書一二・明宗本紀第二》,第 495 頁;《新五代史》卷六《唐本紀第六・明宗》,第 56、65 頁。胡三省提出,從榮此舉即仿效其父初入洛都,入興聖宫監國之典故。另外胡氏又推測此殿在宫城“西宫”的東部,但未有堅確之依據,故暫志於此。分參《資治通鑑》卷二七八,後唐明宗長興四年(933)十一月壬辰條,第 9092 頁;卷二七五,後唐明宗天成元年(926)四月甲午條,第 8978 頁。

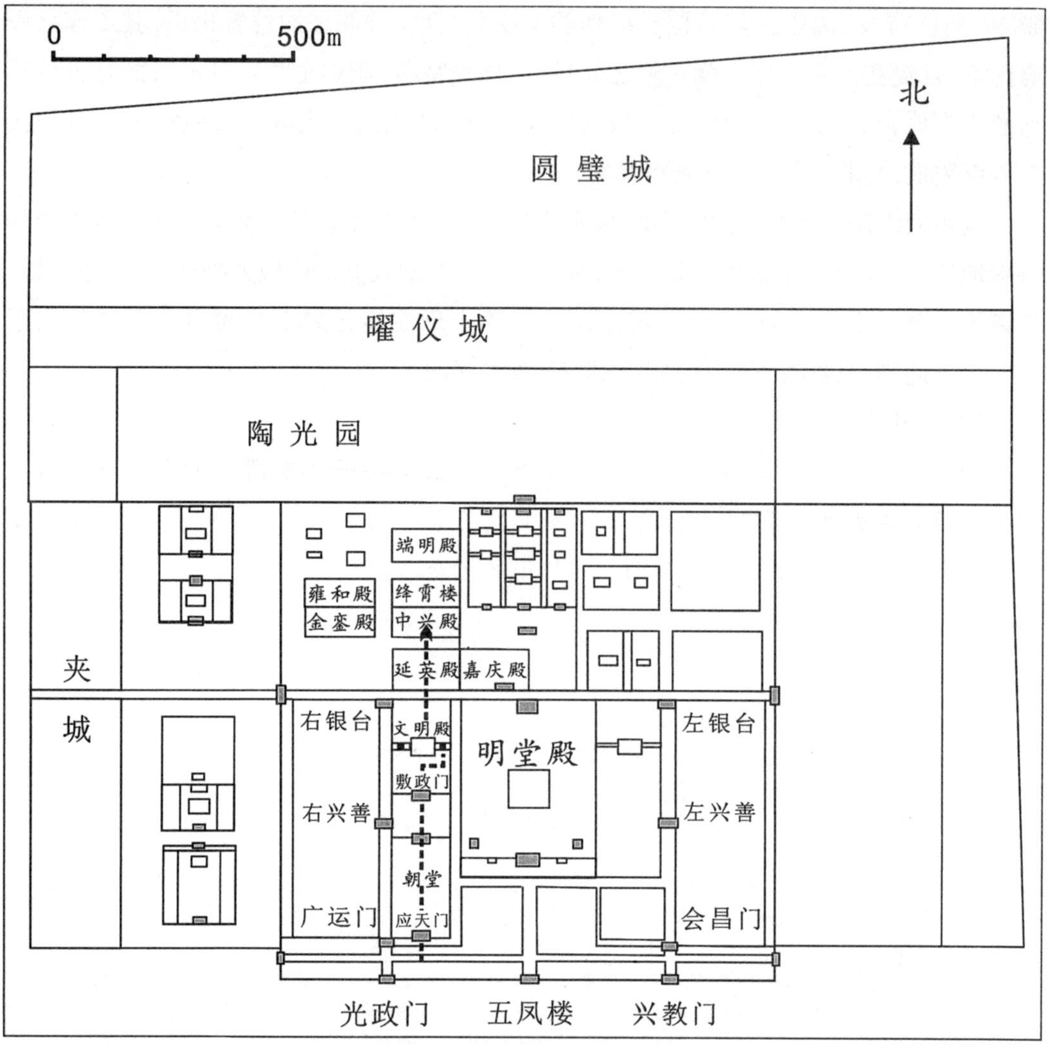

圖3 後唐洛陽宫城佈局示意圖①

結　論

後唐洛陽宫城之門道系統格局,基本因襲隋唐之舊。首先,宫城内以中部東西向横

① 據傅熹年先生《中國古代建築史》隋唐五代卷插圖改繪,北京:中國建築工業出版社,2009年,第393頁。傅先生原圖主要反映唐中葉洛陽宫城之建築佈局概況,對本文所論五代後唐時期洛陽宫城佈局未有提及,此處借鑒傅先生底圖,但欲尋一方位比例較嚴謹之洛陽早期宫城主體框架底圖,以標示出拙文所考後唐宫城諸建築間之方位關係,特予説明。按:内中所繪虚綫,即本文第二節前朝正衙門部分所提及之後唐、後晉百僚五日赴内殿起居皇帝之行經路綫。

街爲界,分爲南部前朝、北部内宫兩大區域,此一横街街北因毗鄰内宫,故自隋唐以來無論軍事防禦抑或章奏通進,皆爲統治者所措意。其次,前朝部分有沿襲隋唐格局而來的三組東西平行、南北相直的門道系統。

後唐前朝空間部分。宫城中軸綫上仍沿襲隋唐以來之傳統,設立國家外朝正殿,而正衙在唐制影響下,已徹底移至外朝正殿之西側,更名文明殿,形成外朝正殿、外朝正衙二者東西並立的特殊格局。後唐時期,依照目前文獻之綫索,可以斷定朝堂已經移出隋唐舊址,新移入宫城中的正衙之南,形成正衙、朝堂二者南北相直的嶄新格局,百官入閤、入内宫起居皇帝等國家政治活動中,對此組建築的利用也愈加頻繁且形成制度。

後唐内宫空間部分。中興殿爲本區域之核心建築,其上承唐末哀帝時期洛陽之政治故事,有内宫"正殿"之名實,南與前朝正衙相直,形成獨立於外朝正殿之外的宫城西半部政務空間軸綫。此外,中興殿之南有延英殿,東南有嘉慶殿,因方位處於内宫之前部,故多承接皇帝内殿視朝、百官内朝起居等政治功能;而中興殿之西有"西宫"金鑾殿,西北有雍和殿,北有絳霄殿與端明殿,因方位毗鄰内朝正殿且已居内宫深處,故諸殿雖然也承接皇帝内殿視朝等活動,但性質多偏重於宰相與樞密使等向皇帝面奏機要,隨空間之北移,内宫諸殿之政治私密性質也越發凸顯。

就宫城空間而言,物理格局的復原與推導屬基礎性工作,相應殿、門建築位置的明確,爲審視中國古代宫城空間演進,提供了直觀判别標準。此外,文獻所記宫城建築的相應利用狀況,又爲理解中國古代宫城空間之功能,提供了更加深入的觀察視角。有鑒於此,本文也在試圖復原後唐宫城主體物理格局的同時,對其利用情況加以補充論述,雖時段集中於後唐,但因後唐宫城對五代後晉乃至北宋洛陽宫城佈局有直接影響,故此一時期宫城格局的集中揭示,又可在判研後晉乃至北宋洛陽宫城諸問題時,提供一可靠且明晰的前期參照斷面與追溯原點,此或爲本文可能之意義所在。

《魏晉南北朝隋唐史資料》第四十輯
2019年11月,230—238頁

《敦煌秘笈》所收羽740號文書係僞卷考

杜立暉

近年來出版的日本杏雨書屋所藏《敦煌秘笈影片册》(以下簡稱《敦煌秘笈》),被學界稱爲"世界上敦煌文獻的第五大收藏","主要來自羽田亨對李盛鐸舊藏的用心收購,還有富岡謙藏、清野謙次、高楠順次郎等人舊藏以及書肆收購、友人贈送的西域文獻"。[①] 該批文獻對於敦煌學及中國古代學術研究之重要,已毋庸贅言。然而,李盛鐸舊藏的敦煌文獻卻是真僞並存的,對此榮新江先生就曾專門撰文探討。[②] 因《敦煌秘笈》的藏品主要是來自李盛鐸的舊藏,故其必然存在魚目混珠之情形。對於《敦煌秘笈》所收僞卷的情況,學界雖亦有所發覆,[③]但正如榮先生所言:"敦煌寫本的真僞鑒别是十分複雜的問題",[④]故目前已知有確鑿證據的《敦煌秘笈》僞卷,尤其是世俗僞卷,還非常有限,因此,對於此問題尚有很大的研究空間。近期,筆者在與學生一起研讀其中的羽740《開元九年見食牒》時,發現了一些端倪。此件不僅可進一步證明《敦煌秘笈》收有僞卷之實,且爲認識相關世俗僞卷的來源等,提供了重要綫索。今撰拙文,略陳管見,敬請批評指正。

一、關於羽740號文書的説明及性質判定

羽740號文書收録於《敦煌秘笈》第九册,擬題爲《開元九年見食牒》,爲方便研究,現將其圖版、録文移録如下:

---

① 鄭阿財:《杏雨書屋〈敦煌秘笈〉來源、價值與研究現況》,《敦煌研究》2013年第3期。

② 對此,早在20世紀90年代榮新江先生已專門刊文討論,可參見榮新江:《李盛鐸藏敦煌寫卷的真與僞》,《敦煌學輯刊》1997年第2期,後收入氏著:《鳴沙集——敦煌學學術和方法的討論》,臺北:新文豐出版公司,1999年,第103—146頁。

③ 陳濤先生對《敦煌秘笈》真僞情況進行過探討,同時並確認了其中的《金光明經卷第三》(766號)等係僞造,可參見氏著:《日本杏雨書屋藏〈敦煌秘笈〉中李盛鐸藏書印管見》,《北京師範大學學報》2010年第4期。

④ 榮新江:《鳴沙集——敦煌學學術和方法的討論》,第114頁。

1. 右件使馬,前蒙支給拾石,見食盡,請乞
2. 給,謹録狀上。 (印章)
3. 牒 件 狀 如 前,謹 牒。
4. 開元九年四月日 典
5. 押官曹都督
6. 付司,悉□

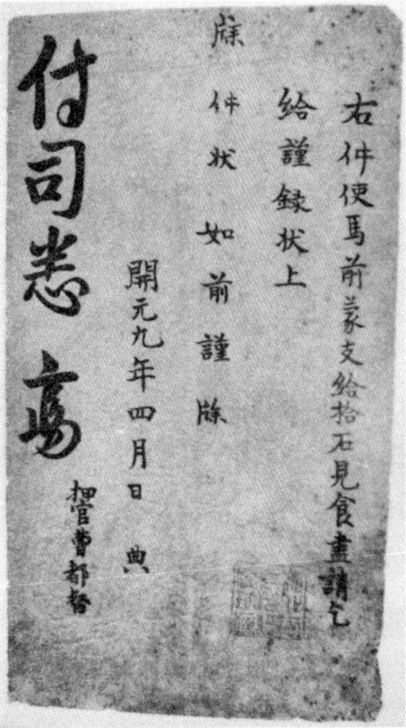
右件使馬前蒙支給拾石見食盡請乞
給謹録狀上
牒件狀如前謹牒
開元九年四月日 典
押官曹都督
付司悉

圖1 羽740圖①

由以上可見,此件前後、上下完整,現存文字6行,其中第6行的字體較之他行要大,且墨色濃,此行似屬於長官的判文。同時,第2行下方鈐蓋朱印一枚,據《敦煌秘笈》介紹,該枚印章爲“德化李氏凡將閣珍藏”之印。在李盛鐸的藏書印中,即包含此印。② 此印與文書内容無關,當屬於藏書印。據之推斷,此件或可能來自李盛鐸的舊藏。另,按第4行所載時間可知,此件當形成於“開元九年四月”。

又,由第1、2行又知,此件的内容與“使馬”前次支給的“拾石”糧食已經“食盡”,此次再次請求支給相關糧食有關。因這些需要請乞的糧食與“使馬”相關聯,故其應爲“馬料”。

又,第3行所載的“牒件狀如前”、“謹牒”等語均屬於唐代牒文的程式性用語,故《敦煌秘笈》將其擬題爲《開元九年見食牒》大致不誤,但從文中所載内容來看,其並非是“見食牒”,而應爲“乞糧牒”。

那麽,此件的撰擬機構是誰呢?《敦煌秘笈》在擬題中並未體現。下面試做分析。

首先,通過文中的“使馬”二字判斷。此二字或爲“長行使馬料”的省略語。日本學者藤枝晃在《長行馬文書》一文中曾載録過七通與北庭長行坊相關的文書,其中第三通載:

1. 鄧懷義

① 吉川忠夫編:《敦煌秘笈影片册》第九册,はまや印刷株式會社,2013年,第260頁。
② 榮新江:《鳴沙集——敦煌學學術和方法的討論》,第110頁。

2.　　右件狀上
3. 南北長行使馬料斷乞付
4.　　　給謹録
5. 牒件狀如前　謹牒
6.　　　　開元七年八月　日　典
7.　　　　　　　　　　押官都督[1]

此件第3行載有“長行使馬料”一語,而通過本行及第4行推斷,此件亦是因馬料“斷”,而請求“付給”糧食的,其内容與羽740相似,均爲請求支給馬料的牒文。故推斷,羽740中的“使馬”二字,或爲“長行使馬料”之省略語。若此推斷成立,則説明羽740中所涉及的“馬”,應爲“長行馬”。對於“長行馬”,學界探討已多,其是指“完成較長距離出使任務”的馬匹,[2]是唐前期西北地區用於交通的除“驛馬”、“傳馬”之外的第三種重要交通用馬的類型。[3] 因此,羽740很可能與“長行馬”的馬料請乞有關。

其次,從文書所載的職官推斷。文書第4行、第5行分别載有“典”、“押官”。據孔祥星先生研究,唐代在管理“長行馬”等“長行”牲畜的機構“長行坊”中,設有“典”、“押官”等人員,且現存文書中已發現“押官”、“分别與典、槽頭、群頭聯署”的情形。[4] 據前文推斷,羽740所涉及的“馬”,可能爲“長行馬”,而文書中出現的職官“典”、“押官曹都督”也正好與“長行坊”相關。因此,從此角度可進一步推斷,此件的撰擬機構,或爲“長行坊”。

故基於以上認識可以判定,此件可能屬於唐開元九年(721)四月長行坊撰擬的請乞長行使馬馬料的牒文。

然,從此件的寫本形態來看,其書法拙劣,文字風格與唐代書風相去甚遠,而就具體的字形而言,也頗有疑點。如第6行所載的最後一字“□”,與之相似的字形,至少筆者在敦煌吐魯番文獻中還尚未發現。因此,從書法的角度來講,此件很可能係僞作。

---

① 藤枝晃:《長行馬文書》,《東洋史研究》十三卷,1948年,第74—75頁。

② 孔祥星:《唐代新疆地區的交通組織長行坊——新疆出土唐代文書研究》,《中國歷史博物館館刊》1981年第3期。

③ 王冀青:《唐前期西北地區用於交通的驛馬、傳馬和長行馬——敦煌、吐魯番發現的館驛文書考察之二》,《敦煌學輯刊》1986年第2期。

④ 孔祥星:《唐代新疆地區的交通組織長行坊——新疆出土唐代文書研究》,《中國歷史博物館館刊》1981年第3期。

另,“長行馬”及“長行坊”等馬匹和機構多見於吐魯番文書。雖然在斯坦因所獲敦煌文書中也有少量載有“長行坊”的文書,如S. 1324《天寶八載四月十日張阿忠牒》、S. 5714《開元九年十一月參軍王□牒》、S. 2703背《某郡上使及諸郡文牒事目》等,但對於這幾件文書是否屬於敦煌文書,王冀青先生已提出質疑,其認爲它們“從文書的内容與形制看來都像是混入的西域文書”。① 因此可知,敦煌文書中真正涉及“長行馬”及“長行坊”者非常有限。然而,從此件所鈐的藏書印看來,其似應屬於李盛鐸的舊藏,但李盛鐸的舊藏又主要是敦煌文獻,而很少涉及吐魯番文獻。因此,此角度來看,此件羽740作爲敦煌文書,是有異議的。

另,榮新江先生指出,李盛鐸舊藏的敦煌真卷的專用印爲“敦煌石室秘籍”、“兩晉六朝隋唐五代妙墨之軒”,②而文書所鈐的印章卻爲“德化李氏凡將閣珍藏”之印。故從該角度講,此印雖爲李盛鐸之印(當然也有可能是僞造的印),但文書卻不是李盛鐸舊藏的敦煌卷子。陳濤先生對李盛鐸舊藏的敦煌文書再次爬梳後也認爲:“在全部寫卷中,未見一件鈐有‘德化李氏凡將閣珍藏’,這就提醒我們,對於大量鈐有該印的‘李氏舊藏敦煌寫本’仍需審慎。”③

總之,從以上種種迹象判斷,此件既不屬於李盛鐸舊藏的敦煌卷子,也可能不是他人收藏的真敦煌卷子而鈐蓋了李盛鐸的藏書印,故其應爲真正的敦煌“僞卷”和“贋品”。

二、東京書道博物館藏《乞糧牒》與羽740號文書之關係

對於李盛鐸舊藏中敦煌僞卷的造假方法及造假内容,榮新江先生指出,一方面“李氏死後,其藏書印落入書商之手,一些書商把真印鈐在假卷子上,借李氏名聲以求高價”,另一方面“僞造李氏印鑒,利用人們對李家藏品的信任來謀取高利”。造僞者多爲“佛經或四部書”,“但有些世俗文書,今人是很難僞造的”。④ 以上也是目前我們所知的對《敦煌秘笈》僞卷造假方面的一些重要認識,但除此之外,對相關僞卷造假的來源,尤

① 王冀青:《唐前期西北地區用於交通的驛馬、傳馬和長行馬——敦煌、吐魯番發現的館驛文書考察之二》,《敦煌學輯刊》1986年第2期。

② 榮新江:《鳴沙集——敦煌學學術和方法的討論》,第110頁。

③ 陳濤:《日本杏雨書屋藏〈敦煌秘笈〉中李盛鐸藏書印管見》,《北京師範大學學報》2010年第4期。

④ 榮新江:《鳴沙集——敦煌學學術和方法的討論》,第114頁。

其是世俗文書的造假問題,學界鮮有探及,現通過羽740文書可以在這一方面得到一些更進一步的認識。

由前文已知,羽740所載的内容多與吐魯番文書相關聯,而在日本東京書道博物館所藏吐魯番文書中,恰恰找到了與之關係甚密的《乞糧牒》。爲方便研究,現將此件圖版、録文移録如下:

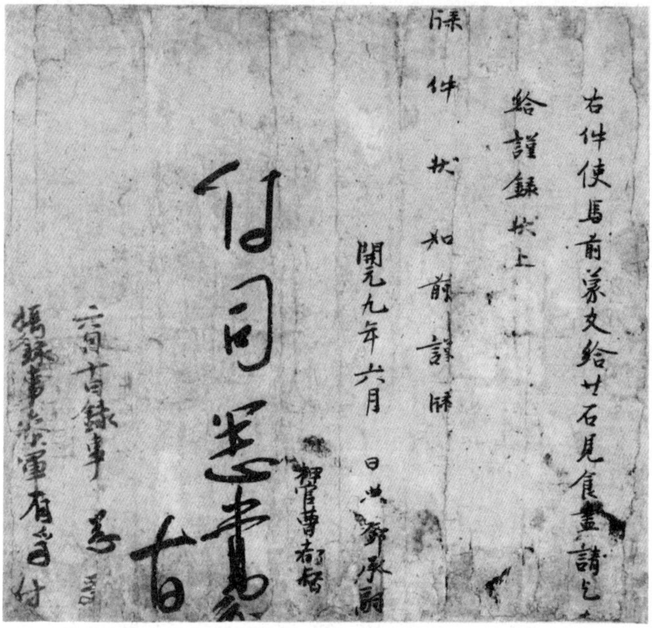

圖2 《乞糧牒》圖①

1. 右件使馬,前蒙支給廿石,見食盡,請乞[支]
2. 給,謹録狀上。
3. 牒 件 狀 如 前,謹 牒。
4. 開元九年六月 日 典鄧承嗣
5. 押官曹都督
6. 付 司,悉 嵩 示
7. 十 日

① 磯部彰編:《臺東區立書道博物館所藏中村不折舊藏禹域墨書集成》卷中,株式會社二玄社,2005年,第279頁。

8. 六月十日録事(印章)悉 受

9. 攝録事參軍 有孚 付

此件前後完整,下部因裁切殘損部分文字,但殘文可據殘筆劃及文義推知。第6、7行文字的字體較大,墨色較濃,且與其他各行筆迹不同。第8、9行筆迹亦與他行有異。第8、9行之間還鈐蓋印章一枚,但印文模糊不清。對於此件,金祖同先生最早做過釋文,但第1行的"支"字,第6行的"嵩示"二字,均漏録。① 此後,中村不折在《禹域出土墨寶書法源流考》一書2003年版中也對此件做過釋録,其中第1行的"支"字,中村氏亦漏録,第6行的"嵩"字釋作了"書",而"示"字未録。② 後陳國燦等先生又對此件的録文做過解讀,但第1行的"支"字未能識讀,第6行的"嵩"字釋作"鸞",而"示"字漏録。③

從以上録文可知,此件是一件涉及"使馬"此前支給的馬料"廿石"已經食盡,請求相關機構再次支給馬料的文書。其中由第4行所載時間可知,此件當撰擬於"開元九年六月",屬於一件唐前期的文書。

另,由第3行所載牒文的用語可知,此件當爲一牒文。金祖同先生疑其爲《柳中縣上西州府請米牒》,④而中村不折在《禹域出土墨寶書法源流考》一書1927年版中,即稱之爲《乞糧牒》,⑤陳國燦等先生則將其定名爲《唐開元九年(721)六月典鄧承嗣牒爲給使馬馬料事》。⑥

另,對於第6、7行及8、9行的内容,金祖同先生指出,其爲"批示"和"所屬受付署字",⑦陳國燦等先生的觀點與之相似,亦認爲這些内容是"長官'悉鸞'及録事、攝録事'有孚'的受、付、判。"⑧以上先生所言不虚,已知唐代牒文的處理程式有六個環節,"署名"、"受付"爲其中的前兩個環節,而大量的敦煌吐魯番官文書表明,這一"署名"的格式一般都是"付司,某示,某日"。⑨ 此件第6、7行所載的"付司,悉嵩示,十日"等内容正

---

① 黄永武主编:《敦煌叢刊初集》第五册《流沙遺珍》,臺北:新文豐出版公司,1985年,第288頁。
② 中村不折著,李德範譯:《禹域出土墨寶書法源流考》,北京:中華書局,2003年,第140頁。
③ 陳國燦、劉安志:《吐魯番文書總目(日本收藏卷)》,武漢大學出版社,2005年,第487頁。
④ 黄永武主编:《敦煌叢刊初集》第五册《流沙遺珍》,第288頁。
⑤ 中村不折著:《禹域出土墨寶書法源流考》下卷,西東書房,1927年,第3頁。
⑥ 陳國燦、劉安志:《吐魯番文書總目(日本收藏卷)》,第487頁。
⑦ 黄永武主编:《敦煌叢刊初集》第五册《流沙遺珍》,第288頁。
⑧ 陳國燦、劉安志:《吐魯番文書總目(日本收藏卷)》,第487頁。
⑨ 劉進寶:《絲綢之路敦煌研究》,烏魯木齊:新疆人民出版社,2010年,第301頁。

與之相合,故其當爲長官的“署名”,而第8、9行則爲“受付”部分。

另,第8、9行之間鈐蓋的印章雖然印文模糊,但因其鈐蓋於文尾,故推斷此印章或爲處理此牒文的相關官府之印,若金祖同先生推斷不誤,那此印即可能爲“西州府之印”。

因此件出土於“新疆”,①其作爲一件吐魯番文書,已是學界之共識。因此,此件中涉及的“使馬”,或亦爲“長行使馬料”之省略語,而文中所載的“典”、“押官”等存在於“長行坊”的官吏系列之中。故基於以上判斷,此件的發出機構很可能爲“長行坊”。若以上推斷不誤,則此件是長行坊爲請支給長行使馬料於開元九年(721)六月份上呈西州府的牒文。此牒文表明,在本月的“十日”經過了長官的批示後,已同意支給馬料,且録事、攝録事的“受”、“付”進一步表明,他們已對長官的批示進行了落實。以上反映出“長行坊”在此後得到了相關請乞的“馬料”。

由以上圖文等不難得見,此件與羽740具有很高的相似度,具體表現在以下幾方面:

首先,書寫格式、文字筆迹的相似性。

目前,羽740因紙張大小所限,僅存6行,但其所存文字的書寫格式與此件《乞糧牒》的前6行非常相似。其中,第1至5行均爲小字牒文,第6行爲長官“判詞”,且牒文與判詞字形的大小比例,二者也基本一致。另外,就每行的文字字數而言,除此件第1行、第6行的最後兩個字殘字“支”、“示”及第4行的“鄧承嗣”一人不載於羽740外,其他各行的文字字數兩件文書完全一致。

另外,兩件在筆迹上也有頗多相似之處,如此件第6行長官的批示,其中的“付”字,其“寸”部中的“點”與“豎勾”合二爲一,羽740中的該字,亦如之。而該行的“嵩”字,其雖書寫較爲潦草,但可以看出,此字分爲上下兩部分,下部部首猶如“易”字,而羽740第6行的最後一字“□”,很明顯有模仿該字的痕迹,尤其是該字的下半部分。當然,也應當看到,此兩件的筆迹也並非完全一致,還以該行爲例來説,如其中的“悉”字,兩者的區别一眼便知。

故由以上發現,此件與羽740的格式不僅極其相似,且文字筆迹亦有相仿之處。然而,它們的文字筆迹又不完全相同,這進一步説明,此兩件並非是同一人所書。

其次,時間的相似性。

① 中村不折著,李德範譯:《禹域出土墨寶書法源流考》,第169頁。

此件所載時間爲“開元九年六月　日”,而羽740爲“開元九年四月　日”,兩者僅差兩月。在時間上也具有相似性。

再次,内容的相似性。

此件的所載内容與之亦似,此件不僅與羽740各行的文字字數基本一致,且内容具有高度的相似性。如此件第1行作“右件使馬,前蒙支給廿石,見食盡,請乞[支]”,而羽740第1行作“右件使馬,前蒙支給拾石,見食盡,請乞”。除了殘字“[支]”外,兩者不同者,僅“前蒙支給”的具體“石”數而已。且總體而言,兩件都可能是“長行坊”爲支給“長行使馬料”呈報的“乞糧牒”。而長官的判詞,除殘損的“示”字外,亦相同。

最後,涉及職官的相似性。

此件所載的職官有“典”、“押官”,這與羽740相同,且此件與羽740所載的押官同爲“曹都督”,似爲同一人。

總之,綜上判斷,僞卷羽740《開元九年見食牒》與書道博物館所藏的吐魯番文書《乞糧牒》高度相似,可以斷定,《乞糧牒》正是羽740造僞的模擬原型。

餘論:從羽740號文書看《敦煌秘笈》所收僞卷之一斑

雖然學界前賢已對《敦煌秘笈》所收僞卷的情況有所認識,但通過以上探討,我們還可以對相關僞卷的情況有一些新的認識和判斷。

其一,可以證實在《敦煌秘笈》中不僅存在相關的“僞卷”,且存在“僞世俗文書”。

對於敦煌寫本的真僞鑒别,榮新江先生指出需從寫經本身、題記和收藏印三方面予以考慮,“有的三者全是真的;有的寫經是真,而題記、印章是假;有的印章是真,而寫經是假;有的三者全是僞造。”①顯然,此件羽740屬於後二者之一,是真正的敦煌“僞卷”和“贋品”,其可以充分地證實前賢對於《敦煌秘笈》中收有敦煌“僞卷”的判斷。同時,此前學界對於李盛鐸舊藏中所收僞卷的認識,主要限於“佛教佛經及四部書”,對於其中的世俗文書中是否存在僞卷,因“今人很難僞造”,以至於是否收藏有該類文書,並不清楚。通過前文已知,羽740是一件請乞馬料的牒文,當屬於世俗文書系列,而其僞卷性質的確認,使我們認識到,在《敦煌秘笈》中,不僅收録有如羽766《金光明經卷第三》等“僞經”,②還存在“僞世俗文書”,這無疑深化了我們對於《敦煌秘笈》所收僞卷内容

① 榮新江:《鳴沙集——敦煌學學術和方法的討論》,第114頁。

② 陳濤:《日本杏雨書屋藏〈敦煌秘笈〉中李盛鐸藏書印管見》,《北京師範大學學報》2010年第4期。

的認識。

其二,爲認識《敦煌秘笈》敦煌世俗僞卷的來源,提供了重要綫索。

由於此前學界對於《敦煌秘笈》是否收有世俗僞卷,尚不明了,故對於相關僞卷的來源就更不清楚。通過前文已知,羽740《開元九年見食牒》作爲僞卷,其模仿的對象,並不是敦煌文書本身,而是來自時代相當的吐魯番文書《乞糧牒》。這一模仿原型的發現,對於我們今後分析、判斷《敦煌秘笈》有關世俗文書的真僞以及認識其來源等,無疑都提供了重要綫索和啓示。

附記:本文在撰擬過程中蒙游自勇、陳麗萍、聶志軍等先生教正,在此深表感謝!

《魏晋南北朝隋唐史資料》第四十輯
2019 年 11 月,239—254 頁

陳鱣《續唐書》編纂述議

崔　壯

《續唐書》是現存第三部完整記述五代十國歷史的紀傳體史書。和《舊五代史》、《新五代史》相比,該書最大的特點是以後唐、南唐爲正統。作者陳鱣,字仲魚,號簡莊,又號河莊,浙江海寧人。嘉慶三年舉於鄉。生平專心訓詁之學,嘗與錢大昕、段玉裁、王念孫、翁方綱諸先生游。晚年於紫薇山麓構向山閣,藏書十萬卷。阮元稱其"於經史百家靡不綜覽",爲"浙西諸生經學中最深者",①張舜徽謂其學"原本經術,宗主鄭氏"。②支偉成則將陳氏列于史學大師之列,以其"長於史才",所引爲根據者,即此《續唐書》七十卷。③《續唐書》刊行問世以來,褒貶不一。對於其延唐祚、易正統的做法,有贊賞者,如惲毓鼎,其 1912 年《日記》稱此舉"勝於帝彼梁朱晉石";④也有不認可者,如梁啓超、劉咸炘、顧頡剛等,反映出新史學興起後對正統論的摒棄,但也不乏傳統史學思維的痕迹。⑤ 至於該書的體例、内容等方面,多數學者認爲體例詳備、考訂精審、材料翔實。⑥

---

① (清) 阮元:《定香亭筆談》卷二,北京:中華書局,1985 年,第 67 頁。

② 張舜徽:《清人文集别録》,武漢:華中師範大學出版社,2004 年,第 256 頁。

③ 支偉成:《清代朴學大師列傳》,長沙:嶽麓書社,1998 年,第 205 頁。

④ 參見惲毓鼎著,史曉風整理:《惲毓鼎澄齋日記》,杭州:浙江古籍出版社,2004 年,第 611 頁。至 1916 年,惲氏的觀點有所改變,他説:"余廿年前持論,欲以唐莊宗接唐統,而以南唐接後唐。……陳簡莊作《續唐書》,即是如此。今日思之,朱温篡唐,而莊宗滅梁,唐統中間已隔斷。南唐在江南篡吴建國,又是别起爐灶,上不接唐朝,下不接宋代。因其國號皆爲唐,勉强爲形式上之聯合,況李氏初年國號曰齊,尤足知其與事實全不相貫,竟類斷蛇,反不如以梁、唐、晉、漢、周、宋紀年,較爲直捷也(正統之説本極無謂,又當别論)。"見《惲毓鼎澄齋日記》,第 758—759 頁。

⑤ 梁啓超認爲:"陳仲魚鱣著《續唐書》……爲古來大小民賊争正統閏位,已屬無聊,況克用朱邪小夷,又與朱温何别? 徒浪費筆墨耳。"(見梁啓超:《中國近三百年學術史》,北京:商務印書館,2013 年,第 337 頁。)劉咸炘講:"陳簡莊以南唐爲正統,作續唐書,其義未善。"(劉咸炘:《學略·史略》,《推十書(增補全書)·己輯》,上海科學技術文獻出版社,2009 年,第 28 頁。)顧頡剛也指出:"書無多大長處,徒爲正統、閏位的争論而作,而列沙陀於正統尤爲未安。"(顧頡剛:《當代中國史學》,上海古籍出版社,2006 年,第 9 頁。)

⑥ 參見方壯猷:《中國史學概要》,武漢大學出版社,2011 年,第 68 頁;内藤湖南著,馬彪譯:《中國史學史》,上海古籍出版社,2008 年,第 277 頁;魏得良:《〈續唐書〉條目》,明文書局編:《中國史學史辭典》,臺北:明文書局,1986 年,第 562 頁;劉節:《中國史學史稿》,鄭州:中州書畫社,1982 年,第 336 頁。

由此可見,學界對於《續唐書》並不乏關注與批評,但迄今爲止,仍未有全面、詳悉的考察研究。本文在前人基礎上,就有關編纂的幾個方面略作述議,請讀者指正。

一、撰述與刊行

《續唐書》,歷有道光四年士鄉堂刻本、《史學叢書》本、《叢書集成初編》本以及《二十五別史》點校本。華東師範大學圖書館藏有道光刻本,末附姜安所作《跋》,記述了該書撰述、刊刻的部分細節,特録如下:

> 海昌陳仲魚先生爲余前輩,自庚戌至丁巳數年間,嘗寓居杭之宗陽宫,西距余家不半里,故時相過從。時則有《續唐書》之作,以余文宣閣多藏舊本經史,因日就檢閲,或借歸寓,手自摘抄,遂示余以十志,餘尚未就。迨庚申以後,余客游齊豫,且往來三吴八閩,與先生相睽違者幾二十載,而先生已騎箕去矣。歲己卯,赴嶺外,主南海西湖講院,得晤先生之外孫祝子虔,詢其遺書數種,知是編早撰成七十卷,而子虔行篋携有副本,索閲之,始見全書。其删繁就簡,筆削謹嚴,殆兼子長、孟堅之長,非范氏《後漢書》所可比數。越明年,子虔屬余校勘,並督梓焉。乃副本多脱誤,遂與子虔往復商訂,正一千七百餘字,增添四百餘字,計縻金錢二十萬。三易寒暑,遂成完帙,是子虔之不惜重貲,表彰舊德,其爲功甚巨也。至是書向無凡例,然其有自序特詳,後之論史者按其目而讀其序,則可知其命意之善而義例之尤精審矣。工既竣,爲識語於簡末。時道光乙酉臘月既望後學姜安拜跋。①

跋文篇幅並不長,卻保存不少重要信息。第一,早在庚戌至丁巳年,即乾隆五十五年至嘉慶二年間,陳鱣就已經開始著手編撰《續唐書》,大約至嘉慶十七年脱稿(陳氏書前自序即作於是年),前後歷經凡二十餘年。雖然不能確證撰述過程中是否有過間斷,但僅憑姜氏所見七八年間的"以余文宣閣多藏舊本經史,因日就檢閲,或借歸寓,手自摘抄"來看,不可不謂之用力甚勤。第二,該書在陳氏生前已然完稿,姜安在嘉慶二年(丁巳)之前便親見其中十志,二十四年(己卯),又從陳氏外孫祝恂處見到全書七十卷,未言有補撰之事。《簡明中國古籍詞典》中《續唐書》條,稱"《五行》、《地理》、《經籍》、

① (清)姜安:《〈續唐書〉跋》,(清)陳鱣著,姜安、祝恂校:《續唐書》卷末,道光四年士鄉堂刻本。

《食貨》四志通出於姜安之手”,[①]未知所據,但易知其非是。第三,該書在刊行之先,經過姜安與祝恂二人的詳細校勘,嘗“往復商訂,正一千七百餘字,增添四百餘字”,“三易寒暑,遂成完帙”。姜氏又謂“計縻金錢二十萬”,“子虔(祝恂字——引者按)之不惜重貲,表彰舊德,其爲功甚巨也”。從文本校勘到出資刊刻,未有一言及於阮元。錢泰吉所撰傳稱,“仲魚既没,遺書散佚,相國(即阮元——引者按)爲刊《續唐書》於粤東”,[②]似所言不實。

二、“續唐”理念之淵源

陳鱣撰《續唐書》旨在擺脱五代正統、延續李唐年祚,從而使唐、宋相接,表現在史書編撰上就是以後唐續唐、以南唐續後唐作爲唐宋間七十餘年歷史的主綫。因此,陳氏名其書爲“續唐”。實際上,這種以宋續唐的敍史方式,頗有歷史淵源,歷經衆多學者的思考與嘗試。

以“五代”之名撰述唐宋間的歷史,大概肇起於《五代通録》與《五代會要》。二書均成書於建隆年間,分别由當時在宋廷身居高位的范質和王溥取五代實録删削而成。此後,宋室敕修《五代史》即沿襲其名。歐陽修《正統論》載:“太宗皇帝時……命李昉等編次前世年號爲一篇,藏之秘府,而昉等以梁爲僞。”[③]可見早在宋太宗時期,就存在僞梁的做法。其後,王皡撰《唐餘録》,《郡齋讀書志》謂“皡芟五代舊史繁雜之文,采諸家之説,仿裴松之體附注之。以本朝當承漢、唐之盛,五代則閏也,故名之曰《唐餘録》。”[④]《直齋書録解題》云:“此書有紀有志有傳……蓋五代之别史。”[⑤]該書雖以“五代”爲閏,但述史除效法《三國志》裴注外,當未根本改變以五代爲主綫的舊法。不過值得注意的是,其“唐餘”的提法已發陳氏“續唐”之先聲。

又有尹洙撰《五代春秋》,爲記載五代十國史事的編年體史書。該書效仿孔子筆法,世稱謹嚴。[⑥] 雖猶以五代紀年,卻獨於唐主書其謚號,似有以後唐續唐正統之意。

---

① 吴楓主編:《簡明中國古籍辭典》,長春:吉林文史出版社,1987年,第823頁。

② 閔爾昌纂録:《碑傳集補》卷四八《陳鱣傳》,周駿富輯:《清代傳記叢刊123册》,臺北:明文書局,1985年,第64頁。

③ (宋)歐陽修:《歐陽修全集·居士集》卷一六《正統論序》,北京:中華書局,2001年,第265頁。

④ (宋)晁公武著,孫猛校證:《郡齋讀書志校證》,上海古籍出版社,1990年,第259頁。

⑤ (宋)陳振孫著,徐小蠻、顧美華點校:《直齋書録解題》,上海古籍出版社,2015年,第109頁。

⑥ 《四庫全書總目》稱此書:“筆削頗爲不苟,多得謹嚴之遺意,知其《春秋》之學深矣。”參見《四庫全書總目》卷四八,北京:中華書局,1965年,第432頁。

清代學者華湛恩稱此書"至李氏即位,號曰後唐,特書謚法曰'神閔皇帝',推崇異於四代,明梁不得以繼唐,惟後唐可以繼唐而無愧也。卓見特識,超前絶後。論者美其書法謹嚴,紀事詳略合宜,又其餘事矣"。[①]

兩宋期間還有三種《南唐書》問世,作者分别爲胡恢、馬令和陸遊。胡恢之作亡佚已久,今不可見。馬令書猶奉中原正朔。陸游重修,則自成紀、傳之體,後世學者多以其存用南唐繼唐爲正統之意。唐宋間十數政權中,南唐因偏安江南,少罹戰禍,較之北方諸國,更文明繁榮。陸氏時,宋已南遷,其身居南朝,對南唐一代自有别種情懷,不難理解。

這些企圖僞五代、延唐祚的設想,在宋後之世繼續發酵。元代學者戚光著有《唐年世總釋》,在整合前人見解的基礎上,以後唐續唐,以南唐續後唐。所譜於梁篡唐後,仍稱天祐年號;至後唐莊宗復唐,改書後唐年號;石敬瑭立,後唐滅,則書南唐年號,其言"古今之亂,唐未絶天,故清泰方絶,昇元已建";至南唐中興元年,又改交泰元年,唐主去帝號、奉周室,則書後周年號;周亡後,又書宋年號,至宋開寳八年,唐亡,稱"自高祖至是凡三百五十九年"。[②] 明陳霆撰《唐餘紀傳》,擬三國之蜀漢爲漢之餘,以後唐非類,直以南唐爲唐之餘。[③] 清初宋實穎著有《黜朱梁紀年論》,辨歐陽修帝梁之非《春秋》意,將朱温比作王莽、安禄山,認爲紀史"王莽不得爲新,安禄山不得爲燕",則朱温亦不得爲梁。所附《紀年圖》將梁滅唐後之紀年改爲"晉、岐、淮南稱天祐某年",直至莊宗復唐。[④] 吴非則著有《三唐傳國編年》,"三唐"即唐、後唐與南唐,其意與《年世總釋》同。[⑤]此後,華湛恩亦訐歐《五代史記》之非,稱:"歐陽公作《五代史記》,不僞朱温而帝之,自以爲不失《春秋》之意。竊謂三代以來,凡爲篡者不得成其爲國,亦不得成其爲君……而獨温成之何?……若令作後唐、晉、漢、周爲'四代史',而以温事附前唐之末,後唐之初,如莽在兩漢之際,玄在晉、楚之間,其關於大義更多也。"[⑥]是亦僞梁之論。

總之,陳鱣撰《續唐書》是在前人諸多理論設想與部分史學實踐的基礎上完成的。

---

① (清)華湛恩:《五代春秋志疑·自序》,傅璇琮、徐海榮、徐吉軍主編:《五代史書彙編五》,杭州出版社,2004年,第2999頁。

② (元)戚光:《唐年世總釋》,(清)王士禛:《池北偶談》卷一四,濟南:齊魯書社,2007年,第273頁。

③ (明)陳霆:《唐餘紀傳序》,《續修四庫全書》333册,上海古籍出版社,第531頁。

④ (清)宋實穎:《黜朱梁紀年論附圖》,王晫、張潮編著:《檀幾叢書》卷五,上海古籍出版社,1992年,第23—25頁。

⑤ (清)吴非:《三唐傳國編年》,《叢書集成續編》22册,上海書店出版社,1994年影印本,第639—668頁。

⑥ (清)華湛恩:《五代春秋志疑·自序》,第2999頁。

尤其是戚光的《唐年世總釋》與吴非的《三唐傳國編年》，爲陳氏的重修五代史提供了最終的構想。需要指出的是，吴書實際上已是一部完整的五代編年史。書凡五卷，卷一爲《三唐傳國圖》與《三唐傳國年譜》，以三唐爲正統而繫諸國之年號，卷二至卷五爲編年紀事，始梁篡唐，迄宋滅南唐。[①] 另有學者認爲，陳書本陳霆《唐餘紀傳》宗旨，[②]實爲一大誤解。前文已述，《唐餘紀傳》只以南唐續唐，而《續唐書》則以南唐續後唐，前者僅述南唐一國史事，而後者兼述唐宋間九州全史。

饒宗頤曾指出："自漢以來，史家致力於正統問題之探討；表面觀之，似是重床疊層，細察則精義紛披，理而董之，正可窺見中國史學精神之所在。正統理論之精髓，在於闡釋如何可以承統，又如何方可謂之正之真理。持此論者，皆凜然有不可侵犯之態度。歐公、温公所以不爲人諒解，由於屈服於史局之下。故向來官修之史，不能令人滿意，而私家之史，所以不斷述作，不惜重撰，且亦爲人所重視，職是故也。"[③]從宋代的《唐餘録》、《南唐書》到清代後期的《續唐書》，其間歷經了近千年的思索與醖釀，所展現的就是傳統史學之精神的延續不絶。陳鱣在《續唐書・敍》中説："戚光《年世總釋》，始發其凡，終未有專成一書，寧非缺事！"[④]書成後又題詩道："快哉此日翻成案，多少清流怨氣舒。"[⑤]可見，在他看來，撰述此書，不只是關乎個人名利，而且是歷代清流士子共有的責任。就連慣於攻訐他人的李慈銘，也對此書不吝贊詞："近儒海甯陳仲魚先生撰《續唐書》，以同光接天復，以昇元接清泰，其統始正，可爲定論矣。"[⑥]從今天來看，這些想法與做法或許顯得迂腐，卻正體現出古之學者對於正義的矢志不渝的追求。

以下就《續唐書》的體例設置與内容銓配、史料采撰與史文熔鑄、史事考訂與歷史評論等略加評議。

① 吴非《三唐傳國編年》一書，今僅見民國時期劉世珩刊其完帙入《貴池先哲遺書》。在此之前，或只有《三唐傳國圖譜》行世，翁方綱《纂四庫提要稿》云："非所撰《圖譜》不出戚光《年世總釋》範圍，故不另録。"（（清）翁方綱著，吴格整理：《翁方綱纂四庫提要稿》，上海科技文獻出版社，2005年，第330頁。）

② 劉咸炘謂："自明陳霆《唐餘紀傳》，乃以續唐爲説，其書體例多舛，《提要》已譏之。彭元瑞謂其全襲陸書，倒置前後，改竄名字，塗人耳目，以博著述之名。蓋昇本不可以承唐，作書已爲多事。乃近人陳鱣復撰《續唐書》七十卷，雖考證較勝於霆，要無謂也。"（《劉咸炘論史學》，上海科學技術文獻出版社，2008年，第200頁。）又參見王珍：《〈續唐書〉條》，老鐵主編：《中華野史辭典》，鄭州：大象出版社，1998年，第217頁；顧久：《〈續唐書〉校點後記》，陳鱣著，顧久點校：《續唐書》，濟南：齊魯書社，2000年，第569頁。

③ 饒宗頤：《中國史學上之正統論》，北京：中華書局，2015年，第82—83頁。

④ （清）陳鱣：《續唐書敍》，陳鱣著，顧久點校：《續唐書》卷首，濟南：齊魯書社，2000年，第2頁。

⑤ （清）陳鱣：《自題〈續唐書〉後》，陳鱣著，顧久點校：《續唐書》卷末，第568頁。

⑥ （清）李慈銘：《越縵堂讀書記》，北京：中華書局，1963年，第935頁。

三、體例設置與内容銓配

在體例設置與内容銓配方面,《續唐書》恢復遷史舊觀,基本實現重建五代正統的目的。紀傳體史書由司馬遷始創,包括本紀、表、書、世家、列傳五體,其後效仿者有損無益,世家(後《晉書》有"載記",與此相類)因時代而或缺或存,書(後稱"志")、表二體多有不備。至《舊五代史》(以下稱《舊史》),有志而無世家、表,《新五代史》(以下稱《新史》)設有世家,卻僅有《司天》、《職方》二考與《十國年譜》充當志與表體,也很不完備。陳鱣撰《續唐書》,則諸體咸備,自稱"糾薛、歐之體例"。[①]

本紀一改薛、歐以五代相繼的做法,敍後唐、南唐七帝,以示正統所在。仿《新史》設立世家,而不取《舊史》"世襲列傳"、"僭僞列傳"之分立,述岐、吴、梁、蜀、後蜀、南漢、楚、吴越、閩、南平、晉、漢、周十三國事迹,其中北漢合漢爲一篇。列傳之分卷,主要效仿《舊史》,但又有不同。《后妃》、《宗室》二傳凡四卷,記二唐家人。《諸國臣》九卷,記列入世家的十三國臣,而《舊史》只爲入本紀的五代臣立傳。《外國》二卷,略述契丹、高麗、黨項等周邊政權史事。《諸臣》記二唐衆臣,其中後唐八卷,南唐十三卷,凡二十一卷,爲全書規模之最,以詳略分明的内容銓配方式體現續唐之正統的意旨。陳鱣《敍》云:"各傳,則於忠義諸臣尤深致意。……而忠佞不别列傳者,人以類從,賢否自見也。"[②]所謂"人以類從",除了表現在后妃、宗室、諸國臣、外國等名目外,二十一卷之衆的《諸臣傳》内部也隱含有另外的分類思路。可略言之,如卷三十九可謂"義兒傳",卷四十所述諸人俱爲賜姓名,卷四十一都爲後唐開國元勛,卷四十三皆曾事梁爲顯宦,卷五十四可謂"忠臣傳",卷五十五皆"士林之模範",卷五十六可謂"循吏傳",卷五十七可作"逸民傳"等。

此外,陳鱣還撰有四表、十志,使體例更加完備。表有《紀元表》、《宗室表》、《諸國表》、《大臣表》,以爲紛亂年代作一眉目清晰之綱領。志有《禮儀志》、《音樂志》、《天文志》、《五行志》、《地理志》、《選舉志》、《職官志》、《經籍志》、《食貨志》、《刑法志》。和《舊五代史》諸志相比,《續唐書》增設《經籍志》,一改隋、唐史志所録"系一代收藏之書,而非一代著作之書"的舊例,只輯録當時各國著述。陳氏序《經籍志》道:"至於《舊五代史》,不志經籍一門。新修《五代史記》,並不作志。雖爾時歷年甚少,又當兵戈擾

① 《續唐書敍》,第3頁。
② 《續唐書敍》,第3頁。

攘之際,作者寥寥。然如明宗之好文,及南唐主之風雅,其臣下亦有工於著述,斐然可觀者。倘竟使文獻無徵,寧非缺典? 因網羅散失,補志《經籍》。”[①]可見作者用意之深切。其他九志,省《曆志》入《天文志》,均以記述二唐典章制度爲主,而罕及他國。

總之,陳氏著《續唐書》根據“例以義起”的撰述原則,命篇敘事始終以後唐、南唐爲中心,可謂詳略得當,真正從歷史編纂的角度實現了重立正統、延續唐祚的宗旨。《清史稿·吴任臣傳》中將陳書與謝啓坤之《西魏書》、周春之《西夏書》並提,稱“義例皆精審,非徒矜書法、類史抄也”,[②]洵爲確論。還需要指出的是,《舊史》以諸志殿全書之末,《新史》也將二考置於列傳之後,《續唐書》則一依遷史之舊,以表、志次本紀後、世家前。梁啓超指出,“表、志爲史之筋幹”,“讀史以表志爲最要,作史亦以表志爲最難,舊史所無之表志,而後人摭拾叢殘以補作則尤難”。[③] 陳氏的補撰表、志,以及對於篇次的不同安排,正反映出其對於歷史的深切認知,體現出在史撰方面的卓越識見。

《續唐書》紀、傳卷末,還附有“述”一體。陳鱣自謂:“紀傳之後,略綴斷辭,不曰‘論’而曰‘述’者,從何法盛《中興書》例也。”[④]何法盛《晉中興書》亡佚已久,《史通·論贊》篇云:“《春秋左氏傳》每有發論,假君子以稱之。二《傳》云公羊子、穀梁子,《史記》云太史公。既而班固曰贊,荀悦曰論……何法盛曰述……其名萬殊,其義一揆。”[⑤]除何法盛作“述”之外,班固《漢書·敘傳》亦有“述”文,劉知幾敘其源流道:“馬遷《自序傳》後,歷寫諸篇,各敘其意。既而班固變爲詩體,號之曰述。範曄改彼述名,呼之以贊。”[⑥]可見,何氏之“述”與班固之“贊”同,而與班固之“述”異,陳鱣所撰“述”實淵源於《史記》之“太史公曰”、《漢書》之“贊”。

至於其“述”的體例和内容,陳氏一遵劉知幾《史通·論贊》篇之討論針砭,其《敘》云:“凡後述者,多旁采贅典遺聞,補本篇未備,所謂‘事無重出,文省可知’也。”[⑦]“事無重出,文省可知”即出自《史通·論贊》篇,劉知幾在篇中對此二語還有更詳悉的解釋:“如太史公曰:觀張良貌如美婦人;項羽重瞳,豈舜苗裔。此則別加他語,以補書中,所謂事無重出者也。又如班固贊曰:石建之浣衣,君子非之;楊王孫裸葬,賢於秦始皇遠

① 《續唐書》卷一九《經籍志》,第160—161頁。
② 《清史稿》卷四八四《邵遠平傳》,北京:中華書局,1976年,第13349頁。
③ 梁啓超:《中國近三百年學術史》,第342、345頁。
④ 《續唐書敘》,第3頁。
⑤ (唐)劉知幾著,(清)浦起龍通釋:《史通通釋》,上海古籍出版社,2015年,第74頁。
⑥ 《史通通釋》,第75頁。
⑦ 《續唐書敘》,第3頁。

矣。此則片言如約,而諸義甚備,所謂文省可知者也。"[①]考之《續唐書》紀、傳篇末之"述"文,陳氏確實做到了這兩點。第一,旁采他文,補足本篇未備之事,或者藉以辯疑惑、釋凝滯,如《明宗紀》引《五代史闕文》、《五代史補》,《烈祖紀》引《資治通鑑》,《吴世家》引《五代故事》。第二,對所述歷史和人物進行道德和歷史評價,僅引一則以見其"片言如約,而諸義甚備",《諸臣傳第十》述曰:"圜有濟世之才,鳳能直言極諫,憲及希甫,守正不阿,贊、瓚亦明通有識,可以謂之良臣。"[②]陳氏論史之語多類此。至於其論史之思想内容,下文另有詳述。

四、史料采撰與史文熔鑄

關於史料采撰與史文熔鑄,章學誠曾説"史家之文,惟恐出之於己",又道"史筆點竄塗改,全貴陶鑄群言",[③]點明了中國傳統歷史編纂的特點、原則與方法。所謂"群言",即修史所據的史料。"陶鑄群言",即史家在廣泛聚集各種文獻的基礎上,予以剪裁拼接、點竄塗改,其中既有剪刀加漿糊式的工匠手法,也不乏思接鬼神的文學心裁。陳鱣撰《續唐書》當然也無法繞過這兩個環節,其《敍》云:"廣考群編,兼徵實録。……參用史文,倘義可從、事可據者,即仍其舊,所謂'不以下愚而自申管見'也。"[④]

至清代中期,《五代史》初修時所據的史料,諸如各國實録、時人記注、私家野史等,大部分已經不復存在。陳氏所能參據的文獻主要是已成的史書,如《舊五代史》、《新五代史》、《五代會要》、《陸氏南唐書》、《馬氏南唐書》、《十國春秋》、《資治通鑑》以及《新唐書》、《宋史》之相關部分等,這些爲《續唐書》的編撰提供了最主要的事實支撑。另外,《通鑒考異》、《五代史纂誤》等考史類著作,《册府元龜》、《玉海》等類書,《五代史闕文》、《五代史補》、《江南野史》、《五國故事》等少數留存後世的宋人遺著,也在參考範圍之内。

《續唐書》並非只是一二種史書各篇的簡單重編,陳氏在命篇成文的過程中,常常是以一種文本爲底本,並參照他本,或補、或删、或點竄疏通。分而言之,後唐紀、傳,諸國世家,梁、晉、漢、周臣傳,多以《新五代史》爲主,參照《舊五代史》等塗改增删;吴、前蜀、後蜀、南漢、楚、吴越、閩、南平臣傳主要因襲《十國春秋》;南唐紀、傳則本於《陸氏南

① 《史通通釋》,第75頁。
② 《續唐書》卷四四《諸臣傳第十》,第373頁。
③ (清)章學誠著,倉修良編注:《文史通義新編新注》,杭州:浙江古籍出版社,2005年,第405、1034頁。
④ 《續唐書敍》,第3頁。

唐書》爲多,據《馬氏南唐書》、《十國春秋》增補點竄。至於諸志,後唐資料多本於《舊五代史》與《五代會要》,南唐資料多取自《陸氏南唐書》、《馬氏南唐書》與《十國春秋》等。五代二史,薛史雖資料豐富,卻文筆冗餘;歐氏雖文字潔浄,而敍事常有疏略。南唐二書,世以陸氏爲優,"芟薙稗穢,折衷諸家,殊得史氏家法"。① 陳氏能從諸本之中擇取歐史、陸書爲主,且又能多方參核、不按本照抄,足見其學識實非淺尠。

以《莊宗紀》的成文爲例,陳氏雖然大部分篇幅本於歐陽修《新五代史・唐本紀》第四至第五,但仍有不少細節、事實的敍述選擇摘録《舊五代史・唐書・武皇紀》及《莊宗紀》、《新唐書・沙陀傳》、《資治通鑑・後梁紀》等文本,或據之增補。其剪裁接續之狀可概見下表。

表 1 《續唐書・莊宗紀》敍事來源表

敍事起止	來源
莊宗光聖神閔孝皇帝……其子曰赤心。	新五代史・唐本紀第四
咸通中,討龐勛……即獻祖之第三子。	舊五代史・唐書・武皇紀上
善騎射……武皇陽諾而不行。	新五代史・唐本紀第四
間道奉表於行在……以千騎經略京畿。	新唐書・沙陀傳
文德元年二月……以邢洺磁三州降。	舊五代史・唐書・武皇紀上
乃遣安金俊攻赫連鐸……潞軍三戰三敗。	新五代史・唐本紀第四
由含山路遁去……大順二年春正月。	舊五代史・唐書・武皇紀上
武皇上表自訴……遂攻王鎔於鎮州。	新五代史・唐本紀第四
十月,李存孝董前軍……退軍邢州。	舊五代史・唐書・武皇紀上
景福元年正月……李存孝以邢州叛。	新五代史・唐本紀第四
景福二年春……乃出兵攻邢州。	舊五代史・唐書・武皇紀下
乾寧元年……以劉仁恭爲留後。	新五代史・唐本紀第四
乾寧二年六月……與兄珙争立。	舊五代史・唐書・武皇紀下
武皇請立珂……是時晉軍謂北。	新五代史・唐本紀第四
武皇上表……遂班師。	舊五代史・唐書・武皇紀下

① (明)沈士龍:《秘册匯函本〈南唐書〉題辭》,(宋)陸遊著,胡阿祥、胡簫白點校:《南唐書・附録》,南京出版社,2010 年,第 360 頁。

續表

敍事起止	來　源
乾寧三年正月……濬命遂止。	新五代史・唐本紀第四
三月,武皇大掠相、魏諸邑。	舊五代史・唐書・武皇紀下
六月,破魏、成安……德威復取三州。	新五代史・唐本紀第四
天復三年正月,天子自鳳翔歸京。	舊五代史・唐書・武皇紀下
天復四年……仍稱天復。	新五代史・唐本紀第四
八月……三軍縞素。	舊五代史・唐書・武皇紀下
天復五年春……梁解圍去。	新五代史・唐本紀第四
天復七年夏四月……移檄興復唐室。	資治通鑑・後梁紀一
天祐五年正月辛卯……陵在雁門。	舊五代史・唐書・武皇紀下
莊宗,武皇之長子也……武皇鍾愛之。	舊五代史・唐書・莊宗紀一
年十一……執而戕之。	新五代史・唐本紀第五
是月,朱全忠弑昭宣帝於曹州。帝聞之,舉哀號慟。	舊五代史・唐書・莊宗紀一
四月,召德威軍自亂柳還晉陽……敗梁軍於蒙阬。	新五代史・唐本紀第五
天祐七年冬十月……乃救趙。	舊五代史・唐書・莊宗紀一
天祐八年春正月………守光背約不降,攻破之。	新五代史・唐本紀第五
天祐十一年春正月壬子……然後斬之。	舊五代史・唐書・莊宗紀二
於是趙王王鎔……從馬直指揮使郭從謙反。①	新五代史・唐本紀第五
鎮人請帝兼領本鎮,從之。	舊五代史・唐書・莊宗紀三
右丞相盧程爲中書侍郎平章事兼修國史	舊五代史・唐書・莊宗紀三
朱鍠自使其將皇甫麟進刀而殺,獲其首來獻。	舊五代史・唐書・莊宗紀四 新五代史・梁家人傳一
詔除毀梁宗廟,廢朱全忠、朱鍠爲庶人。	舊五代史・唐書・莊宗紀四
辛卯,詔括天下私馬。	舊五代史・唐書・莊宗紀六
夏四月丁丑朔……葬於雍陵。	舊五代史・唐書・莊宗紀八

《莊宗紀》全文可謂無一字無出處。按如上表,似乎取自《舊五代史》的資料並不比

① 按,這一部分敍事基本取於《新五代史・唐本紀第五》,其中有些表述參照了《舊五代史》相關内容,又有五句溢出《新五代史》之外,表中此句以下皆是。

《新五代史》少，實際上引自《舊五代史》的多較簡短，有時只有一兩句，如表中"鎮人請帝兼領本鎮，從之"以下數句皆是。此外，《新五代史》敘事常略去史事發生的具體時間，諸如時、月、日，陳氏則據《舊五代史》《資治通鑑》補足。如"景福元年正月，王鎔攻邢州"，"天祐五年二月壬戌，執而戕之"，"天祐六年秋七月，梁之叛將劉知俊來乞師"，此"正月"、"壬戌"、"秋七月"均補自《舊史》。① 在補足必要信息時，還刪去無稽之談，如《舊史》載曹后懷孕及莊宗出生時的狀況道："妊時，曹后嘗夢神人，黑衣擁扇，夾侍左右。載誕之辰，紫氣出於窗户。"②陳氏僅録"生於晉陽，及爲幼兒，體貌奇特"數語，而不及此。可見其增刪文句，總是據實而書。

對舊史文依己意加以陶熔變化，可以《郭崇韜傳》爲例。《郭傳》載，晉滅梁前夕，聞梁欲大舉諸鎮兵，有主棄鄆州、以河爲界者。莊宗問計，崇韜曰：

"臣不知書，未能徵比前古，請以時事言之。自陛下十五年興兵仗義，將士苦甲胄，黎民困輸挽。今纂崇大號，河朔士庶，日望蕩平，而思休息。今得一鄆州，不能守而棄之，猥欲劃河爲界，將誰守之？且自失南城，保楊劉，道路轉徙，糧餉耗亡。而魏、博五州，秋稼不稔，賦斂僅支數月，此豈按兵持久之時？願陛下分兵守魏，固楊劉，而自鄆長驅搗其巢穴。不出半月，天下定矣！"③

這段文字是在綜合《舊五代史》、《新五代史》的基礎之上筆削而成的，加點者取自《舊五代史》，加横綫者取自《新五代史》，其餘文字在二史基礎上有所變化。爲更加直觀地反映陳氏"陶鑄群言"之功，現將二史文具引如下。《舊五代史》文煩不已：

"臣不知書，不能徵比前古，請以時事言之。自陛下十五年起義圖霸，爲雪家讎國恥，甲胄生蟣虱，黎人困輸挽。今纂崇大號，河朔士庶，日望蕩平。才得汶陽尺寸之地，不敢保守，況盡有中原乎！將來歲賦不充，物議諮怨，設若劃河爲界，誰爲陛下守之？臣自延孝言事以來，晝夜籌度，料我兵力，算賊事機，不出今年，雌雄必決。聞汴人決河，自滑至鄆，非舟楫不能濟。又聞精兵盡在段凝麾下，王彦章日寇

① 分别參見《續唐書》卷一《莊宗紀》，第4、7、7頁；《舊五代史·唐書》卷二六《武皇紀下》，北京：中華書局，1976年，第347頁，卷二七《莊宗紀第一》，第368、370頁。

② 《舊五代史》卷二七《莊宗紀第一》，第365頁。

③ 《續唐書》卷四一《郭崇韜傳》，第343頁。

鄆境,彼既以大軍臨我南鄙,又憑恃決河,謂我不能南渡,志在收復汶陽,此汴人之謀也。臣謂段凝保據河壖,苟欲持我,臣但請留兵守鄆,保固楊劉;陛下親禦六軍,長驅倍道,直指大梁,汴城無兵,望風自潰。若使僞主授首,賊將自然倒戈,半月之間,天下必定。如不決此計,傍采浮譚,臣恐不能濟也。今歲秋稼不登,軍糧才支數月,決則成敗未知,不決則坐見不濟。臣聞作舍道邊,三年不成,帝王應運,必有天命,成敗天也,在陛下獨斷。"①

《新五代史》作了大幅度删削,對一些措辭也加以改换:

"陛下興兵仗義,將士疲戰爭、生民苦轉餉者,十餘年矣。況今大號已建,自河以北,人皆引首以望成功而思休息。今得一鄆州,不能守而棄之,雖欲指河爲界,誰爲陛下守之?且唐未失德勝時,四方商賈,征輸必集,薪芻糧餉,其積如山。自失南城,保楊劉,道路轉徙,耗亡太半。而魏、博五州,秋稼不稔,竭民而斂,不支數月,此豈按兵持久之時乎?臣自康延孝來,盡得梁之虛實,此真天亡之時也。願陛下分兵守魏,固楊劉,而自鄆長驅擣其巢穴,不出半月,天下定矣!"②

可見陳氏並未直接因襲歐史,而是自具匠心,重新詮次。其間高下優劣,雖難以確論,但似惲毓鼎責其"史筆平冗,無著作才",③似乎太過苛刻。整體來看,《續唐書》文勢稍顯平淡,卻並無冗雜之弊。這與其所據以删削的文本是密切相關的,章學誠説:"著述之事,創始爲難,踵成爲易。"④後起之作,所據之底本遠勝前書。歐、陸皆能文豪傑,陳氏即便文采不如,跌宕難形,也不至於墮入劣等,爲人所譏。

五、史事考訂與歷史評論

後成之書,即便文筆不如前人,考訂也應愈加精核,這是學術演進的必然趨勢。早在宋代,《新五代史》著成即有吴縝《五代史纂誤》專事糾謬。至清代乾嘉時期,考證風潮驟起,考史之作更是層出不窮,諸如《十七史商榷》、《廿二史考異》、《廿二史札記》皆

① 《舊五代史·唐書》卷五七《郭崇韜傳》,第765頁。
② 《新五代史》卷二四《郭崇韜傳》,北京:中華書局,1974年,第246頁。
③ 《惲毓鼎澄齋日記》,第611頁。
④ (清)章學誠著,倉修良編注:《文史通義新編新注》,第406頁。

通考諸史之傑作。可以説,陳鱣創制五代新史,即便不在正統方面做文章,而只是以反映前人之考證成果爲目的,也將有大功於學界。事實上,陳氏撰《續唐書》確實吸取了部分前人意見。如《莊宗紀》同光二年二月癸酉,群臣上尊號曰:"昭文睿武至德光孝皇帝。"考《新五代史》並無"至德"二字,《舊五代史》則有。王鳴盛《十七史商榷》之"尊號删削"條辨云:"薛史'睿武'下多'至德'二字,此當時實事也。歐公乃加删削,則何以傳信乎?"[①]陳氏遂取此説,補加"至德"二字。又如《閔帝紀》:"閔帝名從厚,小字菩薩奴,明宗第三子也。"《新五代史》原作"五子",《五代史纂誤》據《明宗家人傳》提出異議,陳氏遂改作"三子"。[②] 又"閔帝",《新五代史》作"滑帝",下卷"末帝",《新五代史》作"廢帝",王氏《十七史商榷》俱有考訂,陳氏均依其意改正,並在《閔帝紀》、《末帝紀》篇末之"述曰"中引王氏説以作辨明。[③] 由此可見,不少中國史學史著作在評價《續唐書》時,稱"考訂精審",確爲有據可依的。

《續唐書》的考訂精審,除表現爲對前人成果的汲取外,更多體現在陳氏本人的考證。以《陳袞傳》爲例。陳袞,馬、陸二書均作"陳褒",陳鱣詳細辨析道:

> 陳袞爲京之後,馬、陸二書及《徐鉉集》皆作"陳褒"。以《新唐書·宰相世系表》推之,京繼從子褒爲後,褒仕鹽官令,生灌,灌生伯宣、伯党,伯宣生旺,旺生機,伯党生元史,元史生徽。然則褒固京子,京爲元和中人,褒令鹽官,當在穆宗、敬宗時,非南唐也。《宋史·孝義傳》:"陳競,德安人,陳宜都王叔明之後。叔明五世孫兼生京,無子,以從子褒爲嗣。褒至鹽官令。褒生灌,灌生伯宣。伯宣子崇爲江州長史,僖宗時,詔旌其門,南唐又爲之立義門。崇子袞,江州司户"云云。然則是袞非褒矣。崇既爲京之後,不應取遠祖之名以名其子。或因褒、袞二字形近而致誤歟。[④]

陳氏參據《新唐書·宰相世系表》、《宋史·孝義傳》以辨馬、陸二書及《徐鉉集》之非,推斷嚴密精確,文筆不枝不蔓,置之《十七史商榷》中也不遜色。此類考證文字,在

① (清)王鳴盛著,黄曙輝點校:《十七史商榷》,上海書店,2005年,第876頁。

② (宋)吴縝:《五代史纂誤》,北京:中華書局,1985年,第6頁。

③ 參見《十七史商榷》卷九四"閔帝改滑"條,第876—877頁;《續唐書》卷三《閔帝紀》"述曰",第23頁,卷四《末帝紀》"述曰",第27頁。

④ 《續唐書》卷五七《諸臣傳第二十三》"述曰",第457頁。

《續唐書》中雖只是偶一見之,但窺一斑而知全豹,陳氏述史的不苟態度豁然畢見。

陳氏對於史事的考訂還可從其命篇成文過程中對各種文獻間之不同敍事的選擇、裁取與綜合中見到,如前述參據《舊五代史》《資治通鑑》等史著對歐氏《新五代史》的增補。這裏再舉兩例。其一,《莊宗紀》載:"朱鍠自使其將皇甫麟進刀而殺,獲其首來獻。"[①]按《舊五代史·莊宗紀》云:"朱鍠已爲其將皇甫麟所殺,獲其首,函之以獻。"[②]並未言朱鍠自使,考之《新五代史·梁家人傳》,有:"末帝登建國樓,謂控鶴指揮使皇甫麟曰:'晉,吾世仇也,不可俟彼刀鋸。卿可盡我命,無使我落仇人之手。'麟與帝相持慟哭,是夕進刃於帝,麟亦自剄。"[③]由此可見,陳氏之敍事實是其博綜新、舊二史,紀、傳互參的結果。其二,又同卷載:天祐八年春正月,"帝敗梁軍於柏鄉,斬首二萬級,獲將校二百八十五人、馬三千匹"。[④] 此處文襲《新史》,惟"二百八十五人"因於《舊五代史》,《新五代史》原作"三百人"。顯然歐氏爲約言,當以《舊五代史》爲準。[⑤]《續唐書》中諸如此類更改《新五代史》文的地方屢見不鮮。

較之紀、傳,表、志的纂修更稱煩難,而《續唐書》四表、十志之中,《經籍志》無疑最爲考驗也最能體現撰者之考證功力。在陳鱣之前,康熙間昆山徐炯著有《五代史記補考》以補歐陽修《五代史記·考》之不足,其中《藝文考》三卷,因詳加解題,故雖卷帙較多,實則僅收書一百六十五種。《續唐書》著録之數則多達四百五十八種,幾三倍於之,足以表見文化傳承並未因亂世而中絶,五代史不應只是一部相斫書。這裏需要指出的是,徐書直至民國初年才正式刊行,陳鱣足可謂一空依傍,獨闢榛莽,輯成此志,檢書之廣、用力之勤、辨析之精可以想見。[⑥]

陳鱣的歷史評論主要保存在紀、傳卷末的"述"中。和敍事多因襲前史不同,其論史之文則多係個人心裁,論事、論人,可謂字字珠璣,三言兩語,即能抓住要害,一改歐陽《新史》每論即以"嗚呼"開端,大發議論的弊端。陳氏論史的主要内容可分爲三個方面。第一,挖掘和表彰季世中的善政、令主。五代向來被史家稱爲季世,有人甚至主張改"五代"爲"五季"。然而即便是淆亂之末世,也並非毫無善政可言。如《明宗紀》述

① 《續唐書》卷一《莊宗紀》,第 10 頁。

② 《舊五代史·唐書》卷三〇《莊宗紀第四》,第 412 頁。

③ 《新五代史》卷一三《梁家人傳第一》,第 131 頁。

④ 《續唐書》卷一《莊宗紀》,第 7 頁。

⑤ 參見《舊五代史·唐書》卷二七《莊宗紀第一》,第 373 頁;《新五代史》卷五《唐本紀第五》,第 42 頁。

⑥ 關於《續唐書·經籍志》可進一步參見楊超、張固也:《五代藝文補志述評》,《圖書情報工作》2011 年第 23 期,第 131—134 頁。

曰:"《舊史》稱明宗'能力行乎王化,政皆中道,時亦小康',是矣。其能得大體者,追謚少帝曰'昭宣光烈孝皇帝';又令國子監校訂九經,雕爲印版,流布天下,後進賴之。誰謂季世無善政哉!"《烈祖紀》述曰:"烈祖爲政,幾幾乎有貞觀、開元之風夫!乃歎唐之遺澤長矣。"《元宗紀》述曰:"史稱元宗約己慎行,勤政如一,而野史又謂其天性儒懦,素昧威武。平心論之,自乾符以來,猶不失爲令主。"[①]除二唐外,在陳鱣看來,諸僭越之國也不乏仁政、賢君。《吴越世家》述曰:"錢氏……自唐以來,士民愛戴,萬口同然,非有形驅勢迫之,蓋遺澤在人,故没世不能忘耳。《舊史》僅美其事,大勤王之節,與荆楚、湖湘不侔,特其一端。新修《史記》至謂其剥民而民不堪命,非厚誣乎!"《周世家》述曰:"榮起自賤微,頗知政事,崇儒學,闢異端,可謂令主。"[②]陳氏面對亂世弊政,能獨具隻眼,道出歷史的另一面向,實屬高明獨見。

第二,探討國家存亡之道。五代時期,亡人之國成爲常態,短短數十年時間,政權更迭之頻繁、政局動蕩之劇烈堪稱中國歷史之最。故而陳氏述辭之中,除表彰善政、令主外,更多是對亂政、惡君的討伐,但其並未止步於此,而能在討伐之餘進而引發對於亡國之故的思考。如《後主紀》述曰:"自古有國家者,所宜炯戒多矣,而其要在乎遠聲色、闢釋老。有一於此,未或不亡,况兼而有之,不亡何待耶?"《蜀世家》述曰:"王建……斂民傷財,婦寺亂政,釁起蕭牆,抑鬱而死。厥子衍荒淫滋甚,恣意嬉遊,不以國家爲事,遂爲唐所滅,蓋孽由自取也。"[③]其憤慨與哀惜溢於言表,藴含着源自歷史、警戒當下的深切憂思。

第三,表彰忠義、氣節。身處季世,爲生舍義易,舍生取義難。五代之中,多有連仕數朝均居高位者。歐陽修《新五代史》專立《死節傳》、《死事傳》以收録死義的忠臣,彰顯出史家褒貶是非的姿態。陳鱣未立此類傳,但並不代表他對此事缺乏關切,能否盡忠義、守氣節始終是其評價當時人物的首要標準。《諸臣傳第九》述曰:"自李琪已下諸人,皆事僞梁爲顯官者。乃入新朝,居相位,全不知恥。當時風節,掃地盡矣。琪雖能文章,輝映朝野,然大質已虧,毛羽安足重哉!"《諸臣傳第十一》述稱宋令詢慷慨激烈之死"洵堪與日月争光"。《諸臣傳第十二》述曰:"承業以宦官而不忘唐室,終身以敕使監軍自居。觀其對莊宗之言,堂堂正正,克篤忠貞,卒以死繼之。雖古之藎臣,何以加此?"《諸臣傳第十八》述曰:"文進折簡下士,金全料敵全師,暉舍生取義,皆以忠藎報國,可

① 《續唐書》,第19—20、33、43頁。
② 《續唐書》,第255、286頁。
③ 《續唐書》,第49、226頁。

謂完人矣。"[①]以"風節"爲"大質",以"文章"爲"毛羽",將忠義視作可與日月争光,足見陳氏的評人立場與道德理念。

第四,稱贊偏霸良臣。陳鱣《續唐書》雖以記述後唐、南唐事迹爲主,但依然較爲全面地述及他國。十三世家之外,《諸國臣傳》纂録當時各國英傑,卷末述文幾乎對每一設傳之人都有簡短評語。其中,陳氏一再感歎"豈謂偏霸無人哉","誰謂偏隅無良佐邪","嗚呼,盛矣",又有贊曰"庶幾東漢郭泰一流人乎","蓋陶潛之流亞也","亦一時之良也",並能對各國之得人加以概括,稱"岐地小而世短,然亦有輔佐之臣","洵西蜀之良哉","閩中建國,賢士多歸","南平起家寒微,頗能尊崇賢士","皆晉之良也","爲漢之後勁可也"等等。[②] 可以説,在陳氏的史論中,五代得人之盛,幾不亞於漢、唐。人是歷史的主體,陳鱣之論正是從得人的角度論證了偏霸政權得以存在的原因,這是《續唐書》史論最爲可貴的地方。

六、結　　語

陳鱣《續唐書》七十卷,雖然在體例方面幾無任何突破與創新可談,但能够在繼承和發揚紀傳體史書記述複雜歷史之優長的基礎上,從確立後唐——南唐爲正統的角度對唐宋間七十餘年歷史進行重新整合,也算是了結了一樁學術公案。這部書大部分篇幅以《新五代史》、《陸氏南唐書》爲底本,參據《舊五代史》、《馬氏南唐書》、《十國春秋》、《資治通鑑》等爲之删削增補、陶熔變化,絶非抄書之胥吏所能爲。在陶鑄群言的過程中,陳鱣一方面汲取前人有關五代史事的考訂成果,如《五代史纂誤》與《十七史商榷》中的五代史部分,另一方面,博考諸書,審慎擇取可靠敍事,以故後世學者稱其"考訂精審"。在歷史評論方面,陳氏本着"文省可知"的原則,不妄發論,注重挖掘和表彰季世中的善政、令主,探討國家的存亡之道,贊賞忠義、氣節,稱譽偏霸良臣,義正辭嚴,足以爲全書之敍事增色添彩。總之,陳鱣《續唐書》重新整齊史料,體例完備、敍事平實、考訂謹嚴、議論精到,不失爲一部佳作。還需要指出的是,《續唐書》撰著於乾嘉後期,彼時經史考證之學正占據學界主流,陳鱣以一人之力,經二十餘春秋,方屬成此稿,未及刊行便齎志以殁。這之中所展現出的膽識、魄力以及矢志不渝的執著精神,飽含了傳統史家自覺的道德追求與責任意識。

① 《續唐書》,第 363、381、387、426 頁。

② 以上引文並見《續唐書》卷六〇至六八《諸國臣傳》"述曰"。

《魏晉南北朝隋唐史資料》第四十輯
2019 年 11 月,255—267 頁

《北史》校讀札記二十七則

黄　樓

中華書局標點本《北史》由已故著名歷史學家唐長孺先生、陳仲安先生主持修訂,被譽爲整理典範,廣被稱引。《北史》存世版本較多,主要有宋代殘宋本、元代大德本、明代南國子監本(簡稱南監本)、北國子監本(簡稱北監本)、汲古閣本(簡稱汲本)、清代武英殿本(簡稱殿本)以及近代百衲本、金陵書局本等。受客觀條件限制,陳先生等點校時主要採用擇善而從的無底本校勘,個別校字的取捨存上有可商榷之處。另外,修訂年代久遠,近幾十年新出墓誌文獻等皆未能利用,若干校記亦需補正。今不揣淺陋,就《北史》卷四一至卷五〇範圍之内,筆者目力所及者,略舉數條,以就教於方家。

1. 十餘年中,不嘗言一人罪過。時大被嫌責,答曰:"臣等非不聞人語,正恐不審,仰誤聖聽,以是不敢言。"於後終以不言。蒙責及二聖間言語,終不敢輒爾傳通。(卷四一《楊椿傳》,第 1490 頁。括號内所注頁碼爲中華書局 1974 年點校本頁碼,下同。)

"責",大德本、百衲本作"貴",南監本、北監本、汲本、殿本、金陵書局本並作"賞"。《魏書》卷五八《楊椿傳》作"賞",《通志》卷一五〇上《楊椿傳》作"責"。中華書局點校本作"責",原校記云:"南、北、汲、殿四本及《魏書》'貴'字作'賞',百衲本作'貴'。張元濟云:'按"貴"疑"責"之訛,"蒙責及二聖間言語"自爲句。若作"貴"及"賞"字截句,則下"及二聖間"云云,不可解。'按《通志》卷一五〇上《楊椿傳》正作'責'。張説是,今據改。"今按,《北史》本傳删節自《魏書》,《魏書》及南北監本等皆作"賞"。張元濟所論恐未得當。若如其所言,"蒙責"從下讀,原文爲"於後終以不言。蒙責及二聖間言語,終不敢輒爾傳通。"從語法上看,下句字意可通,但上句至"於後終以不言"戛然而止,句意不明,似有脱文。又"蒙責"前缺少施動的主語,能够"責及二聖間言語"者,必太后或

魏帝本人。如此則等同於向外人公然暴揚魏帝母子猜疑,豈可謂之慎言?太后或魏帝明知其慎言,非心腹之人,又豈至不通情理,做出逼問之事?故作"蒙責"解,似通非通。此處若作"蒙賞",句讀從上讀,原文標點爲"於後終以不言蒙賞。及二聖間言語,終不敢輒爾傳通。"這裏"不言"實際上有兩層意思,一是不言外界大臣罪過,即前文所謂"人語",二是不言"二聖間言語"。太后蓋以慎密爲忠,故楊椿云"終以不言蒙賞"。"賞"指"賞識"、"贊賞",此意中古常見。如本書卷五〇《辛雄傳》:"右僕射元欽稱雄之美,左僕射蕭寶夤曰:'吾聞游僕射云:"得如雄者四五人共省事,足矣。"今日之賞,何其晚哉。'"作"賞"本可通,蓋本作"賞"字,大德本、百衲本形訛作"貴",《通志》又由"貴"意改作"責"。點校本取字失當,此應據南監本等改作"賞"。

2. 燕子獻字季則,廣漢下洛人。少時相者謂曰:"使役在胡、代,富貴在齊、趙。"後遇周文於關中創業,用爲典籤,將命使於蠕蠕。子獻欲驗相者之言,來歸。(卷四一《燕子獻傳》,第1507頁)

"胡代",殿本、金陵書局本、《北齊書》卷三四《燕子獻傳》同,大德本、南監本、北監本、汲本、百衲本、《通志》卷一五三《燕子獻傳》並作"朝大"。點校本從《北齊書》改作"胡代"。《北史殿本考證》云:"胡代,監本訛朝大,今改從《齊書》",可證殿本系據《北齊書》改字,此前《北史》諸本皆作"朝大"。若作"胡代",可斷句爲"使役在胡、代,富貴在齊、趙",若作"朝大"則斷句爲"使役在朝,大富貴在齊、趙",二者皆可通,但意思迥異。今按,《北史》本傳文字與《北齊書》卷略同,但下文"神武舊養韓長鸞姑爲女,是爲陽翟公主,遂以嫁之,甚被待遇",《北齊書》則稱"尚陽翟公主,甚被待遇"。《北史》文字詳於《北齊書》,二書或皆據同一史料删節而來,或《北史》參據他史作了改補,因《北史》此段文字不是直接本於《北齊書》,不可直接據《北齊書》改字。據前后文,燕子獻投靠北齊,是爲了"驗相者之言",則其處境必與相者預言存在某種吻合。"使役在胡代",當指奉使柔然。以柔然爲"胡"猶可通,但"代"是北魏龍興之地,非柔然控制區。且"使役"一詞含義與"出使"相去甚遠,"使役"爲驅使之意,如《北史》卷九八《高車傳》:"道武時分散諸部,唯高車以類麤獷,不任使役,故得别爲部落。"《北齊書》作"胡代",僅一"胡"字勉强可以應驗。若作"朝大",相者之言爲"使役在朝,大富貴在齊、趙"。相者預言中"朝"與"燕趙"相對立,應發生在東西魏分裂之後。魏孝武帝西遷入關,宇文泰等奉孝武帝爲主,正統性猶存,預言中的"朝"指西魏。燕子獻少時在關中,因才智被宇文泰用爲典簽,故稱"使役在朝"。典簽官品不高,但接近權力中心,很少有機會單獨出使外邦。奉命柔然,只是其脱離西魏,應驗預言的良機,與預言無直接關係。兩相比較,明顯作"朝大"爲優。蓋李百藥撰《北齊書》時,以東魏、北齊爲"朝",而相者以西魏爲"朝",爲避免混淆,意改"朝"爲"胡",傳寫過程中"大"又音訛爲"代"。李延壽撰《北史》無此忌諱,仍作"朝大"。今人復據《北齊書》改《北史》,取捨失當,此應從大德本、南監本、《通志》等回改作"朝大"。

3. 帝拜素大將軍,擊胄破之。遷徐州總管,位柱國,封清河郡公,以弟岳爲臨貞公。(卷四一《楊素傳》,第1509頁)

"岳",南監本、北監本、汲本、局本、百衲本、《通志》同,殿本作"約",《北史殿本考證》:"約,監本訛岳,今改從《隋書》。"檢標點本《隋書》亦作"岳"字,《考證》所言不確。按,楊約,《隋書》卷四八有傳。傳云:"約字惠伯,素異母弟也。在童兒時,嘗登樹墮地,爲查所傷,由是竟爲宦者。性如沉静,内多譎詐,好學强記。素友愛之,凡有所爲,必先籌於約而後行之。在周末,以素軍功,賜爵安成縣公。"楊約首倡廢太子楊勇之謀,煬帝時官拜内史令,顯赫一時。然其本傳不載曾拜臨貞公之事,此或爲陳仲安先生未據殿本釐正的原因。今按,若楊素另有兄弟名楊岳,一門之内,兄弟同音,不合情理。楊素與其弟楊約相善。楊素襲父爵臨貞縣公時,以弟約爲安成縣公,平尉遲迥後,楊素進位清河郡公,以舊爵讓約實爲循前舊事。臨貞公爲楊氏祖傳之爵,自楊鈞、楊敷至楊素已三代,若讓與他人,相當於將嫡子之位拱手送人,楊素雖貴,必不行此損及子孫之事。唯楊約閹人無後,方無此顧慮。另檢《通鑑》卷一七九:"楊素弟約及從父文思、文紀,族父忌,並爲尚書、列卿,諸子無汗馬之勞,位至柱國、刺史;廣營資産,自京師及諸方都會處,邸店、碾磑、便利田宅,不可勝數。"楊素宗親至尚書列卿者,自從父文思、文紀,至族父忌,有楊約無楊岳。知此"岳"必爲"約"之音訛。

4. 由是與德學大僧多有還往。時有南方沙門慧度以事被責,未幾暴亡,芳因緣聞知,文明太后召入禁中,鞭之一百。(卷四二《劉芳傳》,第1542頁)

"聞",《通志》卷一五〇上《劉芳傳》同,《魏書》卷五五《劉芳傳》作"關"。按,"關"有"牽連"之意,"關"爲古代相互質詢的公文,如"關白"。"關知"一詞另見《北齊書》卷二一《高乾傳》;“既去内侍,朝廷罕所關知,居常怏怏。”《隋書》卷四五《楊勇傳》:“心腹委任,鉅細關知。”沙門暴亡,或涉宫廷陰事。而劉芳因爲與學問高僧多有交往,在審訊慧度時,也被牽連,受到鞭一百的懲罰。“關知”即牽連入案之意,下文“時中官李豐主其始末”云云,也可爲證。若作“聞知”,意即劉芳聽聞此事,所以被捉入宫内鞭責一百。以此推之,即聽説此事者即要捉入宫中鞭責一百,如此豈非滿城風雨,欲蓋彌彰?故此處作“聞”反而語意不順,可從《魏書》、《通志》改字。

5. 乾明元年,兼員外散騎常侍,使送梁主蕭莊。(卷四二《劉逖傳》,第1551頁)

“送”,《北史》諸本皆作“宋”,點校本據《通志》改作“送”。原校記云:“諸本‘送’作‘宋’,《北齊書》卷四五《劉逖傳》作‘於’,《通志》卷一七六《劉逖傳》作‘送’。按‘宋’乃‘送’之音訛,今從《通志》改。但齊送蕭莊爲梁主,事在天保九年,見本書卷七、《北齊書》卷四文宣紀。乾明元年送孝莊事,本紀不載。《北齊書》卷三二《王琳傳》云:‘孝昭帝遣琳出合肥,鳩集義故,更圖進攻。’或即是乾明元年送莊之事。”今按,《北齊書》卷三三《蕭明傳》:“梁將王琳在江上與霸先相抗,顯祖遣兵納梁永嘉王蕭莊主梁祀。(天保)九年二月自湓城濟江,三月,即帝位於郢州,年號天啓,王琳總其軍國……明年,莊爲陳人所敗,遂入朝,封爲侯。朝廷許以興復,竟不果。後主亡之日,莊在鄴飲氣而死。”《北齊書》卷五《廢帝紀》載乾明元年二月“王琳爲陳所敗,蕭莊自拔至和州”。此年陳霸先已在江南確立統治,蕭莊入朝,强行送其復國,意味與陳全面開戰,北齊少主新立,主幼國疑,不具備相應條件。當年無二次護送之事甚明。原校記所引《王琳傳》載王琳受命在合肥“鳩集義故,更圖進攻”,其事另見《北齊書》卷四二《盧潛傳》。《盧潛傳》:“以潛爲揚州道行臺左丞。先是梁將王琳爲陳兵所敗,擁其主蕭莊歸壽陽,朝廷以琳爲揚州刺史,敕潛與琳爲南討經略……王琳鋭意圖南,潛以爲時事未可。屬陳遣移書至壽陽,請與國家和好,潛爲奏聞,仍上啓且願息兵。依所請。由是與琳有隙,更相表列。世祖追琳入京。”此是無二次送蕭莊的明證。另據《北齊書》卷四《文宣紀》天保十年九月,“使酈懷則、陸仁惠使於蕭莊”,此前已稱“使”,此在其後,自當亦然,故《北齊書》作“使於”是。中古“於”、“于”通用,“宋”或爲“于”之版刻訛字。《通志》誤其爲音訛,意改爲同音字“送”。此處點校本原校記取字不當,應從《北齊書》改作“於”或“于”字。

6. 及是逖解士開所嫌,尋出爲仁州刺史。(卷四二《劉逖傳》,第1552頁)

此處文義不通,點校本有原校記:"《通志》'解'上有'始'字,似逖前以陰結斛律明月、胡長仁,爲士開所嫌,至是以逖泄祖珽密謀,其恨始解者。但據本書卷四七《祖珽傳》,珽欲訴趙彦深、和士開,爲劉逖所泄,其事在高湛(武成帝)時。而此言劉逖陰結斛律明月,其事在高緯(後主)武平初。何得結怨在後而解怨在前?此'解'字誤。疑當作'爲'字。'至是'者,即指士開逢逖於明月巷中時。此上一段,乃是追敍。《通志》之'始'字,蓋以意增補,似是而非。"下文"尋出爲仁州刺史",又有校記:"按《北齊書》卷四五《劉逖傳》云:'世祖(即武成)崩,出爲江州刺史。祖珽執政,徙爲仁州刺史。'蓋逖先爲和士開所出,後又爲祖珽所徙,並非一出即爲仁州。且不言祖珽執政事,則下文珽要行臺盧潛陷逖事亦覺突然。疑此'出'下有脱文。"點校記所疑合乎情理。但疑"解"當作"爲",意思雖得通,下文"出爲仁州刺史"則十分突兀,無法首尾兼顧,至連出兩條校記,敍事仍不連貫。今按,《北史》此處必有訛誤,但所誤未必是"解"字。亦可能"逖"爲"珽"之訛。祖珽後與和士開復好,因之得勢執政,報復劉逖,先出之仁州,復令行臺尚書盧潛陷之。上下文皆得通暢。

7. 俄而安州石離冗城斛鹽三戍兵反(卷四二《常景傳》,第1559頁)

"冗",北監本、汲本、殿本、百衲本同。南監本作"宂","宂"即"穴"的異體字,局本作"穴"。《魏書》卷八二《常景傳》也作"冗",有校記云:"《册府》卷三五四'冗城'作'宛城'。《通鑑》卷一五一作'穴城',胡注以見於《水經注》卷一四鮑丘水篇的'孔山'當之。按水經注稱孔山'上有洞穴開明',其地與斛鹽戍鄰接。百衲本'冗'字末筆稍直,疑實是'穴'字缺上點,《册府》作'宛'雖誤,上也作'宀'可證。"今按,南監本、局本實作"穴"字,《北史》有版本依據,可改字出校。

8. 唯地厚矣,尚亦兢兢。浩浩名位,孰識其親。搏之弗得,聆之無聞,故有戒於顯而急於微。(卷四二《常景傳》,第1561頁)

"急",南監本同,大德本、百衲本作"㥯",北監本、汲本、殿本作"隱"。《魏書》作"急"。"㥯"爲"急"的俗字,但中古版刻時,遇筆畫較多字,常可省去形旁,"㥯"爲"隱"

的聲旁,這裏作“急”語義不通,疑即“隱”字。“戒於顯,隱于微”,儒家經典用以描述天地之性。《易經》復卦“復其見天地之心乎”,其下纂注云“張子曰‘復見天地之心,咸恒遯壯。見天地之情,心隱於微,情發乎顯’”。張載爲北宋理學家,但此説當承自前代。本處是北朝儒生常景以天地比喻,勸解世人要淡泊名利,不要熱衷功名利禄。其文:“《周雅》云‘謂天蓋高,不敢不跼,謂地蓋厚,不敢不蹐’……嗟乎,唯地厚矣。尚亦兢兢,浩浩名位,孰識其親,搏之弗得,聆之無聞。故有戒於顯而隱於微。”常景以《詩經·小雅》開篇,但論“天地之性”,與《周易》相通,故作“隱”是。

9. 深藻是蕭衍兄子,骨肉至親,若其逃亡,當無死理。脱軍走涪城,深藻何肯城中坐而受困?五可圖也。(卷四三《邢巒傳》,第1581頁)

“脱軍走涪城”,語義不通。點校本原校記:“《魏書》‘走’作‘克’。按深藻時在成都,涪城是成都外圍重鎮,克涪城則進圍成都,故料深藻必走。若作‘走涪城’,則成都尚有涪城可恃,深藻何必遽走?《魏書》作‘克’是。”按,“走”,《通志》卷一五〇上《邢巒傳》同,《通鑑》卷一四六、《册府》卷三六四作“克”。本句其上“脱”字,即“脱若”,乃當時習語,猶今之“倘若”。如《北史》卷四一《楊椿傳》:“汝等脱若萬一蒙明主知遇,宜深慎言語,不可輕論人惡也。”蓋後人不解“脱”意,望文生義,以爲“脱逃”,並意改“克”爲“走”字。

10. 自除太常卿兼中書監,攝國子祭酒。是時朝臣多守一職,帶領二官甚少;卲頓居三職,並是文學之首,當世榮之。(卷四三《邢卲傳》,第1592頁)

“自除太常卿兼中書監,攝國子祭酒”文意不明。點校本原校記:“按上文不言卲於何時除太常卿。據《北齊書》卷四五《樊遜傳》,遜於天保七年受詔校書,請以太常卿邢子才家藏書參校。則卲爲太常卿,當在天保年間。《北史》文字兀突,疑此上有脱文。《北齊書》‘自除’作‘累遷’,《通志》‘自’作‘後’,疑是各以意改,未必原文如此。”按,《通鑑》卷一六〇梁武帝太清元年正月條載侯景反叛,“遣軍士二百人載仗暮入西兖州,欲襲取之。刺史邢子才覺之,掩捕,盡獲之。”太清元年在東魏武定五年,邢卲在西兖州任上,入朝當在其後。《通鑑》卷一六三梁簡文帝大寶元年五月條:“是月,山提至鄴,楊愔即召太常卿邢卲議造儀注。”則武定八年北齊受禪前夕,邢卲已是太常卿。疑邢卲武定五年以先覺侯景亂之功入朝爲太常卿,原校記據《樊遜傳》以其太常卿"當在天保年間",按斷恐不確。《北齊書》卷四三《許惇傳》敍惇與邢卲争大中正事,稱邢卲官爲中書監,又敍許惇憑附宋欽道,出卲爲刺史。宋欽道得勢在天保末,其事在天保中。《北齊書》卷四二《崔劼傳》:"天保初,以議禪代,除給事黄門侍郎,加國子祭酒……拜南青州刺史,在任有政績。皇建中,入爲祕書監。"邢卲攝國子祭酒,當是代崔劼,也在天保中。蓋邢卲因西兖州之功,入爲太常卿,北齊禪代時,加兼中書監,天保中又代崔劼爲國子祭酒,正爲身兼三職。此處"自除太常卿兼中書監,攝國子祭酒",若無"除"字,作"自太常卿兼中書監,攝國子祭酒",文意通順,且符合史實,故疑"除"爲衍字。

11. 吏部尚書元脩義以爲須得重貴,鎮壓恒、朔,總彼師旅,備衛金湯。(卷四三《李崇傳》,第1599頁)

"金湯",《魏書》卷六六、《通志》卷一五〇上《李崇傳》、《册府元龜》卷一一九作"金陵"。按前文云"寇連恒,朔,金陵在彼",金陵當指北魏先祖的陵墓。《通志》删改自《北史》,也作"金陵",故知《北史》此處本作"金陵"二字。"金陵"爲六朝古都南京的舊稱,秦始皇壓"金陵有天子氣"之讖,改金陵稱秣陵,東吴孫權改爲建業,東晉南朝稱建康。唐爲昇州,五代南唐以金陵爲首都,其後金陵固定爲南京代稱。"金湯"二字或爲宋元時期刊刻時爲與南京之金陵區分,意改爲"金湯"。此當據《魏書》、《通志》改作"陵"字。

12. 子鴻(卷四四《崔鴻傳》,第1625頁)

點校本原校記:"諸本'子'上有'弟'字。張森楷云:'《魏書》作"子鴻",謂敬友子也。下鴻傳云:"三年,鴻以父憂解任。"據《魏書》,敬友以延昌三年卒,與鴻傳合。知無"弟"字是。'按張説是,今據《魏書》删。"今按,崔鴻本人墓誌1973年冬出土於山東省淄博市臨淄區大武鄉窩托村,誌石藏山東省文物考古所,録文見《考古學報》一九八四年第二期《臨淄北朝崔氏墓》。墓誌作"父梁郡,德政弘美,令名久而彌著"。敬友曾除梁郡太守,因丁母憂未拜。所謂"德政弘美"云云皆阿諛套話,但亦可證敬友即其父也。

13. 齊將魯康祖、趙公政侵豫州之太倉口,肅令永擊之。(卷四五《傅永傳》,第

1668 頁)

“魯康祖”,《通志》卷一五〇下《傅永傳》同,《魏書》卷七〇《傅永傳》、《資治通鑑》卷一四一、《通典》卷一六一、《册府元龜》卷三六四並作“魯康祚”。今按南北朝各有一魯康祚。《南史》卷七三有《魯康祚傳》,此魯康祚爲孝子,位僅至屯騎校尉,與本書魯康祚别是一人,“祖”、“祚”意近,抑或李延壽爲避免南、北史混淆,以意改之。

14. 時裴叔業率王茂先、李定等東侵楚王戍。(卷四五《傅永傳》,第 1669 頁)

“東”,《魏書》卷七〇《傅永傳》、《通典》卷一五三、《册府元龜》卷四三四作“來”。按《水經注》卷二一《汝水篇》:“鮦陽縣有葛陵城,城東北有楚武王冢,民謂之楚王琴,魏蓋於此置戍,因謂之楚王戍。”據《魏書》卷一百六中《地形志中》,鮦陽縣屬豫州新蔡郡,裴叔業鎮壽春,位在楚王戍東,不當云“東侵”。“東”或爲“來”之訛。

15. 尋假鎮南將軍,都督梁、西益、巴三州諸軍事。(卷四五《傅豎眼傳》,第 1673 頁)

“鎮南將軍”,《傅豎眼墓誌》作“鎮西將軍”。傅豎眼墓誌,拓片及部分録文見張光明《山東淄博市發現北魏傅豎眼墓誌》,載《考古》1987 年 2 期。《考古》識文錯誤尤甚,如“行”識作“尋”,“兼”字識作“撫”,今不從。墓誌又云“都督梁、巴、二益四州諸軍事,西道大行臺兼吏部尚書”。“二益”,魏書卷八〇《賀拔岳傳》載永熙二年“詔岳都督雍、華、北華、東雍、二岐、豳、四梁、二益、巴、二夏、蔚、寧、南益、涇二十州諸軍事、大都督”,北史卷五六《魏子建傳》:“詔子建兼尚書爲行臺,刺史如故。於是威振蜀土。其梁、巴、二益、兩秦之事皆所節度。”魏子建歸京後,傅豎眼代爲行臺,當以墓誌“二益”爲是。考諸史實,傅豎眼代魏子建爲行臺後,東益州群氐反,逐刺史唐永,東益州非爲魏有,《北史》或據此删一州數,改“二益”爲“西益”,州數由“四”意減爲“三”。但其除行臺時當有“二益”,應以墓誌爲是。另《魏書》卷四二《薛辯傳》:“詔和兼尚書左丞爲西道行臺,節度都督傅豎眼諸軍。”則當日西道大行臺並非傅豎眼,而是薛和。賴非先生認爲“或薛和初任,傅氏繼任,不敢斷言”(賴非《齊魯碑刻研究》,濟南:齊魯書社,2004 年,第 299 頁)。

16. 今之諸王,自同列國,雖不之國,别置臣僚,玉食一方,得不以諸侯言之?(卷四六《張普惠傳》,第1693頁)

"玉食",各本原作"王食",宋本《册府元龜》卷五八三亦作"王食",點校本原校記:"諸本'玉'訛'王',據《魏書》及《通志》卷一五一《張普惠傳》改。"按《周禮》卷三〇"凡頒賞地,參之一食",其下鄭玄注云:"謂賞地之税參分計税,王食其一也。"古代諸侯貢賦之制,公之地,王與公各食其半。侯伯之地,自食其二,王食其一,子男之地,自食其三,王食其一。"王食一方"實指諸侯食邑之制。作"玉"反而不確。此處《北史》各本不誤,點校本改字失當,應回改作"王食"。

17. 須臾天曉,綜軍主范翛、景儁司馬楊嘌等競問北朝士馬多少。(卷四六《鹿悆傳》,第1704頁)

"楊嘌",大德本、南監本、北監本、汲本、殿本、局本、百衲本、《通志》作"楊膘",《魏書》卷七九《鹿悆傳》作"楊嘌",《册府元龜》卷六五二作"楊驃",宋本《册府元龜》此處模糊,但隱約可辨作"膘"。《梁書》卷一〇《楊公則傳》:"子膘嗣,有罪國除。高祖以公則勛臣,特詔聽庶長子朓嗣",此楊膘應即其人。但《梁書》此段材料,《北史》作"膘",《南史》卷五五《楊公則傳》、《册府元龜》卷二一〇作"嘌"。其弟楊朏,兄弟連名,故從"月"是。楊膘,《梁書》雖無傳,其事略見他處記載。唐許嵩《建康實録》卷一九"陳高祖武皇帝":"梁帝詔高祖爲交州司馬,領武平太守,與刺史楊膘南討李賁,定交趾。"《册府》卷六九四:"楊膘爲交州刺史,中大同元年正月尅交阯嘉寧城,賊李賁竄入獠洞,交州平。"點校本應從大德本、南監本、北監本、《通志》改作"膘"。

18. 與邢卲書云:"今日傾過,有異常行,瓜田李下,古人所慎,願得此心,不貽厚責。"(卷四七《袁聿脩傳》,第1719頁)

"傾",大德本、百衲本作"傾",南監本、北監本、汲本、殿本、局本作"仰",《北齊書》卷四二《袁聿脩傳》作"仰"。點校本作"傾"。按大德本此字左半邊與"仰"相同,唯右邊"頁"字不同,似爲刊刻誤字。應以"仰"是。"仰過",《册府》卷六五四作"仰過"。《通志》卷一五五《袁聿脩傳》、《太平御覽》卷八一六引《北史》作"仰遇"。真成大《中古史書校證》:"'仰'爲敬辭,每用於動詞前。""仰"爲書面語虚詞,意即"敬"也,常用在動詞前,如《魏書》卷六六《崔光韶傳》"等荷朝眷,未敢仰從",《北齊書》卷三一《王晞傳》:"無由面盡短誠,寸心謹以仰白"。"遇"、"過"形近易訛,但"過"字口語化,一般需帶賓語,且與敬辭"仰"不搭配,故作"遇"是。不僅《北齊書》、《通志》皆作"遇",《御覽》所引《北史》亦作"遇",可知宋人所見《北史》尚作"遇"字,"過"乃後世所訛。

19. 又咸陽王禧等並有釁,故宗室大臣相見疏薄。(卷四七《陽固傳》,第1721頁)

點校本"釁故"中間用逗號斷開,"故"從下讀。《魏書》卷七二《陽固傳》"釁故"二字連讀,"故"從上讀。按本書標點雖勉强可通,但"釁故"是固定詞組,中古以前常用。如《後漢書·蔡邕傳》:"如有釁故,自當極其刑誅";《晉書·庾冰傳》:"頃皇家多難,釁故頻仍";《北史·外戚·李惠傳》:"惠本無釁故,天下冤惜焉"。此當從《魏書》改句讀。

20. 隆化還鄴,舉朝多有遷授,封休之燕郡王,乃謂所親曰:"我非奴,何忽此授?"(卷四七《陽休之傳》,第1727頁)

"奴",大德本、北監本、汲本、百衲本、《册府》卷四八一作"奴",南監本、殿本、局本、《通志》卷一五三《陽休之傳》作"蠻奴"。《北史殿本考證》云:"監本脱'蠻'字,今從閣本增入。"核之,汲古閣本實無"蠻"字,《考證》所言不確。《北齊書》四庫本有"蠻"字,明《史糾》卷三引《北齊書·楊休之傳》亦有"蠻"。按,隆化還鄴,時北齊已風雨飄摇,處於亡國前夜,齊帝南奔,扈從或是身邊倡優賤隸,或是南方扈迎官吏,此輩皆在齊帝返鄴後濫賞進爵。故陽休之用"奴"指帝身邊小人,用"蠻"指扈從至鄴的南方官吏。"蠻"字當本有之,後人妄删。

21. 賈思伯字仕休,齊郡益都人也。(卷四七《賈思伯傳》,第1730頁)

"仕休",《魏書》卷七二、《通志》卷一五一《賈思伯傳》作"士休",明拓《賈思伯碑》作"士俅",壽光縣博物館藏《賈思伯墓誌》(圖版見《山東壽光北魏賈思伯墓》,載《考古》1992年8期)作“士体”。“体”、“体”爲“休”的異體字,除《魏書》、《通志》外,賈思伯本人碑、墓誌亦並作“士”,則作“士”是。

22. 神武大怒,決鞭二百,配甲坊,加鉗刓,其穀倍徵。(卷四七《祖珽傳》,第1738頁)

點校本原校記:“‘刓’,《北齊書》南、殿二本及《通志》‘刓’作‘錮’,其百衲本無此字。按作‘刓’費解,疑是‘刖’之誤。‘刖’即‘髡’字。”今按,“刓”,各本皆同,宋本《册府》卷七三〇無此字。據《龍龕手鏡·刀部》,“刖”有兩俗字“刓”、“刓”。《正字通》云;“刓,俗字,舊注音坤,斫木枝也。按《齊民要術》借髡,俗作刓。”《齊民要術》卷四“栽樹”條:“大樹髡之(注:不髡,風摇則死),小則不髡”。蓋本作“刓”,即“髡”字。後人俗寫爲“刓”字,非爲誤字,此可徑釐作“髡”。

23. 乃下牀拜曰:“老婢合死,本見和士開道孝徵多才博學,言爲善人,故舉之。此来看之,極是罪過,人實難容,老婢合死。”(卷四七《祖珽傳》,第1743頁)

“此來”,《北齊書》卷三九、《通志》卷一五四《祖珽傳》作“比來”。按“比來”爲當時習語,猶言“近來”。如《北史》卷六二《樂運傳》:“運又上疏曰:‘……大尊比来小大之事多獨斷之。堯舜至聖,尚資輔弼,况大尊未爲聖主,而可專恣已心?’”《北史》卷八〇《胡國珍傳》:“臨死,與太后訣……又及其子祥,云:‘我唯有一子,死後勿如比來威抑之。’”故知“此來看之”,“此”爲“比”之形訛。

24. 奚毅又見,求聞。帝即下明光殿與語。(卷四八《爾朱榮傳》,第1760頁)

此處語意不順。點校本原校記:“《通鑑》卷一五四作‘奚毅又見帝,求間’。按‘求間’即‘請間’,‘聞’當是‘間’之訛。”《通志》卷一五一《爾朱榮傳》作:“奚毅又求見,帝聞即下明光殿與語”,“求見”“帝聞”皆與《北史》順序顛倒。應爲據《北史》乙字。《通鑑》事實上也是乙字,將“帝”前移至“見”字之後,同時意改“聞”爲“間”。“求間”一詞僅見於《通鑑》,不見他處。其下胡三省注云“求間,即請間也”。請間言事爲秦漢制度,用於下對上,即請求對方在一個私密的地方與自己商談機密。作“請間”解釋,意思雖通,但上文已云“見帝”,再云“求間”,語意重複。又下文“即下明光殿”,證明奚毅提出見面請求是公開的,並非秘密進行,作“求間”與當時語境也不協調。此時莊帝身邊多是爾朱榮耳目,盛傳禪代之事。奚毅本爾朱榮親信,並不爲莊帝信任,下文“帝又疑其爲榮,不告以情”。即是明證。奚毅只是普通的“求見”,而莊帝則希望從其口中探知爾朱榮陣營動向,但尚不確定奚毅真實立場,甚至疑其爲刺探虛實的奸細。此處作“聞”本可通,疑當從《通志》乙字。

25. 子最嗣(卷四八《爾朱彦伯傳》,第1768頁)

“最”,当作“休最”。《文苑英華》卷九六四引楊烱《彭城公夫人爾朱氏墓誌》:“祖敞……父休最,隋左千牛備身朝散大夫齊王司府馬,襲封爵邊城公。”又《唐代墓誌彙編》上元〇三七《爾朱義琛墓志》:“曾祖彦伯……祖敞……父休最,隋豫章王府司馬,襲爵邊城郡公。”一九九八年三月河南孟津縣朝陽鄉楊凹村出土隋邊城郡公爾朱休神道碑,録文見《中原文物》,一九九二年第四期李獻奇、張欽波《隋邊城郡公爾朱休神道碑考》。圖版見《洛陽名碑集釋》(北京:朝華出版社,二〇〇三年,第九六頁),此爾朱休,録文稱“公諱休,字休昂”,核圖版,“昂”爲“最”之誤識。相關文章將爾朱休、爾朱最考訂爲爾朱敞的二子,大謬。爾朱休,即爾朱休最,蓋以字行,故知《北史》此必脱一“休”字。

26. 又兄弟群從,各擁强兵,割剥四海,極其貪虐。姦諂蛆酷,多見信用;温良名士,罕豫腹心。(卷四八《爾朱世隆傳》,第1771頁)

“蛆”字費解。點校本原校記云:“《通志》卷一五一《爾朱世隆傳》‘蛆’作‘讒’。按‘蛆’字當誤。”《魏書》有校記云:“按‘蛆’當作‘狙’,意謂狡詐。”真大成《中古史書證》云;“‘蛆’字不誤,‘蛆’讀爲‘怚’(參看《魏書》校證條)。《通志》作‘讒’,乃鄭樵不明‘蛆’字之義,據上下文臆改。”今按,“蛆”字,前人或云“狙”,或云“怚”,此字實無誤,“蛆”即“螫”的俗字。《集韻》入聲十七薛韻“蛆”字:“蛆,螫,陟列切,蜇也,或從折。”唐慧琳《一切經音義》卷九“摩訶般若波羅蜜經第十五卷”下“毒蜇”條:“毒蜇,式亦反。《字林》:‘蟲行毒也。’關西行此音。又呼各反,山東行此音。蛆(蛆),知列反,南北通語也。音蛆,誤也。”“螫”、“酷”二字在中古時期常連用。如《北史》卷八七史臣云:“于洛侯等爲惡不同,同歸於酷。肆其毒螫,多行殘忍。”故知此處“蛆”可徑釐作“螫”,“姦諂蛆酷”即“姦諂螫酷”。

27. 改三原縣爲建中郡以旌其兄弟(卷四九《毛鴻賓傳》,第1809頁)

建中郡,當作建忠郡。點校本原校記:“《隋書·地理志上》京兆郡三原縣下云:‘後周置建忠郡。’按《隋書》作‘後周’誤。但既是以旌表毛遐兄弟立名,則字當作‘忠’。”原校記舉《隋書》爲例,證據晚出,説服力不足。今按,建忠郡,又見於《元和郡縣志》卷一、《太平寰宇記》卷三一、《長安志》卷二〇,另外韋孝寬等人曾賜爵“建忠郡公”亦可作爲旁證。《元和郡縣志》云:“永安元年於此置北雍州,洪賓爲刺史,亦謂之洪賓栅。其故城在縣北五十五里,又割北地郡之三原縣於此置建忠郡,以旌其功。隋開皇三年罷郡,以縣屬雍州。”西魏置建忠郡依據充分,當徑厘作“建忠郡”。

《魏晋南北朝隋唐史資料》第四十輯
2019 年 11 月,268—293 頁

鄭玄的學塾

吉川忠夫 著　蔣曉亮 譯

序章——崔琰的《述初賦》

《三國志・魏志》卷一二《崔琰傳》載,崔琰猶在二十九歲少壯之時,和友人公孫方等一道從故鄉清河東武城(山東省武城縣)到北海高密(山東省高密縣)的鄭玄學塾遊學。崔琰本是一個專擅擊劍等武事的青年,因受到激勵讀了《論語》、《韓詩》,從那以後,他對學問的熱情就變得難以抑制。崔琰晚年時,在《述初賦》中回憶了這段遊學生活。其序曰,"琰性頑口訥,至二十九,粗關書傳。聞北海有鄭徵君者,當世名儒,遂往造焉。道由齊都(臨淄),而作述初賦曰……"接下來,他又講到:

> 有鄭氏之高訓,吾將往乎發矇,洒余髪於蘭池,振余珮於清風。望高密以亟征,戾衡門而造止,覿游夏(子游和子夏)之峩峩,聽大猷之篇記。(《藝文類聚》卷二七《人部・行旅》)

然而,崔琰到高密約莫一年之後,鄭玄的學塾就遷往了高密東邊的東萊郡不其山(山東省即墨縣東南)。這是因爲黄巾叛亂軍攻占了北海。

黄巾軍蜂起於東漢靈帝中平元年(184)。雖然其主力部隊當年即被政府軍擊潰,但是黄巾餘黨尚在華北各地不斷掀起遊擊戰爭。具體到鄭玄學塾所在的青州地區,靈帝中平五年(188)十月,"青、徐黄巾復起,寇郡縣",獻帝初平二年(191)十一月,"青州黄巾寇太(泰)山,太山太守應劭擊破之。黄巾轉寇勃海,公孫瓚與戰於東光,復大破之"。(《後漢書》本紀)由於黄巾軍的寇掠,高密一定也不免遭到破壞。鄭玄和門人們

一起赴東萊避難,應該就是在初平二年末或者三年之後。[1] 儘管時局動蕩,學塾的講授卻未中斷。伏琛的《三齊記》記録了這樣的傳説:"鄭玄教授不其山,山下生草大如䪥,葉長一尺餘,堅刃異常,土人名曰康成書帶"(《續漢書·郡國志四》"青州東萊不其侯國"條注)。但是,在不其山中,學塾的經營面臨確保糧食的困難,最終,學塾還是迎來了解散的結果。"時穀糴縣乏,玄罷謝諸生"(《崔琰傳》)。"鄭司農常居不其城南山中教授,黄巾亂乃避遣生徒。崔琰、王經諸賢,於此揮涕而散"(《太平廣記》卷四〇八《三齊記》)。鄭玄隨即往郯縣(山東省郯城縣)徐州刺史陶謙處寄身,而和老師分别之後的崔琰,由於"寇盜充斥,西道不通",只能輾轉於青徐兗豫之間,東至於壽春,南望於江湖,經過了四年的流浪生活,才終於設法回到家鄉。

值得注意的是,考慮到鄭玄學塾曾有一段特殊時期開設在能够眺望到東海的不其山上,崔琰在《述初賦》中吟誦的圍繞東海的神仙傳説所産生的種種幻想就很容易理解了。

> 高洪崖之耿介,羡安期之長生,登川山以永望,臨洞浦之廣溟。左揚波於湯谷,右濯岸於濛汜,運混元以升降,與三光而終始。蓬萊蔚其潛輿,瀛壺崛以騈羅,列金臺之蹇産,方玉闕之嵯峨。

以上就是《藝文類聚》中所引《述初賦》的全部内容,《水經注》卷三〇《淮水注》、《封氏見聞記》卷二"朱山"條,還引用了一些其他的内容,比如關於鬱洲的描寫等等。[2] 可以想見,崔琰的《述初賦》原本是一篇描繪從離鄉到回鄉四年間經歷的長篇辭賦。滿懷壯志的離開故鄉,不僅未能如期在鄭玄學塾學有所成,反而不得不過上了流浪生活,崔琰在《述初賦》中回顧的正是在他人生中不可替代的青年時期發生的這段苦澀回憶。去掉序章中有關鄭玄學塾的部分,崔琰之後的人生經歷就無從談起。總之,雖然没有留下太多的佚文,但崔琰的《述初賦》依然是那個時代有關鄭玄學塾的珍貴記録。

---

① 鄭珍《鄭學録》卷一《傳注》作中平五年。鄭珍應該是結合《崔琰傳》"至年二十九,乃結公孫方等,就鄭玄受學。學未期,徐州黄巾賊攻破北海,玄與門人到不其山避難"和《靈帝紀》中平五年條"青、徐黄巾復起"得出的判斷。但此種斷年反而給鄭玄的生平梳理帶來混亂。《獻帝紀》初平二年僅記載"青州黄巾寇太山……",未提及"徐州黄巾",但是同一事件在《後漢書》傳六三《公孫瓚傳》中的記載則是"初平二年,青、徐黄巾三十萬衆入勃海界……",可見青州和徐州的黄巾是一起行動的。

② 參見拙稿:《五、六世紀東方沿海地域と佛教—攝山棲霞寺の歷史によせて—》(《東洋史研究》四二卷三號)第二節《鬱洲》。

前人有關鄭玄的研究已經有豐厚的成果。本文不僅關心鄭玄的學術本身,還就鄭玄學塾的經營、在學塾學習過的門人、學塾的教學方法等問題進行了專門的考察,最常參考的文獻是:由《傳注》、《年譜》、《書目》、《弟子目》構成的鄭珍的《鄭學録》,孔廣林《通德遺書所見録》,袁鈞《鄭氏佚書》中輯佚的《鄭志》和《鄭記》,以及以袁本爲基礎的皮錫瑞的《鄭志疏證》和《鄭記考證》。間而參考王利器教授的《鄭康成年譜》(齊魯書社,1983年)。

一、遊學時代

在中國古代社會的崩潰期——東漢末期這個多難的時代,位於山東半島一隅的鄭玄學塾,雖然最終無法擺脱解散的命運,卻也延續了二十餘年,這應與鄭玄廣博的學問和巨大的人格魅力不無關係。據崔琰所述,鄭玄是"當世名儒"、"高訓"之師。鄭玄(字康成)的傳記詳載於《後漢書》傳二五。考察他的學問和個性是如何形成的,需要追溯到學塾成立以前,他十數年的遊學時代。

東漢順帝永建二年(127),鄭玄出生在北海高密的一個可能處於平均生活水準的自耕農家庭,他自述自己的遊學之旅——"去廝役之吏,游學周、秦之都,往來幽、并、兗、豫之域……"(本傳《戒子益恩書》,以下簡稱《戒子書》)他的遊學應始於公元一五〇年左右,他二十五歲前後。所謂"去廝役之吏",是説鄭玄原本是鄉嗇夫,[①]因遇到春季行縣到高密的北海相杜密而獲得了外出遊學的機會。"行春到高密縣,見鄭玄爲鄉佐,知其異器,即召署郡職,遂遣就學"(《後漢書》傳五七《黨錮杜密傳》,以下引用《後漢書》均只列篇名)。大概就像鄭珍所推測的,杜密署鄭玄以郡職是爲了把俸禄作爲給鄭玄遊學的資金(《鄭學録》卷一《傳注》)。正如鄭珍所指出的那樣,同時代還有類似的例子,如,陳留考城的仇覽得到考城令王渙的賞識被署以主簿,"以一月奉爲資",供其赴太學遊學(傳六六《循吏傳》[②])。

於是,鄭玄首先就學於京師洛陽的太學,接着師事京兆第五元先,學習《京氏易》、

① 關於鄉嗇夫,參考宫崎市定:《讀史札記》三《漢代の鄉制》(《アジア史研究》第一,東洋史研究會,一九五七)。鄉嗇夫主管一鄉的行政和司法事務,由縣任命,宫崎氏認爲"雖然決定時可能要斟酌鄉黨的意願,但是不一定存在投票選舉,而是在鄉里豪强的磋商會談中具陳反映鄉里輿論的意見"。但是,大庭脩在《漢の嗇夫》(《東洋史研究》一四卷一・二合刊號)一文中,反對這個觀點,他認爲嗇夫始終是處於民衆對立面的官僚群體的存在。

② 又及,得到地方長官的援助遊學的例子還有以下的記載。"楊終字子山,蜀郡成都人也。年十三,爲郡小吏,太守奇其才,遣詣京師受業,習《春秋》"(傳三八)。"陳寔字仲弓,潁川許人也。……少作縣吏,常給事廝役,後爲都亭佐。而有志好學,坐立誦讀。縣令鄧邵試與語,奇之,聽受業太學"(傳五二)。

《公羊春秋》、《三統曆》、《九章算術》，然後師從東郡張恭祖學習《周官》、《禮記》、《左氏春秋》、《韓詩》、《古文尚書》。[①] 在遊學的過程中，值得注意的是，他在第五元先處習得今文學和曆數、算數，在張恭祖那里學習今文學和古文學，也就是説，兼綜今古文，集大成於一身的鄭玄的學問基礎在此時就已經奠定。而且，他所學的曆數、算數之類的科學思想，這些知識最終在對古典的注釋中被援引。[②]

從第五元先和張恭祖處結束學業的鄭玄，放眼山東地域再也没有值得師事的學者，於是便進入關中，拜入扶風馬融門下。馬融（傳五〇上）此時已是八十餘歲的老人了，他是明德馬皇后的從侄，此人風致高雅，性喜奢華。"常坐高堂，施絳紗帳，前授生徒，後列女樂"的故事很是有名。雖然馬融學塾的門人繁盛時超過四百人，但被允許"升堂"的只有五十餘人，新入弟子採取由"高業弟子"間接指導的方法。鄭玄被"門人冠首"盧植介紹入門，然而三年間並没有機會向馬融老師當面請教學問，而是在附近自起精廬努力學習。[③] 鄭玄和馬融的首次面談是在兩人即將訣别之時，鄭玄隨即從馬融的學塾離去，這在《後漢書》鄭玄的本傳、《世説新語·文學》等文獻中都有記載。不過正如劉孝標所指出的那樣，應將其視爲"委巷之言"。鄭玄離開馬融學塾回到故鄉，應是由於馬融在延熹九年（166）離世的緣故。

鄭玄在馬融的學塾中學到了什麽？《文心雕龍·才略篇》稱"馬融鴻儒"，馬融的確是與鴻儒相稱的人物。他的著作以《三傳異同説》爲首，包括《孝經》、《論語》、《詩》、《易》、《三禮》、《尚書》、《列女傳》、《老子》、《淮南子》、《離騷》的注釋，還有賦、頌、碑、誄、書、記、表、奏、七言、琴歌、對策、遺令等二十一篇，不僅精通經學，還涵蓋了諸子、文學等多個領域。[④] 然而，鄭玄卻没有諸子或文學方面的著作。顯而易見，鄭玄對那些領域缺乏興趣。因此，問題便僅限於經學。不過馬融諸經兼綜的態度還是被鄭玄所繼承。

① 第五氏是京兆長陵的名族。《鄭學録·序》黄彭年《答唐鄂生書》將"第五元先"的"先"視爲衍字，本文從鄭珍説，認爲張恭祖的恭祖和元先都是字。《世説新語·文學》注引《鄭玄别傳》中明確的記有"故兗州刺史第五元先"。《後漢書》傳三一的第五種，字興先，也許是和他同一排行的族人。但是，鄭珍"康成在太學師之，其人乃經博士也"的觀點我很難認同。太學的五經博士，鑒於今文學的學風，應該是專攻一經的。縱使是諸經皆通的學者，作爲太學博士，理應只講一經，不會從一位老師那里學到那麽多的經書。我認爲鄭玄在太學的學業完成之後，又師事第五元先和張恭祖。

② 池田秀三《緯書鄭氏學研究序説》（《哲學研究》五四八號）認爲，這些曆數、算數知識和鄭玄的緯書學之間有很深的聯繫。

③ 盧植爲"門人冠首"，還有鄭玄修築精廬之事，都見於《世説新語·文學》注引《鄭玄别傳》。"精廬"一詞在《後漢書》中被用於如下情況，傳四三《姜肱傳》"盜……後乃就精廬，求見徵君"。注"精廬即精舍也"。又傳六九下《儒林傳》論"精廬暫建，贏糧動有千百"，注"精廬，講讀之舍"。參考拙作《静室考》（《東方學報》五九册）。

④ 關於馬融的學術，請參考池田秀三：《馬融私論》（《東方學報》五二册）。

《後漢書·儒林傳》中指出,在《費氏易》、《古文尚書》、《毛詩》、《周官》的注釋上,馬融和鄭玄之間有一定繼承關係。[1] 而且,晉人陳邵在他的《周禮論序》中指出,鄭玄爲《禮記》作注,依據的是馬融和盧植定下的文本。[2] 故而也不能忽視盧植的學問和鄭玄的學問之間的關係。如前所述,鄭玄拜入馬融門下是通過盧植(傳五四)的介紹,二人在學問上的關係還可以從以下例子中窺測一二。

《詩經·邶風·燕燕》的鄭箋認爲此詩是衛莊公的夫人莊姜之作。其言:“莊姜無子,陳女戴嬀生子,名完。莊姜以爲己子。莊公薨,完立。而州吁殺之。戴嬀於是大歸。莊姜遠送之於野,作詩見己志。”可是,《禮記·坊記》中引用的《燕燕》:“先君之思,以畜寡人”一句,鄭注則解釋爲該詩是較莊公時代稍後的定公夫人定姜之作——“此衛夫人定姜之詩也。定姜無子,立庶子衎。是爲獻公。畜,孝也。獻公無禮於定姜,定姜作詩,言獻公當思先君定公,以孝於寡人”。爲什麽對同一首詩的解釋會有這樣的分歧?當弟子炅模提出這樣的疑問時,鄭玄回答:“爲記注時就盧君。先師亦然。後乃得毛公傳。既古書,義又宜然。記注已行,不復改之”(《詩·燕燕》疏引《鄭志》)。惠棟在《後漢書補注》卷九中認爲,盧君就是盧植,先師即張恭祖輩。應從此解。也即,《禮記》注或許是依據盧植、張恭祖等人對《韓詩》的論斷,[3]而鄭箋則當然是基於毛傳的觀點。盧植在鄭玄前後辭别馬融學塾,回到故鄉涿郡涿縣(河北省涿縣)開塾。劉備、公孫瓚都是他的門人。盧植的著作有《尚書章句》、《禮記解詁》。他是一名堅定的古文學者,這在靈帝時太學立石經的上書中已然明了。

根據《後漢書》本傳的記載,鄭玄師從的先生只有第五元先、張恭祖和馬融三人,可從《誡子書》“游學周、秦之都,往來幽、并、兖、豫之域”這麽記述來看,鄭玄遊學的足迹跨過了廣闊的地域,顯然還有其他的老師。事實上,在郭緣生《述征記》的佚文中就有以下記載:“下相城西北,漢太尉陳球墓有三碑。近墓一碑記弟子盧植、鄭玄、管寧、華

---

① 關於《費氏易》,《後漢書·儒林傳》稱:“陳元、鄭衆皆傳《費氏易》,其後馬融亦爲其傳。融授鄭玄,玄作《易注》,荀爽又作《易傳》,自是《費氏》興,而《京氏》遂衰。”關於《古文尚書》,稱:“扶風杜林傳《古文尚書》,林同郡賈逵爲之作訓,馬融作傳,鄭玄注解,由是《古文尚書》遂顯於世。”關於《毛詩》,稱:“中興後,鄭衆、賈逵傳《毛詩》,後馬融作《毛詩傳》,鄭玄作《毛詩箋》。”關於《周官》,稱:“中興,鄭衆傳《周官經》,後馬融作《周官傳》,授鄭玄,玄作《周官注》。”

② 《經典釋文·序録》:“陳邵《周禮論》序云,戴德删古《禮》二百四篇爲八十五篇,謂之《大戴禮》。戴聖删《大戴禮》爲四十九篇,是爲《小戴禮》。後漢馬融盧植考諸家同異,附戴聖篇章,去其繁重及所敍略而行於世,即今之《禮記》是也,鄭玄依盧馬之本而注焉。”

③ 皮錫瑞《鄭志疏證》認爲,《坊記》注基於《齊詩》説。但是鑒於鄭玄與張恭祖的關係,本文認爲《坊記》注依《韓詩》。另外,根據《鄭志》可以知道,《禮記》注在先,鄭箋寫作在後。

歆等六十人。其一碑陳登碑。文並蔡邕所作”(《太平御覽》卷五八九《文部・碑》)。[①]下相城在江蘇省宿遷縣西北七十里(《讀史方輿紀要》卷二二),臨近陳球的故鄉下邳淮浦(江蘇省邳縣)。陳球(傳四六)“少涉儒學,善律令”,順帝陽嘉中舉孝廉後,始終於宦海沉浮,並没有在家鄉開設學塾的迹象。所以鄭玄大概是他在任官之地所收的弟子。鄭玄的《漢律章句》與他師事陳球當不無關聯。[②] 並且,鄭玄和盧植或許早在陳球門下已經結識,因此盧植才會幫忙介紹鄭玄拜入馬融學塾。

二、開塾——學塾的規模及其經營

鄭玄在結束了十數年的遊學之旅回到故鄉時,已過不惑之年——“游學周、秦之都,往來幽、并、兗、豫之域,獲覲乎在位通人,處逸大儒,得意者咸從捧手,有所受焉。遂博稽《六藝》,粗覽傳記,時覩秘書緯術之奥。年過四十,乃歸供養,假田播殖,以娱朝夕”(《戒子書》)。鄭玄四十歲是桓帝延熹九年(166),馬融恰好在當年去世,也許馬融學塾的解散成爲他回鄉的契機。當鄭玄回到故鄉,仰慕其品學的好學之士從各地雲集而來,逐漸形成了學塾的規模和形態。如前所述,學塾遷移到東萊不其山是在初平二年(191)左右,不久就被解散。總之,鄭玄學塾在2世紀後半期大約存在了二十五年,在太學已經荒廢了的東漢晚期,它就是取代太學的興盛的地方私塾之一。[③]

關於鄭玄學塾的規模,可以通過其本傳下面的記述窺得一二。“家貧,客耕東萊,學徒相隨已數百千人”、“弟子河内趙商等,自遠方至者數千”。數百千人是一定時期内學塾在籍者的概數,數千人則當是學塾開設二十五年間學生的總數。在鄭玄的葬禮上,“自郡守以下嘗受業者,縗絰赴會千餘人”。成百上千或數千人的數字實在令人震驚,然而,東漢時代,在地方開設的私塾確實或多或少有如此之大的規模。《後漢書・儒林傳・論》中就指出:“若乃經生所處,不遠萬里之路,精廬暫建,贏糧動有千百。其耆名高義開門受徒者,編牒不下萬人。”事實上,專事梁丘《易》的潁川鄢陵張興的弟子,據稱

① 關於《述征記》的研究,請參考森鹿三:《劉裕の北伐西征とその從軍紀行》(《東洋學研究　歷史地理篇》,東洋史研究會,一九七〇)。又,《水經注》卷二五《泗水注》:“泗水東南逕下相縣故城東,王莽之從德也。城之西北有漢太尉陳球墓,墓前有三碑,是弟子管寧、華歆等所造。”

② 《晉書》卷三〇《刑法志》:“叔孫宣、郭令卿、馬融、鄭玄諸儒章句十有餘家,家數十萬言。凡斷罪所當由用者,合二萬六千二百七十二條,七百七十三萬二千二百餘言,言數益繁,覽者益難。天子(魏明帝)於是下詔,但用鄭氏章句,不得雜用餘家。”

③ 請參考拙著《六朝精神史研究》(同朋舍,1984)第Ⅰ部第一章《黨錮と學問—とくに何休の場合—》。

著録在册的已達萬人,弟子數百人、數千人的記載並不罕見。[①] 當然,這些數以百千計的門徒並非全都由鄭玄直接教授。和馬融學塾的情況相似,新弟子的指導由舊弟子擔任,這將在下文詳述。

那麽,擁有成百上千人的學塾是如何管理經營的?其中當然夾雜了些許想象,但大概是以下情況。“自行束脩以上,吾未嘗無誨焉”雖然是《論語・述而》之語,然而即使在東漢時期,入門的弟子大概也還有交納束脩的習慣。[②] 可是,塾生糧食的確保,尤其是在東漢末的亂世之中是極其困難的。從目睹其末途的崔琰記載中,我們可以知道,“穀糴縣乏”最終成爲鄭玄學塾的奪命鎖。儘管《後漢書・儒林傳・論》言“嬴糧動有千百”,但不可能長期支撑學塾的生活,況且還有無力交納束脩,無法自備糧食入學的貧困學生。譬如,在長安學習歐陽《尚書》的來自沛郡龍亢的桓榮,就“貧窶無資,常客傭以自給”(傳二七)。像這樣的貧困學生,老師有時也會照顧。教授歐陽《尚書》的濟陰曹曾身邊聚集了三千門人,據説他“家財巨億”,“學徒有貧者皆給食”(傳六九《儒林傳》、《拾遺記》卷六)。另有任安在廣漢綿竹開設學塾之時,其母姚氏盡力協助,“安教授,每爲賑卹其弟子以慰勉其志”,於是,“安之門生益盈門”(《華陽國志》卷一〇中《廣漢士女總贊》)。

那麽,“家貧”的鄭玄的情形又是如何?據本傳記載,“玄自游學,十餘年乃歸鄉里。家貧,客耕東萊,學徒相隨已數百千人”,客耕東萊不僅是爲了支撑一家之生計,恐怕也是爲了維持學塾的經營,才有了數百乃至數千學徒同行。客耕東萊,在《戒子書》中描繪爲“假田播殖,以娱朝夕”,令他感到朝夕愉悦的應是與學生們研究和生産勞動一體化的共同生活吧。我認爲,生産勞動並不是鄭玄學塾的特有現象,而是任何一所學塾爲了維持其正常運作而必須要求學生承擔的一項重要日課,這就像後世禪院中僧侶勞作一樣。[③] 總之,可謂是鄭玄學塾集體農場的形態早在東萊時期就已經存在,因此才可能在後來黄巾寇掠時,舉塾遷往不其山。

鄭玄學塾也有來自外部的援助。孔子的二十世孫(一説二十四世孫)北海相孔融就是學塾的贊助者。孔融(傳六〇)的北海相任期從中平六年(189)開始,到興平元年

---

① 請參考市村瓚次郎:《後漢の經學及び選擧と士風との關係》(《支那史研究》,春秋社,1939)。

② 《述而》篇這一部分的鄭玄《論語》注没有留存下來。卜天壽本是從這幾條之後開始。參見金谷治編:《唐抄本鄭氏注論語集成》(平凡社,1978)。

③ 在本文第 273 頁③注釋所列拙文的注 16 中,我引用的《世説新語・德行》與管寧和華歆有關的故事可以作爲一個例證。另外,關於琅邪姑幕人承宫也有如下記載:“少孤,年八歲爲人牧豕。鄉里徐子盛者,以《春秋經》授諸生數百人,宫過息廬下,樂其業,因就聽經,遂請留門下,爲諸生拾薪。執苦數年,勤學不倦……”(傳一七)。請一并參閲拙著《六朝精神史研究・後記》中關於第一部第一章寫作意圖的論述。

(194)結束。因此,孔融與鄭玄學塾的關係,只不過是鄭玄學塾從北海高密遷到東萊之前的兩三年間的事情,但不管怎樣,他都是一個有實力的外部保護者。被實權者董卓厭惡,因而被迫擔任"黄巾寇數州,而北海最爲賊衝"的北海國長官這個倒楣的差事的孔融,到任之後,一邊整頓軍備以應對黄巾軍,一邊振興"承黄巾殘破之後"荒廢了的北海的政治和文教事務。"修復城邑,崇學校,設庠序,舉賢才,顯儒士。以彭璆爲方正,邴原爲有道,王脩爲孝廉"(《魏志》卷一二《崔琰傳》注引《續漢書》)。作爲彰顯儒士的一環,鄭玄和他的學塾也得到了援助,對鄭玄深相敬重的孔融"屣履造門",同時命高密縣爲鄭玄特設一鄉,名"鄭公鄉"。① 孔融的教令中言:

> 昔齊置"士鄉"(《國語·齊語》),越有"君子軍"(同《楚語》),皆異賢之意也。鄭君好學,實懷明德。昔太史公、廷尉吴公、謁者僕射鄧公,皆漢之名臣。又南山四皓有園公、夏黄公,潛光隱耀,世嘉其高,皆悉稱公。然則公者仁德之正號,不必三事大夫(三公)也。今鄭君鄉宜曰"鄭公鄉"。昔東海于公僅有一節,猶或戒鄉人侈其門閭(《漢書·于定國傳》)。矧乃鄭公之德,而無駟牡之路!可廣開門衢,令容高車,號爲"通德門"。(鄭玄本傳)

既然以齊之"士鄉"爲喻,那麼高密縣中被命名爲"鄭公鄉"的一隅,也因來自各地的學生在此生活而形成了類似學生街的景象吧。學塾所在之地可能形成市,甚至新的聚落。例如,張楷(字公超)退隱後學生亦隨之就學,在華陰山南形成了公超市。② 爲避漢末之亂而寄身遼東公孫度處的管寧也有這樣的記載——"因山爲廬,鑿坏爲室。越海避難者,皆來就之而居,旬月而成邑。遂講《詩》、《書》,陳俎豆,飾威儀,明禮讓,非學者無見也"(《魏志》卷一一《管寧傳》注引《傅子》)。總之,鄭玄居住之鄉不僅被命名爲"鄭公鄉",還在那里實施了"廣開門衢"的土木工程。不僅是門衢的改建,或許講堂和學舍的建設也被包括在内。③ 接到工事完成的報告,孔融再次向高密縣令發佈教令,慰

① 我認爲當時的高密縣令是孔融所舉孝廉王脩。《魏志》卷一一《王脩傳》載:"王脩,字叔治,北海營陵人也。……初平中,北海孔融召以爲主簿,守高密令。"

② 《後漢書》傳二六。張楷是順帝時人。但是,《後漢紀》卷二五"靈帝中平五年"條中,作李楷,其字亦爲公超。

③ 出現在《戒子書》中的"禮堂"應是指講堂,"末所憤憤者,徒以亡親墳壟未成,所好群書率皆腐敝,不得於禮堂寫定,傳與其人。日西方暮,其可圖乎!"又,《漢成陽令唐扶頌》(《隸釋》卷五)中講堂被稱作"授堂","造立授堂,四遠童冠,摳衣受業,著録千人"。參見都築晶子:《後漢後半期の處士に關する一考察》(《琉球大學法文學部紀要(史學·地理學篇)》二六號)。與此同時,還有稱爲"講堂"的叫法。見於本文第 29 條注釋中所揭示的《後漢書·楊震傳》。

勞參與工事的相關人員。

> 高密侯國。牋(來書)言,鄭國(公?)增門之崇,令容高車結駟之路。出麥五斛以酬執事者之勞。(《太平御覽》卷八三八《百穀部·麥》"孔融教高密令")

不僅如此。孔融認爲財務官員宜用公卿之才,於是他任命鄭玄爲計掾、彭璆爲計吏、邴原爲計佐(《魏志》卷一一《邴原傳》注引《邴原别傳》)。因爲鄭玄一生都是處士身份,即使被任命爲計掾,大概也是爲了獲取俸禄的方便之法。此後,鄭玄寄身於徐州陶謙處之時,孔融還發佈了教令,待其歸鄉,教令云:"鄭公久游南夏。今艱難稍平,儻有歸來之思。無寓人於室毁傷其藩垣林木,必繕治墻宇以俟還(依據《孟子·離婁下》)。"當鄭玄回鄉之際,孔融告僚屬:"昔周人尊師,謂之尚父。今可咸曰鄭君。不得稱名也"(《太平廣記》卷一六四《商藝小説》)。

三、門人帳(一)

鄭玄學塾中肯定有學生的名簿,即"牒(門人帳)"。但是,那樣的東西當然不可能保存至今,在鄭玄學塾學習的成百上千名學徒中,最終能留名的是極少數。以鄭珍《鄭學録》卷四《弟子目》作爲參考,嘗試復原門人帳。王利器教授的《鄭康成年譜》中《弟子》項備考。

(i)《後漢書·鄭玄傳》中所見之門人

趙商

《鄭玄傳》言:"弟子河内趙商等,自遠方至者數千"。這里趙商的名字被特别記録下來,可能是因爲他是鄭玄門人中的領軍人物,也即所謂的"門人冠首"。《鄭玄碑銘》亦是趙商所作,唐劉知幾《孝經注議》中認爲,趙商所作碑銘中具載鄭玄的注釋和其他的著述,但卻没有提及《孝經》注,這是鄭玄没有作《孝經》注的一個證據(《孝經·序疏》、《唐會要》卷七七《論經義》、《文苑英華》卷七六六)。趙商之名還將在下文敘述的《鄭志》和《鄭記》中反復出現。和晋司馬氏相同,趙商也是河内温(河南省温縣)人。"鄭玄自序曰,趙商子(子是衍字),字子聲。河内温人。博學有秀才,能講難,而吃不能劇談"(《太平御覽》卷七四〇《疾病部·吃》)。他也是一個像"口吃不能劇談,默而好深湛之思"(《漢書》卷八七上)的揚雄一樣的人物。而且,通過他寄給鄭玄的書信,可以窺得他的學問觀之一豹。"夫學之於人,猶土地之有山川也,珍寶於是乎出。猶樹木之有枝葉也，本根於是乎庇也”(《太平御覽》卷六〇七《學部·敍學》)。

郗慮

《鄭玄傳》載：“其門人山陽郗慮至御史大夫，東萊王基、清河崔琰著名於世。”又《魏志·武帝紀》“建安十八年條”注引《續漢書》亦有：“慮字鴻豫，山陽高平人(山東省鄒縣)，少受業于鄭玄，建安初爲侍中。”雖然他在鄭玄學塾中的情形不詳，但是不難想象他因爲在學期間與學塾的庇護人孔融建立聯繫，從而出仕北海相府。如此推測，是因爲此後曹操給孔融的信中寫道，“昔國家東遷”，即建安元年(196)漢獻帝從長安遷都至洛陽，“文舉盛歎鴻豫名實相副，綜達經學，出於鄭玄，又明《司馬法》。鴻豫亦稱文舉奇逸博聞”，且孔融的回信中言：“融與鴻豫州里比郡，知之最早”，“郗爲故吏，融所推進”(傳六〇《孔融傳》)。縱然孔融和郗慮最初確實關係親密，二人後來卻終生嫌隙。曹操致信孔融，本來是爲了使二人和解，可是時任御史大夫的郗慮，卻彈劾少府卿孔融，建安十三年(208)，孔融被處以棄市之刑。兼之，郗慮是受曹操指派的幽崩獻帝伏皇后之人，鄭珍非常憎惡郗慮，認爲《後漢書》將其列爲門生之首是没有見識的，在《弟子目》中將其貶至門人的末尾。這大概體現了清儒的潔癖。

王基

《魏志》卷二七有傳。字伯輿，東萊曲城(山東省掖縣)人。他是曹魏對吴戰綫中憑借武勛綻放光輝的人物。他年少時的經歷僅被記載了這些：“年十七，郡召爲吏，非其好也，遂去，入琅邪界游學”，没有涉及曾在鄭玄學塾就學。而且，清乾隆年間在洛陽發現的《王基斷碑》(《金石萃編》卷二四)中，刻有“年七十二，景元二年辛丑薨”。景元二年是西元261年。故此，王基應生於初平元年(190)，恰值鄭玄學塾解散前後。鄭玄在建安五年(200)離世，那時他只不過是一個十一歲的少年。因此，錢大昕認爲，應當謹慎對待《後漢書·鄭玄傳》中的記事。“基治經常申鄭而駮王肅，故蔚宗(范曄)疑爲康成弟子。要是私淑鄭學，非親受業者也”(《廿二史考異》卷一一)。汪中也認爲：“其于鄭君非親炙也。《後漢書》特以基據持鄭義，常與王肅抗衡，遂列基于門人，不若《魏志》但言入琅琊界游學爲得實”(《述學·補遺·王基碑跋尾》)。

然而，王基是鄭玄親炙弟子的誤會，在范曄以前就已存在。東晉時，濮陽太守劉嘏與同姓的劉疇結爲婚姻，引起世間轟動，光禄大夫荀松在陳述意見的上書中，將王基作爲鄭玄的弟子這樣説道：“王伯輿，鄭玄高雋弟子也。爲子稚賓娶王處道(太原王沈)女。當得禮意，於時清談，盡無譏議”(《通典·禮典二〇》“同姓婚議”)。產生誤會的原因就如同錢大昕和汪中所指出的那樣，王基在學問上繼承了鄭玄，立場堅定的反對鄭玄對立面的王肅。王基是鄭非王之事,《王基傳》中也有明確記載,[1]同時,《經典釋文·序録》亦言:"鄭玄作《毛詩》箋,申明毛義難三家。於是三家遂廢矣。魏太常王肅更述毛非鄭,荆州刺史王基駁王肅申鄭義。"以對《小雅·六月》之詩的解釋,作爲一個具體的例子來闡釋。

如《詩序》所言:"六月,宣王北伐也",《六月》是歌頌周宣王北伐的詩歌。通觀六章,鄭玄對此解釋爲:"獨遣(尹)吉甫,王不自行",王肅則認爲是宣王親征。此詩的終章:"吉甫燕喜,既多受祉,來歸自鎬,我行永久,飲御諸友,炰鱉膾鯉,侯誰在矣,張仲孝友。"《毛傳》對此言道:"使文武之臣征伐,與孝友之臣處内。"王肅認爲:"宣王親伐玁狁,出鎬京而還。[2] 使吉甫迫伐追逐,乃至於太原。"總之,親征的宣王提前回到了國都,當被命令追擊玁狁的尹吉甫回來時,王已經在國都中了。所以才有《毛傳》"與孝友之臣處内"的解釋。然而,"鄭玄之徒"王基反對王肅的觀點。他認爲"六月(之詩)使吉甫,采芑命方叔,江漢命召公。唯常武宣王親自征耳。"疏繼續記録了作爲"王肅之徒"的孔晁徑從王説,而孫毓又贊成鄭説。由此可見,六朝時期鄭學和王學之間對立之深。

崔琰、王經

崔琰字季珪,清河東武城(山東省武城縣)人。正如開篇所述,他是親歷了鄭玄學塾末期之人。回到了故鄉的崔琰,不久即出仕於袁紹幕府,官渡之戰袁紹敗北後,轉仕曹操,一度官至中尉,不過,最後的結局還是被曹操賜死。據載,同崔琰一起去鄭玄學塾遊學的公孫方早逝,崔琰撫育他的遺孤如同己子。

在記載了鄭玄學塾解散時的情狀的《三齊記》中,與崔琰同載的名字還有王經。王經字彦偉,也是清河人。他以因忠於高貴鄉公被司馬氏誅殺而爲世人所知。《魏志》卷九《夏侯玄傳》記録了他的如下事迹。王經任郡太守時,他的母親曾勸誡他,"汝田家子,今仕至二千石,物太過,不祥。可以止矣"。可是,王經並没有聽從勸誡,歷任二州刺史、司隸校尉,最終事敗身死。"田家子",《世説新語·賢媛》作"寒家子",無論哪種情況,他出身於没有名望的家庭是肯定的。《魏志》卷二四《崔林傳》注引《晉諸公贊》云,"初,林識拔同郡王經於民伍之中,卒爲名士。世以此稱之"。崔琰是崔林的從兄,

① "散騎常侍王肅著諸經傳解,及論定朝儀,改易鄭玄舊説,而基據持玄義,常與抗衡。"

② 四章"侵鎬及方,至於涇陽"的"鎬",王肅解釋爲鎬京,王基據鄭箋將"鎬"及"方"解釋爲"北方地名"而批判王肅如下:卒章中"來歸自鎬,我行永久"是尹吉甫自鎬來歸之意。猶如《春秋》中言"公至自晉"、"公至自楚",表達的是從晉、楚歸來之意。故劉向引用這首詩,言"千里之鎬,猶以爲遠"(《漢書》卷五九《張湯傳》)。長安和洛陽歷代爲帝京,而濟陰有長安鄉,漢中有洛縣,與京師同名。這里的"鎬"也並非"鎬京",而是指去京師千里之地。

王經和崔琰一同在鄭玄學塾就學,或許是接受了清河崔氏的幫助。

順便一提的是,在《後漢書・鄭玄傳》"論"中,范曄這樣道:"王父豫章君(范甯)每考先儒經訓,而長於(鄭)玄,常以爲仲尼之門不能過也。及傳授生徒,並專以鄭氏家法云。"范曄的祖父范甯,在先儒中最尊敬的是鄭玄,在教授門生時也採用鄭玄的家法。事實上,范氏家傳鄭學可能是因爲范甯的曾祖父范晷爲了遊學曾舉家從南陽順陽遷居清河的緣故(《晉書》卷九〇《良吏傳》)。我猜想,在清河,范晷接觸到了崔琰等人帶回當地的鄭學,並將這一學統傳給了子孫。范晷在清河遊學應是三國時期之事。

國淵、任嘏

《鄭玄傳》又載:"樂安國淵、任嘏,時並童幼,玄稱淵爲國器,嘏有道德"。國淵在《魏志》卷一一有傳,"國淵,字子尼,樂安益(山東省壽光縣)人也。師事鄭玄",這里裴注引《鄭玄別傳》又云,"淵始未知名。玄稱之曰:'國子尼,美才也。吾觀其人,必爲國器。'"任嘏,字昭先,王昶在《戒子書》中稱讚其爲:"樂安任昭先,淳粹履道,內敏外恕,推遜恭讓,處不避洿,怯而義勇,在朝忘身。吾友之善之,願兒子遵之"(《魏志》卷二七)。此處據裴注所引《任嘏別傳》,任嘏是樂安博昌(山東省博興縣)的著姓出身,雖然他"年十四始學,疑不再問,三年中誦五經,皆究其義,兼包群言,無不綜覽,於時學者號之神童",卻没有他師從鄭玄的記載。

(ii)《後漢書・鄭玄傳》以外所見的門人

程秉

《吴志》卷八本傳中載,"逮事鄭玄"。程秉,字德樞,汝南南頓(河南省項城縣)人。之後避亂交州,與以《釋名》作者爲人所知的劉熙考論大義,博通五經。劉熙的傳記雖然不明,但當時他似乎是交州的地方官。劉熙和鄭玄是同鄉,都出身北海。從在交州師事劉熙的南陽許慈"師事劉熙,善鄭氏學"(《蜀志》卷一二)來看,劉熙似乎也是一位繼承了鄭學的學者。通過許慈,鄭學傳入蜀地。①

宋均

劉知幾在《孝經注議》中列舉了十二條證據論述鄭玄未注《孝經》,其中第六條這樣説道,"《春秋緯演孔圖》注云,康成注《三禮》、《詩》、《易》、《尚書》、《論語》,其《春秋》、《孝經》則有評論。宋均《詩緯序》云,我先師北海鄭司農。則均是玄之傳業弟子。師有

① 請參考周祖謨:《書劉熙釋名後》(《問學集》下,中華書局,1966),拙稿《蜀における讖緯の學の傳統》(安居香山編:《讖緯思想の綜合的研究》,國書刊行會,1984)。

注述,無容不知。而云《春秋》、《孝經》唯有評論。非玄所注特明。其驗六也。”如果相信這條材料的話,那麽宋均應是鄭玄的弟子,尤其是鄭玄讖緯之學的繼承者。[①]《隋書·經籍志》(以下簡稱《隋志》)的《經部·讖緯》小序云,“漢末,郎中郗萌,集圖緯讖雜占爲五十篇,謂之《春秋災異》。宋均、鄭玄,並爲讖律之注”,以“《詩緯》十八卷,魏博士宋均注”爲代表,《隋志》收録了宋均的多部緯書注釋。[②]

韓益

《隋志》引《梁録》言“《尚書釋問》四卷,魏侍中王粲撰”,《舊唐書·經籍志》中則記載爲:“《尚書釋問》四卷,鄭玄注。王粲問,田瓊、韓益正。”如後所述,田瓊是將在《鄭志》中登場的鄭玄門生,故此,韓益很可能也是鄭玄的弟子。總之,《尚書釋問》可能是一本王粲向田瓊和韓益兩人提出問題,糾正鄭玄《尚書》注中謬誤的書。唐·元行沖《釋疑》對該書評論道:“王粲稱,伊洛已東,淮漢之北,一人而已,莫不宗焉,咸云先儒多闕,鄭氏道備。粲竊嗟怪,因求其學。得尚書注,退而思之,以盡其意。意皆盡矣,所疑之者,猶未喻焉。凡有兩卷,列於其集。”(《舊唐書》卷一〇二)[③]

(iii) 附　與鄭玄有學術關係之人

孫炎

鄭玄的再傳弟子。字叔然,因爲他和晉武帝同名,所以一般稱字。《魏志》卷一三《王肅傳》言,“時樂安(山東省博興縣)孫叔然,受學鄭玄之門,人稱東州大儒。徵爲秘書監,不就。肅集《聖證論》以譏短玄,叔然駁而釋之,及作《周易》、《春秋例》、《毛詩》、《禮記》、《春秋三傳》、《國語》、《爾雅》諸注,又注書十餘篇”。其中《爾雅》注最爲著名。《顔氏家訓·音辭》篇就將反語的創始歸於此書。[④] 又朱彝尊《經義考》卷二三七中記載,“按《訪碑録》載,淄州長山縣西南三十里長白山東有孫炎碑。碑陰有門徒姓名。係甘露五年(二六〇)立。惜今不可得見矣”。

---

① 關於鄭玄讖緯學的意義,請參照本文第6條注釋中池田的論文。

② 蔣清翊在《緯學源流興廢考》卷中《師承》中,將弟子宋均解爲《後漢書》傳三一中的宋均(字叔庠,南陽安衆人),該宋均在建初元年(76)去世,時代不同,應是同名異人。

③ 《困學紀聞》卷二言:“《顔氏家訓》云,《王粲集》中《難鄭玄〈尚書〉事》,今僅見於唐元行沖《釋疑》”,這里原注釋中引用《釋疑》時改變了幾處文字。《顔氏家訓·勉學》篇:“俗間儒士,不涉群書,經緯之外,義疏而已。吾初入鄴,與博陵崔文彦交遊,嘗説《王粲集》中難鄭玄《尚書》事。崔轉爲諸儒道之,始將發口,懸見排蹙,云:‘文集止有詩賦銘誄,豈當論經書事乎?且先儒之中,未聞有王粲也。’崔笑而退,竟不以粲《集》示之。”

④ “孫叔言(然)創《爾雅音義》,是漢末人獨知反語。至於魏世,此事大行。高貴鄉公不解反語,以爲怪異。”把孫炎當做漢末時人是錯誤的。

臨碩

與鄭玄一樣是北海人。字孝存。他是當時的知名之士,因其英年早逝的緣故,北海相孔融非常遺憾没有和他見面的機會,於是下命讓他和下文的甄子然一起配食縣社(傳六〇《孔融傳》)。伏滔在《青楚人物論》(《世説新語・言語》注)中,也將他和鄭玄等人一起視爲青土才德之士的代表。《鄭玄傳》中記録了鄭玄的一本著作《答臨孝存周禮難》,劉知幾《孝經注議》中稱,《鄭志》的目録中所列舉的鄭玄著作中也有《答臨碩難禮》,是鄭玄回答臨碩關於《周禮》論難的書,其原委在賈公彦《序周禮廢興》中有詳細的闡述。"……然則《周禮》起於成帝劉歆而成于鄭玄,附離之者大半。故林(臨)孝存以爲,武帝知《周官》末世瀆亂不驗之書。故作《十論七難》以排棄之。何休亦以爲六國陰謀之書。唯有鄭玄徧覽群經,知《周禮》者乃周公致太平之迹。故能答林碩之論難,使《周禮》義得條通。"臨碩應當不是像何休那樣有獨樹一幟的主張而與鄭玄抗衡的學者。而似是因爲有同鄉之誼,故而將與《周禮》有關的《十論七難》向鄭玄求教。[①] 試舉一例論之。

關於《周禮・春官・女巫》:"凡邦之大災,歌哭而請(鄭注,有歌者,有哭者,冀以悲哀感神靈也)",臨碩這樣論難:"凡國有大災,歌哭而請。魯人有日食而哭。《傳》(《左傳》"昭公二十一年")曰:'非所哭。'哭者哀也,歌者是樂也。有哭而歌,是以樂災。災而樂之,將何以請。哀樂失所,禮又喪矣。孔子曰:'哭則不歌。'歌哭而請,道將何爲。"孔子之言在《論語・述而》篇,"子食於有喪者之側,未嘗飽也。子於是日哭,則不歌"。在國家發生了重大災難之時,無論是哭泣也好,還是歌唱以請求神靈的庇佑,都是臨碩無法理解的。對此,鄭玄的回答有些冗長,總之結論是:"此云歌者,憂愁之歌,若(大雅)云漢之詩是也"。

甄子然

高密人。他和臨碩一起配食縣社,和鄭玄也有某些聯繫。根據劉知幾在《孝經注議》中的論述,"《鄭志》目録記鄭之所注。五經之外,有……《答甄守然等書》。寸紙片言,莫不悉載。若有《孝經》之注,無容匿而不言。其驗三也"。這裏的"甄守然"當是"甄子然"的誤寫,又,《太平御覽》卷八四一《百穀部・豆》所引用的孔融的教令中,出現了被稱爲"志士"(或記爲"烈士")的鄧子然,似乎也是甄子然的誤記。從"孔融教高密

① 《答臨孝存難周禮》全文不存,僅見於經疏中的片言隻語,輯本見孔廣林《通德遺書所見録》,袁鈞《鄭氏佚書》等文獻,又皮錫瑞曾作疏證。

令曰,志士鄧子然告困。焉得愛釜庾之間以傷烈士之心。今與豆三斛。後乏復言”來看,甄子然確實是符合被稱爲志士(烈士)之人。《後漢書》傳三一《第五種傳》記載:

兗州刺史第五種憎惡濟陰太守中常侍單超之姪單匡爲政苛暴,上奏單匡之罪狀,並彈劾單超。單超是當時極有權勢的宦官,當然要實行報復,第五種遂被流徙朔方。朔方太守偏偏是單超的外孫董援。第五種的故吏孫斌無計可施,與友人閭子直、甄子然商議,從他們那裏得到了合作的承諾後,孫斌携俠客在太原將第五種成功奪回,此後數年,第五種在閭氏和甄氏之處輪流渡過。因爲單超已在延熹三年(160)去世,所以這是那以前發生的事情。

荀彧

《周禮·地官·調人》:“調人掌司萬民之難而諧和之(鄭注。難,相與爲仇讎,諧猶調也)……凡和難,父之讎,辟諸海外,兄弟之讎,辟諸千里之外……(鄭注。和之使辟於此,不得就而仇之,九夷八蠻六戎五狄,謂之四海)”有疏如下:“案漢時徐州刺史荀文若問玄。《周禮》父之讎辟之海外。今青州人,讎在遼東,可以王法縱不討乎。當問之時玄已年老昏耄,意忘九夷八蠻六戎五狄謂之四海。然則《周禮》在四海之外辟之。如是亦是遠矣。近則青州遼東作難,未達周公聖意所趣。若文若之難,海水爲四海。故今辨之。”

上文的大意如下。荀文若向鄭玄提問,“《周禮》説如果父親的仇敵避之海外時不應該去征討,那麽假設青州人的仇敵在遼東,也不應該征討嗎?”那時,鄭玄已經已近耄耋之年,忘記了自己曾注《周禮》的“海外”爲“九夷八蠻六戎五狄”。結果他回答不應該征討。然而,《周禮》中此處的“海外”應是被統稱爲“九夷八蠻六戎五狄”的僻遠未開化之地,而非荀文若理解的、或鄭玄懵然贊同的“海水爲四海”之意。因而不能將與青州一衣帶水之地的遼東視爲海外。

這里的荀文若就是作爲曹操的智囊而爲人們所熟知的荀彧(《魏志》一〇)。但是,把荀彧稱爲“漢時徐州刺史”是值得懷疑的。荀彧未曾擔任過徐州刺史,鄭玄在初平二年(191)、三年間,從東萊到徐州的郯縣避難時的徐州刺史是陶謙,陶謙在興平元年(194)十二月逝世,劉備繼任其職。鄭玄離開徐州回到高密,當時的徐州刺史應該依然是劉備。雖然有以上問題,但是我們要注意《魏志·武帝紀》“興平元年”條中有這樣的記録:“初,太祖(曹操)父嵩去官後還譙。董卓之亂,避難琅邪,爲陶謙所害。故太祖志在復仇東伐。夏,使荀彧、程昱守鄄城(山東省濮州縣),復徵陶謙,拔五城,遂略地至東海。還過郯”。鄭玄和荀彧相遇的時間設定在此前後應該是合理的,如果是那樣的話,必須説這是一個極其現實的問題,因爲荀彧提問時的用意似乎在曹操向陶謙復仇之事。

四、門人帳(二)——《鄭志》和《鄭記》

上文中曾反復提到的《鄭志》,是鄭玄回答弟子們問題的記録集。《鄭玄傳》中載,“門人相與撰玄答諸弟子問《五經》,依《論語》作《鄭志》八篇”,《隋志》中著録有“《鄭志》十一卷,魏侍中鄭小同撰”。鄭小同是鄭玄之孫,也即鄭玄爲之作《戒子書》的鄭益恩的遺腹子。鄭益恩是孔融的故吏,孔融被黄巾軍圍困之時,他赴難殞身(《魏志》卷三《高貴鄉公紀》甘露三年注引《鄭玄别傳》)。小同是高貴鄉公的侍中,被司馬昭毒殺死於非命。不論怎樣,鄭玄在建安五年(200)去世之時,他還是個幼童。《四庫提要》推測:“疑追録之者諸弟子,編次成帙者則小同。《後漢書》原其始,《隋書》要其終”(卷三三《經部・五經總義類》),《鄭學録》卷三《書目》認爲,鄭玄去世後不久弟子們就彙集整理出八卷本《鄭志》,之後鄭小同增補爲十一卷。

不過《隋志》中,《鄭志》之後接着著録了“《鄭記》六卷,鄭玄弟子撰”。劉知幾在《孝經注議》中是這樣説明《鄭志》和《鄭記》的不同的。首先是《鄭志》。“鄭君卒後,其弟子追論師所注述,及應對時人,謂之《鄭志》。”這個説明基本上與《鄭玄傳》所説一致。如前所述,《鄭志》中有鄭玄著作的目録,與《孝經注議》的記載相同。接下來是《鄭記》。“鄭之弟子,分授門徒,各述師言,更爲問答。編録其語,謂之《鄭記》。”换言之,《鄭志》是鄭玄和門生之間直接問答,包括與時人之間的應對的記録,《鄭記》則是鄭玄的門生和他們的門人,即鄭玄的徒孫之間問答的記録。後世的書籍(多以經書的疏證爲主)在引用時,常會混淆《鄭志》和《鄭記》。但是至少可以從形式上區别兩者如下。

> “A 問……(鄭)答(A)曰……”(回答中,鄭和 A 有省略的情況),或者完全脱漏提問,直接是“(鄭)答(B)曰……”→《鄭志》
>
> “乙問(甲)曰……甲答(乙)曰……”,或者脱漏提問作“甲答(乙)曰……”→《鄭記》

譬如,《禮記・曲禮下》:“五官致貢曰享”之疏,“……故《鄭志》崇精問焦氏云……焦氏答曰……”,同樣的,《月令》:“季夏之月……鷹乃學習”之疏,“按《鄭志》焦氏問云……張逸答曰……”等等,顯然是《鄭記》之誤。

不管怎樣,《鄭志》和《鄭記》這兩種文獻的存在,爲考察鄭玄學塾的教學方法提供了一條綫索。也就是説,鄭玄學習了馬融學塾的教學方法——“弟子以次相傳,鮮有入其室者”(《馬融傳》),“融門徒四百餘人,升堂進者五十餘生。融素驕貴,玄在門下,三年不得見,乃使高業弟子傳授於玄”(《鄭玄傳》)這種方法應該也被使用於鄭玄的學塾。《鄭記》正是具體體現這種教學形式的記録。袁鈞的《鄭氏佚書》在對《鄭志》的解題中提及《鄭記》,他認爲:“又有焦喬、崇精、王權、鮑遺、任厥、崇翱、桓翱、劉德、陳鏗、陳鑠諸人之問。答者張逸、趙商、田瓊、王瓚、焦喬、氾閣,而焦氾二人語頗多,顧不見鄭君問答中(即《鄭志》)。要必及事鄭君,與於弟子之列。即所謂分授門徒,各述師訓,更爲問答者。乃《鄭記》非《鄭志》也。”時間追溯至西漢時代,《漢書》卷五六《董仲舒傳》也有“弟子傳以久次相授業,或莫見其面”的記載,顏師古注云:“言新學者但就其舊弟子受業,不必親見仲舒。”董仲舒門生的數量已不可知,在有數百名或數千名在籍者的學塾中,老師一定很難直接教授全部學生,所以由舊弟子給予新弟子間接的指導應是相當普遍的方式。爲老師代講之人,在當時似乎被稱爲“都講”。①

儘管可以推測《鄭記》中包含了學塾解散之後或鄭玄去世之後的記録,但是,在如前文所舉出的《禮記・月令》疏中誤引爲《鄭志》的例子中,焦氏和張逸之間的問答顯然發生在焦氏還在鄭玄學塾學習的期間。就像在下文中會説明的那樣,張逸應該同趙商一樣是鄭玄入門較早的弟子。而焦氏(恐怕是焦喬)在《鄭記》中既作爲問者也作爲答者登場的情形,比如,圍繞《禮記・月令》:“季夏之月,……鷹乃學習”,焦氏和張逸展開了如下問答,“焦氏問云,仲秋乃鳩化爲鷹,仲春鷹化爲鳩(兩種説法均出自《月令》),此六月何言有鷹學習乎?張逸答曰,鷹雖爲鳩,亦自有真鷹可習矣”。學習即鷹習得攻擊小動物之術。的確,鷹在仲春二月會變化成鳩——中國古人是這樣認爲的——但是也有不變爲鳩的真正的鷹存在,它們將在季夏六月學習,這是張逸的回答。

這里再贅言幾句,②在後世的書籍中《鄭志》通常被直接引用爲“《鄭志》曰……”不過從《周禮・秋官・大司寇》疏中引《易志》,《詩經・小雅・甫田》和《檜譜》疏中引《尚書鄭志》,《小雅・采芑》疏中引《周禮志》,《周禮・春官・保章氏》疏中引《春秋志》等

① “都講”的事例,可以從《後漢書》中選取一些如下。傳一六《侯霸傳》:“師事九江太守房元,治《穀梁春秋》,爲元都講。”傳一七《郭丹傳》:“既至京師,常爲都講,諸儒咸敬重之。”傳二七《桓榮傳》:“榮卒……除兄子二人補四百石,都講生八人補二百石,其餘門徒多至公卿。”同卷《丁鴻傳》:“鴻年十三,從桓榮受《歐陽尚書》,三年而明章句,善論難,爲都講。”傳四四《楊震傳》:“震少好學,受《歐陽尚書》於太常桓郁,明經博覽,無不窮究。諸儒爲之語曰:‘關西孔子楊伯起。’常客居於湖,不答州郡禮命數十年,衆人謂之晚暮,而震志愈篤。後有冠雀,銜三鱣魚,飛集講堂前,都講取魚,進曰:‘蛇鱣者,卿大夫服之象也。數三者,法三台也。先生自此升矣’……”

② 皮錫瑞以袁鈞《鄭氏佚書》爲底本作《鄭志疏證》,還有《鄭記攷證》。

等來看,可以認爲,《鄭志》本來是按照不同經書分類整理成書的。又,《周禮·地官·小司徒》疏中引《禮雜問志》,《詩經·邶風·旄丘序》疏中引《雜問志》,就像《詩經·大雅·嵩高》疏中"《雜問》之志首尾無次"所説的那樣,《雜問》收録的是缺乏完整性、提問者姓名不詳的内容。那麽,在《鄭志》中被記録了姓名的提問者,或是從鄭玄處得到回答之人,在現存的文章中只有八位,他們的名字分别出現在以下諸篇中。①

趙商(《尚書志》、《毛詩志》、《周禮志》、《儀禮志》、《禮記志》、《春秋志》)

張逸(《尚書志》、《毛詩志》、《周禮志》、《禮記志》、《春秋志》)

孫皓(《毛詩志》、《禮記志》、《春秋志》)

劉琰(《毛詩志》、《周禮志》)

炅模(《毛詩志》、《禮記志》)

冷剛(《易志》)

王瓚(《禮記志》)

田瓊(《禮記志》)

《鄭志》中最常出現的是趙商和張逸兩人,尤其是可能爲"門人冠首"的趙商,在除了《易志》之外的所有篇目中都有登場。他的名字唯獨没有在《易志》中出現,可能是因爲《周易》注是鄭玄最晚年的作品。如前所述,趙商撰寫了鄭玄的碑銘,那麽他無疑是在鄭玄之後離世,故而鄭玄的《周易》注應是學塾解散之後的著作。劉知幾在《孝經注議》所引用鄭玄的《自序》中,體現出他注經的以下順序:"遭黨錮之事起,逃難注《禮》。黨錮事解,注《古文尚書》、《毛詩》、《論語》。爲袁譚所逼,來至元城(河北省大名縣),乃注《周易》。"袁譚是袁紹之子。"爲袁譚所逼"指的是《鄭玄傳》中記載的建安五年(200),"時袁紹與曹操相拒於官度,令其子譚遣使逼玄隨軍。不得已,載病到元城縣,疾篤不進,其年六月卒"之事。鄭玄坐黨禁,如後所述,是在建寧三年(170)、四年間,從那時起直至中平元年(184)黨禁解除,鄭玄作了《三禮》注,在黨禁解除後,又作《古文尚書》、《毛詩》、《論語》注,在建安五年去世之前,作《周易》注。如果是這樣的話,《易志》中所保留的唯一一個人名冷剛,應是在鄭玄晚年的最後時光師事鄭玄的門生。因爲只

① 根據《通德遺書所見録》整理。孔廣林和袁鈞認爲,《太平御覽》卷九九八《百卉部·莠》:"韋曜問曰:'甫田維莠,今何草?'答曰:'今之狗尾也。'"是《鄭志》佚文,皮錫瑞在《鄭志疏證》的《自序》中指出了這個錯誤:"《鄭志》有殿本、錢本、孔本、袁本之異。袁後出,最詳審,其中亦有疏失,如引《御覽》'韋曜問曰'一條爲《鄭志》,謂韋亦鄭君弟子,不知此乃《毛詩》'答雜問'語,韋以孫皓鳳皇二年被誅,華覈疏救之,曰曜年七十,鄭君卒於建安五年,距鳳皇二年,凡七十四年,是韋不及見鄭,不得在弟子之列也。"

有他以《周易》注向鄭玄提問。①

關於《鄭志》中最經常出現的趙商和張逸,對於趙商前文已有所述。張逸是鄭玄的同縣人,也即高密人。鄭玄賞識他,收其爲弟子,而且把弟女嫁給了他。據《鄭玄别傳》載,"故尚書左丞同縣張逸,年十三爲縣小史。君謂之曰:'爾有贊道之質。玉雖美,須雕琢而成器。能爲書生以成爾志不?'對曰:'願之。'乃遂拔於其輩,妻以弟女"(《太平御覽》卷五四一《禮儀部・婚姻下》)。雖然並不清楚除此之外的事情,但是,在記載了幽州刺史劉虞被公孫瓚殺害時的情形的《魏志》卷八《公孫瓚傳》注所引《英雄記》中出現的張逸,或許與之是同一個人。"虞之見殺,故常山相孫瑾、掾張逸、張瓚等忠義憤發,相與就虞,罵瓚極口,然後同死。"劉虞被害發生在初平四年(193)。如果的確是同一個人,那麽《鄭玄别傳》中所稱"故尚書左丞",應是死後贈官。

總之,在《鄭志》中登場的鄭玄的門人們的事迹,有關趙商和張逸的我們只了解這麽多。② 與在青史中留名,使正史爲之立傳的門人們不同,他們只是因爲向老師提出了學術上的問題,作爲得到老師回答之人在《鄭志》中留下名字。但是,他們一定是鄭玄學團中的核心人物。這同樣也適用於那些在《鄭記》中登場的人們。在《鄭記》中所顯示的問者與答者的組合以及他們出現的次數,如下所示:

問者	答者	回數
劉德	田瓊	5
焦氏(焦喬?)	張逸	3
崇精	焦氏	3
陳鑠	趙商	2
陳鏗	田瓊	2
陳鑠	氾閣	1
陳鏗	張逸	1

① 《周禮・秋官・大司寇》疏:"《易志》,冷剛問:'大畜六四,童牛之梏,元吉。注,巽爲木,互體震,震爲牛之足,足在艮體之中,艮爲手持木以就足,是施梏,又蒙初六注云,木在足曰桎,在手曰梏。今大畜六四,施梏於足,不審桎梏手足定有别否?'答曰:'牛無手,故以足言之。'"

另外,關於鄭玄注經順序的具體情況,參見藤堂明保:《鄭玄研究》(蜂屋邦夫編:《儀禮士昏疏》,東京大學東洋文化研究所,1986,解説資料)。藤堂指出《三禮》注的執筆順序是,《周禮》、《儀禮》、《禮記》。又《論語》注在古文《尚書》注之後。

② 《廣韻》卷四《去聲・十二霽・桂》引《陳球碑》中出現一位叫作"炅横"的人。或許與炅模有某種聯繫。"桂,木名,……又姓,後漢太尉陳球碑有城陽(山東莒)炅横,漢末被誅,有四子,一守墳墓,姓炅,一子避難居徐州,姓香,一子居幽州,姓桂,一子居華陽,姓炔,此四字皆九畫,古惠切九"。

?	王瓚	1
任厥	氾閣	1
王權	焦喬	1
王權	?	1
鮑遺	張逸	1
崇翱	氾閣	1
桓翱	氾閣	1

※下劃綫之人在《鄭志》中也曾出現。下加點者,在提問和回答中均有出現。

五、教　　學

雖然《鄭志》和《鄭記》都只有一些散亂的佚文被保留下來,但這些是非常有價值的資料,能够從中窺見鄭玄學塾教學的具體情形。即,學生們被老師徹底地灌輸經書的文字、文句的解釋。例如,有張逸學習'春秋異讀'的記載。這似乎是一門選取《春秋》中的特殊詞義進行解釋的課程。[①] 這令人聯想到關於《漢書》,由於自其成書伊始就存在不少難解的語句,馬融是從班昭那里習得了此書的讀法。[②]

有時鄭玄講授的可能是極其一般的、類似經書概論的內容。舉例而言,當趙商取《周禮·天官·膳夫》中"王日一舉,鼎十有二,物皆有俎"一句提問:"王日一舉,鼎十有二。是爲三牲(牛羊豕,太牢)備焉。商案(《禮記》)《玉藻》,天子日食少牢,朔月太牢。禮數不同,請聞其説"時,鄭玄這樣回答:"《禮記》後人所集,據時而言。或以諸侯同天子,或以天子與諸侯等。禮數不同,難以據也。王制之法,與禮違者多。當以經爲正"(《周禮·天官·膳夫》疏《鄭志》)。毫無疑問,鄭玄認爲禮的經典是《周禮》。[③] 而且這

---

① 見《詩經·邶風·旄丘》疏。該事例出現在指明服虔錯誤解釋《左傳》"僖公四年"管仲言"昔召康公命我先君太公曰:'五侯九伯,汝實征之,以夾輔周室'"的討論中。"服虔云,五侯,公侯伯子男,九伯,九州之長,太公爲王官之伯,掌司馬職,以九伐之法,征討邦國,故得征之。鄭不然者,以司馬征伐,由王命乃行,不得云汝實征之。且夾輔者,左右之辭也。故因漢張逸受'春秋異讀',鄭云,五侯,侯爲州牧也,九伯,伯爲州伯也。一州一牧,二伯佐之。太公爲王官之伯,二人共分陝而治。自陝以東,當四侯半,一侯不可分,故言五侯。九伯則九人,若主五等諸侯九州之伯,是天子何異,何云夾輔之有也。"可能'春秋異讀'認爲"五侯九伯"之"伯"應讀爲"霸",故而出現了以上的解釋。

② 參見拙作《六朝精神史研究》第Ⅳ部第十章《顔師古の〈漢書〉注》。

③ 此疏接著言道:"若然,此《周禮》周公太平法。《玉藻》據衰世,或是異代,故與此不同。"對此皮錫瑞《鄭志疏證》認爲:"漢今古文家,各自爲説。《周禮》古文,《王制》今文。《周禮》皆周制,《王制》多殷制。趙商舉《玉藻》爲問,鄭不云《玉藻》,而云《王制》之法與周異,其異蓋以《玉藻》與《王制》同。鄭主古文,故以《周禮》爲正也。"

種概論性的解答,關於《詩經》的尤其引人注目。除了圍繞詩的文句的解釋之外,關於《大序》、《小序》的問答也非常多。試舉一例,關於《大序》中"故詩有六義焉。一曰風。二曰賦。三曰比。四曰興。五曰雅。六曰頌",張逸和鄭玄有這樣的對話。張逸問:"何詩近於比、賦、興。"鄭玄答:"比、賦、興,吴札觀詩(《左傳》"襄公二十九年")已不歌也。孔子録詩,已合風、雅、頌中,難復摘别。篇中義多興。"(《大序》疏《鄭志》)就像疏中引用《鄭志》所指出的,張逸以爲,像風、雅、頌一樣,比、賦、興也可以分爲篇卷,鄭玄教導他,比、賦、興只是"文辭之異",而非"篇卷之别"。他還告訴張逸,《國風·螽斯》之詩實際上採用的是興的詩法,但《毛傳》並不這樣認爲——"答張逸云,若此無人事,實興也。文義自解,故不言之。凡説不解者耳。衆篇皆然"(《螽斯》疏《鄭志》)。完全知道了的事情不予説明是《毛傳》的原則,廣義而言,這也是注釋的原則。由上可見,《鄭志》中與《詩經》有關的概述性敍述格外突出,或許《詩譜》本來就是鄭玄的講義。因爲在以注釋爲主體的鄭玄的著作中,它顯然是概述性的論著。① 此外,從書名來看《六藝論》顯然也具有概述性質。②

《鄭志》中記載的門生的提問,大多是對經書的文句的疑問,或者是譬如《詩經》中有關《大序》、《小序》所産生的疑問。不過當然不止這些,有時是就兩本經書之間存在的分歧提問,還有是就鄭玄解釋中的分歧提出質疑。前者如上文所舉的趙商關於《周禮·天官·膳夫》和《禮記·玉藻》的質疑,後者如第一節中討論過的炅模追問的《詩經·邶風·燕燕》的鄭箋和《禮記·坊記》的鄭注的分歧。門生們的手中,不僅有經書的文本,還有老師鄭玄的注釋。據説這是被接二連三的傳閲並轉抄的。例如,《周禮·天官·酒正》:"凡祭祀,以灋共五齊三酒……"的鄭注引用《禮記·禮運》:"玄酒在室,醴醆在户,粢醍在堂,澄酒在下"之言,謂"澄酒是三酒也"。對此趙商提出質疑:"《禮運》注澄是沈齊,今此注澄酒是三酒何?"鄭玄這樣回答:"今解可去澄字。此本不誤。轉寫益澄字耳。"(《酒正》及《禮運》疏《鄭志》)"此本"應是指鄭玄手中所執《周禮》注的文本。他告訴趙商,趙商所持文本在傳抄時混入了一個"澄"字,所以應該將之改爲"酒是三酒也"。鄭玄在給學生們授課時,在只憑語言的説明難以理解的情況下,也會

① 關於《詩譜》,請參考福島吉彦:《詩譜考—毛詩研究—》(《池田末利博士古稀記念東洋學論集》,一九八〇),以及《詩譜考續編》(《山口大學文學會志》三二卷)。

② 《公羊序》疏云:"鄭君先作《六藝論》訖,然後注書",如果是這樣,那這是一本早期的著作,但是若據《詩經·大序》疏:"案鄭《六藝論》文,注《詩》宗毛爲主,其義若隱略,則更表明,如有不同,即下己意,使可識别也"所言,寫作時間就要被推遲。如前所述,鄭玄據《毛傳》而作鄭箋在黨禁解除之後。不過,本文第32條注釋引藤堂明保的論文認爲,與鄭玄晚期著述多采用古文説不同,《六藝論》純粹基於今文説,故而是鄭玄的早期作品。

採取以圖示範的方法。如,“趙商問,司服(《周禮·天官·内司服》)王后之六服之制目,不解,請圖之。答曰……”(《周禮·天官·屨人》疏引《鄭志》)鄭玄的圖示没有保存下來,只留下了長長的語言解釋——“大裘、袞衣、鷩衣、毳衣、絺衣、玄衣。此六服皆纁裳赤舄。韋弁衣以韎,皮弁衣以布。此二弁皆素裳白舄。冠弁服黑衣裳而黑舄,冠弁玄端(齋服)……”。然後是關於皇后的六服,褘衣、褕翟、闕翟、鞠衣、襢衣、褖衣,接着是對每一件鞋履和冠冕的説明。面對趙商的請求,鄭玄用圖或者表來解説。①

對於古典注釋家而言,傾向於使用“今”也就是漢代對應的例子來解釋經書中的制度和名物並不稀奇,畢竟這是爲了給人一種具體的印象。《詩經·小雅·甫田》“田畯至喜”的鄭箋“田畯,司嗇,今之嗇夫也。喜讀爲饎。饎,酒食也”,即是用自己曾經擔任過的漢代的嗇夫之職來解釋經典中的“田畯”之意的一個例子。《鄭志》中也保存了類似的問答記録。“劉琰問:(《地官》)《載師職》云,凡民無職事者出夫家之征,《閭師職》云,凡無職者出夫布。夫家之征與夫布,其異如何”(《周禮·地官·閭師》疏)。鄭玄這樣回答他的問題:“夫家之征者田税,如今租矣。夫布者如今算斂。在九賦中者也。”②

不過,鄭玄同門人之間以“今”之語進行問答時,不單單是以漢代的制度名物比擬經書中的制度名物,需要注意其中有些提問極具現實意義。《禮記·喪服小記》:“久而不葬者,唯主喪者不除,其餘以麻終月數者,除喪則已”,指的是如果下葬因爲某種原因而延遲,那麽,只有喪主不除服,喪主以外喪服衣麻的大功、小功、緦麻之親,各自九個月、五個月、三個月的喪期過後即可除服。但是,有一次趙商提到“主喪者不除,且以今言之”,即《禮記》稱“主喪者不除”,但是以“今”(現在)的情況來看的話,“人去邦族,假葬異國,禮不大備。要亦有反土之意。三年闋矣,可得除否。明爲改葬緦之例乎。爲久不葬(之例)也?”假葬在異鄉之人,靈柩總有回到故鄉之時。因此,喪主在三年終喪後即可除服,當靈柩返鄉之時,再按“改葬緦”的規定,服三月之喪。“改葬緦”出自《儀禮·喪服》,鄭玄注解釋爲:“謂墳墓以他故崩壞,將亡失屍柩也。言改葬者,明棺物毁敗,改設之如葬時也。”然而,趙商詢問到,是應按照以上情況,還是始終依據“久而不葬

① 據載,魏博士樂詳的教學也非常勤懇細緻。“至黄初中,徵拜博士。于時太學初立,有博士十餘人,學多褊狹,又不熟悉,略不親教,備員而已。惟詳五業並授,其或難解,質而不解,詳無愠色,以杖畫地,牽譬引類,至忘寢食,以是獨擅名於遠近”(《魏志》卷一六《杜恕傳》注引《魏略》)。

② “九賦”出自《周禮·天官·太宰》。注言:“玄謂,賦口率出泉也。今之算泉,民或謂之賦,此其舊名與。”總之,“賦”就是人頭税。

者唯主喪者不除”的原則,喪主無論何時都不應除服呢。鄭玄回答:“葬者送亡之終。假葬法後代巧僞。反可以難禮乎”,强調應當遵循禮經的原則(《通典・禮典》卷六三“久喪不葬服議”)。

即便假葬是鄭玄所謂的“後代巧僞”,然而在東漢末期那樣離亂的時代,應該是很平常的現象。沛國譙縣曹休,在“天下亂,宗族各散去鄉里”的情況下,十餘歲時喪父。“獨與一客擔喪假葬”,携年邁的母親逃往江南(《魏志》卷九)。此外,《通典・禮典》卷六三“父母死亡失屍柩服議”,無疑是引用了《鄭記》中桓翱與汜閣之間對“久而不葬者,唯主喪者不除”的意味深長的問答。

桓翱的疑問是“久喪不除者,爲當衆子盡然邪”,汜閣在講述自己與老師鄭玄之間曾經的對話時,回答了桓翱的問題。“昔嘗送鄭君到代陵。代陵有人,其父死不得其屍。其子行喪,隨制降殺。閣與亡者相知,而往弔之。”對話以汜閣陪同鄭玄外出至代陵時偶然經歷的事情爲契機,在吊問返回後的汜閣與鄭玄之間展開。“還問鄭君所駁《異義》之事,不孝莫大於無後。終身不除,此爲絶先人之統。無乃重乎。”汜閣的問題是,如果因爲他没有找到父親的屍首,根據《禮記》的規定,他就終身不能除服,也就是終生不能結婚,那麼家族的血脉就會斷絶,應該再没有比這更不孝之事吧。“所駁異義之事”是指,鄭玄駁斥許慎《五經異義》的《駁五經異義》。鄭玄在《駁五經異義》中表達了對這種情況的靈活態度,他認爲除服結婚是背禮從權。① 他對汜閣的回答則有所不同,二人之間的往返酬答如下。鄭玄答:“庶子自可攝祭。”汜閣問:“無庶子當何以。”鄭玄又答:“族人可以其倫代之。”當汜閣再問“無族人云何”時,鄭玄没有再回答。汜閣向桓翱講述了他和鄭玄之間曾經關於此問的交流,並做出了“推此而詳,但使一嫡子不除耳”的結論。由此可知,在古典禮經的原則下會出現各種各樣的現實問題,如何解決這些問題,是困擾鄭玄與其門生之事。

結　　語

2 世紀的後半葉,有成百上千人在山東半島存在了二十餘年的鄭玄學塾就學。在第三節、第四節所記的門人之中,重新整理他們的籍貫如下:

---

① 《通典・禮典五八》“君父乖離不知死亡服議”中記載:“魏劉德問田瓊曰:‘失君父終身不得者,其臣子當得婚否?’瓊答曰:‘昔許叔重作五經異義,已設此疑。鄭玄駁云:若終身不除,是絶祖嗣也。除而成婚,違禮適權也。’”這當然也是出自《鄭記》的引用。

趙商(河内温)、郗慮(山陽高平)、崔琰(清河東武城)、王經(清河)、國淵(樂安益)、任嘏(樂安博昌)、程秉(汝南南頓)、張逸(北海高密)

也即,在東漢時的十三州刺史部中,以學塾所在的青州爲中心,有冀州、兗州、豫州及司隸校尉部之人。當然,這不過是數以百千計的學生中的九牛一毛,如果可以從這極少數的事例中推斷出整體的情況,那麽鄭玄學塾還是有一定的地域性。不禁令人想起王粲之言:"伊洛已東,淮漢之北,(鄭玄)一人而已。"又當時的"海内清議"稱"青州有邴、鄭之學"(《魏志》卷一一《邴原傳》注引《邴原别傳》)。邴、鄭就是邴原和鄭玄。即使鄭玄學塾確實具有一定的地域性色彩,然而我們也必須肯定他事實上是一個超越了州、郡、縣的界限的士大夫集團。在東漢末期太學沉滯已極的情況下,取而代之的是各地私塾的繁榮,這是體現社會流動現象的一個指標。[①]

然而,鄭玄學塾周邊的環境絶不平静。鄭玄學塾被迫從高密遷至東萊不其山中,並且最終不得不解散之事雄辯地證明了這一點。2 世紀的後半葉正處於一個四海動蕩不安的時代,時局的動蕩正面襲擊了鄭玄及其所經營的學塾。已經七十歲的鄭玄在讓兒子繼承家業時寫給兒子的《戒子書》中,通過自敍的方式回憶生平,雖然有"將閑居以安性,覃思以終業","家今差多於昔,勤力務時,無恤饑寒"之語,但那是好不容易到了晚年時的情景,且只不過是瞬間的平静。

我猜想,鄭玄離開馬融學塾回鄉是由於馬融去世。馬融離世在桓帝延熹九年(166),恰是第一次黨錮事件發生之時。隨後,在靈帝建寧二年(169),發生了第二次黨錮事件,鄭玄坐黨事禁錮。"及黨事起,乃與同郡孫嵩等四十餘人俱被禁錮"(本傳)。孫嵩是北海安丘(山東省安丘縣)人。他是將《孟子》的注者趙岐隱藏在複壁之中長達數年的"俠者",又以與邴原在其遊學時所結的一段姻緣被熟知。[②] 鄭玄在《戒子書》中提到,"遇閹尹(宦官)擅埶,坐黨禁錮,十有四年,而蒙赦令"。黨禁解除,赦天下黨人的赦令頒發是在黄巾軍蜂起的中平元年(184),因此,從建寧三年(170)或四年開始到中平元年的十四年間,鄭玄是以禁錮之身渡過的。鄭玄估計是第二次黨錮時被牽連的。第二次黨錮的範圍很廣,並且對此的鎮壓非常徹底。"中常侍侯覽諷有司奏,前司空虞放、太僕杜密……山陽太守翟超,皆爲鉤黨,下獄,死者百餘人,妻子徙邊,諸附從者錮及

① 本文第 279 頁注釋①所列的拙文中,以廣漢新都的楊厚學塾爲首,對蜀地的學塾進行了考察。

② 請參考本文第 273 頁注釋③中提到的拙論。根據《魏志》卷一八《閻温傳》,《魏略》爲孫嵩(字賓碩)在《勇俠傳》中立傳。

五屬。制詔州郡大舉鉤黨,於是天下豪桀及儒學行義者,一切結爲黨人”(紀八《靈帝紀》“建寧二年十月”條)。鄭玄坐黨禁,與曾任命他爲嗇夫爲其遊學提供便利的杜密可能有直接的關係。不過,原因當然不限於此。在他的身邊,還有像甄子然那樣與閹黨勢不兩立之人。鄭玄不僅賞識提拔幼時的國淵、任嘏,“其餘亦多所鑒拔”,他被認爲是處於鄉論頂端的人物。僅憑這一點就足以成爲他被政府問責的理由。[①] 聚集了來自各地的士大夫團體的學塾,就如同從前的太學一樣,也成爲“志士交結”、“游談其中”(傳六六《循吏仇覽傳》)之處。

無論如何,鄭玄是黨人的事實對其學問的影響是顯而易見的,他在注釋中有時不得不採取隱幽的表達方式。《禮記・檀弓下》的疏就有這樣的敍述:“《易説》者,鄭引云《易緯》也。凡鄭云説者,皆緯候也。時禁緯候,故轉緯爲説也。”所以,在《鄭志》中有以下的問答。張逸問“《禮》注曰書説,書説何書也”。鄭玄答“《尚書緯》也。當爲注時,時在文網中,嫌引祕書。故諸所牽圖讖皆謂之説云”。[②] 如前所述,鄭玄的《三禮》注的確是在黨禁中完成,“時在文網中”就是指這個事實。王朝交替的預言記集結成的緯書對體制而言是一種危險的思想,也即異端思想,被打上黨人和反政府人士的烙印的鄭玄憚於此,不明稱“緯”而改稱“説”。

在鄭玄仍是禁錮之身的光和元年(178)發生了月食,時在尚書之位的盧植上“消禦災凶,宜有其道”之封事八條。其中第二事“原禁”是指:“凡諸黨錮,多非其罪,可加赦恕,申宥回枉”,第五事“修禮”是説:“應徵有道之人,若鄭玄之徒,陳明《洪範》,攘服災咎”(傳五四)。儘管如此,漢廷並沒有徵召鄭玄。即便有徵召,鄭玄可能也無意應徵。因爲在黨禁解除之後,他選擇了終其一生作爲處士探研經典的人生道路。“蒙赦令,舉賢良、方正、有道,辟大將軍三司府。公車再召,比牒并名,早爲宰相。惟彼數公,懿德大雅,克堪王臣,故宜式序。吾自忖度,無任於此,但念述先聖之元意,思整百家之不齊,亦庶幾以竭吾才,故聞命罔從……吾雖無紱冕之緒,頗有讓爵之高。自樂以論贊之功,庶不遺後人之羞”(《戒子書》)。

---

① 《蜀志》卷八《孫乾傳》注引《鄭玄傳》云:“玄薦乾於州。乾被辟命,玄所舉也。”孫乾是北海人。

② 《周禮・春官・大司樂》:“乃奏黄鍾,歌大吕,舞《雲門》,以祀天神”的鄭注云:“王者又各以夏正月祀其所受命之帝於南郊,尊之也。《孝經説》曰:‘祭天南郊就陽位,是也’”,這裹疏又云:“云《孝經説》者,説即緯也,時禁緯,故云説。”又《續漢書・百官志一》“太尉”條劉昭注先陳述“《前書》曰‘秦官’,鄭玄注《月令》亦曰‘秦官’。《尚書中候》云舜爲太尉,束晳據非秦官,以此追難玄焉”,關於束晳對鄭玄解釋的批判,劉昭反駁道,舜爲太尉之説不過是舜的執掌相當於太尉,非“唐官之實號”,“康成淵博,自注《中候》,裁及注《禮》而忘舜位,豈其實哉! 此是不發譏於《中候》,而正之於《月令》也。廣微(束晳)之誚,未探碩意。”據此,鄭玄注《尚書中侯》在先,注《禮記》在後。

鄭玄學塾的所在地北海郡高密縣,具體表現爲豪族的武斷與流民的社會矛盾已經顯現。北海相孔融所任命的高密令王脩的傳記中記載,"高密孫氏素豪俠,人客數犯法。民有相劫者,賊入孫氏,吏不能執。脩將吏民圍之,孫氏拒守,吏民畏憚不敢近。脩令吏民:'敢有不攻者與同罪。'孫氏懼,乃出賊"(《魏志》卷一一)。在王脩之前任高密侯相的第五種的傳記中有言:[1]"是時徐、兗二州盜賊群輩,高密在二州之郊,種乃大儲糧穡,勤厲吏士,賊聞皆憚之,桴鼓不鳴,流民歸者,歲中至數千家"(傳三一)。即便是通過第五種的努力,見到了流民歸農的景況,但這只不過是一時的現象。包括高密在內的北海地區不久就成爲黄巾軍的最大的目標,即是"賊衝"(傳六〇《孔融傳》),鄭玄學塾被迫停止活動,而鄭玄本人則因"黄巾爲害,萍浮南北"(《戒子書》)。

鄭玄學塾在黄巾之亂帶來的荒廢中,最終消失在歷史長河。不過,據説就連黄巾軍也對鄭玄行拜禮,並相約"不敢入縣境"。對此。川勝義雄氏有很好的研究。[2] 鄭玄的學問對後世的影響無疑是深遠的。即使出現了像王肅那樣持反鄭玄立場的學者,六朝隋唐的經學,就如同群星趨向北辰那樣,以鄭學爲中心往復回旋。所謂"徒欲父康成,兄子慎(服虔),寧道孔聖誤,諱聞鄭、服非。然於鄭、服甚憒憒,鄭、服之外皆讎也"(《舊唐書》卷一〇二《元行沖傳·釋疑》),是膾炙人口之言。鄭玄的學問的形成,在多難的時代仰賴與聚集在學塾的人們共同生活之處不少。他在暮年時痛悔之事是"亡親墳壟未成",除此之外,《戒子書》中所説:"所好群書率皆腐敝,不得於禮堂寫定,傳與其人",一定是對曾經與學塾中的門人們一起度過的愉快的時光的回憶。

附記:本文原收於川勝義雄、礪波護編:《中國貴族制社會の研究》,京都大學人文科學研究所,1987年3月。翻譯過程中承蒙付晨晨女士給予細緻的修改意見,最終定稿頗多獲益,謹此致以誠摯謝意。

---

① 東漢初建武十三年(37),封鄧禹爲高密侯,食邑高密、昌安、夷安、淳于四縣。鄧禹去世後,高密侯國一分爲三,長子鄧震襲封高密侯,鄧襲封昌安侯,鄧珍封夷安侯(傳六)。不論何時,高密侯都是被鄧氏嫡支襲封的。總之,高密侯相實際上就相當於高密令。

② 川勝義雄:《六朝貴族制社會の研究》(岩波書店,一九八二)第Ⅰ部第二章《漢末のレジスタンス運動》第42頁指出:"在我看來,上述例子中的一般民衆對逸民人士是有着親近感的,如黄巾等將他們視作'所謂賢人',似乎是顯示出了當時的民衆運動的一種方向,即對什麼懷抱親近,又對什麼進行抵抗。"(譯者註:此處據中譯本《六朝貴族制社會研究》第一編第二章《漢末的抵抗運動》,徐谷芃、李濟滄譯,上海:上海古籍出版社,2008年,第33頁。)

本輯作者工作和學習單位

曹鵬程	四川省社會科學院歷史研究所
三浦雄城	日本東京大學大學院人文社會系研究科博士課程
楊繼承	中山大學歷史學系博士後
朱安祥	河北師範大學歷史文化學院
李彦楠	北京大學歷史學系博士研究生
王承文	中山大學歷史學系
張曉雷	中山大學歷史學系博士研究生
陳燦彬	南京大學文學院博士研究生
過　超	南京師範大學教師教育學院
吴麗娱	首都師範大學特聘教授
宋　翔	浙江大學歷史系博士後
李　永	中國人民大學歷史學院博士後、福建師範大學社會歷史學院
賈鴻源	魯東大學歷史文化學院
杜立暉	山東師範大學齊魯文化研究院、歷史文化學院
崔　壯	華東師範大學歷史學系
黄　樓	武漢大學歷史學院暨中國三至九世紀研究所
吉川忠夫	日本京都大學人文科學研究所
蔣曉亮	武漢大學歷史學院暨中國三至九世紀研究所博士研究生

稿　約

《魏晉南北朝隋唐史資料》是武漢大學中國三至九世紀研究所主辦的學術集刊，1979 年由著名歷史學家唐長孺先生創辦。本刊注重實證研究，主要刊載有關中國中古史研究的學術論文，適當譯載國外學者相關研究的重要成果，也刊載與本段歷史密切相關的資料整理成果。

本刊接受紙質投稿和電子稿投稿，實行匿名審稿制。來稿請附上中文摘要、關鍵词、英文題目，及作者姓名、單位、職稱、通訊地址和電子郵箱。稿件不予退還，敬請作者自留底稿。自收到稿件起三個月内，無論采用與否，均將告知作者。

郵寄地址：

(430072)湖北省武漢市珞珈山武漢大學中國三至九世紀研究所，《魏晉南北朝隋唐史資料》編輯部　收

電子郵箱：wjnbcstszl@whu.edu.cn

撰寫規範

一、標題序號

文内各章節標題序號,依一、(一)、1、(1)等順序表示。

二、注釋位置

注釋采用頁下注(腳注),序號用①、②、③……標識,每頁單獨排序。正文中的注釋序號統一置於包含引文的句子(詞或片語)或段落標點符號之後。

三、古籍引用

首次引用時須注明作者、整理者、書名、卷次、篇名、部類(選項)、出版地點、出版者、出版時間和頁碼。"二十四史"、《資治通鑑》《太平御覽》等常用文獻,可省去作者。如:

《梁書》卷二五《徐勉傳》,北京:中華書局,1973年,第377頁。

《太平御覽》卷七五《地部四〇》引《江夏記》,北京:中華書局,1960年,第351頁。

(梁)蕭繹撰,許逸民校箋:《金樓子校箋》卷二《聚書篇第六》,北京:中華書局,2011年,第515頁。

四、今人論著

首次引用時須注明作者、篇名、書名、出版者、出版時間和頁碼。如:

唐長孺:《跋唐天寶七載封北嶽恒山安天王銘》,《山居存稿》,北京:中華書局,1989年,第273—292頁。

五、期刊論文

首次引用時須注明作者、文章題目、期刊名、刊期、頁碼。如:

田餘慶:《〈代歌〉、〈代記〉和北魏國史》,《歷史研究》2001年第1期,第51—64頁。

六、西文文獻

可參照中文論著順序標引,文章題目用引號注明,書名、期刊名使用斜體。如:

Stephen F. Teiser, *The Ghost Festival in Medieval China*, Princeton University Press, 1988, pp. 58 - 62.

Dennis Grafflin, "Reinventing China: Pseudobureaucracy in the Early Southern Dynasties", in Albert E. Dien, eds., *State and Society in Early Medieval China*, Stanford University Press, 1990, pp. 49－72.

Patricia Ebrey, "Tang Guide to Verbal Etiquette", *HJAS*, Vol. 45, No. 2 (1985), pp. 581－613.

七、數字使用

年號、古籍卷數等采用中文數字,序數用簡式。公元紀年請用括號内阿拉伯數字標注。如:

《舊唐書》卷一六八《韋温傳》。

唐貞觀十四年(640)。

八、稿件統一使用繁體字,正文用宋體五號,單獨引文用仿宋體五號,注釋用宋體小五號。

圖書在版編目(CIP)數據

魏晉南北朝隋唐史資料. 第四十輯 / 武漢大學中國三至九世紀研究所編. —上海: 上海古籍出版社, 2019.11

ISBN 978-7-5325-9410-8

Ⅰ.①魏… Ⅱ.①武… Ⅲ.①史評—中國—魏晉南北朝時代②史評—中國—隋唐時代 Ⅳ.①K235.07 ②K241.07

中國版本圖書館 CIP 數據核字(2019)第 252795 號

魏晉南北朝隋唐史資料(第四十輯)

武漢大學中國三至九世紀研究所　編

上海古籍出版社出版發行

(上海瑞金二路 272 號　郵政編碼 200020)

(1) 網址: www.guji.com.cn

(2) E-mail: guji1@guji.com.cn

(3) 易文網網址: www.ewen.co

啓東市人民印刷有限公司印刷

開本 787×1092　1/16　印張 19　插頁 2　字數 338,000

2019 年 11 月第 1 版　2019 年 11 月第 1 次印刷

ISBN 978-7-5325-9410-8

K·2731　定價: 88.00 元

如有質量問題,請與承印公司聯繫